KB269035

이진숙

전남 진도의 언어와 문화

— 찰로 그라고 그때는 웃기게 살았어

지식과교양

책을 펴내면서

　말이란 주고받다보면 새로운 말이 전파되기도 한다. 새로운 말은 기존의 말과 경쟁을 하게 되는데, 기존의 말이 경쟁에서 밀리게 되면 변화를 겪게 된다.

　표준어 '가위'는 진도지역어로 '가세'이다. 필자의 할머니는 '가세'가 방언이라는 것을 아셨지만 돌아가실 때까지 '가세'만 사용하였다. 어머니는 '가위~가세'를 섞어 쓴다. 바느질할 때는 '가세'라 하고, '전지가위'는 '가이'라고 한다. 필자에게 '가세'는 기억 속에나 있는 말이고, 아이들에게는 한 번도 들어보지 못한 말이다. 4대를 거쳐 오는 동안 '가세'는 사어가 되어버린 것이다.

　또한 '가위'의 '위'를 어머니는 [이]로 발음한다. 그러나 필자는 '위~이' 두 가지를 사용하고, 아이들은 표준어 의식이 강하여 '위'로 실현된다. 이처럼 말은 세대와 세대 간 더 나아가서는 지역과 지역 간에도 다르게 나타나고, 경쟁에서 밀리면 결국은 사라지고 만다. 언어의 보존이 절실한 이유다.

　필자는 총 열 네 제보자의 구술발화를 채록하여 하나로 묶어 놓았다. 대부분의 구술발화집이 한 두 사람으로 조사된 것에 비하면 이 묶음은 제보자가 다소 많은 편이다. 한 지역의 언어를 연구할 때 제보자의 수가 많으면 통일성이 떨어진다는 점들로 인하여 더러 꺼리는 경향이 있다.

허나 이 묶음속의 제보자들은 음운현상을 일관되게 보여주고 있다. 국어에서 ㅅ-불규칙이라고 하는 어간들이 ㅅ-규칙으로 실현되었고, '어간+-아/어'의 결합에서는 '같어, 담어, 막어, 맞어, 받어, 앉어, 잡어'와 같이 모음조화가 지켜지지 않았다. 한 지점에서 여러 명의 제보자를 조사하면 통일성이 깨진다는 것은 한낱 기우에 불과하였다.

이 묶음은 제보자가 많은 만큼 주제도 다양하다. 나라를 잃고 겪어야 했던 설움과 민족상잔의 비극, 가난으로 얼룩진 고달픔, 해가 자고 밤이 자도(날이 새도록) 못다 할 여인네의 한 서린 시집살이 등이 채록되었다. 또한 개개인의 인생사에 그치지 않고 면면히 이어져 내려오는 진도의 풍습도 실리게 되었다.

이와 같이 주제가 다양하다는 것은 그만큼 많은 어휘를 조사할 수 있다는 이점도 있다. 전남방언임에도 불구하고 세간에 알려지지 않은 어휘도 발견되었는데 '데끼다, 실다~시리다'는 곡식 찧을 때 사용되는 어휘이고, '날키다'는 '까부르다'의 방언형이다. '떼루다~떼리다'는 바닥에 고인 우물물을 떠 낼 때 사용한다. 그러나 이 어휘들은 노년층만의 언어가 되어버린 지 오래이다.

세상은 자꾸 변하는데 언어만 변하지 않기를 바란다면 또한 모순이다. 언어란 끊임없이 변화하는 역동성을 지녔기 때문에 언어를 연구하는 사람이 필시 있어야 하며, 이 묶음이 나올 수 있는 계기가 되기도 하였다. 그런 의미에서 이 묶음이 언어를 연구하는 분들께 다소나마 유익한 자료가 되었으면 하는 바람이다.

　연구가 깊어 갈수록 절감하는 한계에서 필자가 할 수 있는 유일한 방법은 소의 걸음걸이와 능청스러움을 닮을 수밖에 없다. '되돌아가기엔 너무 멀리 와 버렸으니…….' 새로운 무엇을 전광석화같이 잡아내기 보다는 기라성 같은 선배님들의 발자취를 따라가며 고개를 끄덕거리는 거기에도 형언할 수 없는 묘미가 있음에 여기까지 오게 되었다.

　이 묶음이 탄생될 수 있었던 데는 학문적 조력을 마다 않으신 몇 분의 은사님들이 계셨기 때문이다. 손희하, 송하진, 윤평현 선생님과 필자의 지도교수이신 이진호 선생님께 진심으로 감사드린다.

　그러나 무엇보다 이 책에서 가장 소중한 이들은 성심성의껏 이야기 해 주신 열 네 분의 할머니 할아버지이다. 조사를 마치고 자료를 정리하던 중 할아버지 두 분이 세상을 달리하고 말았다. 먼저 가신 두 분께 명복을 빌며, 남은 열 두 분의 할머니 할아버지께 진심으로 감사드린다.

조사지역 살피기

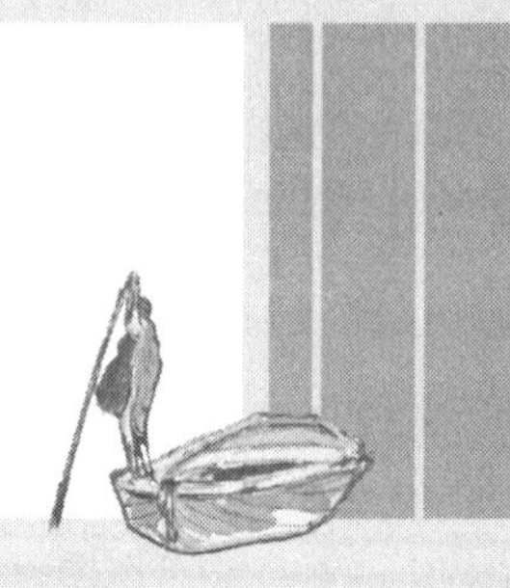

　진도는 보배로운 섬이라 불린다. 땅이 기름져 각종 산물이 풍족하기 때문이다. 인심도 순하여 한때 옥주(沃州)라 불리기도 했다. 이러한 진도에 사람이 처음 살기 시작한 것은 삼한시대부터라고 문헌상 추정을 하고 있다. 그때부터 진도는 여러 차례의 행정구역 변화과정을 거쳐 현재는 1개 읍과 6개의 면으로 이루어져 있으며, 면적은 430.84㎢이다.

　서부지역에 위치한 지산면은 신안·목포·무안과 바다를 사이에 두고 있다. 동북부지역에 위치하는 군내면은 해남과 지척에 있으며, 육지로 연결된 진도대교가 있다. 동남부에 해당되는 고군·의신면과 남부에 위치한 임회면의 해안지역은 외부세계와 접촉이 다른 지역보다 잦았을 것으로 보인다.

　한반도의 남해~서해를 잇는 주요 해상 교통로는 진도 동부해안과 해남군 사이의 수로를 이용하는 뱃길, 진도 남쪽 해안을 따라 도는 뱃길이 있다. 진도는 역사적으로 중국과 일본, 한반도의 남해와 서해의 해안지방을 연결했던 연안 항로의 주요 교통로로 이용되었고 현재도 남해와 서해를 잇는 연안항로의 길목에 위치해 있다.

이 책에서는 진도 최남단에 위치한 임회면과 의신면을 조사지역으로 선정하였다. 의신면과 임회면은 삼막봉, 덕신산 줄기를 경계로 하고 있다.

먼저 의신면은 돈지(향교)·만길·모도 세 마을로 조사가 이루어졌다. 돈지리는 의신면소재지이며 향교리와 병합된 마을이다. 돈지는 밀양박씨, 향교는 원주이씨가 정착하여 집성촌을 이룬 곳이다. 향교리는 역사적으로 의신 '향'이 설치된 곳이며, 군사기지가 있었던 곳을 증명해 주듯 사장(활 쏘는 곳)이 있다. 전통적으로 6일마다 '의신장'이 선다. 돈지라는 명칭은 돈대(현 면사무소 터)가 있어서 돈지라 하였다. 현 면사무소 뒤쪽으로는 고인돌이 많았다고 한다. 그것으로 보아 돈지와 그 주변 마을들은 선사시대에도 많은 사람들이 살고 있었음이 증명된다. 특히 돈지는 고려시대 때 삼별초군과 몽고군의 최대격전지가 벌어진 곳이기도 하다. 그래서 이 마을에는 삼별초와 관련된 지명어들이 있다. 또한 돈지리는 '돌아온 백구 촌'으로 알려진 곳이다. 주요 소득원은 벼농사와 대파, 월동배추 등이다.

만길리는 1914년 만길·원두·도명·도목·거룡리의 일부를 합하여 만길리라 하였다. 만길은 원래 마을을 이루고 있는 산의 형세가 말의 굴레와 같아 '勒'을 써서 '늑길'이었다. 그러던 것이 일제강점기에 '晩'을 쓰게 되고 이후 '만길리'가 되었다. 만길은 무안박씨와 마씨들의 집성촌이었으나 이후 문씨와 허씨들의 터전이 되었다. 그리고 만길리로 병합된 도목리는 왜구의 침략이 많은 남해안 일대 변방을 방어하기 위하여 우측 만호진으로 남도석성, 좌측 만호진으로 금갑진을 두어 좌우를 살피는 수군을 주둔하여 왔다.

8

모도리는 '띠'가 많아서 생긴 이름으로 원래의 명칭은 '띠섬'이었다. 이 마을의 교통수단은 마을에서 운영하는 도선이다. 과거 통신수단이 발달하지 못하였던 때는 마을에 들어가야 할 일이 생기면 그 자리에 불을 피워 봉화로 연결해 도선을 불렀다고 한다. 또한 진도에는 '신비의 바닷길축제'가 열리는데 '뽕할머니 전설'과 관련되어 있다. 이 뽕할머니의 전설은 모도가 근원지로 뽕할머니를 모시는 당집이 있다. 주요 소득원은 김양식업이다.

임회면의 조사지는 '굴포·남선·팽목'이다. 임회면은 진도 남부에 위치한다. 동쪽은 의신면, 서쪽은 지산면, 북쪽은 진도읍에 접하고, 남쪽은 남해에 닿아있다. 높은 산지로는 여귀산과 백야산 등이 있으며 이들 산지에서 발원하는 석교천·고방천·백동천 등의 하천 연변에 좁은 평지가 분포하고 있다. 임회면에도 선사시대 유물인 고인돌이 발견된다.

굴포리와 남선리는 서로 이웃해 있는 마을이다. 고산 윤선도가 완도 보길도에서 1660년경 건너와 간척사업을 벌인 곳이다. 굴포 주민들은 농업과 어업을 겸하고 있으며 주요소득원은 김양식, 멸치잡이, 새우잡이 등이다. 이 마을에는 배중손 사당이 있는데 매년 6월에 배씨 후손들이 와서 제사를 지낸다. 남선리의 주요소득원은 벼와 대파 농사이다.

팽목리는 1600년경 김해김씨가, 이후 전주이씨가 입촌하면서 마을이 형성되었다. 지명유래에 의하면 '팽목구미'라 하여 나무가 울창한 바닷가마을이었다고 한다. 주민들은 농업과 어업을 겸하고 있으며, 주요소득원은 마늘, 대파와 톳 등이다. 또한 팽목리는 연안항으로서 조도와 관매도 등을 연결하는 항만이기도 하다.

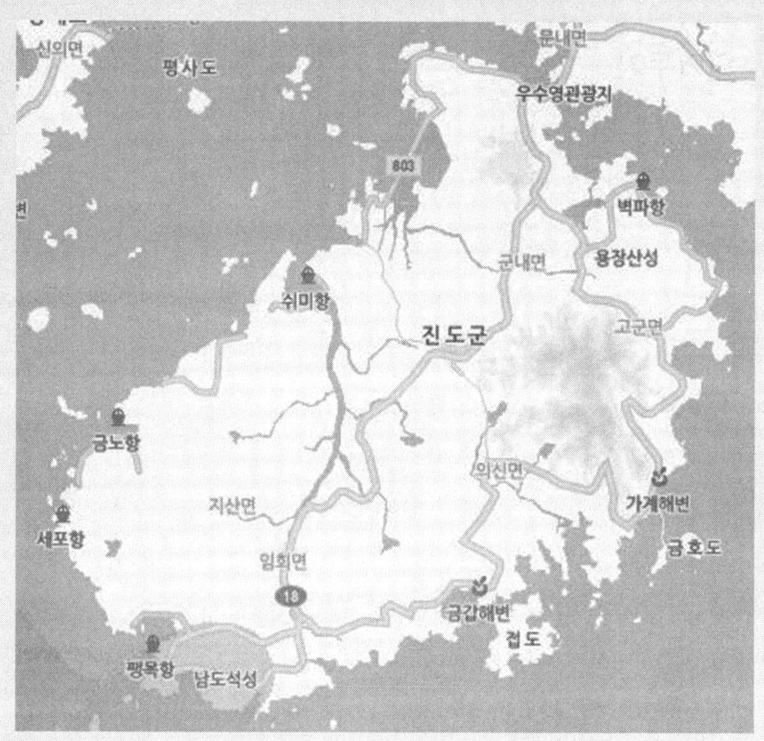

신의면
평사도
문내면
우수영관광지
803
벽파항
쉬미항
군내면
용장산성
진도군
고군면
금노항
의신면
가계해변
지산면
금호도
서포항
임회면
10
금갑해변
팽목항
남도석성
접도

일러두기

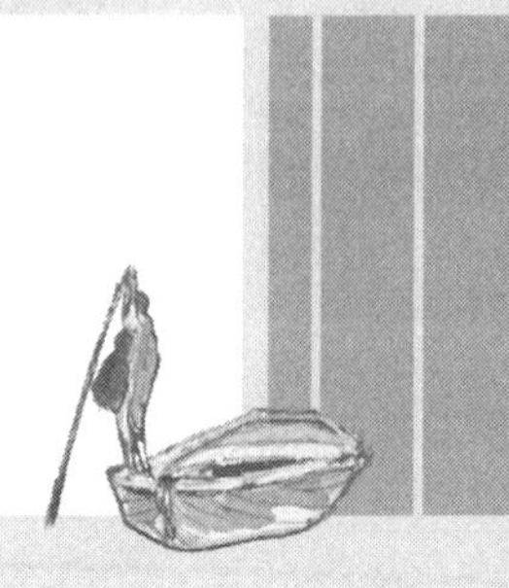

1. 구성

이 책은 모두 3단으로 되어 있다.

제1단은 제보자의 구술을 소리 나는 대로 전사하였다. 전사는 어절단위를 원칙으로 하였지만, 제보자가 발화시 휴지를 두지 않고 기식군을 이루는 경우에는 어절보다 더 큰 단위로 전사한 경우도 있다. 또한 진도지역어는 단모음 /e/와 /ɛ/가 구별되지 않는다. 그러므로 /e/와 /ɛ/ 두 모음의 합류음인 /E/를 '에'로 전사하였다. 이 지역어는 단모음 /ü/, /ö/는 없고, '위, 외'는 [wi, wE]로 발음된다. 모음사이에서 비음이 탈락하였으나 비모음화는 일어나지 않았기 때문에 따로 표시하지는 않았다.

제2단은 제1단의 음성형에 대한 기저형을 어간과 어미로 분철하여 전사한 것이다. 이때 부연설명이 필요한 경우 해당 기저형에 각주를 달았다. 전사된 구술표현의 의미가 불분명한 경우에는 (?)로 표시하였다.

제3단은 제2단의 전사내용을 표준어로 대역한 것이다. 전사된 구술 문장을 표준어로 옮겨 적을 때는 직역하는 것을 원칙으로 하였으나, 문장의 흐름이 막히는 경우에는 읽는 맛을 고려하여 두 가지 방법으로 해결하였다. 우선 적절한 표현을 문장 내에 삽입하여 괄호처리 하였다. 두 번째는 원문을 훼손하지 않는 범위 내에서 문장 혹은 구의 위치를 바꾸었다. 또한 표준어에 대응되는 표현이 없는 경우에는 방언을 그대로 사용하였으며, 표준어와 방언을 구분하기 위하여 단어 위에 '히비던더가니'와 같이 강조점을 표시하였다.

2. 본문에 사용된 기호

조　　　= 조사자

성명　　= 제보자

　　　처음은 성명을 제시하고, 두 번째부터는 성을 대신 하였다.

∞　　　= 표준어 대역

∨　　　= 강세

：　　　= 장음 표시

∷　　　= 장음의 길이가 상당히 길었을 경우

–　　　= 음절을 끊어서 발음한 경우

°　　　= 표준어로 번역이 안 되는 경우

?　　　= 발음이 불분명한 경우

*　　　= 가상언어를 설정한 경우

**　　= 찾아보기에서 방언의 대응어가 표준어에 없는 경우

3. 주석

주석은 어간과 어미가 분철된 2단계를 중심으로 이루어졌으며
다음과 같은 경우 사용하였다.
- 전남이나 다른 지역의 방언형을 밝혀 적을 경우
- 직역을 하였으나 부연설명이 필요한 경우
- 문법적, 음운적 형태에 대한 해석이 필요한 경우

4. 제보자 정보 및 조사 기간

본문을 이루는 제보자는 총 열 네 분이며 이중 세분은 익명을
요구하여 제보자의 정보를 싣지 않았다. 제보자 및 관련된 정보는
조사 시간과 날짜를 기준으로 나열하였다.

조사기간은 2010. 12월부터 2011년 3월까지 7차례 이루어졌다.
녹음된 구술 자료의 전사를 마친 후 '위, 외'의 단모음과 이중모음
의 정확한 식별을 위하여, 2011년 9월 방문으로 중간확인 하였고,
최종 확인은 2012년 1월부터 2월까지 전화로 이루어졌다.

1) 조사일:2010. 12. 27.(제보자의 집에서 조사)
   - 장남영(여, 84): 전남 진도군 임회면 팽목리
   특징: 제보자의 기억으로 4대 이상 인근마을 백동리에서 살
        다가 시집옴.
        귀가 어두우나 보청기를 끼우고 있어서 의사소통에
        문제없음.

생업: 농업과 어업을 겸함. (무학)

2) 조사일: 2010. 12. 28

(남선리 마을회관에서 두 제보자 동시 조사)

- 김상래(남, 77): 전남 진도군 임회면 남선리

특징: 거주지에서 3대째 살고 있음.

생업: 농업(국졸)

- 강진간(남, 74): 전남 진도군 임회면 남선리

특징: 거주지에서 5대째 살고 있음. 마을 이장을 20년 이상

하였음.

생업: 농업(중졸)

3) 조사일: 2011. 3. 19. (제보자의 집에서 조사)

- 김병현 (남 67) : 전남 진도군 의신면 모도리

- 박옥자 (여, 65): 김병현의 처

특징: 거주지에서 4대째 살고 있음. 평생을 바다에서 살았음.

박옥자 제보자는 의신면 웅덕리에서 4대 이상 살다

가 현 주소로 시집옴.

생업: 어업(국졸)

4) 조사일: 2011. 3. 19.

(이도금 제보자 집에서 두 제보자 동시 조사)

- 김연엽(여, 89): 전남 진도군 의신면 모도리

특징: 제보자의 기억으로 의신면 옥대리에서 5대이상 살다

가 현 거주지로 시집옴. 생선 통을 이고 다니며 수년

동안 장사함.

　생업: 농업·어업을 겸함. (무학)

－이도금(여, 86): 전남 진도군 의신면 모도리

　특징: 의신면 도목리에서 4대이상 살다가 현 거주지로

　시집옴.

　생선 통을 이고 다니며 수년 동안 장사함.

　생업: 농업·어업을 겸함. (무학)

5) 조사일: 2011. 3. 20. (제보자의 집에서 조사)

　－허갑선(남, 79): 전남 진도군 의신면 만길리

　특징: 진도는 14대째이고, 현 거주지인 만길리에서 4대째

　살고 있음.

　생업: 농업(고졸)

6) 조사일: 2011. 3. 21. (제보자의 집에서 조사)

　－허옥인(남, 78): 전남 진도군 의신면 돈지리

　특징: 진도는 14대째이고, 의신면 중리에서 7대째 살다가

　현 거주지로 이사 와서 약방을 하였음. 강의록 등을

　통해 약학을 쌓음.

　생업: 약방운영(국졸)

7) 조사일: 2011. 3. 21 ~ 3. 22.

　21일에는 이강심 제보자 집에서 두 제보자를 조사하였고,

22일에는 이순예 제보자 집에서 혼자 조사하였음.

─ 이강심(여, 77): 전남 진도군 의신면 돈지리

　특징: 거주지에서 10대 이상 됨. 거주지에서 의신면 초상리

　　　　로 시집갔으나 몇 년 안 되어 다시 친정마을에 와서

　　　　살고 있음.

　생업: 농업(무학)

─ 이순예(여, 67): 전남 진도군 의신면 돈지리

　특징: 진도군 임회면 상미실에서 5대 이상 살다가 20세에

　　　　현 거주지로 시집옴.

　　　　부모님이 잠시 일본에서 거주함.

　생업: 농업(국졸)

─ 노인1, 노인2, 노인3

위 노인 세분은 신분이 노출되는 것을 꺼려하였다. 세상은 바뀌었지만 육·이오의 잔상을 잊지 못하신 까닭이다. 하여 세분은 익명의 제보자로 처리하고자 한다. 그런데 조사를 마치고 얼마 안 있어 허옥인, 노인1 두 분이 세상을 달리하셨다는 소식을 들었다. 지면을 빌어 고인의 명복을 빈다.

목차

책을 펴내면서 3
조사지역 살피기 6
일러두기 10

1. 민담, 새로운 민담 21

민달팽이 이야기 23

술과 통행금지 33

도깨비 37

구렁이 42

귀신이야기 47

젖을 타다 59

2. 진도지역의 풍습과 유래 75

초분 77

모도의 풍속 87

홍주의 유래 96

삼별초가 남긴 지명 109

고산 윤선도 굴포언을 막다 116

3. 일제강점기와 6·25 131

굴포 노인의 소학교 입학 133

만길·활곡 노인이 겪은 일제시대 144

만길·활곡 노인의 6·25 165

돈지노인의 6·25 175

우리오빠가 인민군이었어 196

6·25가 낳은 웃지 못 할 이야기 204

4. 가난했던 그때는 209

가래죽 먹다 211

보리방아 213

조상가루 밥 먹고 똥구멍 막히다 225

애기 낳고 가사리죽만 먹다 236

버스도 없던 시절 244

장작족과 닝구단네 256

5. 아, 바람잔날 없는 인생이여! 263

베트남 며느리 265

남편이 먼저 가다 277

일본으로 간 시어머니 288

가슴만 두드리고 살다 302

시집살이 315

가엾은 우리 어머니 333

6. 길쌈 그리고 물들이기 345

베틀에 오르다 347

명주베가 나오기까지 350

목화솜에서 베를 만들다 360

잿물 내리기 380

조달물들이기 387

치자물들이기 391

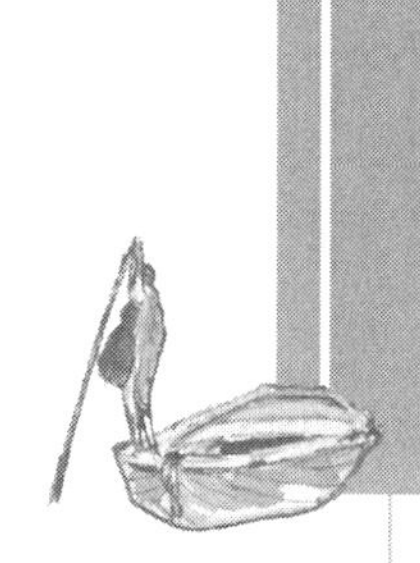

7. 섬사람들의 생활 401

섬으로 시집온 사연 403

섬에 뿌리내리기 409

산 넘고 물 건너 고기 팔러가다 423

배 타고 학교에 가다 435

전기가 들어오기 전 440

8. 어업 생활 449

자연을 통해 일기를 알다 451

바다와 싸우다 456

굴포 노인과 바다 474

풍랑이 만들어낸 거짓말 482

바다 일 485

김이 식탁에 오르기까지 500

참고문헌 508

찾아보기 509

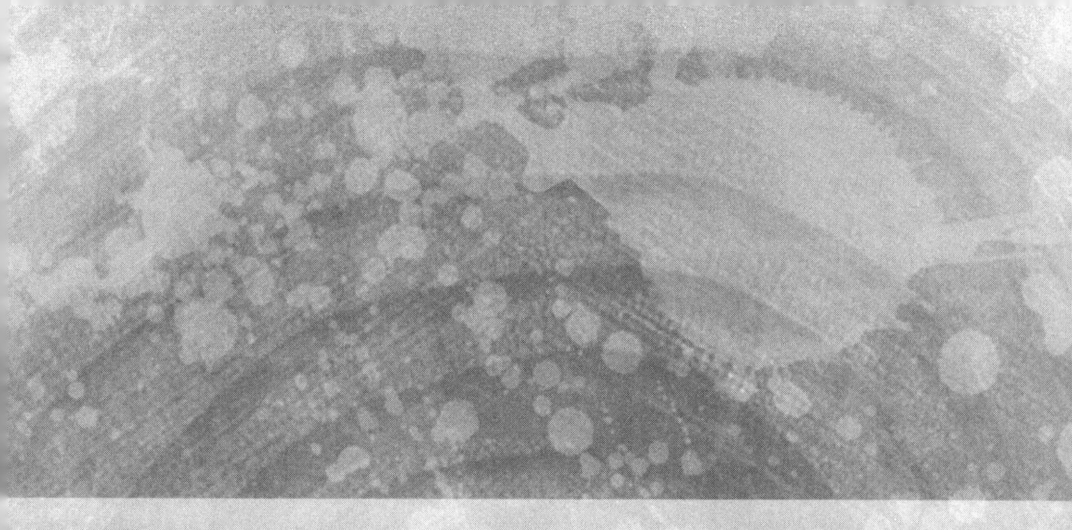

1

민담, 새로운 민담

민달팽이 이야기
술과 통행금지
도깨비
구렁이
귀신이야기
젖을 타다

─찰로 그리고 그때는 웃기게 살았어

 **민달팽이 이야기**

[이기심] 민달파니 이야기나 한나 하까.

민달파니1 이야기나 한나 할까.2

∞민달팽이 이야기 하나 해줄까.

[조] 민달팽이요.

[이] 민달파니.

민달파니.

∞민달팽이.

[조] 민달파니요?

[이] 엉. 민달파니가 저거 저런 떼느넙:쏭께 모를랑가는 몰라도 이:만치나 커가꼬 뻴:게가꼬 기어 뎅기므나주, 이른데가 볼라지므나주, 그거이 주:거도 암 버서저. 비니질헤도 헤:도 암 버서지고

---

1 '달파니'는 '달팽이'의 방언형이다. 중세어 '둘파니'에서 소급되었다.

2 물음이나 추측을 나타내는 종결어미 '–을까'는 '동사어간'과 결합하여 쓰일 때 '먹으까, 가까, 까까, 구까(炙), 보까, 쓰까, 자까, 주까, 하까 …'등과 같이 어미의 'ㄹ'이 탈락한다. 원래 'ㄹ'을 말음으로 가진 어간의 경우에서도 '노:까, 사:까, 써:까, 우:까, 아:까'와 같이 'ㄹ'이 탈락되고 있다. 그 외에 '그라꺼(그럴 것), 보자 꺼(보잘 것)'등에서도 탈락을 보인다, 그러나 '놀:고, 살:고, 썰:고, 울:고, 알:고' 등에서는 탈락되지 않는다.

고케 징한 달파니.

엉, 민달파니가 저거 저런 때는 없응께 모를랑가는 몰라도 이만치나 커갖고 뻘개갖고 기어 댕기믄 아주. 이른대가 볼라지믄[3] 아주, 그것이 죽어도 안 벗어저. 비니질해도 해도 안 벗어지고 곻게 징한 달파니.

∞응, 민달팽이가 저런 곳에는 없으니까 모를지 모르는데, 이만큼 크고 빨개가지고 기어 다니면 아주, 이런 (살갗에) 묻으면 그것이 죽어도 안 벗겨져. 비누칠해도 벗겨지지 않는 지독한 달팽이.

간데 인자 옌:나레 두 동세가 사라뜨란다. 시부모도 억:꼬 두 동세 삼시로 음::마나 두 동세 이뜨시 업:떵 거시여. 그레가꼬는 큰 동세늠 멘:당 멍 자사서 베:사 짜고 그릉 거설 하는데, 큰 동세는 가::늘디 가늘게 야달쎄 아옵쎄 그른 좀 베만 한다고 그르케 밀고 이꼬 하는데, 자근동세아고 한 집써 살도 아나고 따로 사라써.

간데 인자 옛날에 두 동세가 살았드란다. 시부모도 업고 두 동세 삼시로 은마나 두 동세[4] 이(邇)뜻이 업던 것이여. 그래갖고는 큰 동세는 맨당 멍 잣아서[5] 베사[6] 짜고 그른 것얼 하는데, 큰 동세는 가늘디가늘게 야달 새 아홉 새 그른 존 베만 한다고 그릏게 밀고 있고 하는데, 작은동세하고 한 집써 살도 안하고 따로 살았어.

---

3 '볼라지-'는 '바르다'의 방언형인데 여기서는 '묻다'(搽)의 의미가 더 강하다.

4 '동세'는 '동서'의 방언형이다.

5 진도에서 '績'을 의미하는 '잣다'의 활용형은 [자사서, 자실랑께, 자사가꼬]와 같이 어간말음 'ㅅ'이 모음 어미 앞에서 규칙적으로 나타난다.

6 '베사'의 '-사'는 중세국어의 보조사 '사'에서 소급된 것이다.

∞옛날에 두 동서가 살았더란다. 시부모도 없이 두 동서가 살면서 얼마나 정도 없었던 것이어. 그래가지고 큰동서는 늘 명만 자아서 베를 짜는데, 가늘디가늘게 여덟아홉 새 같은 좋은 베만 짠다고 밀고 하는데, 작은동서하고 한 집에서 살지도 않고 따로 살았어.

강께 자근동세는 혼자 북뿍 자사서 퉁:퉁안 베럴헤서: 그 얼망얼망아니 그케서 헤노코 또 하고 헤노코 또 하고 그라고는 그노뭄멘드라 노코 또 옴멘드라 노코 그라는데, 이: 엄메넌 한 틀도 모:다고 고케 명만 찬는다 그라고 안저따낭께는 오시 그:케 업:떵 거이드라.

강께7 작은동세는 혼자 북북 잣아서 통통한 베럴 해서 그 얼망얼망하니8 궁게서 해놓고 또 하고 해놓고 또 하고 그라고는 그놈 옷 맨드라 놓고 또 옷 맨드라 놓고 그라는데. 이 엄매넌9 한 틀도10 못하고 공게 명만 잣는다 그라고 앉었다낭께는 옷이 궁게 업던 것이드라.11

---

7 '강께'는 '그러니까'의 방언형 '그랑께'가 줄어든 것이다. 진도에서 지시부사를 줄여 쓰는 일은 매우 일반적인 현상이다.
  예)그렇게→궁게[그케], 이렇게→잉게[이케], 저렇게→젱게[저케]

8 '얼망얼망'은 베가 곱지 않고 거칠다는 의미이다.

9 '엄매'는 '어머니'의 방언형으로 전남 다른 지역에서는 '엄니, 어매'등으로 쓰이는데 진도에서는 '엄매'가 일반적이다. 이러한 '엄매'는 중앙어의 '아주머니'와 같이 자식이 딸린 이웃 여자 혹은 타인을 부를 때도 사용한다.

10 여기서 쓰인 '틀'은 수량을 나타낸다.

11 이 지역에서는 모음과 모음 사이에서 수의적으로 치조음이 탈락하곤 하는데 다음과 같은 예들이다.
  예) 가마이(가마니), 어머이(어머니), 아이(아니), 어이서(어디서), 가이나(가

∞작은동서는 혼자 북북 자아서 통통한 베를 (짜서) 얼멍얼멍하
게 (짜서) 옷을 만들어 놓고 또 만들어 놓고 그러는데, 이 엄매
는 한 틀도 못하고 그렇게 무명만 잣는다고 앉아있다 보니 옷이
없던 것이더라.

그라는데 하루능 구설 어:찌게 보러가고 자버써. 학꾜마당에 지
금, 엔:날 가트믄 엔나레는 하쿄마당에 운동하므는 아그더리:떤지
업:떤지 구설 본다고 가써. 참: 어디 느께 가므너디 디레다 볼: 떼
가 업써. 고케 그라는데.

그라는데 하루는 굿얼 어찌게 보러가고 잡었어.12 학교 마당에
지금, 옛날 같으믄 옛날에는 학교 마당에 운동하므는 아그덜 있던
지 업던지 굿얼 본다고 갔어. 참 어디 늦게 가믄 딜에다 볼 데가
없어. 공게 그라는데.

∞그런데 하루는 운동회를 무척 보러가고 싶었어. 옛날에는 학교
에서 운동회가 열리면 (학교에 다니는) 애들이 있든지 없든지 운
동회를 본다고 갔어. 참 늦게 가면 어디 들여다 볼 곳이 없었어.

그란데 오시 한나도 업:써. 그랑께는 동세네 지비럴 가써. 동세네
지비럴 가서 "동숭: 나 오단나 빌려주게." 그랑께넌 동숭이 "성니
미 이블 오시나 이쓸랑가 모르거쏘." 그랑께넌 "크라나 잠 보세:."
봉께능 그:냥 골짜구로 오설헤서 둥덩세 베오설 헤서 다머노코 또

시나), 머시마(머이마), 나가드이(나가더니), 거이드라(것 이드라), 머이라~
므이라(멋이라~뭇이라)

12 '-고 잡다'는 중앙어의 '-고 싶다'에 대응된다.

다른 동구리에다 다머노코. 그르케 이저네는 농도 업씨 상께.

그란데 옷이 한나도 없어. 그랑께는 동세네 집이럴 갔어. 동세네 집이럴 가서 "동숭 나 옷 한나 빌려주게." 그랑께넌 동숭이 "성님이 입을 옷이나 있을랑가 모르겄소."13 그랑께넌 "크라나 잔 보세." 봉께는 그냥 골짝우로14 옷얼 해서 둥덩새 베 옷얼 해서 담어 놓고 또 다른 동구리에다 담어놓고. 그릏게 이전에는 농도 없이 상께.

∞그런데 옷이 한 벌도 없어. 그러니까 동서네 집에 갔어. "동서, 나 옷 한 벌 빌려주게." 그러니까 동서가 "형님이 입을 옷이 있으려나 모르겠소." 그러니까 "어쨌든 좀 보세." 하고 보니까 동구리에 둥덩 새 베옷을 만들어서 담아놓고 또 다른 동구리에도 담아놓고. 그렇게 옛날에는 장롱도 없이 사니까.

조 동구리는 알겠는데 골짝은 어떻게 생긴 것인가요?

이 크:나큰 또 동구리가치 셍깅거 골짜기랑 거이 이써. 네라노코 땁 베주고는 빼:서 벰시로 "이거또 둥덩세, 성니멈 몬니부론. 이거또: 둥덩세, 성니멈 몬니부론." 그라고능 그케 오설 골짜게 노멀 다:네:서 벰시로 이거선 퉁퉁앙께 몬: 님는다고 다머노코 다머노코 그랑께.

---

13 국어에서 추측, 미래를 나타내는 선어말 어미는 '-겠-'인데, 진도에서는 '-겄 -'으로 나타난다.

14 '上'을 의미하는 '우'는 '위'의 방언형으로 '우~욱'이 쌍형어로 쓰인다. 중세 어 '웋'에서 소급되었다.

크나큰 또 동구리같이 생긴 것 골짝이란 것이 있어. 내라놓고 딱 배 주고는 빼서 뱀시로 "이것도 둥덩 새, 성님언 못 입울 옷. 이 것도 둥덩 새, 성님언 못 입울 옷." 그라고는 궁게 옷얼 골짝에 놈얼 다 내서 뱀시로 이것언 통통항께 못 입는다고 담어놓고 담어놓고 그랑께.

ᅇ크나큰 동구리같이 생긴 골짝이란 것이 있어. 내려놓고 (옷을) 꺼내어 보여 주면서 "이것도 둥덩 새, 형님은 못 입을 옷. 이것 도 둥덩 새, 형님은 못 입을 옷." 그렇게 동구리에 있는 옷을 다 꺼내서 보여주면서 통통하니까 못 입는다고 담아놓고 담아 놓 고 그러니까.

그레도 "나 몬: 니버도 함불 추게." 이 마럴 모다고 안저따가는 할: 쑤 업씨 따게서 연저붕게 와써. 와서는 도:저이 구섬 보러가고 자 븐데 어:떠께 헤서 갈 쑤가 업씅게. 커:나큰 저 고네기:, 고네기에 가: 쏘옥 드러감시로 서방보고 "나 이케 지게다 잔 지고 갑씨다." 그랑께는 그 게 할딱 버승 각씨럴 고네기에다 다머서 지고: 학꾜 마당얼 가써 하하하.

그래도 "나 못 입어도 한 불 주게." 이 말얼 못하고 앉었다가는 할 수 없이 딱 해서 엱어붕께15 왔어. 와서는 도저히 굿언 보러가 고 잡은데 어떻게 해서 갈 수가 없응께. 커나큰 저 고내기, 고내기 에가16 쏘옥 들어 감시로 서방보고 "나 잏게 지게다 잔 지고 갑시

---

15 '엱-'는 '없다'의 방언형이다. 문헌에 '연즈니<용가7>, 엱고<월석2:73>'등이 확인된다.

16 국어에서 조사간의 결합은 문장의 격을 결정하는 격조사에 의미를 더해주

다.” 그랑께는 그 깨 할딱 벗은 각씨럴 고내기에다 담어서 지고 학
교 마당얼 갔어, 하하하.

༄그래도 “나 못 입어도 한 벌 주게.” 이 말을 못하고 앉아 있다가
딱 얹어버리니까 할 수 없이 왔어. 와서는 운동회는 보러가고 싶
은데 (옷을 구할 방법이) 없으니까, 큰 항아리에 쏘옥 들어가면
서 남편보고 “나 좀 지게에다 지고 갑시다.” 그러니까 (남편이)
알몸인 각시를 항아리 속에 넣고 학교운동장에 갔어. 하하하.

학꾜 마당에 가서, 이케 굽뽀게 이케 짝떼기 바처서 고네기 베:게,
네다보면 쩌:그 학꾜 아그더리 하능 거시 베:게 바처노코는, 거가
서서 지키다가 하도 인자 거: 보고자붕께 이케 폴짝폴짝 가다낭께
는 기냥 쳐망 가부러써.

　학교 마당에 가서, 굿 보게 잉게 작대기 받혀서 고내기 베게, 내
다보면 저그 학교 아그덜이 하는 것이 베게 받혀놓고는, 거가 서
서 지키다가 하도 인자 거 보고 잡웅께 잉게 폴짝폴짝 가다낭께는
기냥 처만 가불었어.

༄학교운동장에 가서, (항아리에서 내다보면) 아이들 하는 모습
뵈게, 작대기로 받혀놓고 거기가 서서 지키다가 (남편도) 보고
싶어 한 발작 한 발작 가다보니 저만큼 가버렸어.

그란데 어떰 모:뗀 노미, 욥뿔러 차부러떵가 모르고 차부러떵가.

기 위해 보조사가 결합하기도 한다. 본문에 쓰인 ‘고내기에가, 바닥에가, 담
베락에가, 앞에가, 무덤에가, 밑에가, 풀 쏙에가, 질에가……’등은 처격 ‘에’
뒤에 문법화한 특수보조사 ‘가’가 결합된 것이다. 이와 관련하여 이태영
(1999:117)을 참고할 수 있다.

짝떼기럴 탁 차부러써, 하하하. 그랑께넌 탁 떠러짐시로 고네기가
파:싹 께짐시로 그 엄메가 추거부러써. 가꼬 그 자리에서 그케 크:
나큼 민달파니가 뿝뿍 기어뎅깅께, 그랑께 께보꼬 주거서 민달파
니가 댜따고 하는 이야기가 이써.

　그란데 어떤 못댄 놈이, 욕불러 차불었던가 모르고 차불었던가.
작대기럴 탁 차불었어 하하하. 그랑께넌 탁 떨어짐시로 고내기가
파싹 깨짐시로 그 엄매가 죽어불었어. 갖고 그 자리에서 궁게 크
나큰 민달파니가 뿍뿍 기어 댕깅께, 그랑께 깨벗고17 죽어서 민달
파니가 댰다고 하는 이야기가 있어

∾그런데 어떤 못된 놈이, 일부러 차버렸던가 모르고 차버렸던가.
작대기를 탁 차버렸어 하하하. 그러니까 탁 떨어지면서 항아리
가 파삭 깨지면서 그 엄매가 죽어버렸어. 그래가지고 그 자리에
서 크나큰 민달팽이가 북북 기어 다니니까 알몸으로 죽어서 민
달팽이가 되었다고 하는 이야기가 있어.

조 둥덩 새가 뭐죠?

이 둥덩세:? 이: 저 베럴: 가늘:게 미영을 가:늘게 자사서 하며
능: 가늠 베를 헤. 야달쎄 베 아옵쎄 베 그라거던. 그라는데 둥덩
세 베너널쎄, 여서쎄 베:. 그랑께 얼멍얼멍헤, 구녀기. 그케 명언
자사서 헤도 그거이 베가 댜:. 강께 인자 그노먼 구:께 자사쑹께
베 짜:도 얼릉 이케 부:꼬. 또 저 하하하 퉁퉁앙께 떠러지도 아나

---

17 '깨벗고[께보꼬]'는 '알몸'의 전남방언형이다. 전남에서는 어린 시절 옷을 다
　벗고 부끄러움 없이 함께 자란 허물없는 친구를 '깨복쟁이 친구'라고 한다.

고 얼릉 짜:고. 그레서 그케 마:이 헤서 다머노코.

둥덩 새?18 이 베럴 가늘게 미영을 가늘게 잣아서 하며는 가는 베럴 해. 야달 새 베 아홉 새 베 그라거던. 그라는데 둥덩 새 베넌 엿 새, 여섯 새 베. 그랑께 얼멍얼멍해, 구녁이. 궁게 명언 잣아서 해도 그것이 베가 댜. 강께 그 놈언 국게 잣았응께 베 짜도 얼른 붇고. 또 통통항께 떨어지도 안하고 얼른 짜고. 그래서 궁게 만이 해서 담어놓고.

∞둥덩 새? 이 베는, 무명은 가늘게 자으면 (발이 자잘하고 고운) 베가 돼. 여덟아홉 새 베 그러거든. 그런데 둥덩 새 베는 엿 새 베. 그러니까 얼멍얼멍해, 구멍이. 그렇게 자아서 해도 그것이 베가 돼. 그 베는 굵게 자았으니까 베를 짜도 빨리 불어나고, 두꺼우니까 떨어지지도 않고 빨리 짜게 되고. 그래서 그렇게 많이 해서 담아놓고.

아옵쎄 베넌 찬:뜩 가능께 그노믄 안 부릉께 모:짜고 오설 모:데 이꼬. 간데 가늘게 차실랑께 또 거 가:늘게 시럴 네서 자실랑께 늘 떠러지고 안뎅께 한::정 업씨 오설 모데 이꼬:. 자근동세는 베럴 붑뿍 짜서 둥덩세 베럴 헤서 오설 마:이 헤서 둬떠란다.

아홉 새 베넌 찬뜩 가능께 그 놈은 안 불응께 못 짜고 옷얼 못해 입고. 간데 가늘게 잣일랑께 또 거 가늘게 실얼 내서 잣일랑께 늘

---

18 진도민요 <강강술래>에는 바가지를 엎어놓고 활방구를 치면서 '둥덩애덩 둥덩애덩 덩기 둥덩애 둥덩애덩'하고 부르는 대목이 있다. 그런데 나승만 (1995:90~91)에 의하면 나주에도 길쌈과 관련하여 <둥당기타령>이라는 민요가 전해오는데 "둥덩이다 둥덩이다/당기둥덩에 둥덩이다"라는 후렴구가 나온다.

떨어지고 안댕께 한정 없이 옷얼 못해 입고. 작은동세는 베럴 북
북 짜서 둥덩 새 베럴 해서 옷얼 만이 해서 뒀더란다.

∞아홉 새 베는 잔뜩 가느니까 그것은 안 불으니까 (베를) 못 짜서
옷을 못해 입고. 또 가늘게 실을 내서 자으려니까, 늘 떨어지고
안 되니까, 한도 끝도 없이 옷을 못해 입고. 작은동서는 베를 북
북 짜서 둥덩 새 베를 해서 옷을 만이 해서 두었더란다.

술과 통행금지

이기심 엔나레 어떤 노미, 수럴 으:찌 잘 멍는 노미 한나 이써써:.
그레가꼬는 쳐: 어디, 여그 가트믄 쩌:그 저 친서기네 지빈는데 그
르 주마게서 수럴 머거덩거이드라. 수럴 머꼬는 수리 찬:뜩 취항
께 기부니 조커덩.

    옛날에 어떤 놈이 술얼 으찌 잘 먹는 놈이 한나 있었어. 그래갖
고는 저 어디, 여그 가트믄 저그 진석이네 집 있는데 그른 주막에
서 술얼 먹었던 것이드라. 술얼 먹고는 술이 찬뜩 취항께 기분이
좋거던.

∞옛날에 어떤 사람이, 술을 아주 잘 먹는 사람이 하나 있었어. 여
  기 같으면 진석이네 집 같은 그런 술집에서 술을 먹었던 것이더
  라. 술이 잔뜩 취하니까 기분이 좋거든.

간데 통영금지가 시가니 인는데 통영금지 난지도 모르고 요노미
옴시로 "세상이 엽쩜만하구나:. 하느리 빙빙 돈다:. 신작로가 족구
나." 그라고 와써:. 오는데 인자 경차리 거: 통영금지가 나와!

    간데 통영금지가 시간이 있는데 통영금지 난지도 모르고 요놈
이 옴시로[1] "세상이 엽전만하구나. 하늘이 빙빙 돈다. 신작로가 좁

---

1 '-음시로'는 중앙어 '-으면서'에 대응된다.
    예) 깨짐시로(깨지면서), 떨어짐시로(떨어지면서), 들어감시로(들어가면서),
      뱀시로(보이면서), 움시로(울면서)……

구나." 그라고 왔어. 오는데 인자 경찰이 거 통영금지가 나와!

∞그런데 통행금지 시간이 있었는데 통행금지 시간이 된지도 모르고 요놈이 오면서 "세상이 엽전만하구나. 하늘이 빙빙 돈다. 신작로가 좁구나." 그러고 왔어. 그런데 마침 경찰이 통행금지 (순찰을) 나왔어!

강께 인자 저 어디 망크미나: 와떵가. 벵니미네 지비 망크미나 와떵가 그케 완는데:. 그케 쪼차옹께는 질빠다게가 탁: 쭉 뻐더써. 그랑께능 그 숭경이 요케 발로 툭 참시로 "이거 머여?" 그랑께넌 "송-장-이요:." 그랑께는 "송장이 어쩨 마레." 그랑께는 "덜: 주거서 그람니다." 그랑께 발로 함번 더 툭, 차불고 가거덩.

강께 저 어디 만큼이나 왔던가. 벵님이네 집이 만큼이나 왔던가, 궁게 왔는데. 궁게 쫓아옹께는 질 바닥에가 탁 쭉 뻗었어. 그랑께는 그 순경이 용게 발로 툭 참시로 "이것 머여?" 그랑께넌 "송장이요." 그랑께는 "송장이 어째 말해." 그랑께는 "덜 죽어서 그랍니다." 그랑께 발로 한 번 더 툭, 차불고2 가거던.

∞그러니까 어디만큼이나 왔을까. 병님이네 집만큼 왔을까, 그렇게 왔는데. 쫓아오니까 길바닥에 쭉 뻗었어. 그러니까 순경이 발로 툭 차면서 "이것 뭐야?" 그러니까 "송장이요." 그래서 순경이 "송장이 어떻게 말해." 그러니까 "덜 죽어서 그럽니다." 그러니까 발로 한 번 더 툭 차버리고 가거든.

---

2 '-어 불고'는 '-어 버리다'의 방언형이다.

그랑께는 그떼는 정신 차라가꼬 빨리 가야 쓰거따 그라고: 벌레벌레 오는데 아지또 그 사라미 이:르케 도라가다 또: 오능거여. 그랑께 지금 거그 어디 병데네 지짜리: 그른데 그른데 가튼, 요케 도라가는 담뻬라기써:.

   그랑께는 그때는 정신 차라갖고 빨리 가야 쓰겄다 그라고 벌레벌레 오는데 아직도 그 사람이 이렇게 돌아가다 또 오는 거여. 그랑께 지금 거그 병대네 집 자리 그른데, 그른데 같은, 돌아가는 담베락 있어.

∞그러니까 그때는 정신 차려가지고 빨리 가야 되겠다 하고, 벌레벌레 가는데 (그 순경이) 이렇게 돌아가다 또 오는 거야. 그러니까 거기 병대네 집처럼 (모퉁이를) 돌아가는 담벼락이 있어.

강께 담뻬라게가 요:라고 타악 드러부터 이쓱께는 숭경이, "이첨 머여?" 그랑께는 "빨-레-요:." 그랑께 "빨레가 어쩨 말헤." 그랑께넌 "통-차 시러-땀니다:." 하하하하 그랑께 인자 통차 시러따강께 어짜건냐. 그랑께 가부러써. 그떼너닌자 불:라게 즈그지비로 가부런:뜨란다.

   강께 담베락에가 요라고 타악 들어붙어 있응께는 순경이, "이것 머여?" 그랑께는 "빨래요." 그랑께 "빨래가 어째 말해." 그랑께넌 "통차 실었답니다." 하하하하 그랑께 통차3 실었다고 항께 어짜겄냐. 그랑께 가불었어. 그때넌 인자 불나게 즈그 집이로 가불었드란다.

---

3 '-차'는 '-째'의 방언형이다. 중세어에 '차히'가 발견된다.
   예) 둘차힌⋯⋯세차힌⋯⋯네차힌⋯⋯다숫차힌⋯⋯(월인석보 2:56)

∞그래서 담벼락에 이러고 따악 들붙어 있으니까 순경이, "이것 뭐야?" 하니까 "빨래요." 그러니까 "빨래가 어떻게 말을 해." 그러니까 "통째 실었답니다." 하하하 통째 실었다고 하니까 어쩌겠냐. 그냥 가버렸어. 그래서 그때는 부리나케 자기 집으로 갔더란다.

 도깨비

이기심1 쩌:그 면:사무소:, 거가 콩바시고 지금 저 성세비네 아잡
씨네 집 지슨 고 데모게가 크:나큼 바구또기 한나 이써써. 바구또
기 한나 이써는데:. 그케 거그럴 므다라 가떵가, 강께넌 또께비가
시름하자강께. 쩌: 엔:쪼기로 떼기처가꼬 거 므시로 막:: 어이다
무꺼 노코는 지비 와서 자고 그 딘:나런 봉께. 비찌락 몽둥이를 고
케 무꺼나따고 그레써 하하하.

쩌그 면사무소, 거가 콩밧이고 지금 성셉이네 아잡씨네 집 짓은
고 대목에가 크나큰 바굿독이 한나 있었어. 바굿독이 한나 있었는
데. 긍게 거그럴 므다라 갔던가. 강께넌 또깨비가1 시름하자강께.
저 앤쪽이로 떼기처갖고2 거 믓이로 막 어디다 묶어놓고는 집이
와서 자고 그 딘 날언 봉께. 빗지락 몽둥이를 긍게 묶어났다고 그
랬어 하하하.

꼬면사무소, 거기가 콩밭이었고 지금 성섭이 아저씨네 집 지은 그
길목에는 큰 바위가 하나 있었어. 도깨비가 씨름하자고 하니까
왼쪽으로 패대기쳐서 어디에다 묶어놓고 집에 와서 자고 그 뒷
날 가보니까, 빗자루 몽둥이를 그렇게 묶어났다고 그랬어.

---

1 '도깨비'와 관련하여 이 책에는 '또깨비~도채비'가 확인되나,『한국지명총람』
 을 보면 지명어로 '독거도'가 나온다. 진도군 조도면에 있는 섬으로 '독거시
 (도깨비)'와 비슷하다고 하여 붙여진 이름이라고도 하는데 '독거시'는 문증되
 지 않기 때문에 확실한 것은 아니다.
2 '떼기치다'는 '패대기치다'에 대응된다.

38 전남 진도의 언어와 문화

[이순예2] 그른떼넌 빈찌랑몽뎅이, 사람 손단능 거선 다 또께비라 게써라.

그른때넌 빗지락 몽댕이, 사람 손닿는 것언 다 또깨비라겠어라.

∞그때는 빗자루 몽둥이, 사람 손닿는 것은 다 도깨비라고 했어요.

[이1] 그람. 그란 소리럴 헤:써도 우더런 그르케: 므당 거선 모르고: 초상가서 사는데:, 거그가 지:가기 이써써. 우리 집띠에가 지:가기 인는데.

그람. 그란 소리럴 했어도 우덜언 그릏게 믓한3 것언 모르고 초상가서4 사는데, 거그가 지각이 있었어. 우리 집 디에가 지각이 있는데.

∞그럼. 그런 소리를 했어도 나는 그런 것은 (안 겪어봐서) 모르고. 초상에서 사는데 우리 집 뒤에 제각이 있었어.

[이2] 이저네는 지:가기 끄케 무서써라:. 끄저네 학꾜뎅김시로도 지:가가페 갈라믄 무서서 모도 담박찌라고.

이전에는 지각이 궁게 무섰어라. 그전에 학교 댕김시로도 지각 앞에 갈라믄 무서서 모도 담박질하고.

∞옛날에는 제각이 무서웠어요. 학교 다닐 때도 제각 앞을 지나가 려면 무서워서 모두 달음박질 하고.

---

3 '믓~멋'과 'ㅅ' 탈락형 '므~머'는 '무엇'의 방언형이다. 하려는 말이 얼른 생각 나지 않거나 바로 말하기가 거북할 때 쓰이는 것으로 전남방언의 '거시기'에 대응한다.

4 '초상'은 지명어이다.

01 지강미테 거그다가 어뜬 넘메가:, 집또 절도 엄:는데. 거그 아서 므당께 이케 그 머 끄적떼기로 고케 한 지비써, 봉창문 한나 헤주고:. 간데 그 봉창무니로 부리벵께는, 아그더리 그거설 보고 또께비 부리라고, 날마디: 밤마디 난다고 사라멀 모쌀게 무서서 죽는다고 아주 그라고.

지각 밑에 거그다가 어뜬 엄매가. 집도 절도 업는데. 거그아서 뭇항께 잏게 그 머 끄적대기로 곻게 한 집 있어, 봉창문 한나 해주고. 간데 그 봉창문이로 불이 벵께는, 아그덜이 그것얼 보고 또깨비 불이라고. 날마디 밤마디 난다고 사람얼 못살게 무서서 죽는다고 아주 그라고.

∞제각 밑에 거기다 집도 절도 없는 어떤 엄매가 거적으로 집을 지었어, 창문 하나 만들고. 그 창문으로 불빛이 보이니까 애들이 도깨비불이라고, 날마다 밤마다 난다고 사람을 못살게 무서워서 죽는다고.

02 오, 거그서 사레미 사는데.

오, 거그서 사램이 사는데.

∞오, 그곳에서 사람이 사는데.

01 응, 거가 엄메 한나 사:는데 짠뜩 무섭따고 징하길레, 저거시 머시댜:. 그라고는 아이 가봉께, 시상에 거그를 올라가서 봉께. 그 엄메가 거그서 그케 혼자 믄 노레를 부르고 이뜨람 마리세. 그레서 그 디로부탐 안 그렌는데:.

응, 거가 엄매 한나 사는데 짠뜩 무섭다고 징하길래,5 저것이 멋이다. 그라고는 아니 가봉께, 시상에 거그를 올라가서 봉께. 그 엄매가 거그서 궁게 혼자 믄 노래를 부르고 있드란 말이세. 그래서 그 디로부탐 안 그랬는데.

ᗧᖇ 응, 그곳에서 엄매 하나 사는데 잔뜩 무섭다고 징하기에, 저것이 뭐다냐. 하고 가서보니까, 세상에 거기를 올라가서 보니까. 그 엄매가 혼자 무슨 노래를 부르고 있더란 말일세. 그래서 (사람인줄 안) 뒤부터는 그러지 않았는데.

⬛012⬛ 이 우덜 에레서 학꾜 가따 옴시로도 배가 고푸고 그라믄 창꼳 또 따머꼬 앙 그레쏘:. 간데 인자 함버넌 칭고더라고 창꼬설 따로 간는데 그날따라 이스리 출추라니 네립띠다. 이스리 출:추라니 오는데 인자 나넘 봉우리 진 놈만 딸라고:. 쩌: 아페가 그케 크:나큰 노미 봉우리진 노미 베:. 그랑께 인자 저놈 네가 딸란다 그라고 막 달려가서 그 꼬설 딸라는데 이케 아페가: 쩨:까난 네기무더미 한나가 이뜨라고.

이 우덜 에레서 학교 갔다 옴시로도 배가 고푸고 그라믄 참꼿도 따 먹고 안 그랬소. 간데 인자 한번은 친고딜하고 참꼿얼 따로 갔는데 그날따라 이슬이 출출하니 내립디다. 이슬이 출출하니 오는데 나는 봉우리 진 놈만 딸라고. 저 앞에가 궁게 크나큰 놈이 봉우리 진 놈이 베. 그랑께 인자 저놈 내가 딸란다 그라고 막 달려가서 그 꼿얼6 딸라는데 잉게 앞에가 쩨가난 애기무덤이 한나가 있드라고.

---

5 '징하다'는 중앙어와 직접 대응되는 어휘는 없다. '징하다'는 어떤 일이나 상황의 정도가 심할 때 혹은 거부감을 표현할 때 쓰이는 것으로 '보채다, 성가시게 조르다, 독하다' 정도의 의미를 갖는다.

∞우리들 어려 학교 갔다 오면서도 배가 고프고 그러면 진달래도
따 먹고 안 그랬소. 그런데 한번은 친구들하고 진달래를 따러 갔
는데 그날따라 이슬이 촉촉하게 내립디다. 이슬이 촉촉하게 내
리는데 나는 봉우리 진 것만 따려고. (마침) 저 앞에 크나큰 봉우
리 진 것이 보여. 그래서 저 것은 내가 딴다 하고 막 달려가서 그
꽃을 따려는데 바로 앞에가 작은 애기무덤이 하나가 있더라고.

그랑께 인자 바로 무더메가 펟쩨:. 그란데 아이 시상에 그 꼬설 막
딸라는데 갑:짜기 에기우는 소리가 망나네:. 고케 시게:. 그랑께:
아주 죽:는다고 창꼬시고 머시고 그 사니로 사니로 헤서 어찌케
온지럴 모르게 지비럴 와써.

그랑께 인자 바로 무덤에가 폈제. 그란데 아니 시상에 그 꼿얼
막 딸라는데 갑자기 애기우는 소리가 막 나네. 공게 시게. 그랑께
아주 죽는다고 참꼿이고 멋이고 그 산이로 산이로 해서 어찧게 온
지럴 모르게 집이럴7 왔어.

∞그러니까 바로 무덤 위에 폈지. 그런데 아니 세상에 그 꽃을 막
따려는데 갑자기 애기 울음소리가 막 나네. 아주 세게. 그러니
까 죽는다고 진달래고 뭐고 산으로 산으로 해서 어떻게 온지를
모르게 집에 왔어.

---

6 진도에서 '꽃'은 [꼳, 꼬시, 꼬세, 꼬시로]와 같이 어간말음 'ㅅ'이 규칙적으로
  나타난다.
7 여기서 '-이'는 처격 '-에'가 모음 상승한 것이다.

 **구렁이**

이기심1 그란데 아이 염:병알 노무 구렝이더리 으찌: 구렝이더리 나오는 노메 모:쌀거떼. 요: 터가, 이케 뜨리 익꼬 그 아페 디아네 감:나무가 이케 한나 인는데. 하이 그 감:나무가 구렝이가 올라가서 이:케 아닌냐:, 구렝이가:.

그란데 아니 염병할1 놈우 구렝이덜이 으찌 구렝이덜이 나오는 놈에 못 살겄데. 요 터가2, 잉게 뜰이 있고 그 앞에 디안에3 감나무가 한나 있는데. 아니 그 감나무가4 구렝이가 올라가서 안 있냐,5 구렝이가.

∞그런데 망할 놈의 구렁이들이, 구렁이들이 나오는 놈에 못 살겠데. 이 집 구조가, 뒤뜰이 있고 그 앞 텃밭에 감나무가 한그루 있는데. 아니 그 감나무에 구렁이가 올라가 있냐, 구렁이가.

이순예2 아:타 통세 보꾸게도 구렝이가 그케 이써 가꼬:, 우덜 클 떼넌. 이 마레: 큰: 보꾸가니쏘:. 거가 찌::드르라니 구렝이가 이꼬

---

1 '염병하-'는 비속어이다.

2 여기서 '터'는 집의 구조를 의미한다.

3 '디안'은 '뒤+안→뒤안'의 변화된 형태로 집에 딸린 텃밭을 말한다. '디안~두안' 두 가지가 쓰인다.

4 '감나무가'는 처격 '-에'가 생략된 것으로 문법화 된 특수조사 '-가'만 쓰이는 경우가 종종 있다.

5 '안 있냐'에서 '안'은 부정을 나타내는 부사가 아니라 '있지 않은가?'와 같이 확인의 물음을 나타낸다. 이와 같은 표현이 본문의 곳곳에 나타난다.

우덜또 구렝이도 봐:써라.

  앟다 통세6 보꾹에도7 구렝이가 있어 갖고, 우덜 클때넌. 이 마
레8 큰 보꾹 안 있소. 거가 찌드르라니 구렝이가 있고 우덜또 구렝
이도 봤어라.

∞아따, 통세 들보에도 구렁이가 있어 가지고, 우리들 클 때는. 대
청 들보에 구렁이가 기다랗게 있는 것도 봤어요.

▨01▨ 간데 인자 함버는 마통이 저서 비가 와써:. 비가 왓는데. 어
이서 오능가, 모미 커::나쿵 구렝이가 장꽝 인는 데로 기어 가냐.

  간데 인자 한번은 마통이 저서 비가 왔어. 비가 왔는데. 어디서
오는가, 몸이 커나큰 구렝이가 장꽝 있는 데로 기어 가냐.

∞그런데 한번은 장마가 져서 비가 왔어. 비가 왔는데, 어디서 오
  는가, 몸이 크나큰 구렁이가 장독대 있는 곳으로 기어 가냐.

잔::뜩 거벌 레가꼬, 엔나레늠 바지랑떼가 이써:. 바지랑떼로 기운
데로 구렝이를 떠넝구처부러써. 그 장꽝이로 모:까게 따::악 떠넝
구처붕께 저: 우기로 올라가더니뚝 떨어지데, 디아니로. 그 뒤로

---

6 '통세'는 '뒷간'의 방언형이다. '뒷간'은 '변소'의 의미만을 담고 있지만, 진도
  에서 '통세'는 다양한 용도로 쓰였다. '뒷간'의 기능 외에 '두엄'을 저장하고,
  농기구를 보관하는 '헛간' 겸용이었다. 문을 따로 만들지는 않았으나, '뒷간'
  이 있기 때문에 거적으로 입구를 가리기도 했다.

7 '보꾹~복국'은 '들보'의 방언형이다. 문헌에서 '집 보히(석보24:6), 보히(금강
  경삼가해4:35)'등을 볼 수 있다.

8 '마레'는 '마루'의 전남방언형이다. 진도는 '마루'를 '반침'이라고 한다.『표준
  국어대사전』을 참고하면 '반침'은 한자어로 '半寢'이며 '큰방에 붙어 있는 작
  은방으로 여러 가지 물건을 넣어 두는데 쓴다.'라고 되어 있다. 어떤 연유인
  지 모르나 진도는 '반침'을 '마레'로 '마루'는 '반침'이라 지칭한다.

는 구렝이가 그케 주거가꼬 이따가냐.

잔뜩 겁얼 내갖고 옛날에는 바지랑대가 있어. 바지랑대로 기운 대로 구렝이를 떠넝구처 불었어. 그 장깡이로 못 가게 따악 떠넝구처붕께9 저 욱이로 올라가더니 뚝 떨어지데, 디안이로. 그 뒤로 는 구렝이가 궁게 죽어갖고 있다가냐.10

∽잔뜩 겁은 나지만, 옛날에는 바지랑대가 있었어. 그 바지랑대로 힘껏 구렁이를 떠넝구쳐 버렸어. 장독대로 못 가게 떠넝구치니 까 허공으로 올라가더니 뚝 떨어지데, 텃밭으로. 그 뒤로 구렁 이가 그렇게 죽어 가지고 있다고 하냐.

02 오:메 징헤르 그노미 주거뜽 거시오.

오매 징해르 그놈이 죽었든 것이오.

∽오매 징그러워라 그놈이 죽었든 것이오.

01 그란데 그케 공중빠람 쎄면 중는다가더라. 간데 그른때마네 도 기운쭈마기나 이쑹께. 바지랑떼 끄터리로 따악! 떠넝구칭께는, 거가 지프제:. 요놈 뇨:케 올라가따 뚝 떠러저 추거떵거여.

그란데 공중바람 쎄면 죽는다가더라. 간데 그른때만 해도 기운 주막이나 있응께. 바지랑대 끄터리로 따악! 떠넘구칭게는, 거가 지프제. 요놈 웅게 올라갔다 뚝 떨어저 죽었던 거여.

---

9 '떠넝구치-'는 여기서 구렁이를 바지랑대로 떠서 공중부양 시켜 곤두박질치 게 했다는 의미이다. 중앙어의 '떠넘기다'와는 의미가 다르다.

10 '있다가냐'는 '있다고 하냐'에서 '-오 ㅎ-'가 생략된 것이다. 위의 문장은 간 접인용문으로 '-오 ㅎ'의 생략은 본문에서 흔하게 발견된다. 예) ~한다게(~ 한다고 해), ~하드라게(~하드라고 해), ~하라가드마(~하라고 하드마)

∽그런데 (구렁이는) 공중바람 쐬면 죽는다고 하더라. 그때만 해도 힘깨나 있어서, 바지랑대 끄트머리로 (들어 올려) 던지니까, 거기가 깊지. 그러니까 공중위로 올라갔다 툭 떨어져 죽었던 것이여.

또 함버는 우리 아그더럼 방에 인는데 므시 이케 실실실 기드라가냐. 그래서 봉께는, 커:나쿵 구렝이가 딤문 창이로 이케 기어 올라가드라게. 강께 즈그 지비넌 또께비 나오고 구렝이도 나온다고 무섭따고 이리 이사 와부런는데.

또 한번은 우리 아그덜언 방에 있는데 믓이 잉게 실실실 기드라가냐. 그래서 봉께는. 커나큰 구렝이가 덧문 창이로 잉게 기어 올라가드라게. 강께 즈그 집이넌 또깨비 나오고 구렝이도 나온다고 무섭다고 이리 이사와 불었는데.

∽또 한 번은 우리 애들이 방에 있는데 뭐가 실실실 기더라고 하냐. 보니까 크나큰 구렁이가 뒷문 창으로 기어 올라가더라고 해. 그러니까 저희 집은 도깨비도 나오고 구렁이도 나온다고 무섭다며 이리로 이사와 버렸는데.

또 여그와서 사는데 창터에서 그저네넌 그:케 떨크떨크덩 휀네:. 그랑 그거이 무섭따고::, 우리아그더럼 무서서 죽꼬 몯 쌀다 씨집가써.

또 여그 와서 사는데 장터에서11 그전에넌 둥게 떨크떨크덩 했

<hr>

11 '장터'는 시장이 서는 곳으로, 제보자가 살고 있는 돈지는 6일 만에 장이 선다.

네. 그람 그것이 무섭다고 우리 아그덜언 무서서 죽고 못 살다 시
집갔어.

∞또 여기 와서 사는데 옛날에는 시장 (지붕이 양철이라) 덜크덩
덜크덩 했네. 그러면 그것이 무섭다고. 우리 애들은 무서워서
죽고 못 살다 시집갔어.

012 우리 함마니가 그라더마. 집찜마디 집 지키넝 구렝이가 이
써서 집 지킨단다. 구렝이넌 집 지킹께 저렁 쿵: 구렝이넌 앙 건드
러도 다른데로 다: 강께, 무서도: 말고 건들지도: 말고 보지도: 말
고 그라라가등마.

우리 한마니가 그라더마. 집집마디 집 지키넌 구렝이가 있어서
집 지킨단다. 구렝이넌 집 지킹께 저런 큰 구렝이넌 안 건드러도
다른 데로 다 강께, 무서도 말고 건들지도 말고 보지도 말고 글하
라 가든마.

∞우리 할머니가 그러더구먼. 집집마다 집 지키는 구렁이가 있어
서 집을 지킨단다. 저렇게 큰 구렁이는 건드리지 않아도 다른
곳으로 가니까. 무서워도 말고 건들지도 말고 보지도 말고 그러
라고 하더구먼.

 귀신이야기

김상래 그란데 에:기럴 겨꺼노코 보믄, 사:람한테 소긍 거또 또께비로 인정하고. 챵니미네 아부지 가트니는 냑 사러 지산면 가따오다, 헌: 신장노 거그서, 그: 누느 오는데, 흐:카니 두루마기 익꼬 거그럴 딱: 지네가는데, 그 숭:가네 먼: 니리 인능고 하니. 사라밍가 머싱가 모른데, 완:저니 이케 고게 수기고 가다 네 확: 부닥처따 그 마리여. 그러니 정:시니 걍 혼:동 댜부럳쩨. 그랑께 거그서 떠러징거스닌자 도체비라고 그르케 셍각 헤:써. 그라고 야걸 허리에다 띠:고는 네가 이놈한테 이게야 쓴다 그라고, 막 질가세 그떼느닌자 지레가 안 도긴능가? 그랑께 막: 던지고는 도게찌벌 와썻드라게.

그란데 애기럴 겪어놓고 보믄, 사람한테 속은 것도 또깨비로 인정하고. 강님이네 아부지 같은 이는 약 사러 지산면 갔다 오다, 헌 신작로 거그서, 그 눈 오는데, 흑하니 두루마기 입고 거그럴 딱 지내 가는데, 그 순간에 먼 일이 있는고 하니. 사람인가 멋인가 모른데, 완전히 잊게 고개 숙이고 가다 내 확 부닥쳤다 그 말이여. 그러니 정신이 걍 혼동 댜 불었제. 그랑께 거그서 떨어진 것은 인자 도채비라고 그릏게 생각했어. 그라고 약얼 허리에다 띠고는 내가 이놈한테 이게야 쓴다 그라고, 막 질갓에 그때는 인자 질에가 안 독 있는가? 그랑께 막 던지고는 도갯집얼1 왔었드라개.

∞그런데 애기를 겪어놓고 보면, 사람한테 속은 것도 도깨비라 생

각하고. 광남이네 아버지는 약 사러 지산면 갔다 오다 헌 신작로에서, 눈 오는데 흰 두루마기를 입고 그곳을 지나가는데, 그 순간 무슨 일이 벌어진고 하니, 사람인지 뭔지 모르는데, 고개를 폭 수그리고 가다가 내 확 부딪혔다 그 말이여. 그러니 정신이 혼미해버렸지. 그러니까 길 밑으로 떨어진 것은 도깨비라고 생각을 했어. 그래서 약을 허리에 두르고, 내가 이놈한테 이겨야 쓴다하고는. 그때는 길에 돌이 많았잖은가? 그러니까 돌을 마구 던져 놓고는 술도가를 왔다고 해.

그렌는데 묘::아니 그 미테서 막 꼭 사람가치 거그서도 막 돌멩이럴 그:케 던지드라게. 그레 도게찝 와서넌 술, 다: 멩기라노코사 지비 와뜨라게, 무:성게 모:도고.

그랬는데 묘하니 그 밑에서 막 꼭 사람같이 거그서도 막 돌멩이럴 굵게 던지드라개. 그래 도개집 와서넌 술 다 맨기라 놓고사 집이 왔드라개, 무성께 못 오고.

∽그랬는데 묘하니 그 밑에서도 마치 사람처럼 막 돌멩이를 던지더래. 그래서 (집으로 가지 않고) 술도가로 가서 술 다 만들어 놓고야 (날이 샌 뒤) 집에 왔다고 해, 무서우니까 못 오고.

그렌는데 그 디:로 벡똥가서 수럴 마시고 인는데, 어뜬 사라미 묘:한 에기럴 헤:뜬 모양이여. 자기가 어제, 바메: 거그 기럴 거:따가 베:빨로이널 만난는데:, 거이 붐:명히 벱빨로인 또께비가 막 돌멩

이럴 던저서 저 도를 마지믄 중:는다가드라. 인자 그른 셍가가고
자기도 던저따고.

　그랬는데 그 디로 백동가서 술얼 마시고 있는데. 어뜬 사라미
묘한 애기럴 했든 모양이여. 자기가 어젯밤에, 거그 길얼 걷다가
백발 노인얼 만났는데, 거이 분멩히 백발노인 또깨비가 막 돌멩이
럴 던저서, 저 돌을 마지믄 죽는다가드라. 그른 생각하고 자기도
던졌다고.

∞그랬는데 그 뒤로 백동에서 술얼 마시고 있는데. 어떤 사람이
　묘한 얘기를 했던 모양이여. 자기가 어젯밤에 길을 가다 백발노
　인을 만났는데. 분명 백발노인 도깨비가 돌멩이를 던져서, 저
　돌을 맞으면 죽는다고 하더라. 그런 생각하고 자기도 던졌다고.

그랑께는 하하하 강나미네 아베가 에이, 나쁜놈 세끼! 요놈 쇠끼
가 그레꾸나, 하하하. 그레서 강:나미네 아부지능 강:나미 아부지
데로: 거이 도께빈주랄고. 남도 익진씨라가디야. 그부넌 광:나미
네 아부지럴 벡빨 로인 기:시니로 알고. 도께비 홀레딴 예기럴 하
고 이쏭께. 하하하 강나미네 아부지가 드꼬 그렌쩨.

　그랑께는 하하하 강남이네 아배가 애이, 나쁜 놈 새끼! 요놈 쇠
　끼가 그랬구나 하하하. 그래서 강남이네 아부지는 강남이 아부지
　대로 거이 도깨빈줄 알고. 남도 익진씨라가더냐. 그분언 강남이네
　아부지럴 백발노인 기신이로 알고. 도깨비 홀레단 예기럴 하고 있
　응께. 하하하 강남이네 아부지가 듣고 그랬제.

∞그러니까 하하하 광남이네 아버지가 예끼, 나쁜 놈! 이놈 새끼
　가 그랬구나 하하하. 그래서 광남이네 아버지는 광남이 아버지

대로 도깨비인줄 알았고. 남도 익진씨라고 하더냐. 그분은 광남
이네 아버지를 백발노인 귀신으로 알고. 도깨비 홀렸단 이야기
를 하고 있으니까. 하하하 광남이네 아버지가 듣고 그랬지.

그라고 술: 마:이 머꼬 허우적꺼리다가 잘 모뗑거선 도께비 홀려따
그레써. 여 굴:포서 진:호형니미 신:데를 요런 신데럴 일곰마링가
끄리 멍는다고. 지금 종늘레 아베 베 탈때 고너멀 가꼬 올로다 술:
체가꼬 돌리다웅께. 이케 돌리먼서 옹께 게기가 다 떠러저불제.

그라고 술 만이 먹고 허우적거리다가 잘 못 댄 것언 도깨비 홀렸
다 그랬어. 여 굴포서 진호형님이 신대를 요런 신대럴 일곱마린가
끌이 먹는다고. 지금 종율네 아배 배 탈 때 고넘얼 갖고 올로다 술
채갖고 돌리다웅께. 잉게 돌리먼서 옹께 개기가 다 떨어저불제.
∞그리고 술 많이 먹고 허우적거리다가 잘 못된 것도 도깨비 홀렸
다 그랬어. 굴포서 진호형님이 (어른 팔뚝만한) 신대를 일곱 마
리정도 끓여 먹는다고. 종율네 아버지 배 탈 때, 그것을 가지고
올라오다 술 취한 체 돌리면서오니까, 고기가 떨어져버리지.

간데 아치메 네가 강께 질까세가 여:러 마리가 떠러저써. 그레 고
놈 주서다가 우리넘 머건:는데. 디:로늠 봉께, 진:호 형니미 머이
라강고아니. 아:따, 굴:포서 베에 가따오는데 도께비 홀려가
꼬……게기 가꼰데 걍 다: 도께비가 가저가불고 업따고 그라난다
고 하하하.

간데 아침에 내가 강께 질갓에가 여러 마리가 떨어졌어. 그래
고놈 줏어다가 우리넌 먹었는데. 디로는 봉께, 진호 형님이 멋이

라간고 하니. 아따, 굴포서 배에 갔다 오는데 도깨비 홀려갖
고……개기 갖곤데 걍 다 도깨비가 가저가불고 업다고 글하난다
고 하하하.

∞그런데 아침에 내가 나가보니까 길가에 여러 마리가 떨어져 있
어. 그래 주워다 먹었는데 뒤로 진호형님이 뭐라고 한고하니.
아따, 굴포에서 배에 갔다 오는데 도깨비 홀려서……고기 가지
고 오는데 그냥 다 도깨비가 가져가버리고 없다고 그런다고 하
하하.

강진간 네가 중:학꾜 한 니랑녀니나 댜써. 우리 일가데는 사라미
어디 바메 느께 오다가 또께비에 홀려떵 거시여. 즈그 동셍더리
인자 우리지비릴 와뜨라고. 아그더리 막 움스로 왈써.

내가 중학교 한 일학년이나 댰어. 우리 일가 대는 사람이 어디
밤에 늦게 오다가 또깨비에 홀렸던 것이여. 즈그 동생덜이 우리
집이럴 왔드라고. 아그덜이 막 움스로 왔어.

∞내가 중학교 한 일학년이나 되었어. 우리 친척 되는 사람이 어
디를 밤늦게 오다가 도깨비에 홀렸던 것이여. 동생들이 우리 집
에 왔더라고, 막 울면서 왔어.

우리오빠가 또께비 올라가꼬 왕능가:. 지비 와가꼬 용골똥 쪼게서
어뜬 녀자가 가치 지비로 완는데:, 지비는 안 드로고 자꾸 자기보
고 바까트로 나오란다고, 저케 나갈란다고 그란다게. 그랑께 즈그
오빠를 몬: 나가게, 막 즈그더리 자부믄 뿌리치고 망 나간다고. 강
께 즈그 오빠럴 몬: 나가게 잔 자버주라능 거시여.

우리오빠가 또깨비 홀라갖고 왔는가. 집이 와갖고 용골동 쪽에서 어뜬 여자가 같이 집이로 왔는데, 집이는 안 드로고 자꾸 자기 보고 바깥으로 나오란다고 젛게 나갈란다고 그란다게. 그랑께 즈그 오빠를 못 나가게, 막 즈그덜이 잡우믄 뿌리치고 막 나간다고. 강께 즈그 오빠럴 못나가게 잔 잡어주란² 것이여.

∞우리오빠가 도깨비 홀려서 왔는가. 용골동 쪽에서 어떤 여자가 같이 집에 왔는데, 집에는 안 들어오고 자꾸 자기보고만 바깥으로 나오라고 한다고, (그래서) 저렇게 나가려고만 한다고 해. 그러니까 오빠를 못 나가게, 저희들이 잡으면 뿌리치고 나가니까. 저희 오빠를 못 나가게 좀 잡아달란 것이여.

나는 그떼 공부하다가 나간는데. 오또 미테늠 빠자마마니꼬 우게는 난넹구마니버써. 그란데 저 사람 잔 즈그 오빠 잔 자버주라게도 동네서 멀쩡멀쩡 보고 누구 안자버, 무서라고. 쪼테 사람더런 구경만 하고 인는데 네가 가서 허리럴 딱 작꼬 모까게 밀고 즈그 지비로 옹께 딴 사람덜또 그떼사 가치 밀고 와써.

나는 그때 공부하다가 나갔는데. 옷도 밑에는 빠자마만 입고 욱에는 난넹구만 입었어. 그란데 저 사람 잔 즈그 오빠 잔 잡어 주라게도 동네서 멀쩡멀쩡 보고 누구 안 잡어, 무서라고. 졸에 사람덜언 구경만 하고 있는데. 내가 가서 허리럴 딱 잡고 못가게 밀고 즈그 집이로 옹께 딴 사람덜도 그때사 같이 밀고 왔어.

∞나는 그때 공부하다 나갔는데. 옷도 밑에는 파자마만 입고 위에

---

2 '주라'는 '달라'의 방언형이다. 이와 관련하여 고영근(1999)와 배주채(2009)를 참고할 수 있다.

는 메리야스만 입었어. 그런데 (나가보니까) 저희 오빠 좀 잡아
달라고 해도 멀뚱멀뚱 보기만 하지 누구 (한사람) 안 잡아, 무서
워 라고. 곁에 사람들은 구경만 하고 있는데 내가 허리를 딱 잡
고 .못 가게 집으로 밀고 들어오니까 다른 사람들도 그때서야
같이 밀고 왔어.

그̆ 가운데서도 또께비 홀려떤 사라미 자:꾸 마람스로: 자기 혼자
마리여. "가치 온 여자가 쩌:그서 오라 헨:는데……." 목: 깐다고
혼자 중얼중얼 함시로, 긍께 엔:나레 이 설파케다 바벌 네던짐시
로 므다늠 무:당더리 이써. 바가지 띠둠시로 그겁뽀고 므라가냐.

그 가운데서도 또께비 홀렸던 사람이 자꾸 말함스로 자기 혼자
말이여. "같이 온 여자가 저그서 오라 했는데……" 못 간다고 혼
자 중얼중얼 함시로, 강께 엣날에 이 설팍에다3 밥얼 내던짐시로
뭇하는 무당덜이 있어. 바가지 띠둠시로 그것보고 므라가냐.

∞그 가운데서도 도깨비 홀린 사람은 자꾸 혼잣말을 해. "같이 온
여자가 오라고 했는데……" 못 간다고 중얼중얼 하면서, 그러
니까 옛날에는 설팍에다 밥을 내던지면서 하는 무당들이 있었
어. 바가지 두드리면서 그것 보고 뭐라고 하냐.

김 물리미라가제.
물림이라가제.4

---

3 '설팍~설팍'은 '마당 어귀'에 대응된다. 고흥지역에서는 '새랍~새르팍'의 두
  가지 형태가 쓰이고 있었다.
4 '물림'은 귀신들렸거나 아픈 환자가 있을 때 그 재앙의 원인이 되는 것을 물리

∞물림이라고 하지.

[강] 마저. 그겁뽀고 물리미라가제 하하하. 칼: 가꼬 쪼빠걸 두드
림써, 거그다 바벌 다머가꼬 그레가꼬 마악 기:시널 쪼차네는, 그
므시여:? 그 네용이 '기:시나 물러나라!' 그레가꼬는 '헙쎄: 헙쎄:'
함시로 '쩌:리 물러나거라!' 그람시로 칼:도 막 던지고 쪼빡또 쩌:
리 던짐시로 물리만다고 기:심 밥 줌시로 그레.

맞어. 그것보고 물림이라가제 하하하. 칼5 갖고 쪽박얼 두드림
서, 거그다 밥얼 담어갖고 그래갖고 마악 기신얼 쫓아내는, 그 뭇
이여? 그 내용이 '기신아 물러나라!' 그래갖고는 '헙쎄 헙쎄'6 함시
로 '쩌리 물러나거라!' 그람시로 칼도 막 던지고 쪽박도 쩌리 던짐
시로 물림한다고 기신 밥 줌시로 그레.

∞맞아. 그것 보고 물림이라고 하지 하하하. 신칼로 바가지를 두
드리면서, 바가지에 밥을 담아가지고 귀신을 쫓아내는, 그 뭐
야? 그 내용이 '귀신아 물러나거라! 헙세– 헙세– 저리– 물러나
거라!' 그러면서 신칼도 던지고 바가지도 던지면서 물림한다고
귀신 밥 주면서 그래.

그레가꼬 막 '전라남도 어디어디에 사는 아무게 어디어디 가따 오
다 기심부튼…… 저리 물러나쇼: 물러나쇼.' 하하하, 가망가만 하

쳐주는 굿거리 명칭이다.
5 여기서 '칼'은 '신칼'을 말한다. '신칼'은 무당이 굿을 할 때 잡귀를 쫓는데 사
   용하는 도구이다.
6 '헙쎄'는 무당이 귀신을 쫓으면서 내는 주문소리이다.

능거시 아니라 동네서 다 득께 크게 헤:.

그래갖고 막 '전라남도 어디어디에 사는 아무개 어디어디 갔다 오다 기신 붙은…… 저리 물러나쇼, 물러나쇼.' 하하하 가만가만 하는 것이 아니라 동네서 다 듣게 크게 해.

∞'전라남도 어디어디에 사는 아무개가 어디어디 갔다 오다 귀신 붙은…… 저리 물러나시오, 물러나시오.' 하하하 가만가만 하는 것이 아니라 동네가 떠나가도록 크게 해.

조 그래서 괜찮아졌나요.

강 응. 그 자리에서 잠드러가꼬 나중에 께나써.

응. 그 자리에서 잠들어갖고 나중에 깨났어.

∞응. 그 자리에서 잠들어 가지고 나중에 깨어났어.

조 조금 전 어르신께서(김상래) 칼 끝 방향을 말씀하시던데요.

김 그겁뽀고 인자 기:심 바벌주는 시긴데: 카럴 '헙쎄다까라고' 던지:씰떼:.

그것보고 인자 기신 밥얼 주는 식인데 칼얼 '헙쎄다까'라고 던졌일때.

∞그것은 귀신 밥을 주는 식인데 신칼(神刀)을 '헙세다까'라고 던졌을 때.

조 '헙쎄다까'가 무슨 뜻인가요?

김 아이 인자 기심보고 그 밤 머꼬 인자 나가라 그라고 던진는데, 칼끄시 이케 아니로 들믄 다시 하드라고, 우더런 처:메넘 몰:란는데. 칼 끄시 제데로 안 나가도 카럼 멀:리 나가써도 안 나가따는 거시. 칼 끄시 지비로 드롼따고 고 주무널 다시 하고. 주무능 각 성바지럴 점:부 들미기고, 그르케서 잡:끼보고 물러나라고 칼로 이허바고. 쪼:끔 더 시:마게 하믄 짝뚜럴 노코 헤. 거 소 여물 써러주는 이케 큰 짝뚜럴 그걸 노코도 하고.

아니 인자 기신보고 그 밥 먹고 나가라 그라고 던짆는데, 칼끗이 잉게 안이로 들믄 다시 하드라고. 우덜언 첨에넌 몰랐는데. 칼끗이 제대로 안 나가도 칼언 멀리 나갔어도 안 나갔다는 것이. 칼끗이 집이로 드롰다고 고 주문얼 다시 하고.7 주문은 각 성받이럴8 전부 들믹이고. 그릏게서 잡기보고 물러나라고 칼로 이힙하고. 쪼끔 더 심하게 하믄 작두럴 놓고 해. 거 소 여물 썰어주는 잉게 큰 작두럴 그걸 놓고도 하고.

∞귀신보고 그 밥을 먹고 나가라고 던졌는데 신칼 끝이 안으로 들어오면 다시 하더라고, 신칼은 멀리 나갔어도 제대로 안 나갔다고 하는 것이. 신칼 끝이 집으로 들어 왔다고 그 주문을 다시 하고. 주문은 각각의 성씨를 전부 들먹이고, 그렇게 해서 잡귀보고 물러나라고 칼로 위협하고. 조금 더 심하게 하면 작두를 놓고 해. 소여물 썰어주는 큰 작두를 놓고도 하고.

그람 카리 제데로 나가믄 인자 밥 가따 비어뿔고. 그: 사람덜 드로

---

7 사람들은 신칼 끝이 바깥을 향할 때 비로소 귀신이 사람 몸 밖으로 빠져 나왔다고 여겼다.

8 '성받이'는 각 성씨를 이르는 것으로 성씨를 주문으로 외운다.

보믄 아따 그케 하고 낭께 시:어나니 겐차나단 사람도 이꼬, 어뜬 사라뭉 걍 그데로 드로노 자분 사람도 이꼬. 술:도 암 머꼬 이런 사람도 갑짜기 막 이런 진통이 이쓰믄, 지긍 까트뭉 걍 병워네 갈 쩡돈데: 우선 그르케서 기:신 드러따고 그라는데. 지그면 기시니 어디가 인는지 허허허 모르는데 엔나레능 그런 시기로 마이 사라써요.

그람 칼이 제대로 나가믄 인자 밥 갖다 비어불고. 그 사람덜 들오보믄 아따 쿵게 하고낭께 시언하니 갠찬하단 사람도 있고, 어뜬 사람은 걍 그대로 드로노 자분9 사람도 있고. 술도 안 먹고 이런 사람도 갑자기 막 이런 진통이 있으믄, 지금 같으믄 걍 병원에 갈 정돈데 우선 그릏게서 기신 들었다고 그라는데. 지금언 기신이 어디가 있는지 허허허 모르는데 옛날에는 그른 식이로 만이 살았어요.

∞그러면 신칼이 제대로 나가면 그제야 밥을 비워내고. 굿한 사람들 (말을) 들어보면 아따, 그렇게 하고나니까 시원하니 괜찮다는 사람도 있고, 어떤 사람은 그대로 드러누워 자 버리는 사람도 있고. 술도 안 먹고 이러는 사람도 갑자기 진통이 있으면, 지금 같으면 그냥 병원에 갈 정도인데 우선 그렇게 해서 귀신 들었다고 그러는데. 지금은 귀신이 어디가 있는지 허허허. 옛날에는 그런 식으로 많이들 살았어요.

그라고 거 기:시니 이따가믄 묘 암 비어도 성가시게 하고 그라꺼시오. 아푸로 이거시 함 멩녕 가믄, 손지더리 와서 묘 빌 손지더리

---

9 '자분'은 '자-+불-(버리-)+-은'으로 분석된다.

메시나 이쓸랑가. 나는 그케 셍가가요. 우덜떼 너머가불면 우덜 자식떼까지는 모:르지만……. 그라고 또 교우를 미꼬 이쑹께.

그라고 거 기신이 있다고 하믄 묘 안 벼도 성가시게 하고 그럴 것이오. 앞우로 이것이 한 멧 년 가믄, 손지덜이 와서 묘 빌 손지덜이 멧이나 있을랑가. 나는 긓게 생각하요. 우덜 때 넘어가불면 우덜 자식 때 까지는 모르지만……. 그라고 또 교우를 믿고 이쑹께.

☙그리고 귀신이 (진짜로) 있다면 묘 안 베도 성가시게 하고 그럴 것이오. 앞으로 몇 년 가면, 묘 베줄 손자들이 몇이나 있으려나. 나는 그렇게 생각합니다. 우리 때 넘어가면 우리자식 때 까지는 모르지만……. 그리고 또 교회를 믿고 있으니까.

 **젖을 타다**

이순예 시물 시사레 처데기럴 란:는데에. 머리 중모리: 바테 밤 메러 가서 모레 중무리가 터지드라. 빌그딩디:하니: 히비덕떠가니 에기날떼는 중머리 터저야 에기를 나아:.

시물 시살에 첫 애기럴 낳는데. 머리 중물이 밭에 밭 매러 가서 모레 중물이가1 터지드라. 빌그딩딩하니 히비덕덕하니2 애기 날 때넌 중머리 터저야 애기를 낳아.

∞스물셋에 첫 애기를 낳았는데. 밭에서 밭을 매는데 이슬이 나오 더라. 빌그딩딩하니 히비덕덕하게 애기 낳을 때는 이슬이 나와 야 애기를 낳아.

조 그럼 밭에서 애기를 낳으신 건가요?

이 아:이 저녀게 지비서. 그랑께 그른떼는 시게가 벨라 업:쏭게: 짐자기로 알제. 저녑밤 머글 떼나: 자미 스르:라니 올고 스르라니 올고 그레가꼬 아접빰 머꼬보톰 자미 그케 올더라. 스르라니 자고 밀고 스르라니 자고밀고 그라고 에기럴 란:는데. 씨엄씨랑 상게 씨집사리 하느라 그케 몸: 머꼬 에기럴 랑께 에기가 고케 쩨:까네 가꼬 멩기털맘 멩기털만, 푸우 헤가꼬 이꼬. 그라고 또 나너네기

---

1 '중물'은 '이슬'의 방언형으로 해산 전에 나오는 누르스름한 물을 말한다.
2 '빌그딩딩하-'와 '히비덕덕하-'는 색깔을 나타내는 어휘이다.

럴 라:서 또 음:마나 몬 니러나써.

　아니 저녁에 집이서. 그랑께 그른때는 시게가 벨라 없응께 짐작이로 알제. 저녁밥 먹을 때나 잠이 스르라니 올고 스르라니 올고 그래갖고 아적밥 먹고보틈 잠이 궁게 올더라. 스르라니 자고밀고 스르라니 자고밀고 그라고 애기럴 났는데.3 씨엄씨랑 상게 시집살이 하느라 궁게 못 먹고 애기럴 낭께 애기가 쫑게 쩨깐해갖고 멩기털만 멩기털만,4 푸우 해갖고 있고. 그라고 또 나넌 애기럴 나서 또 은마나5 못 일어났어.

　❀아니, 저녁에 집에서. 그때는 시계도 별로 없으니까 짐작으로 알지. 저녁밥 먹을 쯤 잠이 스르르 오고 스르르 오고 그래 가지고 아침밥 먹고부터 잠이 그렇게 오더라. 스르르 자고밀고 스르르 자고밀고 그러면서 애기를 낳았는데, 시어머니랑 사니까 시집살이 하느라 먹지도 못하고 애기를 낳으니까 애기는 작아서 솜털만 푸하고. 또 나는 애기를 낳은 뒤로도 한참동안 못 일어났어.

조 왜요?

이 그 사시 지비 다:서. 그른때넌 지벌 깔고 에기를 나:써:. 지블 깔고 에기럴 란는데 인자 이 사시, 그 지비 다가꼬 부서부러써어. 그란데다 우리씨엄씨가 지:사가 드롱게 수럴 동우에다 헤:서 네가

---

3 '났는데'는 '낳-＋았＋-는데'와 같이 분석된다.

4 '멩기털'은 '명주털'의 변화형이다. 영암에서는 '미엉털'이라고 하였다. 흔히 피부에 난 털을 '솜털'이라고 하는데 각각 두 지역에서 이르는 털은 '솜털'의 방언형으로 보인다.

5 '은마나'는 '얼마나'의 방언형이다.

있는 정제빵 골:방에다 그케 여:나따가 지반덜 다: 데레다가 수럴
메게써어. 그케 지:사럴 지네고 낭께는 저시 따아간 아주 안 나오
냐! 우리씨엄씨는 인자 서울 딸레지비 가불고 억:꼬.

그 삿이 집이6 다서. 그른때넌 집얼 깔고 애기를 낳어. 집을 깔
고 애기럴 낳는데 이 삿이, 그 집이 다갖고 붓어 불었어. 그란데다
우리씨엄씨가 지사가 드롱께 술얼 동우에다 해서 내가 있는 정잿
방 골방에다7 궁게 여 났다가 집안덜 다 데레다가 술얼 멕엤어. 궁
게 지사럴 지내고 땀낭께는 것이 딱 아주 안 나오냐! 우리씨엄씨
는 인자 서울 딸네집이 가불고 업고.

꼬샅이 짚에 닿아서. 그때는 짚을 깔고 애기를 낳았어. 그런데 짚
이 샅을 쓸어서 부어 버렸어. 그런데다 우리시어머니가 제삿날
이 돌아오니까 술을 동이에 담가서 내가 거처하는 작은방 골방
에 보관해 놓고 집안어른들 다 모셔다가 술을 먹였어. 그런데
제사를 지내고 나니까 젖이 아예 안 나오네! 우리시어머니는 서
울 딸네 집에 가버리고 없고.

그레도 그떼마네도 쩨::깐썽 메겐는데 인자 그:락씩시: 또 동네 국
짱네라고 그짐 메느리가 게로네가꼬 에기럴 몬:나써. 에기럴 몬:
나므는 그케 처데기 난데가서 그케 저설 쓰다믄다가냐. 그레도 나
늠 몰:라써 그룽거설:.

---

6 '삿'과 '집'은 각각 '샅'과 '짚'의 방언형이다. 이들은 [삳, 사시, 사세, 사시로],
  [집, 지비, 지베, 지비로]와 같이 어간말음이 'ㅅ'과 'ㅂ'으로 재구조화 되었다.

7 '정잿방'의 '정재'는 '부엌'의 방언형으로 부엌에 딸린 방을 이른다. 또한 '골
  방'은 큰방의 뒤쪽에 딸린 아주 조그마한 방을 말한다. 집이 넉넉하면 큰 방
  뿐 아니라 작은방에도 골방을 만들었다고 한다.

그래도 그때만 해도 째깐석 멕었는데 인자 그락씩시(?) 또 동네 국장네라고 그 집 메느리가 겔혼해 갖고 애기럴 못 낳어. 애기럴 못 낳므는 궁게 첫 애기 난데 가서 젓얼 쓰담은다가냐. 그래도 나는 몰랐어 그른 것얼.

ℤ그래도 그때만 해도 조금씩 먹였는데, 그 무렵 국장네라고 그 집 며느리가 애기를 못 낳았어. 애기를 못 낳으면 그렇게 첫 애기 낳은 (애기엄마) 젖을 쓰다듬는다고 하나. 그래도 나는 그런 것을 몰랐어.

그 엄메가 "으타 오메 시상에 처데기럴 란:는데 저시 너머 쩨:까네 가꼬: 여으서 어이서 저설 머껀냐?" 그라고 저서리케 훌터불더라:, 훌터부러! 그렌는데 그디로 참말로 저시 몰라가꼬 인자 저시 여녕 몰라가꼬 안낭께 으:이고 바미라믄 울:고 씨엄씨느넉꼬어차 건냐? 인자 중무럴 바더다가 메게써.

그 엄매가 "으타 오매 시상에 첫 애기럴 났는데 젓이8 너머 째깐해 갖고 여그서 어디서 젓얼 먹겄냐?" 그라고 젓얼 잉게 훑어불더라, 훑어불어! 그랬는데 그 디로 참말로 젓이 몰라갖고 인자 젓이 여녕 몰라갖고 안낭께 으이고 밤이라믄 울고 씨엄씨는 업고 어차졌냐? 인자 죽물얼 받어다가 멕엤어.

ℤ그 엄매가 "으따 오매, 세상에 첫 애기를 낳았는데 젖이 너무 작아서 이 젖을 먹겠냐?"하고 젖을 훑더라, 훑어버러! 그런데 그 뒤로 정말 젖이 말라서, 젖이 영영 마르더니 더는 안 나오니까

---

8 '젓'은 '젖'의 방언형이다. [젇, 저시, 저시로]와 같이 모음어미 앞에서 어간말음이 'ㅅ'으로 나타난다.

밤이라면 울고 시어머니는 없고 어쨌겠냐? 그래서 죽물을 받아 먹였어.

그: 쩨까난 인자 베길도 안덴 에기한테다가 밤무럴 바더 메게당께, 저시 업쏭께. 그라믕 그노멀 머건냐? 그레가꼬는 인자 정올 여라렌날, 이롤 여라렌날 란:는데 베비보걸 멘드라서 이페 난:는데 꼭 시:커메가꼬 에기도 아니고. 그랑께 지반 아짐네드리랑 할마이드리랑 다라봄시로 "오메메 에기가 요케도 안 커쓰까, 요케도 안 커쓰까. 암마네도 이 에기가 부정쩌따!" 그레에. 그랑께 인자 올로 무러보러릴 갇써어. 무러 보러를 강께 인자 지앙마지럴 하라게, 인자 부정 쩌따고:.

그 쩨깐한 인자 백일도 안댄 애기한테다가 밥물얼 받어 멕엤당께, 젓이 없응께. 그라믄 그놈얼 먹겄냐? 그래갖고는 인자 정올 열 아랫날, 일올 열 아랫날 났는데 베비복얼 맨드라서 입헤 났는데9 꼭 시컴해갖고 애기도 아니고. 그랑께 집안 아짐네들이랑 할마이들이랑 다라봄시로 "오매매 애기가 옹게도 안 컸을까, 옹게도 안 컸을까. 안만해도 이 애기가 부정쩠다" 그래. 그랑께 인자 올로10 물어럴 보러럴 갔어. 물어 보러를 강께 인자 지앙맞이럴11 하라개 인자 부정 쩠다고.

---

9 '났는데'는 '놓-+-았-+-는데'와 같이 분석된다.

10 '올로~얼로'는 '어디로'의 방언형이다.

11 '지앙~지앙할마이'는 출산을 관장하는 '삼신'의 방언형이다. 고흥에서도 '지앙할무이~지앙할매'라고 하였다. 당골네(무당)의 사설 중에 '삼신제왕님'이 나온다. 굿거리에서는 음운변화를 겪지 않았으나, 뭇사람들 사이에서는 '제왕>지왕>지앙'과 같이 변한 것으로 보인다.

∾그 작은 백일도 안 된 애기한테 밥물을 받아 먹였다니까, 젖이 없으니까. 그럼 그것을 먹겠냐? 그래 정월 열 아랫날, 일월 열 아랫날 낳아서 베이비 복을 만들어 입혀 놓았는데, 새까매서 애기도 아니고. 그러니까 집안 어른들이 만져보면서 "이렇게도 안 컸을까, 이렇게도 안 컸을까. 아무래도 이 애기가 부정 탔다" 그래. 그래서 (무당한테) 물어보러 갔어. 그런데 제왕 맞이하라고 해 부정 탔다고.

조 지왕맞이란게 뭔가요?

이 이:저네는 에기럴 나머는 지앙한테 상도 차라노코 그래써. 그라고 또 에기가 부정이 찌믄 이 지앙마지할 떼마다 에기엄메 오설 함 불써걸 롸! 노코 헤.

  이전에는 애기럴 낳머는 지앙한테 상도 차라놓고 그랬어.12 그라고 또 애기가 부정이 찌믄 이 지앙맞이할 때 마다 애기엄매 옷 얼 한 불썩얼 놔! 놓고 해.

∾옛날에는 애기를 낳으면 제왕한테 제사상도 차려놓고 그랬어. 그리고 애기가 부정 타서 제왕 맞이할 때는 애기엄매 옷을 한 벌씩을 놔! 놓고 해.

조 지앙맞이는 누가 하는가요?

---

12 진도에서는 집안에서 아이를 낳게 되면, 산모 방 윗목에 짚을 깔고 쌀을 담은 지앙동우(제왕 동이), 미역, 물, 명주실 등을 차려놓는다. 이는 아기가 태어남을 감사드리고 또한 아기와 산모의 건강을 빌기 위함이다.

`이` 당골레가 하제. 아이 그레 모테, 그: 공디리는 세:미 이써어. 방주꿀 쩌 아네가 공디리는 세:미 인는데 셍경 공디리므는 그노멀 지러다가 공얼 디려. 그란데 고:리 무럴 지르러 가는데 거가 바시 이꼬 메:뿌란도 이꼬 그레, 엔:나링께. 거그럴 지:네가는데 아이 사멀따레 므은 병알라 베미 나아가꼬야, 요케 지레가 짱 요케 걸처가꼬 이써 베:미 나와가꼬.

당골네가13 하제. 아니 그래 모테,14 그 공 디리는 셈이 있어. 방죽굴 쩌 안에가 공 디리는 셈이 있는데 생견15 공 디리므는 그 놈얼 질어다가 공얼 디려. 그란데 고리 물얼 지르러 가는데 거가 밧이 있고 멧부란도16 있고 그래, 엣날잉게. 거그럴 지내가는데 아니 삼열달에 믄 병할라 뱀이 나아 갖고야, 용게 질에가 짝 용게 걸

---

13 진도에서 '당골'은 세습무를 가리키며 이들에 의해 무속의례가 행해져 왔다. 세습무는 강신무와 다르게 영력과 관련 없는 의례를 집행하며 신을 즐겁게 하고 신에게 인간의 소원을 빌어주기도 한다.

14 '모테'는 들녘 명칭이다. 옛날 이 곳에 못이 있었다고 한다. 음변화에 의해 '모테'가 된 것으로 보인다. 전남방언의 경우 '체언+-이'가 결합되어 나타나는 어휘들이 많은데 지명어에서도 발견된다.
   뒤에 오는 '방죽굴'은 '방죽골(谷)'의 변화형이다.

15 '생견'은 '생전'의 방언형이다. 본문에 나오는 '생견~생전'에 대한 구술 자료를 보면 다음과 같다.
   정남영 제보자: '내가 생:전(늘) 그랬거던' '생견(한 번도) 보고 잪은 맘이 업고' '새끼덜하고 살 일얼 생각하면생견(한 번도) 생각 안나드라.
   이순예 제보자: '공동지가(공동묘지에가) 있는데 생견(늘) 그 메설 파다가 선산에다가……'
   김병현 제보자: '지금이사 생:전(한 번도) 그른 일 업제', '이 놈이 당:께(닿으니까) 생:견(절대로) 안 넘어가제'
   이러한 예들을 토대로 하면 진도방언에서 쓰이는 '생전'은 '관용어'가 되었음을 알 수 있다.

16 '메'는 '묘>뫼>메'(墓)와 같이 변화 된 것으로 '멧부란'이라고도 한다.

처 갖고 있어 뱀이 나와 갖고.

∽무당이 하지. 아니 그래 모테, 방죽골 안에 공 드리는 샘이 있는데 공 드릴 때는 항상 그 물을 길어다 빌어. 그래서 그리 물을 길러 가는데 밭도 있고 묘지도 있고 그래. 그런데 삼월 달에 뱀이 나와 갖고야, 길에 (비스듬히) 걸쳐져 있어.

그란데 모:릉께 인자 그노멀 인자 네가 질러 가써:. 질러가꼬 와서 그 소리항께 안텐다가냐. 부정이 찌네기인데 베:미 이써가꼬 더: 부정이 쩌서 거그 물 가꼬는 안텐데에. 인자 그 베멀 안 바쓰머 공얼 디리꺼인데 바쑹께 인자 모:데부러써.

그란데 모릉께 인자 그놈얼 내가 질러갖고 왔어. 그랬는데 그 소리항께 안텐다냐.17 부정이 찐 애기인데 뱀이 있어 갖고 더 부정이 쩌서 거그 물 갖고는 안댄데. 인자 그 뱀얼 안 밨으면 인자 공얼 디리 것인데 밨응께 인자 못해 불었어.

∽그래도 내가 그 물을 길어 왔어. 그런데 (뱀 보았다는) 소리를 하니까 안 된다고 하냐. 부정 탄 애기인데 뱀이 나타나 더 부정을 타서 그 물 가지고는 안 된데. 그래서 못해 버렸어.

강께 인자 잔:뜩 우러. 저시 부조게가꼬 부정쩌가꼬 크도 아나고: 웅께 인자 우리씨엄씨는 서울써 오도 아나고 항께. 그른때는 편:지로나 헨:쩨 저나가 이써따. 그레 짠뜩 성가싱께 친정에 가써.

강께 인자 잔뜩 울어. 것이 부족해갖고 부정 쩌 갖고 크도 안하

---

17 '안텐다냐'는 '안+되-+-ㄴ다+-고 하-+-냐'의 결합에 의한 것이다. 그러므로 '안 된다고 하냐>안텐다 아냐>안텐다냐(안된다냐)'로 된 것이다.

고 웅께 인자 우리씨엄씨는 서울서 오도 안하고 항께. 그른때는 편지로나 했제 전하가 있었다. 그래 잔뜩 성가싱게 친정에 갔어.

∞그러니까 젖은 부족해서 마냥 울고, 부정 타서 크지도 않고, 시어머니는 서울 가서 오지도 않고 하니까. 그때는 편지로나 했지 전화가 있었더냐. 그래 하도 성가셔서 친정에 갔어.

그레가꼬 잔뜨긴자 에기넌 암 므당께 누가 세:미로 노망뎅길떼 세:메다가 공얼 디리라가드라. 어찌게 드리라가냐 그라므는, 무럴 두르바그로 떠가꼬: 세메다가 "으:따 우레기 점 마나다. 우레기 점 마나다." 그라라고 그레에.

그래갖고 잔뜩 인자 애기넌 안 므당께 누가 샘이로 놈 안 댕길 때 샘에다가 공얼 디리라 가드라. 어찌게 드리라가냐 그라므는, 물얼 두르박으로 떠갖고 샘에다가 "으따 울 애기 젓 만아다. 울 애기 젓 만아다."18 그라라고 그래.

∞애기가 배고파서 우니까, 누가 남 다니지 않을 때 샘에다 공을 드리라고 하드라. 어떻게 하냐 그러면 물을 두레박으로 떠 가지고 샘에다 "아따, 우리애기 젖 많다. 우리애기 젖 많다." 그러라고.

그라므는 우리 친정엄메아고 가서 세벼게: 세부간 네:시나 데아뜸 모냥이어:. 강께 혼자넘 무성께 세멀 모:까고, 쪼깐 떠러저씽께:.

---

18 '多'를 의미하는 어휘 '많다'는 본문에서 [마나다, 마나고, 마내도, 마내서, 마낭께, 만체, 만트라]와 같이 나타난다. 최소심(1990)에 '만하던지', 채정례(1991)에 '만하냐고', 이기갑(2009)도 '마나고, 마나니까, 마나먼'으로 수록되어 있다. 이를 정리하면 '많다~만아다'와 '만애'가 쌍형어로 쓰인다.

그라고 우리친정엄메아고 그케 저설 타러 뎅게땅께:. 그레가꼬 항께는 쩨:까석 쩨까석 더 셍겨:, 저시:.

그라므는 우리 친정엄매하고 가서 새벽에 새복 한 네시나 대았든 모냥이어. 강께 혼자넌 무성께 샘얼 못가고, 쪼깐 떨어졌잉께. 그라고 우리 친정엄매하고 궁게 젓얼 타러 댕겠당께. 그래갖고 항께는 째까석 째까석 더 생겨, 젓이.

∞우리친정어머니하고 새벽 한 4시쯤이나 되었든 모양이야. 샘이 동네와 떨어져있으니까 혼자는 무서워서 못가고, 친정어머니하고 젖을 타러 다녔어. 그렇게 하니까 조금씩 조금씩 젖이 더 생겨.

그레도 놈마이로 술참 저설 몸 메게써. 밤 메고 그라므는 노믐 막 함삐짝기로 쏘아부러. 저설 쏘아불머는 시:상에 그노멀 그케 부러어. 그라고 모럴 하므는 노믄 전메기로 와서 시:는데 점 메깅께 시:는데, 나는 그: 허리가 꼬라저도 몬: 나옹당께. 그라고도 우리 씨누더리 어뜬떼는 암 메기로 와부러.

그래도 놈 마이로 술참 젓얼 못 멕엤어. 밭 메고 그라므는 놈은 막 한삐짝이로 쏘아불어. 젓얼 쏘아 불머는 시상에 그 놈얼 궁게 부러. 그라고 모럴 하므는 놈은 젓 멕이로 와서 시는데 젓 멕잉께 시는데. 나는 그 허리가 꼬라저도 못 나온당께. 그라고도 우리시누덜이 어뜬때는 안 멕이로 와 불어.

∞그래도 남들처럼 새참 젖은 못 먹었어. 밭 매고 그러면 남은 한쪽으로 쏴 버려. 젖을 쏴 버리면 세상에 그 젖이 그렇게도 부러워. 모를 할 때도 남은 젖 먹이로 와서 쉬는데 젖 먹이니까 쉬는

데, 나는 허리가 꼬부라져도 못 나온다니까. 우리시누들이 어떤 때는 안 먹이로 오니까.

조 왜요?

이 저시 업:써가꼬:. 그레도 그 저시 암 부러:. 그랑께 그케 에기럴 주멍마이나 하게 키얼쩨. 저시 암 부릉께. 인자 은제는 함버는 또: 그떼넌 우리씨엄씨가 모하고 보리 비고 그랄떼게 와써. 서울써 옴시로 어이서 드러뚱가 저설 동낭치 저설 타라게:.

것이 없어 갖고. 그래도 그 것이 안 불어. 그랑께 궁게 애기럴 주먹마이나 하게 키었제. 젓이 안 불응께. 인자 은제는 한 번은 또 그때넌 우리씨엄씨가 모하고 보리비고 그랄 때게 왔어. 서울서 옴시로 어디서 들었든가 것얼 동낭치[19] 젓얼 타라개.

∞ 젖이 없으니까. 그래도 그 젖이 안 불어. 그러니까 애기를 주먹만 하게 키웠지. 젖이 안 불으니까. 또 한 번은 우리시어머니가 모하고 보리 베고 그럴 때 왔는데, 서울에서 내려오면서 어디서 들었던가, 동냥치 젖을 타라고 해.

조 동냥치 젖이라면 얻어 먹이는 것을 말하는가요?

이: 아:니, 거 동낭치 저설 타라가므넌 므시냐. 지금 지리 모도 공꼬리가 싸악 디아불고 모도 꼬랑이 나씽께 그라제. 이 네레가므는

---

19 '동냥치'는 '동냥아치'의 방언형이다.

옥떼 세메서 네로는 무리 그르케 조아. 도몽리로 네레가는데:. 그라므느뇨케 질 가운데로 거그다가 그른떼는 지금가치 프라스트 벵이 억:꼬 그랑께 데두뻥이로 흘러 네라가는 노멀 술 데두뻥얼 가꼬 네라가는 무럴 다머가꼬는. 우리 에기럴 억꼬 감시로: "으:따 우레기 점 마나다. 동낭치 저탕께 우레기 점 마나다." 그라고 질까세 감시로 쪼까석 쪼까석 흘려써:.

아니, 거 동낭치 젓얼 타라가므년 뭇이냐. 지금 질이 모도 공꼬리가20 싸악 디아불고21 모도 꼬랑이 났잉께 그라제. 이 내레가므는 옥대 샘에서 내로는 물이 그릏게 좋아. 도목리로 내레가는데. 그라므는 옹게 질 가운데로 거그다가 그른때는 지금 같이 프라스트 벵이 업고 그랑께 대두벵이로 흘러 내라가는 놈얼 술대두벵얼 갖고 내라가는 물얼 담어 갖고는. 우리 애기럴 업고 감시로 "으따 울애기 젓 만하다. 동낭치 젓 탕께 울애기 젓 만아다." 그라고 질 갓에 감시로 쪼까석 쪼까석 흘렸어.

∞아니, 동낭치 젖을 탄다는 것은 뭐냐. 지금은 모두 콘크리트로 덮어 길을 내고 봇도랑이 났으니까 그렇지, 옛날에는 옥대 샘에서 내려와 도목리로 흘러가는 (내가 있었는데) 그 냇물이 그렇게 좋아. 그때는 플라스틱 병이 없으니까 되들잇병으로 흘러내려가는 물을 담아 가지고. 우리애기를 업고 가면서 "으따 우리애기 젓 많다. 동낭치 젖 타니까 우리애기 젓 많다." 하고 길 가운데로 걸어가면서 조금씩 조금씩 흘렸어.

---

20 '공꼬리'는 '콘크리트'의 일본식 발음이다.
21 '디아'의 '디-'는 '되->데->디-'의 변화를 겪은 것이다.

고케 질까세다 네:까 무럴 지러가꼬: 저설 탕께는. 한 오얼 따리
나: 뎅께넌 정올따레 난:는데. 음녁 사올 그뭉께 그른떼는 아이 저
시 이상 마나지냐! 오얼 딸 뎅께는 에기가 토실토시:라니 저시 쪼
간 도라성께 메게써.

꽁게 질갓에다 냇가 물얼 질어갖고 젓얼 탕께는. 한 오얼달이나
댕께넌 정올달에 낳는데. 음녁 사올 그믐께 그른때는 아니 젓이
이상 만아지냐! 오얼달 댕께는 애기가 토실토실하니 젓이 쪼깐 돌
아성께 멕엤어.

∞그렇게 냇물을 길어가지고 젖을 탔더니. 한 오월달이나 되니까
    정월달에 낳았는데, 음력 사월 그믐께는 젖이 이상 많아지냐!
    오월 달 되니까 애기가 토실토실해지면서 젖이 도니까 먹였어.

그란데 또 에기가 또 아프냐:. 아주 또 쪼깜 메게서 에기가 사로름
시로 아장아장거를라 항께 또 으찌게 아퍼써. 그레가꼬 그른떼는
차가 업:씅께 으비로 거러뎅겐써:. 우리씨엄씨가 앙그덤쩨럴 억꼬
병오네럴 데꼬럴 가는데 에기가 걍 축 처저가꼬 주거불더라가냐,
앙그덤쩨서!

    그란데 애기가 또 아프냐. 아주 또 쪼간 멕에서 애기가 살 오름
    시로 아장아장 걸을라 항께 또 으찌게 아펐어. 그래갖고 그른때는
    차가 없응께 읍이로 걸어 댕겠어. 우리씨엄씨가 앙그덤재럴22 업
    고 병오네럴 댛고럴23 가는데 애기가 걍 축 처저갖고 죽어불더라

---

22 '앙그덤재'는 '왕무덤재'를 말한다. '왕무덤재'는 삼별초 난 때 '왕온'이 몽고
   군과 싸우다 전사하여 그 재에 묻혔기 때문에 붙여진 이름이다.
23 [데꼬]는 '데리다'의 방언형이다. 이들은 [데꼬~데코, 델로~델러, 데레]와

가냐, 앙그덤재서!

∽그런데 또 애기가 아프냐. 젖 조금 먹여서 애기가 살 오르면서 아장아장 걷기 시작하니까 아팠어. 그때는 차도 없어서 읍으로 걸어 다녔어. 우리시어머니가 왕무덤재를 업고 병원에 데리고 가는데 애기가 그냥 축 쳐지더니 죽어버리더라고 하냐, 왕무덤 재에서!

그레, 오메 나넌 이거설 어찌게럴 하꺼나 그라고는 억꼬 탑실탑실 거러서 병오네를 강께 에기가 수멀 타서 나오드라게:.

그래, 오매 나넌 이것얼 어찌게럴 할꺼나 그라고는 업고 탑실탑실24 걸어서 병온에를 강께 애기가 숨얼 타서 나오드라개.

∽오매 나는 이것을 어떡할까 (걱정) 하면서 탑실탑실 걸어서 병원에 갔는데, 애기가 숨을 타고 나오더라고 해.

조 어디가 아팠어요?

이 어:디가 안 조아떵고 몰라. 강께 그른떼 강게로 모도 아파뚱거이제. 인자 머선 저선 안 나옹께 몬: 머꼬: 영양실쪼도 걸리고 그렌쩨. 그랑께 에기가: 주:사레도 마처가꼬 옹께 인자 걱써 숨타

같이 불규칙적으로 활용되고 있다. 이러한 활용은 어미 '-고'와 결합했을 때 두 가지 문제점이 야기된다. ① '-{코~꼬}'의 이형태가 나타난다는 것이다. 우선 편의상 '넗-~넗-'과 같이 표기방법을 선택하였으나, 옳은 방법이라고 할 수는 없다. ② 'ㄹ'이 탈락한다는 것이다. 같은 표기방법으로 '싫-~싫-(신-)'이 있는데, 여기서는 'ㄹ'이 탈락하지 않고 있다. 이러한 문제점을 어떻게 풀어야 할지는 앞으로의 과제로 남긴다.

24 '탑실탑실'은 풀이 죽어 힘없이 터덜터덜 걸어가는 모양을 말한다.

가끔시로 디에서 에기가 '아앙' 함시로 함마이럴 부르더라게. 갈:떼는 앙그덤쩨 너뭉께넌 에기가 축 처저가꼬 주거부런는데 인자 반:치메다 눼 농께넌 지데로 폴:딱 이러나서 안뜨레.

어디가 안 좋았던고 몰라. 강께 그른때 감게로 모도 아팠든 것이제. 인자 멋언 젓언 안나옹께 못 먹고 영양실조도 걸리고 그랬제. 그랑께 애기가 주사래도 맞혀갖고 옹께 걱서 숨타갖곰시로25 디에서 애기가 '아앙' 함시로 한마니럴 부르더라개. 갈때는 앙그덤재 넘웅께넌 애기가 축 처저갖고 죽어불었는데 인자 반침에다 눼 농께넌 지대로 폴딱 일어나서 안드레.

∞어디가 안 좋았는지 몰라. 그런 때 감기로 아팠던 것이지. 젖은 안 나오니까 못 먹어서 영양실조도 걸리고 그랬지. 그래서 주사라도 맞히니까 병원에서 숨 타가지고 오면서는 등 뒤에서 '아앙'하면서 할머니를 부르더라고 해. 왕무덤재를 넘을 때는 애기가 축 쳐지면서 죽어 버렸는데 (병원에 다녀온 후 집에 와서) 마루에다 뉘어 놓으니까 그대로 팔딱 일어나서 앉더래.

---

25 '숨 타다'는 '목숨을 받다, 살아 움직이다' 혹은 '숨을 쉬다' 등의 의미이다.
예) 숨튼 즁싱 노코 雜色 고즐 비흐며 일홈난 쥼을 퓌우면 (석보상절 9:35)

2

진도지역의 풍습과 유래

초분
모도의 풍속
홍주의 유래
삼별초가 남긴 지명
고산 윤선도 굴포언을 막다

─찰로 그리고 그때는 웃기게 살았어

 **초분**

조 진도의 매장문화 중에 초분을 했다는 기록이 있던데요. 혹시 초분에 대해서 아시는 바가 있으세요.

허옥인 그거섬 머이냐면. 저: 옌나레는 사라멀 절떼 이케 땅에다 바로 무찌럴 아네써. 바로 무찌랄 앙코. 이 땅 우에다가 이케 빈소라고도 하고 초부니라고도 하고 또: 구롱토라고도 하고 연저서 마라미능 거또 이꼬: 여:러 가지 거: 인는데: 그거설 초분:. 구롱이라늠 마른 뭠 마리냐믄. 시체럴: 땅 우에다, 땅 우에다 무드뭉 구롱이여.

 그것언 멋이냐면. 저 옛날에는 사람얼 절대 잏게 땅에다 바로 묻지럴 안했어. 바로 묻지랄 않고. 이 땅 우에다가 잏게 빈소라고도 하고 초분이라고도1 하고 또 구롱토라고도2 하고 엱어서 마람

---

1 '초분'은 망자의 시신을 매장하지 않고, 땅 위에 안치시킨 뒤 짚으로 이엉을 엮어 덮기 때문에 붙여진 이름이다. 진도에서 '초분'은 정월달에 죽은 자를 주로 하였는데 정월달에는 땅도 쉬어야 하기 때문이다. 만약 땅을 건들게 되면 마을에 안 좋은 일이 생긴다고 여겼다. 그래서 '복살이(복) 없는 사람은 정월에 죽는다.'는 속담도 생겨났다. 또한 정월에 죽었는데도 초분을 않고 곧바로 상여가 나가게 되면 '건프작스럽게>검프작시럭께(야단법석)' 하지 않는다고 한다. 이상은 이순예 제보자로부터 들은 내용을 정리한 것이다.

2 '구롱'에서 '롱'(壟)은 무덤을 가리킨다. 진도에는 '도롱굴, 도롱구태'라는 지명이 있는데 이 중 '도롱구태'는 삼별초 난 때 몽고군에 의해 떼죽음을 당하여 시체가 무덤(떼 무덤)을 이루었기 때문에 '도롱구태'라는 지명을 갖게 되었다고 한다. 또한 말(馬)을 묻은 무덤은 '몰롱지'라고 한다.

이는 것도 있고 여러 가지 거 있는데 그것얼 초분. 구롱이라는 말은 믄 말이냐믄. 시체럴 땅 우에다, 땅 우에다 묻으믄 구롱이여.

∽그것은 뭐냐면. 옛날에는 사람이 (죽으면) 땅에 바로 묻지를 안 았어. 바로 묻지를 않고, 땅 위에다 빈소라고도 하고 초분이라고도 하고 또 구롱토라고도 하고 이엉 엮어서 얹는 것도 있고 여러 가지 있는데, 그것을 초분. 구롱이라는 말은 시체를 땅 위에다 묻으면 구롱이여.

조 구롱이요.

허 응. 그거설 땅 우에 시체럴 무더 놔따가:. 삼년차 데는: 그떼부타: 인자 이께 나끄니 데믄 뼈만 낭:꼬. 그떼느닌자 그 동아네 존: 장지럴 마련헤:가꼬 그떼사 이장얼 헤. 이장얼 하는데 이장 할라고 셍각하므는 나럴 바더, 장산 나를 나선 나를.

응. 그것얼 땅 우에 시체럴 묻어 놨다가. 삼년차3 대는 그때부타 인자 잉게 낙근이4 대믄 뼈만 남고. 그때는 인자 그 동안에 존 장지럴 마련해갖고 그때사 이장얼 해. 이장얼 하는데 이장 할라고 생각하므는 날얼 받어, 장삿 날을 낫언5 날을.

∽응. (초분으로) 땅 위에 시체를 묻어 놨다가. 삼년 정도가 지나

---

3 초분이 끝난 후 장사는 3년째 되는 해부터 지낸다. 그러나 집안에 연고(임신이나 결혼 등)가 있으면 미뤘다가 5년, 7년과 같이 홀수 되는 해에 지낸다고 한다.

4 '낙근'은 시신의 상태에서 살이 다 썩어 물이 쪽 빠지고 뼈만 남은 상태를 말한다. 제보자는 살이 썩는 것을 떨어져 나간다고 하여 '落根'이라고 하였다.

5 진도에서는 '愈'를 의미하는 낫다'는 어간말음이 'ㅅ'으로 규칙화 되었다.

면 낙근이 돼 뼈만 남고. 그러면 그 동안에 좋은 장지를 마련해
서 이장을 해. 이장을 하는데 이장할 때는 좋은 날을 받아, 장삿
날을.

조 손 없는 날로요.

허 응. 나럴 바더가꼬 인자 메친 날 리장얼한다 그라므는, 엔나
레는 부라게가 이케 상투게가 이써:. 상투게언더리 인자 초상나던
지 하므는 그 가따 이장을 하고 무더주고 하는 또 초분도 만들고
하능 그렁 거시여.

응. 날얼 받어갖고 인자 메친 날 이장얼 한다 그라므는, 옛날에
는 부락에가 잉게 상투게가 있어. 상투게언덜이 인자 초상나던지
하므는 그 갖다 이장을 하고 묻어주고 하는 또 초분도 만들고 하
는 그런 것이여.

∞응. 날을 받아가지고 며칠 일에 이장을 한다고 하면, 옛날에는
마을에 상여계가 있었어. 초상이 나면 상여계원들이 (짚을) 가
져와서 초분도 만들고, 이장해서 묻어주는 그런 것이여.

에 그 상투께라는 거시 피료헨냐며는 사라미 은제 주글찌 모:르고
초상이 은제 날찌럴 모른다 그거시여. 간데 그른때는 셍장얼 헤서
이케 시시늘 그데로 이케 뻬만 옹겨서 므다는 그른 무나가 디아쓸
떼. 그른때는 므시냐 주로 짐무나여:. 지비 이써야망 그 므설 헤.

에 그 상툿게라는 것이 필요했냐며는 사람이 은제 죽을지 모르
고 초상이 은제 날지럴 모른다 그것이여. 간데 그른때는 생장얼

해서 잏게 시신을 그대로 잏게 뻬만 옴겨서 뭇하는 그른 문하가
디았을 때. 그른때는 뭇이냐 주로 집 문하여. 집이 있어야만 그 뭇
얼 해.

∽왜 상여계라는 것이 필요했냐면 사람은 언제 죽을지, 초상이 언
   제 날지를 모른다 그것이여. 그런데 그때는 생장을 해서 시신을
   그대로 뼈만 옮겨서 장사지내는 문화가 되었을 때, 주로 짚 문
   화였어. 그러니까 짚이 있어야만 초분을 만들 수 있어.

예를 드러서, 이런 여름 시쩌메 당에 집또 엄는 떼:. 그른 초상이
나던지 하며는 그걸 어찌께 하냠마리어. 할 쑤가 업쩨:. 그랑께 엔
나레는 침 마디 잏게 게언덜 지베넌, 지버리케 무꺼서:, 무꺼가꼬
그걸 집똥이라 그레. 그거슬 여:러게럴 뒤에다 헤나. 사람 소난데
가 집똥얼 무꺼나.

   예를 들어서, 이런 여름 싯점에 당에 집도 업는 때. 그른 초상이
나던지 하며는 그걸 어찡게 하난 말이어. 할 수가 업제. 그랑께 옛
날에는 집 마디 잏게 게언덜 집에넌, 집얼 잏게 묶어서. 묶어갖고
그걸 집동이라6 그래. 그것을 여러개럴 뒤에다 해나. 사람 손 안데
가(?) 집동얼 묶어나.

∽예를 들어 이런 여름 시점 짚도 아직 준비 안 되었을 때. 초상이
   난다던지 하면 초분을 어떻게 (만드느냐) 말이야. 할 수 없지.
   그러니까 옛날에는 (계를 조직해서) 계원들 집은 (추수가 끝난
   뒤) 초분에 쓸 짚을 따로 묶어서 보관 했어. 그걸 짚동이라 그

---

6 '집동(짚동)'은 짚단을 모아 한 덩이로 만든 묶음을 말한다. <월인석보>에 '딮
   동'이 발견된다.

래. 여러 개의 (짚동을 묶어서 집) 뒤에다 보관 해놔.

그라믄 거 게언덜중에서 초상이 나따 그라므는 그: 지벌 함무썩 가꼬가. 함무써걸가꼬가서 세네끼 꼼는 사라믕 꼭꼬. 마람 엉는 사라므닌자 이렁 거설 점:부 헤:, 초상이나믄. 그레가꼬 인자 초부널 한다 그라므는, 그걸 가꼬가서 상에로 므데가꼬, 시시널 고리 모시고 가서 거그 땅우에 초부늘 멘드라 노코. 점:부 인자 세네끼로 줄쳐서 짐승 모딸라들게: 멥:: 뿔로 헤서 단다니 그케 므다게 데제.

그라믄 거 게언덜 중에서 초상이 났다 그라므는 그 집얼 한 뭇썩 갖고가. 한 뭇썩얼 갖고 가서 새내끼 꼽는 사람은 꼽고. 마람 엮는 사람은 인자 이런 것얼 전부해, 초상이 나믄. 그래갖고 인자 초분얼 한다 그라므는, 그걸 갖고 가서 상에로 뭇 해갖고, 시신얼 고리 모시고 가서 거그 땅 우에 초분을 맨들아 놓고. 전부 인자 새내끼로 줄 처서 짐승 못 달라들게 멧 불로 해서 단단히 궁게 뭇하게 대제.

∞그래서 계원들 중에 초상이 났다 그러면 그 짚을 한 뭇씩 갖고 가. 한 뭇씩을 갖고 가서 새끼 꼬는 사람은 꼬고, 이엉 엮는 사람은 (초분을 만들기 위한 준비를) 전부해 초상이 나면. 그래서 땅 위에 초분을 만들어 놓고 짐승이 침입하지 못하도록 새끼로 몇 번씩 줄을 치면 단단하게 되지.

그라고 엔나레는 초상이 나든지 하며는 꼭 그: 상자더리 바로: 그 디엔날 사밀데도록 이케 가봐. 지그믄 사모제 지낸다 그라고 므다 제마는 엔나레늠 바로 그 딘날부터 거그 가보능 거여. 짐승이 치미베서 시시늘 머건능가: 그렁거 볼라고.

그라고 옛날에는 초상이 나든지 하며는 꼭 그 상자덜이 바로 그 디엔날 사밀 대도록 잊게 가봐. 지금은 삼오제 지낸다 그라고 뭇하제마는 옛날에는 바로 그 딘날부터 거그 가보는 거여. 짐승이 침입해서 시신을 먹었는가 그런 것 볼라고.

∞그리고 옛날에는 초상이 나든지 하면 상주들이 바로 뒷날 삼일 동안 가봐. 지금은 삼우제 지낸다지만 옛날에는 바로 그 뒷날부터 가보았어. 짐승이 침입해서 시신을 먹었는가 그런 것 보려고.

그르케서 딱 둬따가 일려너나 일련 쯤 더 데든지 하므는. 존 장지가: 처으메는 우섬 머: 양지까시나 벱 비치는 공터가튼 비시:담 물 빠지미 잘 델 쑤 인는 데다가 잊게 헤: 나따가 네중에 인자 장산나리 딱 정헤지며는 그떼는 지비로 모:셔와. 넬 장사다믄 지비로 모:셔와.

그롱게서 딱 뒀다가 일년이나 일년 좀 더 대든지 하므는. 존 장지가 처음에는 우선 머 양지 갓이나 벱 비치는 공터 같은 비싯한 물 빠짐이 잘 댈 수 있는 데다가 잊게 해 났다가 내중에 장삿날이 딱 정해지며는 그때는 집이로 모셔와. 넬 장사다믄 집이로 모셔와.

∞그렇게 (초분상태로) 두었다가 일 년 정도 되면, 좋은 장지를 처음에는 우선 양지가나 볕 비치는 공터 같은 비슷한 물 빠짐이 잘 될 수 있는 곳에 (모셔) 놓았다가, 나중에 장산 날이 정해지면 그때 집으로 모셔와. 내일 장삿날이다 하면 집으로 모셔와.

조:집으로 모시고 올 때 어떤 의식 같은 것을 치르거나 하지는 않나요?

[허] 안저니 그떼는 셍이럴 헤가꼬 가서: 거그다가 시시늘 수스베가꼬 모시고 와서. 지비로 와서 마당에다가 인자 딱 모셔 노코는 야락잔치럴 헤.

안전히 그때는 생이럴 해갖고 가서 거그다가 시신을 수습해갖고 모시고 와서. 집이로 와서 마당에다가 인자 딱 모셔 놓고는 야락잔치럴 해.

∽그때는 완전히 상여를 메고 가서 시신을 수습해 모셔 와서, 마당에서 야락잔치를 해.

[조] 야락잔치는 어떤 잔치인가요?

[허] 그걸 보고 야락잔치라가는데. 그걸 하는 뜨선 존: 자리럴 자버서 인자 영구이 떠나게 데는데:. 자기 살던 지베서 후손더라고 하루지녁 자고 간다는 그른 뜨시여, 지비로 데로농 거선. 자고 가는데 그 잔치럴 하는 뜨선 귀시니라능 거슨 헤 빠지면 와따가: 처따기 울믄 가부러. 그라므닌자 이 시시늘 모셔오고 부모 혼시널 그케 모:셔서 하루지녁 자게 데는데. 모셔다만 나두고: 자식더런 콜콜 잠만 자고 이씨며는 그럼 부료가 업따 그거시여.

그걸 보고 야락잔치락하는데. 그걸 하는 뜻언 존 자리럴 잡어서 인자 영구히 떠나게 대는데. 자기 살던 집에서 후손덜하고 하루지녁 자고 간다는 그른 뜻이여, 집이로 데로논 것언. 자고 가는데 그 잔치럴 하는 뜻언 귀신이라는 것은 해 빠지면 왔다가 첫 닥이 울믄 가불어. 그람믄 인자 이 시신을 모셔오고 부모 혼신얼 궁게 모셔서 하루지녁 자게 대는데. 모셔다만 나두고 자식덜언 콜콜 잠만 자고 있이며는 그런 불효가 업다 그것이여.

∞그걸 보고 야락잔치라고 하는데, 그것을 하는 뜻은 좋은 자리를 잡아서 영구히 떠나게 되는데. (생전에) 살던 집에서 후손들하고 하룻저녁 자고 간다는 뜻이여, 집으로 데려오는 것은. 그리고 잔치를 하는 뜻은 귀신이라는 것은 해가 지면 왔다가 첫 닭이 울면 가버려. 그러면 부모 혼신을 모셔놓고 하룻저녁 자게 되는데, 모셔만 놔두고 자식들은 콜콜 잠만 자고 있으면 그런 불효가 없다 그것이여.

그라기땀시 츠그 부모가: 떠나가는 시가니, 다굴시게 다굴떼가 디아따 그라므는. 그떼까지 자멀 안자고 기달리고 이따가, 다기 운단다 하며는 모도 호곡! 고글하게서: 잘 가시라고 이미 호는 지금 그떼 간다 그마리여. 그르케 델떼 그거설 그: 하는 과정이 데시레기여.

그라기땀시 즈그 부모가 떠나가는 시간이, 닥울 시게 닥울 때가 디았다 그라므는. 그때까지 잠얼 안자고 기달리고 있다가, 닥이 운단다 하며는 모도 호곡! 곡을 하게서 잘 가시라고 이미 혼은 지금 그때 간다 그 말이여. 그렇게 댈때 그것얼 그 하는 과정이 대시래기여.7

∞그렇기 때문에 저희 부모가 떠나가는 시간이, 닭 울 시간, 닭 울 때가 되었다 그러면. 그때까지 잠을 안자고 기다리고 있다가 닭

---

7 '대시래기' 혹은 '다시래기'라고도 하여 그 주장하는 바가 분분하다. 전자를 주장하는 사람들은 '대'를 '待'에서, 후자의 '다'는 '多'에서 그 의미를 찾고 있다. 이 어원이 어디서 왔는지 모르지만 '다>대'로 i-역행동화가 일어난 것이다. 여기에 3음절 역시 '라>래'를 생각해 볼 필요가 있다.

이 운단다 하면 모두 호곡! 곡을 해서 잘 가시라고 이미 혼은 그 때 가고 있다 그 말이여. 그것을 하는 과정이 대시래기여.

조 아, 그 과정을 대시래기라고 하는군요. 야락잔치에 대하여 좀 더 설명해주실 수 있을까요.

허 야락잔치라는 거슨 그거시 옌나레는 징치고 두데릴치고: 거 그 아네서 인자 야락잔치럴 하는데. 이 저 상두꾼더리 노래도 부르고: 므설 하제마넌. 웬 그부니 인자떠나가야 할 시간이 데든지 하며는 이 이슬터리라고 그거설 하는데:. 상투꾼드리 빈: 상에만 메고: 지바니 너루면 지바네서만 하제만. 그 지비 조불떼늠 부락 골목덜 뎅기면서 그 노레럴 부릉 그거시 이슬터리라는 거인데. 그 과정이 모도 야락잔치여. 강께 그떼쯔믄 다기 울고 하면 이슬 네 릴떼가 데꺼던. 그레 그거설 이슬터리한다 그레.

야락잔치라는 것은 그것이 옛날에는 진치고 두대럴 치고[8] 거그 안에서 인자 야락잔치럴 하는데. 이 상두꾼덜이 노래도 부르고 믓 얼 하제마넌. 원 그 분이 인자 떠나가야 할 시간이 대든지 하며는 이 이슬털이라고 그것얼 하는데. 상투꾼들이 빈상에만 메고 집안 이 널우면 집안에서만 하제만. 그 집이 좁울 때는 부락 골목덜 댕 기면서 그 노래럴 부른 그것이 이슬털이라는 것인데. 그 과정이 모도 야락잔치여. 강께 그때쯤은 닥이 울고 하면 이슬내릴 때가

---

8 여기서 '두대'는 '막'을 의미한다. 주로 '밀대'(밀 줄기)나 '띠'로 만든다. 그러 므로 '두대럴 치고'라는 데서 앞의 [징치고]는 '진을 치다'(陳)이며 '츠' 앞에 서 'ㄴ>ㅇ'로 변하였다. 또한 진도에서는 '두대 친다'라는 말은 잘난 척하는 사람을 가리키는 속담으로도 쓰인다.

됐거던. 그래 그것얼 이슬털이 한다 그래.

∞야락잔치를 할 때 옛날에는 진을 치고 두대를 쳐 그 안에서 야
락잔치를 하는데. 상여꾼들이 노래도 부르고 하지만, 웬 그분이
정말 떠나가야 할 시간이 되면, 이슬털이라는 것을 해. 상여꾼
들이 빈 상여만 메고서 집이 넓으면 집안에서 하고 그 집이 좁
을 때는 마을 골목들 다니면서 노래 부르는 행위를 이슬털이라
하는데, 그 과정이 모두 야락잔치여. 그러니까 닭이 울 때쯤이
면 이슬내릴 때가 되었거든. 그것을 이슬털이 한다고 그래.

조 장례절차가 다 끝나면 초분은 어떻게 하나요.

허 초부능 거그서 인자 꼬실려부러. 존데로 간다 그라고 그거는
업:쎄부러.

　초분은 거그서 인자 꼬실려불어. 존데로 간다 그라고 그거는 없
애불어.

∞초분은 거기서 태워버려. 좋은 데로 간다 그러고 없애버려.

 **모도의 풍속**

조 몇 대 째 살고계신가요

김병현 나까지 사:데차 살고 이써.

나까지 사대 차 살고 있어.

∾나까지 사대 째 살고 있어.

조 마을 이름이 모도인데 무슨 뜻인가요.

김 월레 여가 띠가 마네써 띠:가. 그래서 월레 띠서미라게써. 이
마으리 멘: 띠여써.

원래 여가 띠가 만앴어 띠가. 그래서 원래 띠 섬이라고 했어. 이
마을이 맨 띠였어.

∾원래 여기는 띠가 많았어. 그래서 띠 섬이라고 했어. 이 마을이
맨 띠였어.

조 모도에서만 볼 수 있는 풍습 같은 것은 없나요.

김 그랑께 우리 하추 테어나기 점부터나 그런떼나 댜뜬 거이제.

---

1 '차'는 '째'의 방언형이다.

어리네럴 라믄 옌나레는 호녀걸 그릉거 믄 야튼 마니썩 주거써.
주그므 이 세끼가튼 주레 무꺼 나무에다 잉게 다라노코 그렌쩨.
무또 아나고: 걍 나무에다 무꺼서 잉게 다라메노코 그렌쩨 므.

그랑께 우리 아주 태어나기 전부터 그런 때나 댔든 것이제. 어
린애럴 나믄 옌날에는 호녁얼2 그른 거 믄 야튼 만이썩 죽었어. 죽
으믄 이 새끼 같은 줄에 묶어 나무에다 잉게 달아놓고 그랬제. 묻
도 안하고 걍 나무에다 묶어서 잉게 달아매놓고 그랬제 믄.

∞그러니까 우리 태어나기 아주오래 전부터 그랬던 것이지. 옛날
에는 어린애를 낳으면 홍역(혹은 천연두)으로 많이씩 죽었어.
죽으면 새끼줄에 묶어 나무에 매달아놓고 그랬지. 묻지도 않고
그냥 나무에다 묶어서 매달아놓고 그랬지.

조 나무에 달아 놓으면 날짐승들이 쪼아 먹고 그러잖아요.

김 아 그러치. 그릉 거 쪼아 머꼬 그래서 써거서 네랑저서 뻬가틍 거
이 떠러저서 싸이고. 나이 머근 어른드른 이: 여페 공동묘지에 무꼬:.

아 그렇지. 그른 것 쪼아 먹고 그래서 썩어서 낼앉어서3 뻬가튼 것
이 떨어저서 쌓이고. 나이 먹은 어른들은 이 옆에 공동묘지에 묻고.

∞아 그렇지. (새가) 쪼아 먹고 그래서 썩으면 내려앉아서 뼈 같은
것이 떨어져 쌓이고, 나이 먹은 어른들만 이 옆에 공동묘지에
묻히고.

---

2 '호녁'은 '홍역'의 방언형이다. 그러나 제보자가 말하는 '호녁'은 '천연두'를 말
  한다.
3 '낼앉어서'는 '내려앉다'의 방언형이다.

조 그럼 이 섬에는 애기무덤은 없겠네요.

김 업:쩨. 하나도 업쩨.

업제. 하나도 업제.

☜없지. 하나도 없지.

조 바닥으로 떨어진 뼈들은 어떻게 처리를 했을까요.

김 아, 지그먼: 업쩨. 뻬가틍 거는 다: 사가 불고 업써저써. 지그
믄 하나도 아무거또 업써:.

아, 지금언 업제. 뻬 같은 거는 다 삭아 불고 없어졌어. 지금은
하나도 아무것도 없어.

☜아, 지금은 없지. 뼈 같은 것은 다 삭아 버리고, 지금은 아무것
도 없어.

조 어른들은 어떻게 했나요.

김 이렁 그냥 들거시나 지게:다가 그런 시기로 나가고 하하하.

이런 들것이나 지게에다가 그런 식이로 나가고 하하하.

☜들것이나 지게에다 져서 나가고 하하하.

조 어린애들은 왜 그렇게 나무에 매달아놓았을까요.

김 우리늠 모르제. 그라고 또 모:세에 기저기라고 안 니따고:. 여

가 당이 이써. 뽕할머니 상상쩌기로 그려가꼬 모셔낟쩨. 그레가
꼬: 일려네 함번썩 제:사럴 지네는데.

　우리는 모르제.4 그라고 또 모세에 기적이라고 안 있다고. 여가
당이 있어. 뽕할머니 상상적이로 그려갖고 모셔났제. 그래갖고 일
년에 한 번썩 제사럴 지내는데.

∽우리는 모르지. 그리고 모세의 기적이라고 안 있다고. (모도에
　는) 당이 있어. 뽕할머니를 상상으로 그려서 모셔놓았지. 그래
　서 일 년에 한 번씩 제사를 지내는데.

조 뽕할머니 제사는 언제부터 지냈을까요.

김 모도 쌩기면써 지네써. 나도 몝뻔 당에 올라 뎅겐쩨. 인자 쎙
시 이릉 거 다: 믇 바:가꼬: 마저야 가:. 그라나 모:까 하하하.

　모도 생기면서 지냈어. 나도 멫 번 당에 올라 댕겠제. 인자 생시
이른 것 다 믓 바갖고 맞어야 가. 글안하 못가 하하하.

∽모도 생기면서부터 지냈어. 나도 몇 번 당에 올라 다녔지. 생시
　봐서 맞아야 가. 그렇지 않으면 못가 하하하.

---

4 이와 관련하여 모도 외에 다른 진도지역에서도 어린아이가 죽으면 조장(鳥
葬)을 했는지 알아보았다. 이순예 제보자에 의하면 어린아이라고 해서 무조
건 조장을 하는 것이 아니라, 염병(천연두)과 같은 나쁜 병으로 죽은 아이들
은 더러 모도와 같이 나무에 매달아 조장을 하기도 하였다고 한다. 그렇게 한
이유는 나중에 태어날 아기를 위해서이다. 즉 죽은 아이를 재물로 바침으로
해서 나중에 태어날 아이는 나쁜 병에 걸리지 않고 건강하게 자라기를 기원
하는 일종의 '제의(祭儀)'였다.
모도는 섬이라는 좁은 땅의 한계를 해결하기 위하여 어린아이들은 무조건 조
장을 한 것으로 보인다. 앞서 '도깨비'편 끝자락에서도 알 수 있듯이 진도는
어린아이도 땅에 묻어 봉분을 만들어 주었다.

조 제는 언제 모시나요.

김 음녁 초산날 은제든지 제:럴 모셔:. 그람 금날부터 여그 므설 처:.

음력 초 삿 날 은제든지 제럴 모셔. 그람 금날부터 여그 믓얼 처.

∞음력 초사흗날 언제든지 제를 모셔. 그러면 그믐부터 (금줄을) 쳐.

조 무엇을 치는가요?

김 첨쭈럴 처. 그레가꼬 사밀댜야 머. 그랑께 아::무 동네사람 지바 페럴 암:도 모돠:. 그 지븐 몯뜨롸. 숭: 그라고 모:셔 오제 지금까지.

검줄얼 처. 그래갖고 삼일댜야 머. 그랑께 아무동네 사람 집 앞 에럴 암도 못 와. 그 집은 못들 와. 순 그라고 모셔오제 지금까지.

∞금줄을 쳐. 그래서 삼일은 되어야 해. 그러니까 (제를 지내는) 사람 집에는 아무도 못 들어가. 그렇게 해서 (뽕할머니를) 모셔 오지 지금까지.

조 제주는 누가 하나요.

김 인자 동네에: 이:장이 항시 체그미어. 이장이 일리리 음녁 초 산날 모:시고 인자 요세넌 상수 드롱께 우무리 업:쩨. 거 이 여페 엔나레는 거가 인자 머 거러제 모신다고 걱따 또 상차라 노코 다: 그렌쩨.

인자 동네 이장이 항시 책음이어. 이장이 일리리 음력 초 삿 날 모시고 인자 요새넌 상수 드롱께 우물이 업제. 거 이 옆에 옛날에는 거가 머 거러제5 모신다고 것다도 상 차라놓고 다 그랬제.

∞동네이장이 항상 책임이여. 이장이 하나하나 살펴 음력 초사흗
 날 모시고 와. 요즘에는 상수도가 들어오니까 공동우물이 없지.
 옛날에는 이 옆에 공동우물에도 거리제 모신다고 그곳에 상 차
 려 놓고 그랬지.

조 거러제는 어떤 제인가요.

김 쎄:메다가 인자 음:식 헤가꼬 가서 상: 걱따 거러지 모신다고.
그라고 따::부라고 박까능 거: 젱기럴 여: 모도는 따:부로 하거든.
쏘가 아나고 사:라미 다 헫쩨.

　샘에다가 음식 해갖고 가서 상 걱다 거러지 모신다고. 그라고
‘따부’라고6 밭가는 거 쟁기럴 여 모도는 따부로 하거든. 소가 안
하고 사람이 다 했제.

∞샘에다 음식상 차려서 거리제 모셨고, 그리고 따비라고 밭을 가
 는 쟁기, 여기 모도는 따비로 했거든. 소가 안 하고 사람이 다
 했지.

처 나 씨지봉께 이케 따:부로 바슬 데더마.

---

5 과거에는 마을마다 공동우물이 있었다. 진도지역은 이 공동우물에서 ‘거리
　제’를 지냈다. 제를 모실 때는 공동우물을 깨끗이 청소하고 우물가에는 금줄
　을 쳐 놓았다고 한다. 또한 거리제를 지낼 주변에는 ‘금토’라 하여 붉은 황토
　를 한발자국 거리마다 뿌려서 잡신이 범하지 못하도록 수숫대를 엮어서 둘러
　쳤다.
6 ‘따부’는 ‘따비’의 방언형이다. 문헌에 ‘짜보’가 발견된다.

나 시집 옹께 잏게 따부로 밧을 대더만.7

꼭나 시집오니까 따비로 밭을 갈더구먼.

조 따부는 농기구인가요.

처 따:부라고 이케 몽뎅이로 멘드라. 그레가꼬 이 쎄를: 요케 두:
게럴 바쳐서 몽뎅이에다 이 따부 쎄럴 두 게럴 끼:더마. 그레가꼬
이 발로 볼바서 이케 떠넹기치고 발로 쑤욱 헤가꼬 떠넹기치고 그
른 시기로:. 콩 갈:고 께 갈고 바테꺼 갈라고.

따부라고 잏게 몽댕이로 맨들아. 그래갖고 이 쎄를 옹게 두 개
럴 받혀서 몽댕이에다 이 따부 쎄럴 두 개럴 끼더마. 그래갖고 발
로 볿아서 잏게 떠넹기치고8 발로 쑤욱 해갖고 떠넹기치고 그른
식이로. 콩 갈고 께 갈고 밭엣 것 갈라고.

꼭따비라고 몽둥이로 만들어. 쇠를 밑에다 두 개를 받혀서 몽둥이
에 따비 쇠 두 개를 끼우더구먼. 그래가지고 발로 밟아서 (따비
를 이용해 삽으로 뜨듯이 흙을) 뒤엎고, 뒤엎고 하는 식으로 해
서 밭에 것을 갈았지.

조 쟁기질을 말하는 건가요.

---

7 '댄다'는 '갈다'(耕)의 방언형이다. 진도에서 밭을 가는 경우 '바설 댄다'고 하
고, 논은 '논얼 간다'고 하여 구분하여 쓴다.

8 '떠넹기치고'는 쟁기질을 하는 과정을 말하는 것으로 중앙어 '뒤엎다'에 대응
된다.

처 어엉. 막떼기만 한나 들처 메고 가가꼬 그케 발로: 볼바서 떠넹기치고 떠넹기치고. 그레가꼬 밥 버러머꼬 사랃쩨. 간데 인자는: 그 따부도 억꼬: 인자 호무로망 글거서 그케 헤. 그라고 지금 절믄 사람더럼 바담:도 아네. 우리: 또레에서 나가튼 사라미나 하까 다 김빠라고 사라.

어엉. 막대기만 한나 들처 메고 가갖고 눙게 발로 볿아서 떠넹기치고 떠넹기치고. 그래갖고 밭 벌어먹고 살았제. 간데 인자는 그 따부도 업고 인자 호무로만 긁어서 눙게 해. 그라고 지금 젊은 사람덜언 밧 암도 안 해. 우리또래에서 나 같은 사람이나 할까 다 김발하고 살아.

∞응. 막대기만 하나 들처 메고 가서 발로 밟아서 뒤엎고, 뒤엎고. 그렇게 해서 밭 벌어먹고 살았지. 그런데 지금은 따비도 없고 호미로만 긁어서 해. 그리고 젊은 사람들은 아무도 밭 안 벌어. 우리또래에서 나 같은 사람이나 하지 모두들 김발하고 살아.

조 논은 없나요.

김 밥뻬께는 업써. 그랑께 순:전 어장 헤가꼬 여자드리 나무통에다 이고 가서, 헤:남 철썬 다닐때. 우쉬영 남리까장 거러서 쌀: 바끄고: 보리 바끄고: 순전 그레가꼬 글로 머꼬 사랃쩨. 그람, 노니 이써 머 아무꺼또 하하하.

밧 뱎에는 없어. 그랑께 순전 어장 해갖고 여자들이 나무통에다 이고 가서, 해남 철선 다닐 때. 우쉬영 남리까장 걸어서 쌀 바끄고 보리 바끄고 순전 그래갖고 글로 먹고 살았제. 그람, 논이 있어 머

아뭇것도 하하하.

∞밭 밖에는 없어. 그러니까 순전히 어장해서 여자들이 나무통에 이고 가서, 해남으로 철선 다닐 때. 우수영 남리까지 걸어가서 쌀 바꾸고 보리쌀 바꿔 먹고 살았지. 그럼, 논이 있어 뭐 아무것도 (없어) 하하하.

그랑께 순:저나니 보리에다 톰 메:다 헤서 쑥 뜨더다 헤:서 머꼬. 조상가루라고 고거데서 그랑께 곡씩 한나 드러가문 순: 헤:초류가 열께나 드러가게 그르케서 머꼬 사라써. 그라고 넨중에 보리 헤가 꼬 덜 이근놈 벼:가꼬 궈가꼬 비베 머글 그른떼는 온:통 존 떼여 꼬: 하하하.

그랑께 순전하니 보리에다 톳 메다 해서 쑥 뜯어다 해서 먹고. 조상가루라고9 고것 해서 그랑께 곡식 한나 들어가믄 순 해초류가 열 개나 들어가게 그룰게서 먹고 살았어. 그라고 낸중에 보리 해갖고 덜 익은 놈 벼갖고 궈 갖고 비베 먹을 그른 때는 온통 존 때였고 하하하.

∞그러니까 순전히 보리쌀에 톳 메고 쑥 뜯어서 넣어 먹고. 조상 가루 빻아 곡식 한 톨이나 들어가면 나머지는 해초류가 열 개나 들어가게 해서 먹고 살았어. 그리고 나중에 보리해서 덜 익은 것 베 가지고 구워서 비벼 먹을 때는 온통 좋은 때였고 하하하.

---

9 '조상가루'는 '조의 껍질'을 빻은 가루이다.

 홍주의 유래

허옥인 에: 강:헤조떼:. 광헤조떼 이메구니 강헤 셩니마니냐. 이
메구니 강헤군 성님인데 인자 이메구니 영모로 몰려서 인자 거 제
페가부러써:, 바메:. 강께 광에구느: 허락또 암바꼬 걍 그 므다는
그 광에릴 네 추종하는 사람더리 걍 바메 영모로 자버가 부러써:.

에 강해조[1] 때. 광해조 때 임해군이[2] 강해 성님 아니냐. 임해군
이 강해군 성님인데 인자 임해군이 역모로 몰려서 인자 거 잽혀가
불었어, 밤에. 강께 광해군으 허락도 안 받고 걍 그 뭇하는 그 광
해릴 네 추종하는 사람덜이 걍 밤에 역모로 잡어가 불었어.

∽광해조 때. 임해군이 광해 형님 아니냐. (그런데) 임해군이 역모
로 몰려 잡혀가버렸어 밤에. 그러니까 광해군을 추종하는 사람
들이 광해군의 허락도 받지 않고 역모로 잡아가버렸어.

인자 거그 이메궁 궁에서 어디로 간냐 그랑께, 진도로 간다고 므
데땀마리야. 그랑께 진도로 간다항께 인자 지궁 가트믄 금방 알고
므달 쑤 이쩨마넌. 그런떼는 알 쑤가 업쩨이. 알 쑤가 엄는 거신데
인자 거: 자버서 보네불고는. 아치메 그 광외잉그만테 이레서 영:

---

1 광해군(1575~1641)은 조선 제15대 왕으로 이름은 혼(琿)이다. 당쟁에 휩쓸려
임해군과 영창 대군을 죽이고 인목 대비를 유폐하였으며, 뒤에 인조반정으로
폐위되었다. 재위 기간은 1608~1623년이다.

2 임해군(1574~1609)은 조선 선조의 맏아들로 임진왜란 때 왜군의 포로가 되었
다가 석방되었다. 광해군 즉위 후 유배되었다가 죽었다.

모로 그 므단 이메구늘 자버서 기양을 보네부러따:. 그르케 항께.

인자 거그 임해군 궁에서 어디로 갔나 그랑께, 진도로 간다고 뭇했단 말이야. 그랑께 진도로 간다항께 인자 지금 같으믄 금방 알고 뭇할 수 있제마넌. 그런때는 알 수가 업제. 알 수가 업는 것인데 인자 거 잡어서 보내 불고는. 아침에 그 광회 임금한테 이래서 역모로 그 뭇한 임해군을 잡어서 기양을 보내불었다. 그룽게 항께.

∞임해군 궁에서 어디로 갔냐고 물으니까. 진도로 갔다고 했단 말이야. 그러니까 지금 같으면 (어디로 가다가 행선지가 바뀌면) 금방 알 수 있지만 그 때는 알 수가 없지. 그렇게 (임해군을) 보내놓고는 아침에 광해임금한테 역모로 임해군을 잡아 귀양을 보내버렸다 고하니까.

네가 네 형니믈: 그른 고도에다가 보네불 쑤가 읍따 그거시여:. 그랑께 정이 그름므시라며는, 강아도: 교동이라는 쪼까:난 서미: 인는데, 그리 보네라는 에기럴 항께:. 게서 인자 바로 이 사럼더리 그 데꼬가넌 일헹을 뒤: 쪼차서 충청도 아:상까지 네라완는데. 거그서 인자 기럴 돌려서 강와도 교동이로 가부러써:.

내가 내 형님을 그른 고도에다가 보내불 수가 업다 그것이여. 그랑께 정이 그른 뭇이라며는, 강하도 교동이라는 쪼깐한 섬이 있는데, 그리 보내라는 애기럴 항께. 개서 인자 바로 이 사람덜이 그 뎅고 가넌 일행을 뒤 쫓아서 충청도 아산까지 내라왔는데. 거그서 길을 돌려 강화도 교동이로 가불었어.

∞내가 내 형님을 그런 절해고도에다 보낼 수 없다 그것이여. 그

러니까 정 보내려면 강화도 교동이라는 작은 섬으로 보내라는
애기를 하니까 이 사람들이 임해군을 모시고 가는 일행을 뒤 쫓
아 충청도 아산까지 내려왔어. 그래서 거기서 길을 돌려 강화도
교동으로 가버렸어.

간는데 인자 거 이메궁 궁에서넌 자기 친정:, 이메굼 부이니 허씨
여. 허명으, 명이씨 따린데 그케 자버가 부러따닝께. 자기 조카 허
씨 친정 조카럴 시게서, 이레저레서 어찌녀게 고수글 진도로 데레
가부러따아. 자버가서 거그다가 유베 시킬라고 데레가부러따.

갔는데 인자 거 임해군 궁에서넌 자기 친정. 임해군 부인이 허
씨여. 허명으, 명이씨 딸인데 궁게 잡어가 불었다닝께. 자기 조카
허씨 친정 조카럴 시게서, 이래저레서 엇지녁에 고숙을 진도로 데
레가불었다. 잡어가서 거그다가 유배 시킬라고 데레가불었다.

∽그런데 임해군 궁에서는 임해군 부인이 허명의씨 딸인데 임해
군을 진도로 유배 보냈다하니까. (유배지가 바뀐 줄도 모르고)
친정 조카에게 이러저러해서 어제 저녁에 고숙을 진도로 데려
가 버렸다.

강께 인자 거그서 인자 모:든 준비럴 헤 고수글 차자가서 돌:바주
도록 하라고 보넫쩨. 즈그 고모가: 보네씽께 인자 디:럴 오는데:.
거 청당아니 이레저레서 므단 영모에 인척 데넌 사라미 오기땜시,
심부늘 발킬 수도 억:꼬 심부늘 소게서 인자 진도럴 완쩨에.

강께 인자 거그서 모든 준비럴 해 고숙을 찾아가서 돌바 주도록
하라고 보냈제. 즈그 고모가 보냈잉께 인자 디럴 오는데. 거 정당

하니 이래저래서 뭇한 역모에 인척 대넌 사람이 오기땀시, 신분을
밝힐 수도 업고 신분을 속에서 인자 진도럴 왔제.

❧그러니까 임해군 궁에서는 모든 것을 준비해 임해군을 찾아가
서 보살펴 드리라고 (조카를) 보냈지. 저희 고모가 보냈으니까
(임해군 일행의) 뒤를 쫓아가는데 정당한 일로 오는 것이 아니
라, 역모에 친척 되는 사람이기 때문에 신분을 밝힐 수도 없어
서 신분을 속여서 진도를 왔지.

진도로는데:, 도중에 이메구는 저 충청도 아사네서 걍아도로 걍:
웅그비로 기리 바께부럳쩨. 갸니 이 사라믐 모:르고 진도롱거여.
간데 진도서 젤: 육찌에서 가까욱께 건넬 쑤 인는데가 어디냐믄.
쩌기 저어 헤남 땅에서:, 고굼면 황교라는데 율목뚱이라는데. 그
리 건너기가 젤: 펄리헫쩨에.

　진돌 오는데, 도중에 임해군은 저 충청도 아산에서 강하도로 걍
응급이로 길이 바께불었제. 가니 이 사람은 모르고 진돌 온거여.
간데 진도서 젤 육지에서 가까웁게 건넬 수 있는데가 어디냐믄.
저기 저어 해남 땅에서, 고군면 황조라는데 율목동이라는데. 그리
건너기가 젤 편리했제.

❧진도로 오는데 도중에 임해군은 충청도 아산에서 강화도로 급
하게 길이 바뀌어 버렸지. 그러니 이 사람은 (바뀐 줄도) 모르고
진도를 온 거여. 그런데 육지(해남)에서 진도를 제일 가깝게 건
넬 수 있는 데가 어디냐면, 고군면 황조 율목동이라는데 그리
건너기가 제일 편리했지.

왜그라냐 거그는 쪼깐 더 올라가므는: 울뚤모긴데고오, 거그늠 물
싸리 좀 덜 신덴데 가장 가까워, 거가. 게서 거그서 요리, 올레 거
황조라는 봄 부라기로 가지 앙코. 지그멍 거그 율목똥이라는 그른
떼는 사라미 한:나도 엄느은, 그른:데로오 이케 와서어 수머서 이
케 삼:시로 차지러 뎅게바도 알 쑤가 업쩨에. 진도로 아놔붕께 모
르제에. 강께 도저히 차따차따 모:차징께. 걍 거그 진도에서 걍 자
리자꼬 이써 부러써.

　외그라냐 거그는 쪼간 더 올라가므는 울둘목인데고,[3] 거그는
물살이 좀 덜 신덴데 가장 가까워, 거가. 게서 거그서 요리, 온래
거 황조라는 본 부락이로 가지 않고. 지금언 거그 율목동이라는
그른때는 사람이 한나도 업는, 그른데로 잉게 와서 숨어서 잉게
삼시로 찾이러 댕게바도 알 수가 업제. 진도로 안 와붕께 모르제.
강께 도저히 찾다 찾다 못 찾잉게. 걍 거그 진도에서 걍 자리 잡고
있어 불었어.

∞왜냐하면 그곳에서 조금 더 올라가면 (물살이 가장 센) 울돌목
이고, (황조는) 물살이 좀 덜 세면서 가장 가까워. 그래서 원래
황조라는 본 마을로 가지 않고, 사람이 살지 않는 율목동으로
왔어. 숨어 살면서 찾으러 다녀 봐도 알 수가 없지. 진도로 오지
않았으니까 모르지. 찾다 찾다 도저히 못 찾으니까 진도에서 그
냥 자리 잡고 살아버렸어.

진도에 므단 육도하게 된 양:천 허씨 시조여 그부니, 허데라는 사

라미:. 거땀시 진도에 양천허씨가 진도에 오게 뎅거시여:. 보니 우
리덜 선조니먼 어디냐므는 저:서울 양:청구: 거그 싸람더리 우리
더리여, 보니:. 간데 그땀시: 여그를 오게 뎅거여. 모차징께.

진도에 뭇한 육도하게 된 양천 허씨 시조여 그분이, 허대라는[4]
사람이. 거땀시 진도에 양천 허씨가 오게 댄 것이여. 본이 우리덜
선조님언 어디냐므는 저 서울 양천구 거그 사람덜이 우리덜이여,
본이. 간데 그 땀시 여그를 오게 댄거여. 못 찾잉께.

∞ 진도에 뿌리를 내린 양천 허씨 시조여 그분이, 허대라는 사람
이. 그 때문에 진도에 양천 허씨가 오게 된 것이여. 본이 우리들
선조님은 서울 양천구 허씨들인데 (임해군 때문에 진도를) 오
게 된 것이여. 못 찾으니까.

그란데: 이 사람더리 거 수머서 사라야 하는 그런 심부니기땀시:,
올라므닌자 거그서 이케 므다고 살다가 네:중에 초상이라는데로
인자 자식떠리 인자 늘 번시가고나옹께:. 초상이 굴청 마으리제,
그른떼에. 그랑께 거그서 초상이로 가서 자식떠리 또 살게 댜써:.
초상이로도 가고 중리: 이리도 오고 또 망길로도 가고 헨는데.

그란데 이 사람덜이 거 숨어서 살아야 하는 그런 신분이기 땀
시, 올라믄 인자 거그서 잉게 뭇하고 살다가 내중에 초상이라는

---

4 『진도군지』를 참고하면 '허대'는 조선 중기 광해군 대에 옥사를 피해 진도로
들어와 진도의 양천 허씨 일가를 이룬 입향조이다. 1613년(광해군 5) 대북파
가 영창대군을 옹립하는 세력을 축출하기 위해 계축옥사를 벌였을 때 양천
허씨 가문의 허균이 이 옥사에 관련되었다. 역모로 몰릴 상황에서 허대는 진
도군 고군면 황조 갯마을로 피신하여 정착함으로써 진도 양천 허씨 가계를
이뤘다고 한다.

데로 인자 자식덜이 인자 늘 번식하고 나옹께. 초상이 굴청 마을 이제, 그른때. 그랑께 거그서 초상이로 가서 자식덜이 또 살게 돴 어. 초상이로도 가고 중리 이리도 오고 또 만길로도 가고 했는데.

∞그런데 이 분들이 숨어 살아야 하는 신분인데 살다보니 자손들 이 자꾸 퍼지게 되니까, 나중에 자식들이 초상이라는 데로 가서 살게 되었어. 초상이 골짜기 마을이지. 초상에서 또 중리, 만길 로 가고 했는데.

그란데 거 이메구니 아마 수럴 겡장이 조아헤떰 모냥이어, 그 기 로걸 보며는. 그래서 야튼 두: 네에가네 진도러롼쩨. 헤서 이 부널 가서 술도 조아하믄 술도 헤드리고:. 모든 거슬 돌바주기 이헤서 보물가튼 도니 델마낭 거설 가치 보네쓰꺼 아니어.

그란데 거 임해군이 아마 술얼 겡장히 좋아했던 모냥이어. 그 기록얼 보며는. 그래서 야튼 두 내에간에 진도럴 왔제. 해서 이분 얼 가서 술도 좋아하믄 술도 해드리고. 모든 것을 돌바주기 이해 서 보물 같은 돈이 댈 만한 것얼 같이 보냈을거 아니어.

∞그런데 임해군이 술을 굉장히 좋아했던 모양이야 기록을 보면. 그래서 두 내외간이 진도를 올 때 (임해군이) 술도 좋아하면 해 드리고 또, (임해궁에서도) 모든 것을 돌봐 주라고 보물 같은 돈 이 될 만한 것을 같이 보냈을 것 아니어.

강께 인자 수머 이쓰면서 네중에 세상이 인자 바까지고 므데징께. 그 초상 굴청에서 농토가 이써가꼬 땅얼 사고 므당 거시 아이라 궁중에서 가꼰 도니 이씽께. 고굼멩 가게랄찌 그른데 너룬 땅얼 그 사람더리 모다 사써요.

　강께 인자 숨어 있으면서 내중에 세상이 인자 바까지고 뭇해징께. 그 초상 굴청에서 농토가 있어갖고 땅얼 사고 뭇한 것이 아니라 궁중에서 갖곤 돈이 있잉께. 고군멘 가게랄지 그른데 널운 땅얼 그 사람덜이 모다 샀어요.

∞그러니까 숨어 지내다가 나중에 세상이 바꿔지니까 (땅을 샀는데). 초상 골짜기에 농토가 있어 (농사지어) 가지고 땅을 산 것이 아니라, 궁중에서 가져온 돈이 있으니까 고군면 가게랄지 그런데 넓은 땅을 모두 샀어요.

또 인자 초상써 므다다가 네중에 중리로 므당거선 허후니씨라는 으사가 이써써, 초상써 나온:. 간데 그부니 얼릉 알기시게:, 허정무네 가까운 인척떼는 그부니 음네서 병워널 헤썬쩨에. 병어널 하믄써 보닌니 으:사가 데기 이헤서 일보니로 유아글 가써, 으사 학꾜로:. 유하걸 가가꼬 지지니: 그떼 믄 지지니:…….

　또 인자 초상서 뭇하다가 내중에 중리로 뭇한 것언 허훈이씨라는 으사가 있었어, 초상써 나온. 간데 그 분이 얼릉 알기 십게, 허정무네5 가까운 인척대는 그 분이 읍내서 병원얼 했었제. 병언얼 하믄서 본인이 으사가 대기 위해서 일본이로 유학을 갔어. 으사 학교로. 유학얼 가갖고 지진이 그때 믄 지진이…….6

---

5 '허정무'는 국가대표 축구선수로 활동 하였으며 국가대표 축구 감독을 지냈다.

6 이 무렵 일본의 관동은 지진으로 인하여 민심이 매우 흉흉해졌다. 그래서 일본은 어떻게든 흉흉해진 민심을 수습해야 했고, 그 한 방편으로 조선인들에 대한 유언비어를 조장하였다. 이는 일본 자경단에 의해 조선인의 대량학살로 (6천만 명 추정) 이어졌다. 아마도 허훈 씨는 이 조선인에 대한 대량학살을 피

∞초상에서 (홍주를 내리다가) 나중에 중리에서 (홍주를 내리게) 된 것은 허훈씨 라는 의사가 있었어. 얼른 알기 쉽게 허정무씨 가까운 인척 되는 분인데 그 분이 읍에서 병원을 했었지. 병원을 하면서 본인이 의사가 되기 위해서 일본으로 유학을 갔어. 그런데 지진이 그때 무슨 지진이…….

조 관동 대지진이요.

허 응, 간동 지지니:. 그른떼:, 그떼 피:헤서 진도러롸가꼬:. 아, 진도로자네 서울: 서울로 와서 그 세브란스 으데:. 거그 학꾜를 뎅기면서 지금 부이늘 그 사라믈 만나서 살게 데고. 봄 마누라넌 아그덜 한:나도 안 난는데에, 중리 인척 지비로 가까운데로 인자 지반나 지서 주면서, 거그서 사:라 그라고 헨는데. 거그서 혼자 살면서 수럴 홍주럴 네리기 시자게써.

응, 간동지진이. 그른때, 그때 피해서 진돌얼 와갖고. 아, 진돌오잔에 서울 서울로 와서 그 세브란스 으대. 거그 학교를 댕기면서 지금 부인을 그 사람을 만나서 살게 대고. 본 마누라넌 아그덜 한나도 안 났는데, 중리7 인척 집이로 가까운 데로 인자 집 한나 짓어 주면서, 거그서 사라 그라고 했는데. 거그서 혼자 살면서 술얼 홍주럴8 내리기 시작했어.

해 돌아온 것은 아닌가 한다.

7 위 문장에 나오는 '초상' 이나 '중리'는 지명어이다.

8 '홍주'는 진도의 전통주이다. 조선시대에는 홍주를 '지초주(芝草酒)'라 하여 양반가에서도 술을 빚었다고 한다. 조선 후기 고산자 김정호는 홍주를 다음과 같이 붉은 꽃에 비유하여 말했다.

∞응 관동 대지진. 그때 한국으로 오게 되었는데, (본가인) 진도로 오지 않고, 서울에서 세브란스의대, 그 학교를 다니면서 (새)부인을 만나 살게 되었어. (그런데 진도에는 본 부인이 아이도 없이 혼자서 남편을 기다리고 있었지. 본가에서는 어쩔 수 없이) 본 부인을 중리 인척 집과 가까운 데로 집 한 채 지어 주면서 그곳에서 사라고 했어. (그때부터 본 부인은) 혼자 살면서 홍주를 내리기 시작한 거야.

그래서 시럼 마라자면, 그 사라미 이 진도에 가장 먼자 온, 홍주을 네링 기로걸 그 사라미 기로걸 가꼬 인는데. 지금 저 네중에사 모도 홍주 므다는 거설 음네서 모도 이른 사람 저런 사라미 므단다 게서 하제마는. 시른 언치궁 거그서 몬자 젤 홍주를 네리기 시자 게써, 중리서. 그레서 진도에 절레뎅 거시 오니니 거땀시 그르케 댙쩨.

그래서 실언 말하자면, 그 사람이 이 진도에 가장 먼자 온. 홍주을 내린 기록얼 그 사람이 기록얼 갖고 있는데. 지금 저 내중에사 모도 홍주 믓하는 것얼 읍내서 모도 이른 사람 저런 사람이 믓한다 해서 하제마는. 실은 언칙은 거그서 몬자 젤 홍주를 내리기 시작했어. 중리서. 그래서 진도에 전래댄 것이 온인이 거 땀시 그릏게 댔쩨.

∞그래서 실은 (허훈씨 본부인이) 가장 먼저 홍주내린 기록을 갖고 있는데, 나중에 홍주를 읍에서도 이런 저런 사람들이 (사업)

"홍매화 떨어진 잔에 봄눈이 녹지 않았나 싶고, 술잔에 비친 홍색은 꽃구경할 때 풍경이로다."

한다고 하고 있지만. 사실 원칙은 거기서 먼저 홍주를 내리기
시작했어, 중리서. 그렇게 해서 진도의 (전통주로) 전래된 원인
이 된 것이지.

강께 인자 허가가 데아가꼬 지닐으언이라고 진도에다 비엉어널
차라노코. 그떼 병언 한나여. 앙꼬또 업씨 병언 한난데:. 그른떼 인
자 그 사람 부이니 여그서, 자기능 가도 모:다고: 인자 게성 부이
니 와서 가치 살고 이씽께. 그레도: 남페늘 위아는 그 정성으로 수
럴 멘드러, 지초주럴 멘드러가꼬. 꼭 거 부락 동네 일:꾼 시케서,
한 다레 멥 번써기랄찌 치어서 보네. 가므닌자 그농가꼬 사교하고
모다 나나서 머꼬 인자 이럼 므설 하믄써…….

　　강께 인자 허가가 대아갖고 진일으언이라고 진도에다 병언얼
차라놓고. 그때 병언 한나여. 암긋도 없이 병언 한난데. 그른때 인
자 그 사람 부인이 여그서, 자기는 가도 못하고 인자 개성 부인이
와서 같이 살고 있잉께. 그래도 남펜을 위하는 그 정성으로 술얼
맨들어. 지초주럴 맨들어 갖고. 꼭 거 부락동네 일꾼 시케서, 한 달
에 멧 번썩 이랄지 지어서 보내. 가믄 인자 그 놈 갖고 사교하고
모다 나나서 먹고 인자 이런 뭇얼 하믄서…….

∽그러니까 (남편이 읍에서 병원) 허가를 받아서 진일의원이라는
병원을 차려놓고 (있는데도), 개성 부인이 와서 같이 살고 있으
니까 (본부인은 가보지도 못 하고), 그래도 남편을 위하는 정성
으로 지초주를 만들어, 동네 일꾼 시켜서, 한 달에 몇 번씩 지어
보내. 그러면 그것 가지고 사교도 하고 나눠 마시고 하면서
…….

■조 지초주라고 하셨는데 지초주가 홍주의 원래 이름인가요?

■허 감: 지초주가 홍주여.

감 지초주가 홍주여.

∽그럼 지초주가 홍주여.

■조 그 분은 그럼 어떻게 홍주 제조법을 배웠을까요?

■허 오 그랑께 초상써 베월쩨. 응 초상 즈그 시가에서 베아가꼬:. 얼:메나 오레 거그서 므다고 고상하고 살고 이따가. 네중에사 인자 중리로:, 지벌 한나 지서서 므데 주면서 충리 아서 살:면서 그거설 항거여. 그랑께 그 홍주는 허데씨라는 부이니 가치 와서 거그서 그 사라미 만드러써. 만드런는데 그 후:손더리 쭉 살:면써 거그서 천수럴 바더가꼬:. 그거시 인자 절레데고 절레데고 헤서 므데징 거시제.

오 그랑께 초상서 배웠제. 응 초상 즈그 시가에서 배아갖고, 얼매나 오레 거그서 믓하고 고상하고 살고 있다가. 내중에사 인자 중리로, 집얼 한나 짓어서 믓해 주면서 중리아서 살면서 그것얼 한거여. 그랑께 그 홍주는 허대씨라는 부인이 같이 와서 거그서 그 사람이 만들었어. 만들었는데 그 후손덜이 쭉 살면서 거그서 전수럴 받어갖고. 그것이 인자 전래대고 전래대고 해서 믓해진 것 이제.

∽그러니까 초상에서 배웠지. 초상 시가에서 배워가지고, 얼마나 오랫동안 (시부모님 모시고 살면서) 고생하다가, 나중에 중리에

다 집을 하나 지어주었는데, 중리 와서 살면서 (홍주를 내리기) 시작한 것이여. 그리고 홍주는 (광해군 때) 허대씨 라는 부인이 같이 와서 거기서 그 사람이 만들었어. 그런데 그 후손들이 쪽 살면서 거기서 전수를 받아가지고 그것이 전래되고, 전래되고 해서 진도 전통주로 정해 진 것이지.

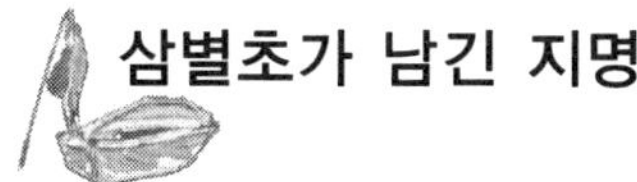

삼별초가 남긴 지명

[조] 만길이라는 마을 이름은 언제부터 사용한 이름인가요?

[허감선] 일본놈시데 떼:. 일본놈더리 와서 다 바까부럳쩨. 월레는 늑:끼리라에써. 늑낄! 이르트먼 소: 멍에란 뜨시어써. 그란데 지그먼 느즐만짜 써가꼬 망기리라 적쩨.

　일본놈 시대 때. 일본놈덜이 와서 다 바까불었제. 원래는 늑길이라 했어. 늑길! 이르트먼 소 멍에란 뜻이었어. 그란데 지금언 늦을 만자 써갖고 만길이라 적제.

∞일제시대 때. 일본 놈들이 와서 다 바꿔버렸지. 원래는 늑길이라고 했어. 늑길! 소 멍에란 뜻이었어. 그런데 지금은 늦을 만자 써서 만길이라 적지.

[조] 마을을 상징하는 또 다른 특징 같은 것은 없나요?

[허] 여그 아렏쩨 너머가다 보믄 거 철마산 미테가 바구 큼: 바이 두 게가 읻쩨. 우게 이꼬 그겁뽀고 눈써비라고 말 눈써비라는데. 말 눈썹 미테가 그 누니꼬 그레. 여그서 아페가서 보면 뵈:. 그라고 쩌: 아레 가믄 왕릉처럼 커:나큼 메시 한나 이써. 고거슨 나씨 네덜 메신데, 그 메슨 크제:. 왕 멕까터. 경주 불국싸가칠로 이:케 굴거. 음 그케 커. 그랑께 이전 우덜 에러서 시: 마르믄 세부게 가

서 제주넝꼬 그라고 헤:꺼든.

여그 아랫재 넘어가다 보믄 거 철마산 밑에가 바구 큰 바이 두 개가 있제. 욱에 있고 그것보고 눈썹이라고 말 눈썹이라는데. 말 눈썹 밑에가 그 눈 있고 그래. 여그서 앞에 가서 보면 뵈. 그라고 쩌 아래 가믄 왕릉처럼 커나큰 멧이 한나 있어. 고것은 나씨네덜 멧인데, 그 멧은 크제. 왕멧 같어. 경주 불국사가칠로 잉게 굵어. 음 굵게 커. 그랑께 이전 우덜 에러서 시 마르믄 새북에 가서 재주 넘고 그라고 했거든.

∾여기 (만길) 아랫재 넘어가다 보면 철마산 밑에가 큰 바위 두개가 있지. 그것보고 말 눈썹이라고 하는데 말 눈썹 밑에가 눈도 있고 그래. 여기서 앞에 가서 보면 보여. 그리고 저 아래 가면 왕릉처럼 아주 큰 묘 하나가 있어. 그것은 나씨네들 묘인데 그 묘는 커서 왕릉 같아. 경주 불국사같이 이렇게 커. 그러니까 우리 어려서 소변 마려우면 새벽에 가서 재주넘고 그랬어.

▣조 소변이 마려운데 왜 무덤에서 재주를 넘어요.

▣허 무섬쩡 줄:라고. 무서미 떠러진다 그레가꼬. 그라고 진도넌 삼별초 당시 왕오니가 왕무덤쩨 주그니까 거 삼:바테서 전젱헬짜나. 전:젱하고 그 잔당드리 올로 간냐믄 돈지 자근당이로 가꺼던. 잔당이 자근당이로 강께 나:중에 이르미 벼넫쩨, 자근당이로. 전젱 나 싸와가꼬는 무성께 인자 네:뻬강거시 자근당 골:짱이로 네뻬간쩨. 그라고 쪼깐 더 영리한 노먼 초사리로 네뻬가고. 그레가꼬 네:뻬가다가 여그 가면 송장뜨기란 데가 이써.

무섭정 줄라고. 무섭이 떨어진다 그래갖고. 그라고 진도넌 삼별초 당시 왕온이가 왕무덤재 죽으니까 거 삼 밭에서 전쟁했잔아. 전쟁하고 잔당들이 올로 갔냐믄 돈지 작은당이로 갔거던. 잔당이 작은당이로 강께 나중에 이름이 변했제, 작은당이로. 전쟁 나 싸와갖고는 무성께 인자 내빼 간 것이 작은당 골짱이로 내빼갔제. 그라고 쪼깐 더 영리한 놈언 초사리로 내빼가고. 그래갖고. 내빼 가다가 여그 가면 송장뜨기란데가 있어.

∞ 무섬증 줄여 드라고. 그렇게 하면 무서움이 없어진다고 했어. 그리고 진도는 삼별초 당시 삼밭에서 전쟁했잖아. (그런데) 몽고군과 싸우다가 왕온이가 왕무덤재에서 죽으니까 패잔병들이 어디로 갔냐면 돈지 작은당 골짜기로 도망쳤지. 패잔병이 작은당으로 가니까 나중에 이름이 변했지. 작은당으로. 그리고 조금 더 영리한 사람은 초사리로 도망치고. 그리고 여기 가면 송장등이란 곳이 있어.

조 송장뜨기요.

허 등. 송장뜽이란 이르미 머이냐먼. 송:장이 마:네서 송장뜽이 아니라:. 거가 마라자믄 보넬 쏭짜 장수 장짜. 장수럴 삼별초 난 때 보네따: 그레 송장뜽 거가 익꼬. 고: 아레 가믄 조하베 큰: 창고 지슨데가 이써. 거그는 탕:금혀리라고: 탕금혀리 인는데. 머이냐 믄 거: 기생더리: 장군덜 모도 몽:고군더리 쪼차옹께 네:뻰 왕오니 가 쩌그서 주꼬 그랑게 네:뻬가는데 걱써 인자 모도 바메 탕:그멀 헤서 기:셍드리 믈 처따고 그레써.

등. 송장등이란 이름이 멋이냐면. 송장이 많애서 송장등이 아니
라. 거가 말하자믄 보낼 송자 장수 장자. 장수럴 삼별초 난 때 보
냈다 그래 송장등 거가 있고. 고 아래가믄 조합에 큰 창고 짓은데
가 있어. 거그는 탕금혈이라고 탕금혈이 있는데. 멋이냐믄 거 기
생덜이 장군얼 모도 몽고군덜이 쫓아옹께 내삔 왕온이가 저그서
죽고 그랑께 내빼가는데 걱서 인자 모도 밤에 탕금얼 해서 기생들
이 뭇 쳤다고 그랬어.

ᗡ등. 송장등이란 이름은 송장이 많아서 송장등이 아니라. 보낼
송자 장수 장자. 삼별초 난 때 장수를 보냈다 해서 송장등이 있
고. 그 아래 가면 조합에서 지은 창고가 있어. 그곳에는 탕금혈
이 있는데, 기생들이 (몽고군에 쫓겨 온 장군들을 위로해서 보
내려고) 밤에 현금(玄琴)을 쳤다 그랬어.

조 가야금 같은 악기일까요.

허 응 요세 가야금 가튼 치고 그래서 보네따게 탕금혀리라고 이
꼬 그레. 궁감 녀페가믄 지끔: 삼:별초 난떼: 베: 떠나간 자리가 이
꺼던. 걱따 비석 시고 할라겐는데…….

응 요새 가야금 같은 치고 그래서 보냈다개 탕금혈이라고 있고
그래. 금갑 옆에 가믄 지금 삼별초 난 때 배 떠나간 자리가 있거
던. 걱다 비석 시고 할라갰는데…….1

ᗡ응, 가야금 같은 쳐서 보냈다고 해 탕금혈이라 그래. 금갑 옆에

---

1 삼별초의 몽고항쟁과 관련된 배중손장군의 비석은 현재 임회면 굴포 앞 바다
에 세워져 있다. 본문 '고산 윤선도 굴포언을 막다' 편을 참고.

가면 지금 삼별초 난 때 배 떠나간 자리가 있거든. 거기다 비석 세우려고 했는데…….

노인1 요:건네 우리부락 할구게는 범바우가 이써. 범데가리여. 그라고 그 딤:며니 버미 입 뻴린 형세여. 범 데가리럴 건네가면 게:순농어리 일써. 그랑께 호렝이가 게:럴 쪼충…… 수머야 쓰꺼 아니야. 골창에가 수머써. 그랑께 호렝이가 여그서 게를 쪼차가다가 게 순농얼에서 노처써. 그레가꼬 그 노면 쩌: 건네 구자도로 가고 이 호렝이는 황베미에가 무처따게서, 거그서 보멍 구자도가 보여.

요건네 우리 부락 할국에는 범바우가 있어. 범대가리여. 그라고 그 딧면이 범이 입 벌린 형세여. 범 대가리럴 건네가면 개순농얼이 있어. 그랑께 호랭이가 개럴 쫓운…… 숨어야 쓸것 아니야. 골창에가 숨었어. 그랑께 호랭이가 여그서 개를 쫓아 가다가 개순농얼에서 놓쳤어. 그래갖고 그놈언 저 건네 구자도로 가고 이 호랭이는 황배미에가 묻혔다개서, 거그서 보면 구자도가 보여.

∞요건네 우리 마을 활국에는 범 바위가 있어. 범 머리여. 그리고 그 뒷면은 범이 입 벌린 형세여. 범 머리를 건너가면 개순농월이 있어. 호랑이가 개를 쫓으니까 숨어야 할 것 아니야. 그래서 골짜기에 숨었어. (그런데) 호랑이가 개를 쫓아가다 개순농월에서 놓쳤어. 그래서 개는 구자도로 건너가고 이 호랑이는 황배미에 묻혔다고 해서, (황베미에서) 보면 구자도가 보여.

예:쩌게 서이레씨라는 사라미: 궁갑써 기양사리럴 헤써. 그란데 하냥써 인자 도로 주길라고 올로랑께. 서일헤씨라는 부니 저 범바

우 인는데서 딱 일부러 실라믄써 느그덜 고생할 피료 업따. 그라고는 무랑 그룻 떠가꼰나 하고 시게써.

옛적에 서일해씨라는 사람이 금갑서 기양살이럴 했어. 그란데 한양서 인자 도로 죽일라고 올로랑께. 서일해씨라는2 분이 범 바우 있는데서 딱 일부러 실라믄서 느그덜 고생할 필요 업다. 그라고는 물 한 그룻 떠갖곤나 하고 시졌어.

∞옛적에 서일해씨라는 분이 금갑에서 귀양살이를 했어. 그런데 한양에서 죽이려고 다시 올라오라 하니까. 서일해씨라는 분이 범 바위 부근에서 일부러 쉬면서 너희들 고생할 필요 없다. 그리고는 '물 한 그룻 떠 오너라' 하고 시켰어.

그레서 무럴 노코는 기아치메서 므설 소느로 이르케 하더니 딱 마시고는 자널 롬시로 사라미 걍 업써저부러써. 그랑께 인자 서일헤씨 어딘능가 차자보고 예쩌게 날 리가 나썰쩨. 그란데 아무리 차자도 주근자리에 업뜨레. 할구기 부라건 저거도 또또가님무리 앙끄너지고 바방끄너지고 참 동네서도 보므는 할구기 질: 부축이여.

그래서 물얼 놓고는 기아침에서3 뭇얼 손으로 이렇게 하더니 딱 마시고는 잔얼 놈시로 사람이 걍 없어저 불었어. 그랑께 인자 서일해씨 어딨는가 찾아보고 옛적에 난리가 났었제. 그란데 아무리 찾아도 죽은 자리에 업드래. 할국이 부락언 적어도 똑똑한 인물이 안 끈어지고 밥 안 끈어지고 참 동네서도 보므는 할국이 질

---

2 진도로 유배 온 유배자 명단에 '서일해'라는 분은 기록되어 있지 않아 알 수가 없다.

3 '기아침~갸침'은 '호주머니'의 방언형이다.

부 축이여.4

∞그래서 물을 놓고는 호주머니에서 뭔가 꺼내어 손으로 저어 마
시고 잔을 놓는 순간 사람이 없어져 버렸어. 그러니까 서일해씨
어디 있는가 찾아보고 난리가 났었지. 그런데 아무리 찾아도 죽
은 자리에 없더래. 활국이 마을은 적어도 똑똑한 인물이 안 끊
어지고 밥도 안 끊어지고 참 동네서도 보면 활국이 제일 부(富)
축이여.

그라고 이케 디또라 보믄 또 도로가 활쭈리여:. 그라고 쩌 딛싸니
할 뜽이여. 그라고 이 도로로 드로는 거시 할: 가라기여. 그레서
부락 이르미: 할고기여! 요세 싸람더럼 므설 몰라. 이 부락드리 ᄀ
르케 역싸가 지픈지럴.

그라고 잉게 딧돌아 보믄 또 도로가 활줄이여. 그라고 저 딧산
이 할 등이여. 그라고 이 도로로 들어오는 것이 할 가락이여. 그래
서 부락 이름이 할곡이여! 요새 사람덜언 뭣얼 몰라. 이 부락들이
그릏게 역사가 깊은 지럴.

∞그리고 뒤돌아보면 또 도로가 활줄이여. 그리고 저 뒷산이 활
등이고 이 도로로 들어오는 것이 활 가락이여. 그래서 마을 이
름이 활곡이여! 요즘 사람들은 뭘 몰라. 이 마을들이 그토록 역
사가 깊은 지를.

---

4 제보자께서 황배미와 개순 농월을 말하면서 '서일해씨'의 일화를 꺼낸 것은
활곡 마을을 품고 있는 산이 명산이란 것을 강조하고 싶은 것이다.

고산 윤선도 굴포언을 막다

강진간 우리 마을 아페 굴:포 헤:병까 그 원 뚜걸 지나가는데. 거기가 쪼:끄맘 비서기 하나가 이써. 그레서 그 비서기 멍고 하고 보아땀 마리야.

우리 마을 앞에 굴포 해변가 그 원1 둑얼 지나가는데. 거기가 조그만 비석이 하나가 있어. 그래서 그 비석이 먼고 하고 보았단 말이야.

Ꙍ우리 마을 앞 굴포 해변가 그 언(堰)을 지나가는데. 거기에 조그만 비석이 하나가 있어. 그래서 그 비석이 뭔고 하고 보았단 말이야.

베중손 장구네 데함 비서긴데, 이 옛날 고려 말 때 베중소니란 사라미 진도에 와서 응, 몽:고와 항:거 하다가 제:주로 쪼끼면써 굴:포 바다까에서 몽:고궁과 싸우다가 몽:고구난테 폐헤서 장병더럼 마이 히셍을 당하고 저기 난동방향으로 헤서 제:주로 도망가따는 그런 네용으로 비서기 인는데. 바로 이 굴포 압 바다에서 몽:고궁과 치열한 전투를 헤:따는 그 네용이여.

배중손 장군에2 대한 비석인데, 이 옛날 고려 말 때 배중손이란

---

1 '원'은 '언'의 방언형이다. '언'은 '개'를 막은 '간척'을 말한다. 진도에는 간척사업으로 인하여 생긴 농토들이 많다. 이때 생긴 간척지는 방죽 혹은 보를 막는 것을 의미하는 한자 '堰'이 접미사처럼 붙어 '덕병언, 읍남언, 창원언, 나리구언, 활곡언' 등으로 불린다.

사람이 진도에 와서 응, 몽고와 항거하다가 제주로 쫓기면서 굴포 바닷가에서 몽고군과 싸우다가 몽고군한테 패해서 장병덜언 만이 희생을 당하고 저기 남동방향으로 해서 제주로 도망갔다는 그런 내용으로 비석이 있는데. 바로 이 굴포 앞바다에서 몽고군과 치열한 전투를 했다는 그 내용이여.

∞배중손 장군에 대한 비석인데, 고려 말 때 배중손이란 사람이 진도에 와서, 몽고군과 항거를 하다가 제주로 쫓겨 가면서, 굴포 앞바다에서 몽고군과 싸우다 패해서 장병들은 많은 희생을 당하고 남동방향으로 해서 제주로 도망갔다는, 그런 내용의 비석이 있는데, 바로 이 굴포 앞바다에서 몽고군과 치열한 전투를 했다는 그 내용이여.

게서 네가 얼릉 셍가가기로 들믄 마리야, 지금까지 우리드리 이 고향서 지베서 살면서 그: 예:기는 처음, 그 비서걸 퉁헤서 알게 댜땀 마리야! 하라버지 아버지한테서 일쩔 그런 마를 몯: 드러써.

게서 내가 얼릉 생각하기로 들믄 마리야, 지금까지 우리들이 이 고향서 집에서 살면서 그 예기는 처음, 그 비석얼 통해서 알게 댰단 말이야! 할아버지 아버지한테서 일절 그런 말을 못 들었어.

∞그래서 내가 생각할 때, 지금까지 우리들이 이 고향집에 살면서 그 애기는 처음, 그 비석을 통해서 알게 되었단 말이야! 할아버지 아버지한테서 그런 말을 일절 못 들었어.

---

2 배중손(?~1271): 고려 원종 때 사람이다. 삼별초의 수령으로, 원종이 개성으로 환도한 후에 강화에 있던 삼별초를 이끌고 몽고에 저항하여 왕온(王溫)을 임금으로 추대하였다. 배중손장군은 진도를 거쳐 제주도로 갔는데 그 사이에 진도에 많은 흔적들을 남겼다.

어르시난테 드름 마:런 여그 옌:나레 삼벵년 저네 윤 고산씨란 사
라미 굴:포 아페 워널 마거서 여으 큰: 노니 셍겐는데. 이노니 바
로 이 원뚜글 막끼떼무네 셍겯따:. 그레서 우리 이 사괄레 동네 싸
람더리 이노늘 버러먹꼬 이러케 잘 살게댜따:. 그 네용을 어려쓸
때 하라부지로부터 드릉 기어근 인는데:.

어르신한테 들은 말언 여그 옛날에 삼백년 전에 윤고산씨라는[3]
사람이 굴포 앞에 원얼 막어서 여그 큰 논이 생겠는데. 이 논이 바
로 이 원 둑을 막기 때문에 생겼다. 그래서 우리 이 사관레 동네
사람덜이 이 논을 벌어먹고 이렇게 잘 살게 댰다. 그 내용을 어렸
을 때 할아부지로부터 들은 기억은 있는데.

∞어르신한테 들은 말은 여기 옛날 삼백년 전에 윤고산씨라는 사
람이 굴포 앞에 언을 막아서 큰 논이 생겼는데. 이 논이 언을 막
았기 때문에 생겼다. 그래서 우리 이 사 관례 동네사람들이 이
논을 벌면서 잘 살게 되었다. 그 내용을 어렸을 때 할아버지로
부터 들은 기억은 있는데.

베:중손장구니 굴:포 와서 몽:고구나고 전:투를 헤:땀 마른 천혐
몰:라땀마리야. 깜짝 놀라써. 아: 그란데 우리가 알:고 드또 보도
모단 그 네용으 비서기 이써. 야, 이거 참, 융:고산씨가 하넌 헹저
글 반드시 이르케 비서기라도 만드러 놔야 우리 후손더리 알거꼬

---

3 윤선도(1587~1671)는 조선 중기의 문신·시조 작가이다. 당쟁으로 일생을 거
  의 벽지의 유배지에서 보냈으나, 경사(經史)·의약·복서(卜筮)·음양지리
  에 해박하고, 특히 시조에 뛰어났다. 가사 문학의 대가인 정철과 더불어 시조
  문학의 대가로서 국문학사상 쌍벽을 이루며, 특히 자연을 시로써 승화시킨
  뛰어난 시인이었다.

나. 그거슬 께다라따고.

배중손 장군이 굴포 와서 몽고군하고 전투를 했단 말은 전현 몰랐단 말이야. 깜짝 놀랐어. 아, 그란데 우리가 알고 듣도 보도 못한 그 내용으 비석이 있어. 야, 이것 참 윤고산씨가 하넌 행적을 반드시 이롷게 비석이라도 만들어 놔야 우리 후손덜이 알겄고나. 그것을 깨달았다고.

∞ 배중손 장군이 굴포 와서 몽고군하고 전투를 했다는 말은 전혀 듣지 모했단 말이야. 우리가 듣도 보도 못한 내용의 비석이 세워져 있어서 깜짝 놀랐어. 야, 이것 참 윤선도선생의 행적을 반드시 비석이라도 세워놓아야 우리 후손들이 알겠구나. 그것을 깨달았다고.

그̌: 당시에 네가 동네 이장얼 헤써. 게가지고 이: 괄레 이장들하고 이 비성 문제를 함번 응 셍각헤바야 쓰걷따하고 이장님들 가치 안 저서: 이야기를 헤땀 마리야. "참 그 마리 맏쏘. 그거라도 헤 놔야 우리후손더리 알제. 아네 노코 쑤욱 살다보믄 베중소니라는 사라미 여그서 전̌투 헤따넘 말만 나오제 땅거시 읻껟쏘. 그라고 베중손장구니 전투헤따늠 마런 우리가 처̌음 든늠 마리오. 우리는 천̌혀 모르니리오."

그 당시에 내가 동네 이장얼 했어. 그래가지고 이 관레 이장들하고 이 비석 문제를 한번 생각해바야 쓰겄다 하고 이장님들 같이 앉어서 이야기를 했단 말이야. "참 그 말이 맞소. 그거라도 해놔야 우리후선덜이 알제. 안 해 놓고 쑤욱 살다보믄 배중손이라는 사람이 여그서 전투했다는 말만 나오제 딴 것이 있겄소. 그라고 배중손장군이 전투 했다는 말언 우리가 처음 듣는 말이오. 우리는 전혀 모른 일이오.”

∞그 당시에 내가 동네 이장을 했어. 그래서 이 관례 이장들하고 이 비석 문제를 한번 의논해봐야 쓰겠다 하고 이장님들과 의논을 했단 말이야. “참, 그 말이 맞소. 그것이라도 해 놓아야 우리 후손들이 알지. 안 해 놓고 살다보면 배중손이라는 사람이 여기서 전투했다는 말만 남지 다른 것이 있겠소. 그리고 배중손 장군이 전투했다는 말은 우리가 처음 듣는 말이오. 우리는 전혀 모르는 일이오.”

그레가꼬는 이장더라고 뜨시 마저서: 부랑어르신드란테 말씀드리고:. 인제 그 모든 예사널 가치 부담헤가꼬 한담 마리야. 인자 미언장님한테 말쌈드려써. 우리가 이러닐로 헤서 할람니다. 강께, “조으니리네. 그란데 확씨리 아라가지고 하능 거시 조으 거시세.” 그레서는 “그라믕 군:수님한테 가서 말씀 드리까요:.” 그러니까, “군수님한테 가서 함번 에기하고 하는 거시 조체.” 그레서 군수님한테 가서 그른 예기럴 쑤욱 하니까.

  그래갖고는 이장덜하고 뜻이 맞어서 부락 어르신들한테 말씀드리고. 그 모든 예산얼 같이 부담해갖고 한단 말이야. 인자 면장님한테 말쌈 드렸어. 우리가 이런 일로 해서 할랍니다. 강께, “좋은 일이네. 그란데 확실히 알아가지고 하는 것이 좋으것이세.” 그래서는 “그라믄 군수님한테 가서 말씀 드리까요.” 그러니까, “군수님한테 가서 한번 애기하고 하는 것이 좋제.” 그래서 군수님한테 가서 그른 애기럴 쑤욱 하니까.

∞그래가지고 이장들하고 뜻이 맞아 마을어르신들한테 말씀드리고 그 모든 예산을 같이 부담해서 한단 말이야. 면장님한테도 말씀드렸어. 우리가 이런 일로 (윤선도선생의 비를 세우려) 합니다. 그러니까 "좋은 일이네. 그런데 확실히 알아가지고 하는 것이 좋을 것이네." 그래서는 "그러면 군수님한테 가서 말씀 드릴까요." 그러니까. "군수님한테 가서 한 번 얘기하고 하는 것이 좋지." 그래서 군수님한테 가서 그런 얘기를 쭉 하니까.

그 궁:거가 인냐고 무러봐. "그거느넉꼬. 단 어르신들한테 우리가 드른 그: 네용만 알고 이씀니다:. 그리고 그 노널 우리더리 벌:고 이꼬 원뚜기 이르케 셍겨따넌 그르케만 드럳쩨. 땅거 머 낭겨노웅 기로그넙씀니다."

그 근거가 있냐고 물어봐. "근거는 업고. 단 어른신들한테 우리가 들은 그 내용만 알고 있습니다. 그리고 그 논얼 우리덜이 벌고 있고 원 둑이 이렇게 생겼다넌 그룽게만 들었제. 딴 것 머 남겨놓은 기록은 업습니다.

∞그 근거가 있냐고 물어봐. "그 근거는 없고, 단 어르신들한테 우리가 들은 그 내용만 알고 있습니다. 그리고 그 논을 우리들이 벌고 있고 언(堰)이 이렇게 생겼다는 이야기만 들었지. 남겨 놓은 기록은 없습니다."

"그레요. 더 확씨리 아러보고 하능 거시 조컫쏘. 더 아러보고 핟쏘." 군수님도 이르케 에기럴 한담 마리어. 그래서 그 네용얼 더: 착시리 알기이헤서 헤남 늠고산씨후소늘 차자가서 그 네용을 마람시로, "이:레서 우리가 차자와씀니다. 혹시 그런 역싸저깅 기로 기 이씀니까." 하고 무러봐땀 마리여.

"그래요. 더 확실히 알어보고 하는 것이 좋겄소. 더 알어보고 했 쇼." 군수님도 이릏게 애기럴 한단 말이어. 그래서 그 내용얼 더 착실히 알기이해서 해남 윤고산씨 후손을 찾아가서 그 내용을 말 함시로, "이래서 우리가 찾아 왔습니다. 혹시 그런 역사적인 기록 이 있습니까." 하고 물어봤단 말이여.

"그래요. 더 확실히 알아보고 하는 것이 좋겠소. 더 알아보고 하 시오." 군수님도 이렇게 애기를 한단 말이야. 그래서 더 정확한 내용을 알기위해 해남으로 고산 윤선도선생 후손을 찾아가서 그 내용을 말 하면서, "이래서 우리가 찾아왔습니다. 혹시 그런 역사적인 기록이 있습니까."하고 물어봤단 말이야.

그레 그부니 조:아 하믄써 그: 역싸저깅 기로기 읻따고 그레. 자기 가 은젱가는 일기체걸 보안는데 이 네용이 이뜨라 그레. 서:딸 그 믐떼 굴:포 어:르신드리 싸럴, 쌀과 베를 미어글 가지고 와서 그르 케 워널 마거주억끼에 그 땅을 벌먼써 잘 살게댜따고. 그래서 그 싸라고 미여글 쪼끔 칠머지고 자기를 차자와뜨라 그레, 윤선도를. 그래서 그 차자온 사람드를 만나서 창 고마운 이야기다고 메: 뻔 하믄써 도라가따능 그런 네용 일기를 보아따 그레.

그분이 좋아하믄서 그 역사적인 기록이 있다고 그래. 자기가 은 젠가는 일기책얼 보았는데 이 내용이 있드라 그래. 섣달그믐 때 굴포 어르신들이 쌀얼, 쌀과 베를 미역을 가지고 와서 그릏게 원 얼 막어 주었기에 그 땅을 벌먼서 잘 살게 댔다고. 그래서 그 쌀하고 미역을 조금 짊어지고 자기를 찾아왔드라 그래. 윤선도를. 그래서 그 찾아온 사람들을 만나서 참 고마운 이야기다고 멧번 하믄서 돌아갔다는 그런 내용 일기를 보았다 그래.

∞그 분이 좋아하면서 역사적인 기록이 있다 그래. 언젠가 일기책을 보았는데, 섣달그믐 때 굴포 어르신들이 쌀과 베, 미역을 가지고 와서 언을 막아주어 그 땅을 벌면서 잘 살게 되었다고. 그래서 쌀과 미역을 조금 짊어지고 찾아왔더라 라는 내용이 있더라 그래. 그래서 그 찾아온 사람들을 만나 참 고마운 이야기다고 몇 번 하면서 돌아갔다는 그런 내용의 일기를 보았다 그래.

그레서 그 일기체걸 좀 보자 그레뜨니. 지그먼 차자 볼라믄 상당히 힘등께 그: 체기 어디가 인는지 한:참 차자야 뎅께:. 네가 녤 모레 차자가꼬: 복싸헤야, 가지고 갈터니: 오느릉 걍 가쇼:. 그래서 완는데 한 이주일 뎅께 그걸 복싸헤가지고 와떠마. 그레 글 가지고 그떼 벡꾼수님 차자간쩨.

그래서 그 일기 책얼 좀 보자 그랬드니. 지금언 찾아볼라믄 상당히 힘등께 그 책이 어디가 있는지 한참 찾아야 댕께. 내가 낼 모레 찾아갖고 복사해야, 가지고 갈터이니 오늘은 걍 가쇼. 그래서 왔는데 한 이주일 뎅께 그걸 복사해가지고 왔더마. 그래 글 가지고 그때 백 군수님 찾아갔제.

∞그래서 일기책을 좀 보자 그랬더니. "지금 그 책이 어디가 있는지 찾으려면 시간이 걸리니까 내가 낼 모레 찾아서 복사해 가지고 갈 테니 오늘은 그냥 가시오." 그래서 왔는데 한 이주일 되니까 그걸 복사해 가지고 왔더구먼. 그래 그걸 가지고 백 군수님

을 찾아갔지.

그걸 딱 보시드니, "그럼 핱쬬. 참 조은 이림니다." 그레서 항거라
고. 그레서 윤선도 비럴 그떼 그 자리에다가 세웠는데 강께 배중
손장굼 비 여페다가 나라니 세어저써 지금.

그걸 딱 보시드니, "그럼 했쇼. 참 좋은 일입니다." 그래서 한 거
라고. 그래서 윤선도 비럴 그때 그 자리에다가 세웠는데 강께 배
중손장군 비 옆에다가 나란히 세어졌어 지금.

∽그걸 보시드니, "그럼 하시오. 참 좋은 일입니다." 그래서 추진
한 것이라고. 고산 윤선도선생 비를 그때 그 자리에다 세웠는
데, 배중손장군 비 옆에 나란히 세워졌어.

지금도 굴포어르신들 말 드르믄 어떠케 주장얼 하냐 그라믄. 윤:
선도 사당이 이 자리에 이써야 쓰꺼신데 응, 배중손사당이 익꼬
윤선도 사당이 업:따능 거슨 이거 참 잘 모뗀 이리다.

지금도 굴포 어르신들 말 들으믄 어떻게 주장얼 하냐 그라믄.
윤선도 사당이 이 자리에 있어야 쓸 것인데 응, 배중손 사당이 있
고 윤선도 사당이 업다는 것은 이거 참 잘 못 댄 일이다.

∽지금도 굴포 어르신들은 어떻게 주장을 하냐. 윤선도선생 사당
이 이 자리에 있어야 하는데, 배중손장군 사당이 있고 고산 윤
선도선생 사당이 없다는 것은 참 잘 못된 일이다.

거그서 옌날부터 당을 지어노코 당 제사럴 모실때 꼭 윤선도 제사
럴 항께 모시다가 인자 그 당도 업:쎄불고 거 배중손 사당만 멘드

라놓께 이거슨 난처 하거덩. 윤선도 제사는 여그서 모시제마는 아
그거 베중손장군 사당에다가 인자 제사를 모시는데 그거떠러닌
자 이르케 뎅께 경장 불평을 혜써. 경장이 구네다 불평을 헫쩨.

거그서 옛날부터 당을 지어 놓고 당 제사럴 모실 때 꼭 윤선도
제사럴 함께 모시다가 인자 그 당도 없애불고 거 배중손 사당만 맨
들아 놓께 이것은 난처 하거던. 윤선도 제사는 여그서 모시제마는
아 그거 배중손장군 사당에다가 인자 제사를 모시는데 그것덜언
인자 이릏게 뎅께 경장 불평을 했어. 경장히 군에다 불평을 했제.

굴포는 옛날부터 당을 지어 놓고 당 제사를 모실 때 꼭 윤선도
선생 제사를 함께 모셨는데, 이제는 그 당도 없애버리고, 배중
손장군 사당만 만들어 놓으니까 이것은 난처하거든. 윤선도선
생 제사를 배중손장군 사당에서 모시지만 배중손장군 사당에
다 제사를 모시니까 배중손장군 후손들이 굉장히 불평을 했어.
군에다 굉장히 불평을 했지.

그레서 인자 군수가 여한 따게떰 모양이여:. 그랑께 함버능 굴:포
어르신드라고 이럴 추진혜떤 나하고 군청 담당과장하고 배중손
장굼 문중어른드라고 혜:남 윤선도선셍 문중어르신드라고 우리
드라고 한 자리에 안자서 인자 타허벌 혜써.

그래서 군수가 여한 딱했던 모양이어. 그랑께 한번은 굴포 어르
신들 하고 일얼 추진했던 나하고 군청 담당과장하고 배중손장군
문중어른들하고 해남 윤선도선생 문중어르신들하고 우리들하고
한 자리에 앉아서 인자 타협얼 했어.

그래서 군수가 보기에 여간 딱했던 모양이야. 한번은 (군에서

자리를 마련하여) 굴포어르신들, 일을 추진했던 나, 군청 담당 과장, 배중손장군 문중어른들, 해남 윤선도선생 문중어르신들 하고 한 자리에 앉아서 타협을 했어.

결구긍 군수 말쓰미: 그: 자리다가 가치 그: 사당에서 함께 젤: 조컨쏘 그랑께. 베중손장굼 펴네서넌 외: 지서노키럴 베중손장군 사당얼 지선는데 윤선도 제사까지 거그서 가치 모셔야 안 덴다. 우리늠 바더줄 쑤 업따. 갸꼬 거그서 아무리 타혀벌 할라도 모:다고 결구검 마러써.

결국은 군수 말씀이 그 자리다가 같이 그 사당에서 함께 젤 좋겠소 그랑께. 배중손장군 편에서넌 외 짓어 놓기럴 배중손 장군 사당얼 짓었는데 윤선도 제사까지 거그서 같이 모셔야 안 댄다. 우리는 받어줄 수 업다. 갸꼬 거그서 아무리 타협얼 할라도 못하고 결국언 말었어.

∞결국은 군수님 말씀이 (배중손 사당에서) 같이 그 사당에서 함께 제를 지내는 것이 좋겠소. 그러니까 배중손장군 편에서는 지어 놓기를 배중손장군 사당으로 지었는데 왜 윤선도선생 제사까지 같이 모셔야. 안 된다. 우리는 받아줄 수 없다. 그래서 아무리 타협을 하래도 못하고 결국은 말았어.

거가, 엔날 사실 그른 이야기가 이따며는. 그르케 응 여그서 전:투가 버러지고 마:능 구니니 주꼬 그레따면. 그 네용이 지금까지 말:함마디 업:따가 인자사 느다덥씨 그 비서글 세어노코 이 주변 싸람더리 그 비섭 보고사 알게데냐 그 마리야. 그 비석 세운제가 하니심년 뎅가 모르걷쏘.

거가, 엣날 사실 그른 이야기가 있다며는. 그롷게 여그서 전투가 벌어지고 만은 군인이 죽고 그랬다면. 그 내용이 지금까지 말 한마디 업다가 인자사 느닷없이 그 비석을 세어놓고 이 주변 사람덜이 그 비석 보고사4 알게 대냐 그 말이야. 그 비석 세운제가 한 이십년 뎅가 모르겄소.

∞(굴포에서) 실제로 그런 일이 있었다면, 전투가 벌어지고 많은 군인이 죽고 그랬다면, (어떤 흔적이라도 있어야 할 텐데) 지금까지 한마디 말도 전해 내려오지 않다가 이제야 느닷없이 그 비석을 세워놓고, 이 주변 사람들이 그 비석을 보고야 알게 되냐 그 말이지. 그 비석 세운지가 한 이십년 된가 모르겠소.

조 배중손사당을 추진해서 이곳에다 모신 그 사람들은 어떤 사람들인가요?

강 아 금메 베씨가 절라남도 으헤 으장이어써, 베씨가:. 그리고 여그 오다보면 미술과니 이써. 그: 사라미랑 여그 도으워니 여그거 그떼당시 이:어깅가 어쩨께서 예사널 가따가 여그다가 지승거야 그케 댜써.

아 금매 배씨가 전라남도 으해 으장이었어, 배씨가. 그리고 여그 오다보면 미술관이 있어. 그 사람이랑 여그 도으원이 그때 당시 이 억인가 어쩰게서 예산얼 갖다가 여그다 짓은 거야 긓게 댰어.

---

4 '보고사'의 '-사'는 중앙어 '-어야'에 대응한다.

∞배씨가 전라남도 의회 의장이었어, 배씨가. 그리고 여기 오다 보면 미술관이 있어. 그 사람이랑 도의원이 그때 당시 이억인가 예산을 가져와서 지은거야. 그렇게 되었어.

조 배씨 문중이나 도의원에서 이런 일을 추진할 때 충분한 사료를 바탕으로 해서 사당을 지었을 것 아녀요?

강 동네 굴:포 어르신들또 몰라써. 헤 노코사 알고 굴:포 어르신드리 강께 그 사당써 가치 모시라고 헨:는데 아마 굴:포어르신드리 그르케 아날꺼여. 그 사당에서 윤선도선셍 제사럴 암 모실꺼로 아러, 나는. 강께 베중손장군 사당이 굴:포가 이쓸 거시 아니라 저기 용장사에 이써야 마저.

동네 굴포어르신들도 몰랐어. 해 놓고사 알고 굴포어르신들이 강께 그 사당서 같이 모시라고 했는데 아마 굴포어르신들이 그릏게 안 할거여. 그 사당에서 윤선도선생 제사럴 안 모실걸로 알어, 나는. 강께 배중손장군 사당이 굴포가 있을 것이 아니라 저기 용장사에 있어야 맞어.[5]

∞굴포어르신들도 몰랐어. 해 놓고야 알았지. 그러니까 그 사당에서 같이 모시라 했는데 아마 굴포어르신들이 그렇게 안 할 거여. 그 사당에서 윤선도선생 제사를 안 모실 걸로 알어, 나는.

---

[5] 필자의 조사에 의하면 배중손장군의 마지막 격전지는 의신면 일대이며 제주도로 가기 위해 배를 탄 곳은 의신면 금갑리이다. 본문의 자료에서도 드러나지만 의신면 일대에는 삼별초와 관련된 유적지, 전설 등이 곳곳에 남아있다. 또한 허갑선 제보자에 의하면 애초 배중손사당 건립 계획은 임회면 굴포리가 아니라 금갑이었음을 알 수 있다.

그러니까 배중손장군 사당이 굴포가 있을 것이 아니라 용장에 있어야 맞아.

그라고 아까 거 윤선도씨가 워늘 마글 때:, 워늘 마그면서 두:번 세번 터지거든. 그릏 과정에서 하루지녀게능 꾸멀 꿍께. 쿵: 구렁이가 그리 쑤욱 뻐떼가꼬 이써. 지금 현:제 뚝 그데로. 그레 깜짝 놀레 께나보니까 꾸미여.

그라고 윤선도가 원을 막을 때, 원을 막으면서 두 번 세 번 터지거든. 그른 과정에서 하루 지녁에는 꿈얼 꿍께. 큰 구렁이가 그리 쑤욱 뻗대갖고 있어. 지금 현재 뚝 그대로. 그래 깜짝 놀래 깨어나보니까 꿈이여.

∞그리고 윤선도 선생이 언을 막을 때, 언을 막으면서 두 번 세 번 터지거든. 그런 과정에서 하루저녁에는 꿈을 꾸었는데, 큰 구렁이가 그리 뻗어갔고 있어. 현재 둑 그대로. 그래 깜짝 놀라 깨보니까 꿈이여.

셍가게보니까 저쪽과 요쪼기 질 가까운 쪼걸 테게서 마가꺼등. 간데 구렁이 인는데는 더 긴 자리여. 지금 마꼬 인능 겁보다 헐:썬 일까시미 마나지 인자 쑤욱 더 기릏께:. 그래서 이 자리에다 워늘 마거야 아마 안 터질랑갑따:. 그라고는 저네 한 워늘 포̈기하고 다시 요쪼기로 옹겨 공사를 헤써. 그레 그 후로는 안 터저따는 마리이써.

생각해보니까 저쪽과 요쪽이 질 가까운 쪽얼 택해서 막았거든. 간데 구렁이 있는 데는 더 긴 자리여. 지금 막고 있는 것보다 헐씬 일가심이 만아지 인자 쑥 더 길응께. 그래서 이 자리에다 원을 막어야 아마 안 터질란갑다. 그라고는 전에 한 원을 포기하고 다시 요쪽이로 옴겨 공사를 했어. 그래 그 후로는 안 터졌다는 말이 있어.

∽생각해보니까 저쪽과 이쪽이 제일 가까운 쪽을 택해서 막았거든. 그런데 구렁이 있는 데는 더 긴 자리여. 처음 막고 있는 것보다 일감이 훨씬 많지. 더 기니까. 그래서 이 자리에다 언을 막아야 안 터지려나 보다. 그리고는 전에 한 언을 포기하고 다시 이쪽으로 옴겨 공사를 했어. 그래 그 후로는 안 터졌다는 말이 있어.

3

일제강점기와 6·25

굴포 노인의 소학교 입학

만길·활곡 노인이 겪은 일제시대

만길·활곡 노인의 6·25

돈지노인의 6·25

우리오빠가 인민군이었어

6·25가 낳은 웃지 못 할 이야기

—찰로 그리고 그때는 웃기게 살았어

굴포 노인의 소학교 입학

노인2 네가 궁민학꾜 사항년 떼 헤방 댜쓰니까. 그떼는 일봄말만 헨:쩨. 그떼는 조서너라고 요마난 딱지 한나페 줘가꼬 다석게썽 나나 줌시로 학꾜가고 올떼게 조선말만 하므는 그 딱지럴 뻬껴. 조섬말 모:다게 함무니로 조서너란 도장얼 딱 찌게불거던. 일봄말만 하게에.

내가 국민학교 사학년 때 해방 댰으니까. 그때는 일본말만 했제. 그때는 조선어라고 요만한 딱지 한낲에1 줘갖고 다섯개썩 나나 줌시로2 학교가고 올때게 조선말만 하므는 그 딱지럴 뺏겨. 조선말 못하게 한문이로 조선어란 도장얼 딱 찍에 불거던. 일본 말만 하게 해.

∞내가 초등학교 4학년 때 해방이 되었는데 (해방되기 전까지는) 일본말만 했지. 한문으로 조선어란 도장이 찍힌 딱지가 있었어. 그 딱지를 한 사람 앞에 다섯 개씩 나눠 주고는 학교를 오고갈 때 조선말만 하면 뺏겨. 일본말만 하게 해.

그란데 시고레서 은제 일봄마를 베울 기가니 이쎠. 어레서 모: 뻬우니까 뻬끼믐만네. 그날가서 벌 바꼬 그떼 소하꾜라 그렏쩨. 이 바갈라믄 요세 데학게기보담 심드런네.

---

1 '한낲에'는 '한나 앞에'의 줄임말이며 '한 사람 앞에'의 의미이다.
2 '-음시로'는 '-으면서'의 방언형이다.

그란데 시골에서 은제 일본말을 배울 기간이 있어. 어레서 못 배우니까 뺏기믄 맞네. 그날 가서 벌 받고 그때 소학교라 그랬제. 입학 할라믄 요새 대학개기보담 심들었네.

∞ 그런데 시골에서 언제 일본말을 배울 기회가 있어. 어려서 못 배우니까 뺏기면 맞네. 그날 가서 벌 받고 그때 소학교라 그랬지. 또 입학하려면 요즘 대학가기 보다 더 힘들었네.

어쩨 그랑고 아니. 요세가치 이바온서 써서 네므는 망 무조건 으 무저기로 강거시 아니고. 므:설 보냐 그라믄 이 '가니다라'고 이써. 저 사짐마이나 한데다 일본천항페 거그다가 씨 부처노코 사짐 부처노코. 그거 갈리 자라냐 모다냐 그 지비 와서 그거 모냐바.

어쩨 그란고 하니. 요새같이 입학온서 써서 내므는 막 무조건 으 무적이로 간 것이 아니고. 므설 보냐 그라믄 이 '가니다라'고 있어. 저 사진마이나3 한데다 일본 천항페 거그다가 씨 부처 놓고 사진 부처 놓고. 그거 갈리 잘하냐 못하냐 그 집이 와서 그거 모냐 바.

∞ 왜냐하면 요즘처럼 입학원서 써 내면 무조건 의무적으로 간 것이 아니고. 무엇을 보냐 그러면 '가타가나'라고 있어. 저 사진만 한데다 일본천황 이름과 사진을 액자에 걸어놓고. 액자 관리 잘 하냐 못 하냐 그것 먼저 봐.

조 씨가 뭐죠 무얼 붙여 놓는다는 거죠.

---

3 A4용지 크기의 액자를 가리킴.

노인2 아 거 일봄말로 천항 머시라고 부처노코. 우리가트믄 선조 사진 부치데끼 제사 모셔논 시기여. 그 지비 보면, 요세 방아네가 께끄다게 살제. 초가집써 몸지소게서 산데 헹펜 업쓰니까, 가마니 떼기 피고. 존 자리나 피가니. 엔나레 바람맘 부러따믐 막 싹 비께저 불고.

아 거 일본 말로 천항 멋이라고 붙여놓고. 우리 같으믄 선조 사진 붙이데끼4 제사 모셔 논 식이여. 그 집이 보면, 요새 방안에가 깨끗하게 살제. 초가집서 몸지 속에서 산데 헹펜 없으니까, 가마니데기5 피고. 존 자리나 피가니. 엣날에 바람만 불었다믄 막 싹 빗게저 불고.

∞일본말로 천황 뭐라 써 붙여놓고. 우리 같으면 선조사진 놓고 제사 모시는 식이여. 그런데 집들을 가보면, 요즘에는 집을 깨끗하게 해놓고 살지. (그때는) 초가집에 먼지 속에서 사는데, 좋은 자리나 펴가니 거적 깔고 형편없어. 옛날에 바람만 불었다하면 전부 벗겨져 버리고.

조 지붕이 날아가 버리는 가요.

노인2 크람 테풍이 불면 싹 다 나라가. 요즈메는 망는데 그떼는 할 제가니 업써써.

---

4 '-데끼'는 '-듯이'의 방언형이다.

5 '가마니데기'는 '거적'을 말한다. 여기서 '-데기'는 그와 관련된 일을 하거나 그런 성질을 가진 사람의 뜻을 더하는 접미사이다. 진도에서는 '가마니데기, 종웃데기, 판잣데기, 꾸석데기'와 같이 물건이나 '귓데기~귓사데기, 뽈데기, 쌍판데기(얼굴)'등과 같이 신체의 부분과 결합하여 쓰이기도 한다.

크람 태풍이 불면 싹 다 날아가. 요즘에는 막는데 그때는 할 재간이 없었어.

∞그럼. 태풍불면 다 날아가. 요즘에는 대비도 하는데 그때는 할 재간이 없었어.

조 그래서 일본천황 사진이 들어 있는 액자가 깨끗이 보관되어 있으면 합격인가요.

노인2 으응. 이상 께끄시 헤서 그라므늠 무조건 학껴기어. 가서 보믄, 몸:지 소게다 즈그 선조 머당 그거설 일본천황페 므설 몸:지도 안 털고 물짜게 헤 놔쓰믄. 아 이바언서 암 바더줘:. 빠꾸여 빠꾸 하하하.

으응. 이상 깨끗이 해서 그라므는 무조건 합격이어. 가서 보믄 몸지 속에다 즈그 선조 멋한 그것얼 일본 천황페 뭇얼 몸지도 안 털고 물짜게6 해 놨으믄. 아 입학언서 안 받어 줘. 빠꾸여 빠꾸 하하하.

∞응. 깨끗하게 보관하면 무조건 합격이어. 그런데 일본 천황사진과 이름 써진 액자를 먼지도 안 털고 지저분하게 보관하면, 입학원서 안 받어 줘. 퇴자여 퇴자 하하하.

강께 그떼게 네가 열쌀 머거서 이바게땀 마리어. 간데 일봄말도 체데로 모르제. 간데 한 사오년 섬베더리 인자 느롸서 가르처 주

---

6 '물짜다'는 물건의 내용과 질이 형편없거나, 기대에 미치지 못하다는 뜻이다.

덤마. 그라믄 일봄말로 아처게는 일보는 일:기가 불쑤낭께 '오아
이오고사이마쓰' 나제는 '곤니찌와' 그라믄 나제를 말항거여.

강께 그때게 내가 열살 먹어서 입학했단 말이어. 간데 일본 말
도 제대로 모르제. 간데 한 사오년 선배덜이 인자 늘 와서 가르처
주던마. 그라믄 일본 말로 아척에는 일본은 일기가 불순항께 '오
아이오고사이마쓰' 낮에는 '곤니찌와' 그라믄 낮에를 말한 거여.
∽그러니까 그때 내가 열 살 먹어서 입학했단 말이야. 그런데 일
본말도 제대로 모르지. 그러니까 한 사오년 선배들이 늘 와서
가르쳐주더구먼. 일본말로 아침에는 일본은 일기변화가 심하
니까 '오하요고자이마스' 낮에는 '곤니치와' 그러면 낮을 말하
는 거야.

그라믄 바메는 '곰방아' 그레. 바밀기너너짜냐 일보넌 태풍이 마
이 부러. 일기가 불쑤낭께 그거시 인사여.

그라믄 밤에는 '곤방아' 그래. 밤 일기넌 어짜냐 일본넌 태풍이
만이 불어. 일기가 불순항께 그것이 인사여.
∽그러면 밤에는 '곤방와' 그래. 밤 일기는 어떠냐 일본은 태풍이
많이 불어. 일기변화가 심하니까 그것이 인사여.

그랑께 아처게 우리섬베더리 나럴 겔차주기럴 아처게 하너닝사
만 겔차줘써. '오아이오고사이마쑹'가 그랑께 오나라처긴사여. 오
나라처게는 헤가 조케 뜨고 어짜냐 인산데. 선셍더리 다른데 돌다
가 교장아고 일본선셍더라고 와가꼬는. 바메 완네우리지비를.

그랑께 아척에 우리 선배덜이 나럴 갤차주기럴 아척에 하넌 인

사만 갤차줬어. '오아이오고사이마쓴'가 그랑께 오날 아척인사여. 오날 아척에는 해가 좋게 뜨고 어짜냐 인산데. 선생덜이 다른데 돌다가 교장하고 일본 선생덜하고 와가꼬는. 밤에 왔네 우리 집이를.

∽그러니까 아침에 선배들이 가르쳐주기를 아침에 하는 인사만 가르쳐줬어. '오하요고자이마스'는 오늘 아침 인사여. 오늘 아침에는 해가 좋게 떴냐 하는 인사인데, 선생들이 다른 곳을 돌다가 교장하고 왔는데, 우리 집은 밤에 왔네.

바메 완는데 '곰방와' 그레야 꺼인데 오늘 바멍 그레야 꺼인데 '오아이오고사마쑹'가맘 베:써. '오늘 아침 일기능' 그랑께 하하하 죽는다고 우습시로도 그레도 그 마리레도 항께는 학껴케써.

밤에 왔는데 '곤방와.' 그래야 것인데 오늘 밤언 그래야 것인데 '오아이오고사마쓴'가만 뱄어. '오늘 아침 일기는' 그랑께 하하하 죽는다고 웃음시로도 그래도 그 말이래도 항께는 합격했어.

∽밤에 왔으니까 '곤방와' 그래야 되는데 '오늘밤은' 그래야 되는데, '오하요고자이마스'만 배웠어. 그래서 '오늘 아침 일기는' 그러니까 하하하 죽는다고 웃으면서도 그 말이라도 하니까 합격했어.

조 입학 원서를 낸 집만 돌아다니면서요?

노2 아앙, 인사라도 할쫑 아러야 댜. 거그서 인자 자기 피료안 아 그덜맘 뽑쩨. 우리마을에서 하니심멩이나 지원헤따므는 메시맘 뽑쩨 다 암 바다. 즈그 천항페 갈리자라고 일봄말로 인사라도 할쭝 안 놈 하제. 쓸모업딴 시기제 인자. 강께 머리가 두나고 일본 인사말도 할쭝 모르는 사라믕 그떼 학꾜럴 목:가써. 도늠 마:네도 모까.

아앙 인사라도 할중7 알어야 댜. 거그서 인자 자기 필요한 아그 덜만 뽑제. 우리마을에서 한 이십멩이나 지원 했다므는 멧이만 뽑제 다 안 받아. 즈그 천항페 갈리 잘하고 일본말로 인사라도 할중 안 놈 하제. 쓸모업단 식이제 인자. 강께 머리가 둔하고 일본 인사 말도 할중 모르는 사람은 그때 학교럴 못 갔어. 돈은 만애도 못가.

∞아암 인사라도 할 줄 알아야 돼. 자기 필요한 애들만 뽑지. 우리 마을에서 한 이십 명 정도 지원했다고 하면 몇 명만 뽑지 다 안 받아. 저희 천황액자 관리 잘하고 일본말로 인사라도 할 줄 아는 놈 뽑지. 쓸모없단 식이지. 그러니까 머리가 둔하고 인사말도 할 줄 모르는 사람은 그때 학교를 못 갔어. 돈은 많아도 못가.

[조] 그럼 합격하지 못한 사람들은 어떻게 되었어요.

[노3] 헤방 댜서 인자 분단 댜가꼬:. 유기오가 끈낭거시 아니라 유 기오떼부터서 인자 그른떼 궁민학교라 그렌는데. 그랑께 나이가 나보담 칠쎄 팔쎄가 마난 사람더리 하낭녀니어써. 그떼 하꾜럴 몯: 다닝거까지 모다 함뻐네 다니니까. 나도 여 벡똥학꾜라고 인 는데 나하고 팔련 차이난 사람도 잍써.

---

7 '할 중'은 '할 줄'의 방언형이다. 이 외에도 몇몇 어휘에서 뒤에 오는 초성과 상 관없이 'ㅇ'으로 나타난다.
 예) 문턱→문텅, 언덕→어덩, 배꼽→배꽁, 얼른→얼릉

해방 댜서 인자 분단 댜갖고. 육이오가 끝난 것이 아니라 육이오 때부터서 인자 그른때 궁민학교라 그랬는데. 그랑께 나이가 나보담 칠세 팔세가 만한 사람덜이 한 학년이었어.8 그때 학교럴 못 다닌 것까지 모다 함뻔에 다니니까. 나도 여 백동학교라고 있는데 나하고 팔년 차이난 사람도 있어.

∞해방이 되고 나서 또 분단 되어가지고 6.25부터 초등학교라 그랬는데. 나이가 나보다 7~8세가 많은 사람들이 같은 학년이었어. 일본시대 때 학교를 못 다닌 사람들까지 모아 함께 다녔으니까. 내가 백동초등학교를 다녔는데 나하고 8년 차이난 사람도 있어.

노2 그 사라면 일본시데에 학꾜를 몯: 갇쩨. 그랑께 걍 그 사람덜 모테가꼬 그사람더라고 학꾜를 마처 줄라니까 이랑녀니로 드롸써 허허허.

그 사람언 일본시대에 학교를 못 갔제. 그랑께 걍 그 사람덜 모태갖고 그 사람덜하고 학교를 마처 줄라니까 일학년이로 드뢌어 허허허.

∞그 사람들은 일본시대에 소학교 (입학을) 못 했지. 그래서 그 사람들하고 같이 학교를 마쳐주려니까 일학년으로 들어왔어 허허허.

조 존칭은 어떻게 하셨어요.

---

8 여기서 '한'은 '같은'에 대응된다. '한 반(같은 반), 한 동네(같은 동네), 한 집(같은 집) 한 배(같은 운명)……'등과 같이 쓰인다.

노3 그른떼, 어트케뚱가 모르제만 맙 버다고 그레써. 그란데, 지그메 나이 머그먼써 와가꼬 인자 조럽타고 그떼부타 인자 형니미 른시기로 나간쩨.

그른 때, 어뚱갯든가 모르제만 막 벗하고 그랬어. 그란데, 지금에 나이 먹으면서 와갖고 인자 졸업타고 그때부타 인자 형님 이른 식이로 나갔제.

그때, 어떻게 했는가 모르지만 벗하고 그랬어. 지금이야 나이도 먹고 또 졸업하고 그때부터 형님이라 불렀지.

노2 그라고 에정떼 굴량미로 다 가저가불고 머글 거시 업씨니까 학꾜 가믄 빈 도시락 껍질망 가꼬 가. 그라믄 학꾜서 므설주냐:. 데두바기라고 중국써 콩얼 지름짜고 중국 콩얼. 그떼 중구가고 항구근 노예거던.

그라고 애정때 군량미로 다 가저가 불고 먹을 것이 없이니까 학교 가믄 빈 도시락 껍질만 갖고 가. 그라믄 학교서 뭇얼 주냐. 대두박이라고9 중국서 콩얼 지름 짜고 중국 콩얼. 그때 중국하고 한국은 노예거던.

그리고 왜정 때 군량미로 다 가져가고 먹을 것이 없으니까 학교에 가면 빈 도시락만 가지고 가. 그러면 학교에서 무엇을 주냐. 콩깻묵이라고 중국에서 콩을 기름 짜고. 그때 중국과 한국은 (일본) 노예였거든.

---

9 '대두박'은 콩에서 기름을 짜고 남은 찌꺼기 '콩깻묵'을 말 한다.

그렌짜나 이차데전떼는. 일본싸람 걸리럴 다 헤붕께는 중구까서 그노멀 공출로 지름짠 찌께기럴 가꽈가꼬, 고노멀 물 끼레서 우리 정:심 도시라걸…… 지비서능 가꼬 갈 꺼시 업쏭께 얼릉 몰국조차 항 그릉 마시고 오고 그레써. 싱냥이 업:쓰니까. 공추리라게서 다 가저가부러써.

그랬잔아 이차대전때는. 일본사람 건리럴 다 해붕께는 중국가서 그놈얼 공출로 지름 짠 찌께기럴 가꽈갖고, 고놈얼 물 낄에서 우리 정심 도시락얼…… 집이서는 갖고 갈 것이 없응께 얼른 몰국조차 한 그릇 마시고 오고 그랬어. 식냥이 없으니까. 공출이라개서 다 가저가불었어.

∽그랬잖아 이차대전 때는. 일본사람 권리를 다 하니까 중국에서 공출로 기름 짠 찌꺼기를 (우리나라에) 가지고 와서, 그것을 물과 함께 끓여서 우리들 점심 도시락으로…… 집에서는 가져 갈 것이 없으니까 국물조차 한 그릇 마시고 오고 그랬어. 식량이 없으니까, 공출이라고 해서 다 가져가버렸어.

조 감추기도 하고 그랬겠네요.

노2 굴량미로 쓴다게도 동네서 구장덜 일본놈덜 다 둘러머꼬.

군량미로 쓴다개도 동네서 구장덜 일본놈덜 다 둘러먹고.[10]

∽군량미로 쓴다고 해도 동네서 이장들 일본 놈들 다 훔쳐 먹고.

---

10 '둘르-'는 '훔치다'의 방언형이다. 여기에 비하하는 뜻을 더하는 접미사 '-질' 을 결합하면 '둘럭질'이 된다.

■조■ 동네서 구장이 미움의 대상이었겠네요.

■노2■ 그렌쩨. 그랑께 헤방데니까 몽둥이들 막꼬 쪽껴도 나고 그
렌:쩨. 그러꺼 아이라고 베고픈 시절 그르케 헤:쓰니까 너도 함번
당헤바라 그라고.

그랬제. 그랑께 해방대니까 몽둥이들 맞고 쫓겨도 나고 그랬제.
그럴 것 아니라고 배고픈 시절 그렇게 했으니까 너도 한번 당해바
라 그라고.

∞그랬지. 그래서 해방되니까 몽둥이들 맞고 쫓겨도 나고 그랬지.
그럴 것 아니라고 배고픈 시절 그렇게 했으니까 너도 한번 당해
봐라 그러고.

만길 · 활곡 노인이 겪은 일제시대

노인1 우더리: 으싱궁민학꾜를 뎅게꺼던. 뎅겐는데, 일쩨떼년 으:싱궁민하꾜 마당이 한:나 업써따.

우덜이 으신국민학교를 댕겠거던. 댕겠는데, 일제 때년 으신궁민학교 마당이 한나 없었다.

∞우리들이 의신초등학교를 다녔거든. 그런데 일제 때는 의신초등학교 마당이 아예 없었다.

조 왜 없었나요.

허갑선 구인드리 와서 점:부 포파시키까 무서서. 학꾜 우게다가 능 거 솔라무럴 쩌다가 더퍼써. 인자 금:무리 암 보이게 알라고. 그라고 그 운동장에는 바설 멘드라가지고 거그다 고구마 싱그고 콩 싱그고 그레써. 거그다 점:부 다 게가네가지고 우덜섬베드리:.

군인들이 와서 전부 폭파시킬까 무서서. 학교 욱에다가는 거 솔라무럴 쩌다가 덮었어. 인자 근물이 안 보이게 할라고. 그라고 그 운동장에는 밧얼 맨드라가지고 거그다 고구마 싱그고 콩 싱그고 그랬어. 거그다 전부 다 개간해 가지고 우덜선배들이.

∞군인들이 와서 전부 폭파시킬까봐 무서워서. (하늘에서 보면) 학교 건물이 안보이게 하려고 소나무를 베어다가 덮었어. 그리고 운동장에는 밭을 만들어서 고구마 심고 콩도 심고 그랬어.

우리선배들이 전부 개간해서.

그라고 이전네넌 학꾜 점부 다 삥: 둘러마근:, 거가 다:민데. 다머리케 너룩께 마거가꼬 거그다가 흐걸 퍼부서가꼬. 지비서: 제 인제, 부삭쩨:. 부삭쩨 고너믈, 노랑봉투 한:나썩 가꼬라게. 가꼬라꼬는 고노물 딱! 노코는: 인자 콩얼 시머써. 고케 싱게 노코 학꾜에 드러가능 믐만 헤노코.

그라고 이전에넌 학교 전부 다 삥 둘러막은, 거가 담인데. 담얼 잉게 널웁게 막어갖고 거그다가 흑얼 퍼붓어 갖고. 집이서 재 있제, 부삭 재.1 부삭 재 고넘을, 노랑봉투 한나썩2 갖고라개. 갖고랐고는 고놈울 딱! 놓고는 인자 콩얼 심었어. 공게 싱게 놓고 학교에 들어가는 믓만 해놓고.

∽그리고 학교를 삥 둘러막은 담이 있는데, 담을 넓게 막어 가지고 흙을 부은 다음 집에서 재 있지. 아궁이 재를 노란봉투 가득 가져오라고 해서는, 그 재로 콩을 심었어. 그렇게 심어 놓고 학교에 들어가는 입구만 만들어 놓고.

[조] 그러니까 위장을 한 거네요.

[허] 그러체. 폭팔헤빹짜 여그는 앙꼬또 업따. 그라고 전젱이 너모

---

1 '재'는 씨앗을 소독하는 데 사용 된다.
2 진도방언에서 '한나'는 두 가지 의미로 쓰인다. 수량을 나타낼 때는 '한나'이고, '가득히'라는 의미를 담을 때는 '한:나'와 같이 나타냄으로써 운소에서 차이가 난다. 여기에서는 수량의 의미보다는 '가득히 채우다'의 의미로 쓰였다.

146 전남 진도의 언어와 문화

시:메지고 그라니까. 그사람 구인들또 므설 헨냐믄 솔라무 껭이,
껭이럴 헤가꼬 송탄뉴라고 아러?

그러체. 폭팔해봤자 여그는 암굿도 업다. 그라고 전쟁이 너모
심해지고 그라니까. 그 사람 군인들도 믓얼 했냐믄 솔라무갱이,
갱이럴 해갖고 송탄유라고[3] 알어?

◐그렇지. 폭발해보았자 여기는 아무것도 없다. 그리고 (나중에
는) 전쟁이 너무 심해지니까. 군인들은 뭐를 했냐, 소나무 괭이,
괭이로 송탄유라고 알아?

조 소나무에서 나오는 기름인가요.

허 응. 으싱궁미낙 고짜게다가는 소설 한: 데여서께 거러 노코
는, 거 솔라무 뚱꺼럴 파다가: 그 껭이 나오믄 고노멀 미테다 불려
가꼬 넹거시 송타뉴. 간:솔 고노믈 거 므세다 너: 가지고 데리믕
걱써 지니 까마케:: 골탕가틍 거시 나와. 그렁거 비헹기 엔지니나
그른데 쓴다고 그라고는 인자 네고.

응. 으신궁민학 고짝에다가는 숫얼 한 대여섯개 걸어놓고는,
거 솔라무 등걸얼 파다가 그 갱이 나오믄 고놈얼 밑에다 불 여갖
고[4] 낸 것이 송탄유. 간솔 고놈을 믓에다 넣 가지고 데리믄 걱서

---

3 일제강점기인 1938년~1945년까지 진도에서도 송탄유를 추출하여 공출(供
出) 했다고 한다. 송탄유는 소나무의 관솔(송진이 엉긴 소나무의 가지나 옹
이)에서 추출한다. 큰 가마솥이나 드럼통 같은데 넣고 주변을 나무나 풀등으
로 덮어 불을 붙이면 가마솥이나, 드럼통 속의 솔잎, 관솔 가지 등이 열을 받
아 거의 숯이 될 정도가 되면 송진과 물 등이 흘러나와서 밑으로 내려간다.
이때 드럼 밑에 구멍을 뚫어 놓고 그 밑에 큰 통을 묻어 놓으면 통속에 약간
걸쭉한 기름이 모이게 되는데 그것이 바로 송탄유이다.

진이 까맣게 골탄 같은 것이 나와. 그런 것 비행기 엔진이나 그른 데 쓴다고 그라고는 인자 내고.

∞응. 의신초등학교 그쪽에다 솥을 대 여섯 개 걸어놓고 소나무 등걸을 파다가, 그 괭이 나오면 밑으로 불을 넣어가지고 낸 것이 송탄유. 관솔을 다리면 거기서 까만 골탄 같은 진이 나와. 그것을 비행기 엔진 돌리는데 쓴다고 내고.

그라고 한 지비 을마썩 베:급쩨, 베급쩨로 메:떼썩 네노라 그라고. 우덜또 여 솔라무 솔까지 따러…… 고노멀 자구로 쪼게면 쩨:까석 이써. 고놈 녀:가꼬 오가리 바체 노코 미테다 헤서 불 려가꼬 고놈 네:서 공추라고. 고노멀 회:가닌는데다 가따 놔 두므는: 인자 거그서 이:장이 바더. 점:부 누구네 누구네 멘찝 할땅헤가지고는 바더 네! 바더 네:믄 고노미 일본노미 한 도라무 차면 가저가고 가저가고.

그라고 한 집이 을마썩 배급제, 배급제로 멧대썩 내노라 그라고. 우덜도 여 솔라무 솔가지 따러…… 고놈얼 자구로 쪼개면 째까석 있어. 고놈 여 갖고 오가리 바채 놓고 밑에다 해서 불 여고 고놈 내서 공출하고. 고놈얼 회간 있는데다 갖다 놔 두므는 인자 거그서 이장이 받어. 전부 누구네 누구네 멧집 할당해가지고는 받어 내! 받어 내믄 고놈이 일본 놈이 한 도라무5 차면 가저가고 가저가고.

---

4 '불 여갖고'에서 '옇-'은 '넣다'의 방언형이다. '넣다'와 '넿다'형이 <석보상절>에서 발견된다.

5 '도라무'는 '드럼통'의 일본식 발음이다.

∽한 가구당 배급제로 몇 대씩 내 놓으라 그러는데. 우리들도 소나무 솔가지를 따러……. 그것을 자귀로 쪼개면 조금씩 있어. 그것을 항아리에 받혀놓고 불 때서 (송탄유를) 내서 공출하고. 그러면 이장이 회관으로 가져오라고 해서 누구네 얼마씩 할당된 양을 받아내! 그래서 한 통이 다 차면 일본 놈이 가져가고.

헤방이 그떼 막 댜붕께 목 가저가써. 메 또라무럴 가저 간는지 모르제마능 가저 간는데 멘 또라무가 나머써. 그랑께 아그더리 거그다 부럴 펴 부러써. 부럴 핑께 거 도라무 아네서 그 뜨겅거시 막 폭팔헤가꼬 날리 함번씩 나고 모도 고케 혼:나써 하하하.

해방이 그때 막 댜붕께 못 가저갔어. 멧 도라무럴 가저갔는지 모르제마는 가저 갔는데 멧 도라무가 남었어. 그랑께 아그덜이 거그다 불얼 펴 불었어. 불얼 핑께 거 도라무 안에서 그 뜨건 것이 막 폭팔 해갖고 난리 한 번씩 나고 모도 공게 혼났어 하하하.
∽그때 해방이 되니까 못 가져갔어. 몇 통을 가져갔는지 모르지만 남았는데, 애들이 (기름통에) 불얼 피워버렸어. 불을 피우니까 뜨거운 통이 폭발해가지고 혼났어 하하하.

조 다친 사람은 없었나요.

히 한:나 다치지는 아나고 어른드리 외 불편냐 머이라 하까 무성께: 그거이 무섣쩨. 우더른 어리제마넌 이항년떼부터 쩌: 사천니 골창이로 머루:순! 머루수니라고 요로케 똥그라니 이써. 그걸 학꾜다 가따주믄 고놈 또 기름네고 고농가꼬 기름 네가꼬 머꼬. 또

일본놈 시데 약초도 케라게써. 우덜뽀고 약초 케라가면 쩌으 바다
까에 가서 케고. 케가꼬믄 그 바다까에가 말도 밀리고, 주거 가꼬.

   한나 다치지는 안하고 어른들이 외 불펴나 멋이라6 할까 무성
게 그거이 무섰제. 우덜은 어리제마넌 이학년때부터 저 사천리7
골창이로 머루순! 머루순이라고 요룽게 똥그라니 있어. 그걸 학교
다 갖다 주믄 고놈 또 기름내고 고놈 갖고 기름 내 갖고 먹고. 또
일본놈 시대 약초도 케라겠어. 우덜보고 약초 캐라가면 저으 바닷
가에 가서 캐고. 캐갖고믄 그 바닷가에가 말도 밀리고, 죽어갖고.
∞한 명도 다치지 않았는데 어른들이 왜 불 피웠냐 야단칠까봐,
그게 무서웠지. 일본 놈 시대 우리들이 어렸지만 이학년 때부터
사천리 골짜기로 머루순! 머루순이라고 동그랗게 생긴 것이 있
어. 그것을 학교 가져다주면 그것도 기름내고, 먹기도 하고. 또
약초도 캐오라고 했어. 그래서 바닷가까지 캐러가고 하면 바닷
가에가 말도 밀려 있고, 죽어가지고.

조 바닷가라면 어디 바다일까요.

허 처어 저 황베미라고 도몽리 미테 이써. 인자 이른데 약 케러
가믄 짠뜩 케러 뎅깅게 업써. 꽁바비고 머시 한:나도 업써:. 흉년
보담도 공추레가부러서 머글꺼시 업써 짠뜩 케가 불고 업쓰니까.
그른데까지 베타고 케러 가제.
   처어 황배미라고 도목리 밑에 있어. 인자 이른데 약 캐러 가믄

---

6 '머이라'는 여기서 '야단치다, 혼내다, 나무라다'를 의미한다.
7 '사천리'는 지명어이다.

잔뜩 캐러 댕깅께 없어. 꽁밥이고 멋이 한나도 없어. 흉년보담도 공출해가 불어서 먹을 것이 없어. 잔뜩 캐가 불고 없으니까. 그른 데까지 배타고 캐러 가제.

∞황배미이라고 도목리 밑에 있어. 만길 부근에는 잔뜩 캐러 다니니까 없어. 꿩밥이고 뭐고 하나도 없어. 흉년보다도 공출해 가서 먹을 것이 없어 잔뜩 캐가 버리고 없으니까. 그런 곳 까지 배타고 캐러 갔지.

케러 가믕 곈까세가 제주도서 포파헤가꼬 사:라미 떠밀리가꼬 밀리기도 하고 그람믄 그거 보고 네:빼기도 하고 또 베타고 다른 서미로도 가고. 그케 헤서 케다 학꾜다 바치고 그른 지꺼리 하다 마럳쩨 믄. 그라고는 헤방이 닫써.

캐러 가믄 갯갓에가 제주도서 폭파해갖고 사람이 떠밀리갖고 밀리기도 하고 그람믄 그거보고 내빼기도 하고 또 배타고 다른 섬이로도 가고. 궇게 해서 캐다 학교다 바치고 그른 짓거리 하다 말었제 믄. 그라고는 해방이 닳어.

∞캐러 가면 갯가에 제주도에서 (배가) 폭발해서 (죽은) 사람이 떠밀려오기도 하고 그러면 그것보고 도망치기도 하고 또 배타고 다른 섬으로도 가고. 그렇게 해서 학교에 바치고, 순전히 그런 짓거리 하다 말았지. 그리고는 해방이 되었어.

[허:]그라고 '구슈:께이요'라고. 일본말로 '규슈께이요' 인자 이러트먼 요셈 말로 머이라 하건냐? 저기 와따는 그러한 시노여. 인자 공부 하다가도 "구슈께이요:!" 하고 종을 땅땅치먼 그 저 망길 여 딛:

싼 꼭떼기에가: 하양:상 데여서시 정도는 청년더리 올라가서 봐:.

그라고 '구슈께이요'라고. 일본말로 '규슈께이요' 인자 이러트면 요샛말로 머이라 하겄냐? '적이 왔다'는 그러한 신호여. 인자 공부하다가도 "규슈께이요!"하고 종을 땅땅치면 그 망길 여 딋산꼭대기에가 항상 대엿이 정도는 청년덜이 올라가서 봐.

∞그리고 '기오쓰게'라고. 일본말로 '기오쓰게'는 요즘 말로 뭐라 하겠냐? ' 적이 나타났으니 조심해라'라는 신호여. 그러니까 공부하다가도 "기오쓰게!"하고 종을 치면 만길 뒷산꼭대기에 항상 대여섯 명 정도 청년들이 올라가서 (망을) 봐.

보능거시 머이냐먼. 비엥기가 떤능가 안 떤능가를 늘봐. 그레가꼬 신호로 학꾜나 지서로 하믕 그거뽀고 '구슈께이'라게. 그라믄 첨:부 학쎙들 공부하다 딛싸니로 네:빼. 지끔 돈지 가믄 쩌 하꾜 여페 기와지빈쩨.

보는 것이 멋이냐먼. 비행기가 떴는가 안 떴는가를 늘 봐. 그래 갖고 신호로 학교나 지서로 하믄 그것보고 '구슈께이'라개. 그라 믄 전부 학생들 공부하다 딋산이로 내빼. 지금 돈지가믄 저 학교 옆에 기와집 있제.

∞뭐를 보나 하면 비행기가 떴는가 안 떴는가를 늘 봐. 그래서 신호로 학교나 지서로 연락하면 그것보고 '기오쓰게'라고 해. 그러면 학생들은 공부하다가도 전부 뒷산으로 도망쳐. 지금 돈지 가면 학교 옆에 기와집 있지.

조 예.

허 고집 뛰에로 가서 놀:고 막 숭꼬 그렌는데:. 그러다 또 '구슈껭이' 풀리믄 비엥기 가따고 철마꼭떼기 소리 지르믄 인자 도로 드롸서 공부하고 하하하.

고 집 뒤에로 가서 놀고 막 숨고 그랬는데. 그러다 또 '구슈껭이' 풀리믄 비행기 갔다고 철마꼭대기 소리 지르믄 인자 도로 드롸서 공부하고 하하하.

∞그 집 뒤로 가서 놀기도 하고 숨고 그랬는데. 또 '기오쓰게' 풀리면 비행기 갔다고 철마산 꼭대기에서 소리 지르면 도로 들어가서 공부하고 하하하.

노인1 그른 떼 또 굴도 팠써.

그른 때 또 굴도 팠어.

∞그런 때 굴도 팠어.

조 굴이요? 무슨 굴인가요?

허 그거시 므시냐믄. 방:어지 인자 데피소. 마라자믄 여그 이붕 놈덜 굴: 파가꼬 전쟁 이러나믄 고 아네 드러간다는 시기로, 망길 또 짐:마다 구리 이써써. 너룸 마당에다가: 지:피 이케 사람 키:정도는 파가꼬는 거 우게다가 이른 통나무 걸:치고 흐걸 더퍼 노코 걱따가 거름 젱에노코 뭄만 쩨:깐 네 노코는 일봄말로 '규슈게이요' 그라믄 바로: 모도 점부…….

그것이 믓이냐믄. 방어지 인자 대피소. 말하자믄 여그 이북 놈덜 굴 파갖고 전쟁 일어나믄 고 안에 들어간다는 식이로, 만길도

집마다 굴이 있었어. 널운 마당에다가 짚이 잏게 사람키 정도는 파 갖고는 거 욱에다가 이른 통나무 걸치고 흑얼 덮어 놓고 걱다가 거름 쟁에 놓고 문만 째깐 내 놓고는 일본말로 '규슈게이요' 그라믄 바로 모두 전부…….

∞그것이 뭐냐면. 방어지, 대피소. 말하자면 북한 사람들이 굴을 파놓고 전쟁이 일어나면 그 안에 들어간다는 식으로, 만길도 집집마다 굴이 있었어. 넓은 마당에 사람 키 정도의 깊이를 파서 그 위에다 통나무를 걸치고 흙을 덮어 놓고 또 그 흙 위에 거름 쟁여놓고 문만 조금 내고는 일본말로 '기오쓰게' 그러면 바로 모두 전부…….

조 숨어요.

허 그람. 굴 쏘기로 점부 안 드러갇뜨라고. 또 헤제 댜따믄 나와서 이:라고 고지까리헨쩨.
　그람. 굴속이로 전부 안 들어 갔드라고.8 또 해제 댔다믄 나와서 일하고 고 짓가리했제.

∞그럼. 굴속으로 전부 들어갔었잖아. 또 해제 되면 나와서 일하고 그 짓거리했지.

조 수업은 어땠나요.

---

8 여기 쓰인 '안'은 부정이 아니라 확인법으로 쓰였다.

허 일봄말로 수업 지:도가니 헤써:. 그저 그 항궁 말로는 폽 뻳:끼라등가. '아이오 후다' 라고:. 그거설 한나페 메: 께썩 나나 줘써. 열짱이믄 열짱썩 땅 나나 줘가꼬: 야가:, 항궁말로 딱 아난다고. 항궁말 하믄 "후다:" 그레. 그람 뻬:껴. 열:께 다: 뻬끼믕 그떼 돈 니런써깅가 무:러써.

일본말로 수업 지독하니 했어. 그저 그 한국말로는 폿뺏기라든가. '아이오 후다'라고.9 그것얼 한낮에 멧개썩 나나 줬어. 열장이믄 열장썩 딱 나나 줘 갖고 야가, 한국말로 딱 안 한다고. 한국말 하믄 "후다." 그래. 그람 뺏겨. 열개 다 뺏기믄 그때 돈 일언썩인가 물었어.

∞일본말로 수업 지독하니 했어. 한국말로는 표 뺏기라든지 '아이오 후다'라고. 그것을 한 사람 앞에 몇 개식 나눠줬어. 열장이면 열장씩 나눠 줘가지고. 이 애가 한국말을 한다고, 한국말을 하면 "후다" 그래. 그러면 그 표를 빼앗겨. 열개 다 뺏기면 그때 돈 일원씩인가 물었어.

조 범칙금으로요.

허 응. 그렌는데 우더른 일봄마럴 자레가꼬 우더름 뻬꼬 사란는데: 그른 지껄이럴 마:니 헤써. 그란데 또 일봄말 하다가: 나는 그 마럴 모릉께: 나는 일봄마럴 헤야다: 그랑께 항궁말로 무러 볼란다 그라믄 그떼는 용서헤줘. 그란데 그러치 앙코 무조껀 쓰다가는

---

9 '아이오 후다'는 '표'의 이름을 말한다.

"후다" 그람 할: 쑤 업씨 뻬끼고 그레써. 그라고 열짱데면 따악 뎅 김시로: 엄는 사람드란테 폴고. 일봄말 자라는 사람드른 돔 벌고 그레써 하하하. 그랑께 일봄마럴 ̆그케 철뚜철미아게 시케써.

응. 그랬는데 우덜은 일본말얼 잘해갖고 우덜은 뺏고 살았는데 그른 짓거리럴 만이 했어. 그란데 또 일본말 하다가 나는 그 말얼 모릉께 나는 일본말얼 해야댜 그랑께 한국말로 물어 볼란다 그라믄 그때는 용서해줘. 그란데 그렇지 않고 무조건 쓰다가는 "후다" 그람 할 수 없이 뺏기고 그랬어. 그라고 열장 대면 따악 댕김시로 업는 사람들한테 폴고. 일본말 잘하는 사람들은 돈 벌고 그랬어 하하하. 그랑께 일본 말얼 궁게 철두철미하게 시켰어.

∞응. 우리들은 일본말을 잘해 가지고 (표를) 뺏고 살았는데 그런 짓을 많이 했어. 그런데 또 일본말 하다가 나는 그 말은 모르고, 일본말은 해야 되고 그래서 한국말로 물어 보련다 그러면 그때 는 용서해 줘. 그런데 무조건 쓰다가는 "후다" 하면 할 수 없이 뺏기고 그랬어. 그리고 열장 되면 없는 사람들한테 팔고. 일본 말 잘하는 사람들은 돈 벌고 그랬어 하하하. 그러니까 일본말을 그토록 철두철미하게 시켰어.

그 또 세:조시라능 거시 이써. 세조시라능 거이 머이냐믄. 소: 가 죽! 소 가주걸 요케 므데가꼬 물 불려가꼬 초:초가니 멘드라가꼬 자루 달려가꼬 ̆이저네 펭이치는 시기로 고론농 가꼬 사라멀 떼리 는데.

그 세좃이라는 것이 있어. 세좃이라는 것이 멋이냐믄. 소가죽! 소가죽얼 용게 뭇해갖고 물 불려 갖고 촉촉하니 맨드라갖고 자루 달려갖고 이전에 팽이치는 식이로 고론 놈 갖고 사람얼 때리는데.

∞그 쇠촛이라는 것이 있어. 쇠촛이라는 것이 뭐냐. 소가죽! 소가
죽을 물에 불려 촉촉하게 만들어 자루 달아서 팽이채 식으로.
그런 것으로 사람을 때리는데.

베:그비 할땅이 댜:. 너는 놈 멤마지기 벙께: 나랑 멕 까마니 네놔
라. 그래서 머꼬살다나믄 인자 몬 네노치:. 그라믄 서라게가꼬 막,
데가리고 허리고 막 티둘고 세조시로 뚜둘먼 어르신드리 "아이고
아이고."

배급이 할당이 댜. 너는 논 멧마지기 벙께 나락 멧가마니 내놔
라. 그래서 먹고 살다나믄 인자 못 내놓지. 그라믄 서라고 해갖고
막, 대가리고 허리고 막 티둘고 세촛이로 뚜둘먼 어르신들이 "아
이고 아이고."

∞배급이 할당 돼. 너는 논 몇 마지기 버니까 벼 몇 가마니 내 놔
라. 그런데 먹고 살다나면 못 내 놓지. 그러면 (그 자리에) 서라
고 해서 쇠촛으로 머리고 허리고 막 때리고, 어른들은 "아이고
아이고."

그란데 우더른 또 어레서 그거슬 보러 뎅게쎠. 허허 거법시 누구
네 아베가 또 마꼬 우능고 허허허. 그른 떼 지끄문쩨 그른때는 넘
메더런: 담너머에서 보고 "오:메오메오메: 누구네 아베 중는다"
막 그라고 소리 지르고.

그란데 우덜은 또 어레서 그것을 보러 댕겠어. 허허 겁 없이 누
구네 아배가 또 맞고 우는고 허허허. 그른 때 지금 웃제 그른 때는

엄매덜언 담 넘어에서 보고 "오매오매오매 누구네 아배 죽는다."
막 그라고 소리 지르고.

❧그런데 우리들은 또 어려서 그것을 보러 다녔어. 허허허 겁 없
이 누구네 아배가 맞고 우냐 하고 허허허. 지금이니까 웃지, 그
때 엄매들은 담 너머로 보고 "오매오매오매 누구네 아배 죽는
다" 소리 지르고.

이:장도 암마또 모:다고 카:마니 공출 출랍뿌망 가꼬 서서……. 그
라믐 메까마니 넬레 안 넬레 그라고 떼리믄 으:떠께 하던지 네제:.

　이장도 암맛도 못하고 카만히 공출 출납부만 갖고 서서……. 그
라믄 멧 가마니 낼레 안 낼레 그라고 때리믄 으떻게 하던지 내제.

❧이장도 아무 말도 못하고 가만히 공출 출납부만 가지고 서
서……. 그러면 몇 가마니 낼 테냐 안 낼 테냐 하면서 때리면 어
떻게 하던지 내지.

조 학교에서 점심은 어떻게 해결하셨어요.

허 일본놈 시데는 도시라기라고능 꿈도 모데써:. 그라고 우덜 중
학꾜 뎅길떼도 나넌: 인자 아부지가: 사라써. 그레가꼬 나넘: 벤또
럴 싸가꼬 뎅길 쑤가 읻는데 가튼 하끄베서 벤또를 싸가꼬 뎅기지
러라나. 그랑께 나 혼자 머글 쑤 억:꼬 그레가꼬 안싸가꼬 뎅겨따
마리어.

　일본놈 시대는 도시락이라고는 꿈도 못했어. 그라고 우덜 중학
교 뎅길때도 나넌 인자 아부지가 살았어.10 그래갖고 나넌 벤또

럴11 싸갖고 댕길 수가 있는데 같은 학급에서 벤또를 싸갖고 댕기지럴 안아. 그랑께 나 혼자 먹을 수 업고 그래갖고 안 싸갖고 댕겼단 말이어.

∞일본놈 시대에 도시락은 꿈도 못 꿨어. 그래도 나는 (집안 형편이 괜찮아서) 도시락을 싸가지고 다닐 수 있었는데, 같은 학급에서 도시락을 싸가지고 다니지를 않아. 그러니까 나 혼자 먹을 수 없고 해서 안 싸가지고 다녔단 말이야.

우덜 고등학꾜 조럽쎙이 삼십삼멩인데. 나느닌자 모미야강께 아침 바벌 삼분지 이리나 머꼬 가거던. 네가 고등학꾜 삼항년떼 겨론헨냐? 고등학꾜 삼항년떼 바벌 차라 줘도 몬: 머꼬 뎅게써.

  우덜 고등학교 졸업생이 삼십삼 멩인데. 나는 인자 몸이 약항께 아침밥을 삼분지 일이나 먹고 가거던. 내가 고등학교 삼학년 때 겔혼했냐? 고등학교 삼학년 때 밥얼 차라줘도 못 먹고 댕겠어.

∞우리들 고등학교 졸업생이 삼십삼 명인데 나는 몸이 약해서 아침밥을 삼분의 일이나 먹고 가거든. 내가 고등학교 삼학년 때 결혼했냐? 고등학교 삼학년 때 밥을 차려줘도 못 먹고 다녔어.

조 결혼을 고등학교 3학년에 하셨어요.

하 그람. 게로널 어거지로 힏쩨. 시른 열랴답싸레 보넬라게써. 간데 네가 트러불고 트러불고 하다가 데하뽀네주믄 장게 간다고 하

---

10 여기서 '살았다'는 집안의 사는 형편이 괜찮았다. 라는 의미이다.
11 '벤또'는 '도시락'의 일본식 발음이다.

다가 고등학꾜떼 데학 보네주꺼잉께 가라가라 헤가꼬…… 집싸람도 보다나고 나도 보다나고 그라고 게론 헤가꼬 그라고 여테까지 살긴 사라써.

그람. 겔혼얼 어거지로 했제. 실은 열야답살에 보낼라갰어. 간데 내가 트러불고 트러불고 하다가 대학 보내주믄 장개 간다고 하다가 고등학교 때 대학 보내 주것잉께 가라가라 해갖고……. 집사람도 보단하고 나도 보단하고 그라고 겔혼 해갖고 그라고 여태까지 살긴 살았어.

☞그럼. 결혼을 억지로 했지. 실은 열여덟 살에 보내려고 했어. 그런데 내가 틀어버리고 하다가 대학 보내주면 결혼한다고 하니까. 고등학교 때 대학 보내줄 테니까 (장가) 가라가라 해서……. 집사람도 보도 안하고 나도 보도 안하고 결혼해서 지금까지 살았어.

그란데 바벌 그 노믈 역써 항: 그릇씽 머꼬 뎅겨야꺼인데 삼분지: 이리나 머꼬. 와서 또 쩌 왕무덤쩨 너머나 가믐 베가 고파. 베가 고파, 왕무덤쩨 그: 너메가 옹다리가 세미 졸졸졸 흘러. 그라믄 수::데로 거그 가서 차레데로 업쩌서 그 물 머꼬 또 학꾜 가가꼬는, 공부 하다나믐 베고풍께 인자 또 정심떼는 세메 가서, 순: 닐곱시가나나 하믄 오다가 또 왕무덤쩨서 물 머꼬. 그라고 지비와서 밤 머꼬나믄 후질부:나니 공부하기가 시러.

그란데 밥얼 그놈을 역서 한 그릇썩 먹고 댕겨야 것인데 삼분지 일이나 먹고. 와서 또 쩌 왕무덤재 넘어나 가믄 배가 고파. 배가 고파, 왕무덤재 그 넘에가 옹달이가 샘이 졸졸졸 흘러. 그라믄 수대로12 거그 가서 차례대로 업저서 그 물 먹고 또 학교 가갖고는, 공부하다 나믄 배 고풍께 인자 또 점심때는 샘에 가서, 순 일곱 시간이나 하믄 오다가 또 왕무덤재서 물 먹고. 그라고 집이 와서 밥 먹고 나믄 후질분하니 공부하기가 실어.

∽그런데 여기서 밥을 한 그릇씩 먹고 다녀야 하는데 삼분의 일이나 먹고 가다보면, 왕무덤재 넘을 쯤에는 배가 고파. 배가 고파, 왕무덤재 너머에 졸졸졸 흘러가는 옹달샘이 있어. 그러면 또 전부 가서 차례대로 엎드려 그 물을 먹고 학교 가고. 공부하다 나면 또 배고프니까 점심때는 샘에 가서 순 (물로 배를 채우고) 일곱 시간이나 하면, 오다가 또 왕무덤재에서 물 먹고. 그러고 집에 와서 밥 먹고 나면 후줄근해지면서 공부하기가 싫어.

그레도 공부럴 한다고 헫쩨마는 우더른 모미 야강께 이런 직짱에도 쬐:깐 이따가 나 주글썽 부릉께 와부런쩨마는. 모데. 학꾜 뎅길 떼도 울모게다 시:범 밀처나따 사라나고 사라나고 그레따가믄 알제. 우더른 그케 모미 야게써.

　그래도 공부럴 한다고 했제만은 우덜은 몸이 약항께 이런 직장에도 쬐깐 있다가 나 죽을썽 불응께 와불었제만은. 못해. 학교 뎅길 때도 울목에다 시번 밀처났다 살아나고 살아나고 그랬다가믄 알제. 우덜은 궁게 몸이 약했어.

∽그래도 공부를 한다고 했지만 나는 몸이 약하니까. 직장에도 조금 있다가 죽을 성 부르니까 나와 버렸지만, 못해. 학교 다닐 때

---

12 ‘수대로’는 ‘전부, 한꺼번에’의 의미를 갖는다.

도 윗목에다 세 번 밀쳐놓았다 살아나고 살아나고 그랬다고 하면 알지. 나는 그렇게 몸이 약했어.

조 왕무덤재를 넘나들 때 무섭지는 않았나요.

허 여그 여 왕무덤쩨 미테가믄 요: 미테 피:난민 수용소 잇쩨. 거가 이:전네는 문:둥이덜또 살:고 참 징:한 데여써. 그랑께 고등학꾜를 으신멘써는 불과 메시 아이거던. 메시 아닝께 걱써 나머서 소지나 하고 오믄 인자 혼자 오게 댜. 혼:자 오면 바메: 거그를 너물라믄 쩰 무서 하여간.

여그 여 왕무덤재 밑에 가믄 요 밑에 피난민 수용소13 있제. 거가 이전에는 문둥이덜도 살고 참 징한 데였어. 그랑께 고등학교를 으신멘서는 불과 멧이 아니거던. 멧이 아닝께 걱서 남어서 소지나 하고 오믄 인자 혼자 오게댜. 혼자 오면 밤에 거그를 넘울라믄 젤 무서 하여간.

왕무덤재 밑에 가면 피난민 수용소 있지. 그곳이 옛날에는 문둥이들도 살고 참 무서운 곳이었어. 그런데 고등학교를 의신면에서는 불과 몇 명이 안 다니거든. 몇이 안 되니까 남아서 청소나 하면 혼자 오게 돼. 혼자 밤에 거기를 넘게 되면 제일 무서워 하여간.

조 문둥이가 무서웠다는 말씀이죠.

---

13 '수용소'는 6 25전쟁 당시 북쪽의 피난민들이 모여 살았다 하여 붙여진 지명어이다.

허 그: 골창에가 문둥이가 사라따니꺄. 문둥이가 이전네는 사람 자바멍는다게써. 그라고 또 아렌쩨 여 급짠둠벙 이짜나. 걱써 살고 긋케 무서헤써. 헤: 마간질떼 올라고: 왕무덤쩨 너머서 쪼:끔 와가꼬 영산맘 뵈면 다헹이다: 그레써.

그 골창에가 문둥이가 살았다니까. 문둥이가 이전에는 사람 잡아 먹는다겠어. 그라고 또 아랫재 여 급잔둠벙14 있잔아. 걱서 살고 긍게 무서했어. 해 막 안 질때 올라고 왕무덤재 넘어서 조금 와갖고 영산만 뵈면 다행이다 그랬어.

ꚉ그 골짜기에 문둥이가 살았다니까. 옛날에는 문둥이가 사람도 잡아먹는다고 했어. 또 (망길) 아랫재 급창둠벙 있잖아. 거기서도 살고 (문둥이를) 그렇게 무서워했어. 해가 조금이라도 남아 있을 때 오려고 왕무덤재 넘어 영산만 보이면 다행이다 그랬어.

그라고 바미믐 막 왕무덤쩨 주꼬 살고 달려서 넝:꼬. 그렁께 우더리 병드러가꼬 요 모양이제. 그른떼 한:참 머글떼 머꼬 뎅게써야 데는데 몸: 머꼬 뎅기기 지끙 골다골쫑 퇴헹썽관절려미 셍게가꼬 물파기 지끔.

그라고 밤이믄 막 왕무덤재 죽고 살고 달려서 넘고. 그렁께 우덜이 병들어 갖고 요 모양이제. 그른 때 한참 먹을 때 먹고 댕겼어야 데는데 못 먹고 댕기기 지금 골다골증, 퇴행성관절염이 생게갖고 물팍이 지금.

---

14 '둠벙'은 '웅덩이'의 방언형이다. 그러나 진도에서 '둠벙'은 우리가 알고 있는 '웅덩이' 차원이 아니라 굉장히 깊고 크다. 이 둠벙에 '급창'이라는 기생이 빠져 죽었다고 해서 '급창둠벙'이 되었는데 둠벙이 얼마나 깊은지 명주실 꾸러미 하나가 다 들어갔다고 한다.

∞그리고 밤이면 막 왕무덤재 죽고 살고 달려서 넘고. 그래서 지
금 병들어 이 모양이지. 한 참 먹을 때 먹고 다녔어야 하는데,
못 먹고 다니기 골다공증, 퇴행성관절염이 생겨서 무릎이 지금.

조 군대는 갔다오셨어요.

허 허허허 그거또 피:투로 드러가써. 믐: 마리냐면, 근데가 구인
더런 사시보키로 이상이 댜야 데거든. 그란데 아퍼가꼬 모미 따악
야우라저가꼬 사시보키로가 몯: 댜써:. 그라믕 그 기록카드에다가
피:투라고 써:.

　허허허 그것도 피투로 들어갔어. 믄 말이냐면, 근대가 군인덜언
사십오키로 이상이 댜야데거든. 그란데 아퍼갖고 몸이 따악 야우
라저갖고 사십오키로가 못 닸어. 그라믄 그 기록카드에다가 피투
라고 써.

∞허허허 그것도 피투로 들어갔어. 무슨 말이냐 하면, 군인들은 몸
무게가 45kg 이상이 되어야 하거든. 그런데 아파서 몸이 야위어
가지고 45kg이 못 되었어. 그러면 기록 카드에다 피투라고 써.

그라믄 피투릴 훌련하다가도 모미 건강헤지믄 다시 신:체검사 헤
가꼬 떠러저 나오게 되는데, 피투 훌련소가 다 비오농께 다: 바더
주더라고. 그레서는 할 쑤 업시 드러가서 지비서 어머이 아버니보
고 밤:나 돔 부처주라게가꼬는 걱써 멍능거 머글쑤 억:꼬 그랑께
인자 그: 주고에 가서 밤:나 사머꼬 항께는 한 이키로가 부러써.
부릉께능 그 구느가니 요:놈 세끼 군데와서 살쩐네 그레, 소:금

모:르고. 주꼬 살고 나까장은 살:라고 즈그덜 따라 갈라고 그렌는데. 그레가꼬는 거기서 군데생알하고 나오기는 헤써.

그라믄 피투럴 훈련하다가도 몸이 건강 해지믄 다시 신체검사 해갖고 떨어저 나오게 되는데, 피투훈련소가 다 비오농께 다 받어주더라고. 그래서는 할 수 없이 들어가서 집이서 어머니 아버니 보고 밤나 돈 부처주라개갖고는, 걱서 먹는 것 먹을 수 업고 그랑게 인자 그 주고에 가서 밤나 사먹고 항께는 한 이키로가 불었어. 불웅게는 그 군으간이 요놈새끼 군대와서 살쩠네 그래, 속은 모르고. 죽고 살고 나까장은 살라고 즈그덜 따라갈라고 그랬는데. 그래갖고는 거기서 군대생할하고 나오기는 했어.

☙그런데 피투를 훈련하다가도 몸이 건강해지면 다시 신체검사 해서 그곳을 나오는데, 피투 훈련소가 비게 되니까 다 받아주더라고. 그래서 할 수 없이 들어가서 부모님께 늘 돈 부쳐 달라고 해서, (거기서 먹는 음식은 입에 맞지 않으니까) 피엑스에 가서 사먹고 하다 보니 한 2kg가 불었어. 불으니까 군의관이 "이놈새끼 군대 와서 살쪘네." 그래. 속은 모르고, 나까지는 저희들 따라 가려고 죽기 아니면 살기로 애를 썼는데. 그래서 군대 생활 하고 나오기는 했어.

만길 · 활곡 노인의 6 · 25

허감선 네가 중학꾜 이항년떼 유기오가 낟써.

내가 중학교 이학년 때 유기오가 났어.

∽내가 중학교 이학년 때 6·25가 났어.

조 피난은 가셨어요.

허 무지렝이가칠로 농사나 지꼬 사는 사람드리 지혜가 이써 어디로 네:삐기럴 하꺄. 고게 끄덕끄더가고 살: 쑤베께 엄는 거이제. 지금 가트믄 므: 베나 이씨믄 타고 열락써니나 타고 네:삐고 으짜고 한담 마리제. 그라꺼 아니여. 그래서 이떼까장 창꼬 상 거시 꼭 한달 닫쎄럴 사라써, 임밍군 시상얼. 임밍구니 하라가믄 하라간데로 쩌어 가 굴 파라가믕 굴:파고.

무지랭이가칠로 농사나 짓고 사는 사람들이 지혜가 있어 어디로 내삐기럴 할까. 고개 끄덕끄덕하고 살 수백에 업는 것이제. 지금 가트믄 믓 배나 있이믄 타고 연락선이나 타고 내삐고 으짜고 한단 말이제. 그랄거 아니여. 그래서 이때까장 참고 산것이 꼭 한 달 닷새럴 살았어, 인밍군 시상얼. 인밍군이 하라가믄 하라간데로 저어가 굴 파라가믄 굴 파고.

∽무지렁이같이 농사나 짓고 사는 사람들이 지혜가 있어 어디로 피난을 갈까. 고개 끄덕끄덕하고 살 수밖에 없는 것이지. 지금

같이 배나 있으면, 연락선이나 타고 피난가고 한단 말이지. 그럴 것 아니야. 그래서 이때까지 참고 산 것이 꼭 한 달 닷새를 살았어, 인민군 세상을. 인민군이 시키는 대로 굴 파라고 하면 굴 파고.

노인1 그랑께 유기오가 질:게 가따믄 다: 주건쩨. 그라제만 진도는 한다레 딱 끄나부니까. 기가니 짤부니까 피헤가 저거따보제.

그랑께 육이오가 길게 갔다믄 다 죽었제. 그라제만 진도는 한 달에 딱 끝나부니까. 기간이 짧우니까 피해가 적었다 보제.

∞6·25가 길게 갔더라면 다 죽었지. 그렇지만 진도는 한 달에 끝났으니까. 기간이 짧아서 피해가 적었다고 보지.

허 그라고 이 항:녀니라고 이써써. 항녀니 머이냐믄. 학쎙들 쭝에서도 고참 학쎙드리 이써써. 그 아그드리: 왜 너는 네삐도 아나고 이썬냐 그라고 또 뚜드러마꼬. 즈그덜또 학쎙이면서도. 중하꼬 고등하꼬 사망년드리 모도 이앙년 고런 아그더리 고케 미테 아그덜 모살게 헤써.

그라고 이 학년이라고 있었어. 학년이 머이냐믄. 학생들 중에서도 고참 학생들이 있었어. 그 아그들이 외 너는 내삐도 안하고 있었냐 그라고 또 뚜드러 맞고. 즈그덜도 학생이면서도. 중학교 고등학교 삼학년들이 모도 이학년 고런 아그덜이 공게 밑에 아그덜 못살게 했어.

∞그리고 학년이라고 있었어. 학년이 뭐냐면, 학생들 중에서도 고참 학생들을 말하는데, 그 애들이 왜 너는 피난도 안 가고 있었

냐. 그래서 두드려 맞고. 저희들도 학생이면서. 중학교 고등학교 삼학년 이학년들이 (일학년) 애들을 못살게 굴었어.

조 어떻게 못살게 했나요.

허 그저네 음네가믄 그 소금창고 멕:께썩 빠따 뚜드러 처 마꼬 나오고. 아치메 우덜 려그서 세벼게 초꼬지 써 노코 학꾜 가거튼. 학꾜가믄 외에 아치메 훌련 안나완냐고 또 경차롱께 뚜드러마꼬. 임밍군더리 옹께 또 임밍군더리 므단다고 뚜드러마꼬. 디:지게 뚜드러마꼬 징:한 시상 사랃쩨.

그전에 읍네가믄 그 소금창고 멧개썩 빳다 뚜드러 처 맞고1 나오고. 아침에 우덜 여그서 새벽에 촉꽂이2 써 놓고 학교에 가거든.3 학교가믄 외 아침에 훈련 안 나왔냐고 또 경찰옹께 뚜드러 맞고. 인민군덜이 옹께 인민군덜이 믓 한다고 뚜드러 맞고. 디지게 뚜드러 맞고 징한 시상 살았제.

∞옛날에 읍에 가면 소금창고에서 몽둥이로 몇 대씩 맞고 나오고. 경찰 들어왔을 때는, 우리는 새벽에 호롱불 켜 놓고 학교에 가거든. 그런데도 학교가면 왜 아침에 훈련 참석 안 했냐고 두드

---

1 '처–'는 동사 '맞다' 앞에 붙어서 '마구, 많이'의 뜻을 더해주고 있다.
2 '초꼬지'는 '호롱불'의 방언형으로 '촉+꽂이'가 결합된 것이다. 여기서 '촉'은 '심지'를 말하는 것으로 불을 붙이는 곳이다. 이 외에 백열전구에 불이 들어오지 않을 때 '촉 떨어졌다'고 한다. 그러므로 진도에서 말하는 '촉'이란 불이 닿는 곳을 가리킨다.
3 한 시간 정도 걷는 거리를 10리라고 한다. 그러므로 제보자의 마을에서 읍까지는 30리가 되고 학교 가는데 걸리는 시간은 3시간이다. 즉 이른 새벽에 출발해도 아침 훈련시간에 참석하기가 어렵다는 것이다.

려 맞고. 인민군들이 들어와서는 또 인민군대로 뭐 한다고 두드려 맞고. 죽게 두드려 맞고 험난한 세상 살았지.

조 인민군들이 왔어도 학교는 계속 다니셨어요.

허 학꾜는 다년쩨. 왜 그렌냐면:, 그 선셍니미 그데로 갈처쓩께. 그란데 유기오떼 우리아부지가 막뚱이고 크나부지 간데다부지가 인는데. 유기오떼 그: 형님네드리: 유기오떼 한달 다쎄똥아늘 즈그덜 시기는 데로 아나믄 임민 제파널 하거던. 그랑께 할 쑤 업씬 자 다: 베운 사람드리라 우리성님네드리: 할 쑤 업씨 그 사람더리 시키는데로 쪼깐 그랑께. 경찰더리 와가꼬 너 임밍군떼 머리 안 썬냐? 그라고 다: 주게부런쩨:.

학교는 다녔제. 외 그랬냐면, 그 선생님이 그대로 갈첬응게. 그란데 유기오때 우리 아부지가 막둥이고 큰아부지 간뎃아부지가[4] 있는데. 육이오때 그 형님네들이 육이오때 한 달 닷새 동안을 즈그덜 시기는데로 안하믄 인민 재판얼 하거던. 그랑께 할 수 없인 자 다 배운 사람들이라 우리 성님네들이 할 수 없이 그 사람덜이 시키는 데로 쪼깐 그랑께. 경찰덜이 와갖고 너 인밍군때 머리 안 썼냐? 그라고 다 죽에 불었제.

학교는 다녔지. 왜냐하면 그 선생님이 그대로 갈쳤으니까. 그런데 우리아버지가 막둥이고 큰아버지, 작은아버지가 있는데. 6·

---

4 '간데-'는 진도에서 형제관계의 서열을 알려주는 접두사로 쓰인다. 상대방을 낮잡아 이를 때는 '놈, 년'과 같은 의존명사 앞에 붙어서 사용되기도 한다. 또 한 지명어에도 붙는다. 조도면에 '간뎃삼섬'이 있다. 삼섬(三島) 중 한 가운데 에 있는 '중간섬'을 가리킨다. 이러한 접사 '간데-'는 '가운데'가 축약된 것이다

25를 한 달 닷새 동안을 겪으면서 인민군들이 시키는 대로 안 하면 인민재판을 받았거든. 그러니까 우리(아버지) 형님네들이 할 수 없이 다 배운 사람들이라 인민군들이 시키는 대로 했어. 그러니까 나중에 경찰이 들어와서 너 인민군 쪽으로 머리 썼잖아 하고 다 죽여 버렸지.

노인1 응. 그노미: 용산 사라민데, 이성수리라능 그 사라미 지서를 와써. 용산 사라미 지서장이로 완는데. 즈그: 이르트먼 동생 데느니가 거: 임밍군떼 그 사람더리 주게 부러써. 그레가꼬 인자 그 사람도 덩달라서 인자 엥기는 사람마디 다 주게부럳쩨. 머 제 이쓰나 업쓰나.

응. 그놈이 용산 사람인데, 이성술이라는 그 사람이 지서를 왔어. 용산 사람이 지서장이로 왔는데. 즈그 이르트먼 동생 데는 이가 거 인밍군때 그 사람덜이 죽에 붙었어. 그래갖고 인자 그 사람도 덩달라서 인자 엥기는 사람마디 다 죽에 붙었제. 머 제 있으나 없으나.

∞응. 용산 사람인데. 이성술이라는 사람이 (의신면) 지서장으로 왔어. 지서장으로 왔는데 이를테면 (저희) 동생 되는 이를 인민군 때 (북쪽으로 머리 쓴) 사람들이 죽여 버렸어. 그래서 (지서장도) 덩달아 닥치는 대로 다 죽여 버렸지. 뭐 죄 있으나 없으나.

거 노레도 안 이쓥뜬자? 쩔뚭빠리가 으심메니로 와서 지서장이로 아가꼬 복쑤럴 헤부러써. 그랑께 으심멘 사람더런 제 인는 사라미고 엄:는 사라미고 다: 주게부러써. 쩔뚭빠리 노레도 이꺼텅. 쩔뚭

빠리가 점:부 멸싸럴 시케 부러따고.

　거 노래도 안 있읍든자? 절뚝발이가 으신멘이로 와서 지서장이로 아갖고 복수럴 해불었어. 그랑께 으신멘 사람덜언 제 있는 사람이고 업는 사람이고 다 죽에 불었어. 절뚝발이 노래도 있거던. 절뚝발이가 전부 멸살얼 시케 불었다고.

∞그 노래도 안 있습디까? 절뚝발이가 의신면 지서장으로 와서 복보수를 해버렸어. 그러니까 의신면 사람들은 죄 있는 사람이고 없는 사람이고 다 죽여 버렸어. 절뚝발이 노래도 있거든. 절뚝발이가 전부 멸살을 시켜 버렸다고.

그라기 저네 이 유교사벼니 나가꼬: 이 진도는 피헤 갈 쑤도 인는데 거: 군네멘 연동, 벽파 우게 군네멘 사라미 어찌께 갇뚱가 몰라. 처메 이: 깅찰서장이 걍 도망가부러써, 점:부 비어 노코. 경찰써 문 다처불고 궁갑따가 지늘 치고 지키고 산데, 경찰더리 그 노아고 돕뿌가고 체하고 압쑤럴 헤:부러. 몬 타게 할라고 열라걸 끄늘라고. 그렌는데 바메 어찌께 그노멀 둘러가꼬 가서 거 옥똥가서 열락헤줘부러써. 진도는: 허이부데라고 경찰 메시 이꼬 업:따. 진도로 건네라.

　그라기 전에 이 유교사변이 나갖고 이 진도는 피해갈 수도 있는데 거 군내멘 연동, 벽파 욱에 군내멘 사람이 어찧게 갔든가 몰라. 첨에 이 깅찰서장이 걍 도망가 불었어, 진부 비어 놓고. 경찰서 문 닫혀 불고 금갑다가 진을 치고 지키고 산데, 경찰덜이 그 노하고 돗북하고[5] 채하고 압수럴 해불어. 못 타게 할라고 연락얼 끈을라고. 그랬는데 밤에 어찧게 그 놈얼 둘러 갖고 가서 거 옥동 가서[6]

연락 해줘 불었어. 진도는 허이 부대라고 경찰 멧이 있고 업다. 진
도로 건네라.7

∞그러기 전에 6·25 사변이 났어도 진도는 피해 갈 수도 있었어.
그런데 군내면 사람이 (인민군들한테) 연락을 해줘버렸어. 그러
니까 처음에 경찰서장이 경찰서 문을 닫고 그냥 도망가 버렸어.
(경찰서를) 비워 놓고 금갑에다 진을 치고 있으면서 (진도주민
들이 외부와 연락하지 못하도록) 노와 돛, 채를 압수했어. 그랬
는데 밤에 어떻게 그것을 훔쳤는지 옥동으로 건너가서 연락을
해줘 버렸어. 진도는 허휴 경찰부대 몇 명밖에 없다. 진도로 건
네라.

조 누가 밀고를 했군요.

노인 응 군네멘 싸라미. 그레가꼬 그: 딘날 진주헤부러써. 아까차
메 에기 헬쩨만, 이:성수리가 으:심며니로 일오 지서장 파출소장
이라고 아가꼬: 어쩨서: 마:이 주게부런냐: 그라므는. 즈그 지반
싸라멀: 독 다라서 무꺼 주게따: 그레가꼬 그 사람덜 봅뽀수 헤서
도몽리 싸람더런 다: 주게부러따니까.

---

5 '돛'은 진도지역에서 [도세, 도설, 도시로]와 같이 어간말음이 'ㅅ'으로 규칙화
되었다.

6 해남군 황산면에 있는 지명어이다.

7 본문에 나온 6· 25와 관련 된 내용들은 제보자들의 어린 시절 기억을 토대로
하고 있다. 그리고 구술의 일부는 직접 보았기 보다는 그 무렵 떠돌던 소문도
포함되어 있다. 그렇기 때문에 이 책의 구술내용은 어디까지나 국어학적으로
진도지역어의 연구 자료서로 그 가치가 있음을 밝힌다.

응 군내멘 사람이. 그래갖고 그 덧날 진주해불었어. 아까참에 애기 했제만, 이성술이가 으신면이로 일호지서장 파출소장이라고 아갖고 어째서 만이 죽에불었냐 그라므는. 즈그 집안 사람얼 독 달아서 묶어 죽엤다 그래갖고 그 사람덜 복보수해서 도목리 사람덜언 다 죽에 불었다니까.

∞응 군내면 사람이. 그래서 그 뒷날 (인민군이) 진주해버렸어. 조금 전에도 애기 했지만, 이 성술이가 의신면 일호 파출소장으로 왔는데 왜 의신면 사람들을 많이 죽였냐. 저희 집안사람을 돌 달아 묶어 죽였다 그래가지고 복보수해서 도목리 사람들은 다 죽여 버렸다니까.

쩌:그 옥떼 중리 제령이네 앙코가 하나 이써써. 그란데 이 앙코가 게:메기럴 한다치라믄. 쪼빠기랑 무럴 막, 퍼부꼬 티둘고 그레써. 그레 유교사벼니 딱 터징께 청년더리 앙코가 잔::뜩 악찌링께 가따가 솜발 꽝 무꺼가꼬 독 다라서 바다게다 빠처 주겨부러써.

저그 옥대 중리8 재령이네 앙코가 하나 있었어. 그란데 이 앙코가 개맥이럴9 한다치라믄. 쪼빡이랑 물얼 막 퍼 붓고 티둘고 그랬어. 그래 유교사변이 딱 터징께 청년덜이 앙코가 잔뜩 악찔잉께 갖다가 손발 꽉 묶어갖고 독 달아서 바닥에 빠처 죽여불었어.

∞옥대, 중리 재령이네 (집에는) 앙코가 있었어. 그런데 이 앙코가 개막이를 할 때면 (고기 줍는 사람들) 바가지로 물을 퍼 붓고 때

---

8 '옥대, 중리'는 지명어로 마을이 이웃해 있다.
9 '개막이'는 개에 어살을 박고 울타리처럼 그물을 쳐서, 밀물 때 들어온 고기를 썰물 때 잡는 일이다.

리고 그랬어. 그래서 6·25 사변이 딱 터지니까 청년들이 앙코가
잔뜩 악질이라서 손발을 꽁꽁 묶어가지고 돌을 달아서 바다에
빠뜨려 죽여 버렸어.

조 아무리 그런다고 사람을 죽이는 것은?

노인 게기 쪼깐 자부러 가믄 여자더리고 머이고 나무 쪼빠기로
뻴 한:나 차서 나쁘다게다 퍼붇따가 망 나무 쪼바기로 막 띠둘고
그란데 살거써. 그랑께 그노메 유교 이러낭께는 그렌쩨. 음:마나
밍께 독 다라서 주게부런쩨. 그레가꼬 또 도몽리가 전::체가 피헤
럴 이버부런쩨.

개기 쪼깐 잡우러 가믄 여자덜이고 머이고 나무 쪽박이로 뻴 한
나 차서 나쁘닥에다 퍼 붓다가 막 나무 쪽박이로 막 띠둘고 그란
데 살겄어. 그랑께 그놈에 유교 일어 낭께는 그랬제. 은마나 밍께
독 달아서 죽에 불었제. 그래갖고 도목리가 전체가 피해럴 입어
불었제.

∞고기 조금 주우로 가면 여자들이고 뭐고 나무바가지로 펄을 가
득 채워 얼굴에다 퍼 붓다가 또 나무바가지로 때리고 그러는데
살겠어. 그래서 그 놈에 6·25가 일어나니까 그랬지. 하도 미운
짓만 하니까 돌 매달아서 죽여 버렸지. 그래서 또 도목리 전체
가 피해를 입어버렸어.

지금 여 농:협, 농혀바니써:. 거 향이씨네 모카장이던 창고고덩. 글
로가면 골러만 드러가믕 그날 지녀게 다: 주겨부러. 거 창고에가

수:심멩이 이꺼텅. 그란데 헤 질만:하믕 그 사람불르므는 그날 지
녀게 다 주게부러. 그랑께 머 긍가비고 이른데고 골창골창에 다:
주게부러써.

　지금 여 농협, 농협 안 있어. 거 향히씨네 목하장이던 창고고던.
글로가면 골러만 들어가믄 그날 지녁에 다 죽여불어. 거 창고에가
수십멩이 있거던. 그란데 해질만 하믄 그 사람 불르므는 그날 지
녁에 다 죽에 불어. 그랑께 머 금갑이고 이른대고 골창골창에 다
죽에 불었어.

∞지금 농협 있잖아. 거기가 향희씨네 목화 창고였거든. 그런데
　그리로 들어만 갔다 하면 그날 저녁에 다 죽여 버려. 창고에 수
　십 명을 가둬놓고 해질녘이면 그 사람들 불러서 그날 저녁에 다
　죽였어. 금갑이고 이런 곳이고 골짜기마다 다 죽여 버렸어.

허:그람. 아치메: 거러감시로 보며는 흐:간 것은 점부 사람 주긴
데라겐쩨.

　그람. 아침에 걸어 감시로 보며는 흑한 것은 전부 사람 죽인 데
라겠제.

∞그럼 다음날 아침 걸어가다 하얗게 보이는 것은 전부 사람 죽인
　데라고 했지.

돈지노인의 6·25

이기심1 유교가 열:시살 머거서 난:는데 우리는 아주 유교럴 그:케 크게 저껃쩨. 우리아부지가: 한청 데장 노르설 헤서 아::주 자버다 얼:마나 마니 투두런능가:. 그람아이사쓰가 다 노가지게 뚜둘고 다리럴 그떼 뚜드러부러서 모:써써.

유교가 열시살 먹어서 났는데 우리는 아주 유교럴 굵게 크게 줬었제. 우리 아부지가 한청 대장 노릇얼 해서 아주 잡어다 얼마나 만이 투두렀는가. 그람 아이사쓰가 다 녹아지게 뚜둘고 다리럴 그때 뚜들어 불어서 못썼어.

∞(내가) 열세 살 먹어서 6·25가 났는데, 우리는 6·25를 아주 크게 겪었지. 우리 아버지가 한청 대장 노릇을 했다고 얼마나 잡어다 때렸는가 와이셔츠가 다 녹아지게 때리고 그래서 다리를 못 썼어.

조 한청이 뭐죠?

이1 엔:나레능 그랑께 한청이라고 거그서 이 바메 순찰 돌고 그라능 거그 그른 데장 노르설 헫써. 그:때 백쫑 보르음, 그 사람더리 진도까장 드롿써, 빨겡이더리. 우리넘 무성께 날:마디 세보게 바베머꼬 정시면 싸서 질머지고: 저 데포리꼴 거리: 나무럴 하러 가써. 시꾸데로 무성께.

옛날에는 그랑께 한청이라고 거그서 이 밤에 순찰 돌고 그라는 거그 그른 대장 노릇얼 했어. 그때 백중보름, 그 사람덜이 진도까장 드뫘어, 빨갱이덜이. 우리넌 무성께 날마디 새복에 밥해먹고 점심언 싸서 짊어지고 저 대포리골 거리 나무럴 하러갔어. 식구대로 무성께.

∞옛날에 한청이라고 밤에 순찰 돌고 하는 대장노릇을 했어. 그때 백중보름에 공산당이 진도까지 들어왔어, 공산당들이. 우리는 무서우니까 날마다 새벽밥 해먹고 점심은 짊어지고 대포리골로 나무를 하러 갔어. 식구대로 무서우니까.

인자 함버넝 그러케 또 우리가 뒤에 바시 인는데, 거그다가 에:마 걸 헤노코 아부지는 노상 거가 이꼬:, 우리더른 지베가 이씀시로 지베 먼 니리쓰믄 인자 올라가서 야기럴 헤써. 그케 사는데 헹추니:라는 사라미 이써써. 쩌:그 저 사천니 싸라미 여그 와서 지금 미:라네 집짜리가 거그서 자금방써 사란는데.

인자 한번언 그렇게 또 우리가 뒤에 밧이 있는데, 거그다가 에막얼[1] 해놓고 아부지는 노상 거가 있고, 우리덜은 집에가 있음시로 집에 먼 일 있으믄 인자 올라가서 야기럴 했어. 궁게 사는데 행춘이라는 사람이 있었어. 저그 저 사천리 사람이 여그 와서 지금 미라네 집자리가[2] 거그서 작은방서 살았는데.

∞한번은 또 우리(집) 뒤에 밭이 있는데, 거기다 원두막을 해놓고

---

1 '에막'은 '원두막'의 방언형이다. 여기서 '에'는 '외(참외)'가 음변화 한 것이다.
2 '집자리(에)가, 감나무(에)가' 등은 '-에'가 생략되었으며, 여기에 쓰인 '-가'는 주격조사 '가'가 아니라 문법화 된 특수보조사 '-가'의 결합이다.

아버지는 늘 거기가 있고, 우리는 집에 있으면서 무슨 일이 있으면 올라가서 얘기를 했어. 그런데 행춘이라는 사천리 사람이 미라네 집에서 작은방을 얻어 살았는데.

그렌는데 우리지바베보고, 그랑께 거 데장노르다러 뎅김시로 보초 잘: 몯: 선다고: 떼리기도 헤떵거이데. 그레떵가 그케 저짜기로 머리쓴 싸람더리 자버다 주게야 한다고. 으찌게 제페 간는지도 모르게 제페가따고, 지서에가 이따고 그레서 보러 강께. 짠:뜩 마:이 마저서 아이사쓰 그: 망신창이 데도록 어께쪽찌럴 띠두러부러써.

　그랬는데 우리집 아배보고,3 그랑께 거 대장 노릇하러 댕김시로 보초 잘 못 선다고 때리기도 했던 것이데. 그랬던가 긍게 저짝이로 머리 쓴 사람덜이 잡어다 죽에야 한다고. 으찌게 잽헤 갔는지도 모르게 잽헤 갔다고, 지서에가 있다고 그래서 보러강께. 잔뜩 만이 맞어서 아이사쓰 그 망신창이 데도록 어깨죽찌럴 띠둘어 불었어.

　∞우리 아버지가 한청대장 노릇을 할 때 보초 잘 못 선다고 (행춘이라는 사람을) 때리기도 했던 것이데. 그랬든가 (북쪽으로) 머리 쓴 사람들이 잡어다 죽여야 한다고. 어떻게 잡혀갔는지도 모르게 잡혀가서, 지서에 있다고 해서 보러 가니까. 잔뜩 많이 맞아서 와이셔츠가 망신창이 되도록 어깨를 맞았어.

---

3 '아배'는 '아버지'의 방언형이다. '아배'는 '엄매'와 마찬가지로 자신의 아버지와 어머니를 가리키기도 하지만, 중앙어의 '아저씨'와 같이 이웃 간의 어른을 예사롭게 이르는데도 사용한다.

사밀똥아널 이썬는데 어찌케 나와가꼬 인자 그떼보탐 무성께 이 아베넌 네뻬뎅기고. 어디가 수머가꼬 이쓰믄 이거시 잔뚱 무서꼬 그랑께 쩌:그 저 덕씸네 집, 거그가서 마이 자고 기술네 지비가서 자고 그라는데 인자 하루늠 비가 으:찌게 와. 오는데 이 아베럴 찬는데 차즐 기:리 업쩨. 그랑께 인자 할마니가 단지에다 국 당꼬 이저네 뭉 그르기 이껀능가: 므시 이껀능가.

삼일동안얼 있었는데 어찡게 나와갖고 인자 그때보탐 무성께 이 아배넌 내빼 뎅기고. 어디가 숨어갖고 있으믄 이것이 잔뜩 무섭고 그랑께 저그 덕심네 집, 거그가 만이 자고 기술네 집이 가서 자고 그라는데 인자 하루는 비가 으찌게 와. 오는데 이 아배럴 찾는데 찾을 길이 업제. 그랑께 인자 할마니가 단지에다 국 담고 이전에 믄 그륵이 있겄는가 뭇이 있겄는가.

∞(지서에) 삼일 동안을 있었는데 어떻게 나와 가지고 그때부터 아버지는 숨어 다녔어. 어디가 숨어 있으면 잔뜩 무섭고 하니까 덕심네 집이나, 기술네 집에 가서 자고 그랬는데. 하루는 비가 많이 와. 비는 오는데 아버지를 찾는데 찾을 길이 없어. 어디가 있는지 알면 요즘같이 전화라도 하지만, 그래서 할머니가 단지에다 국 담고 옛날에 무슨 그릇이 있었겠는가.

<u>이순예2</u> 멘: 옹구단지제.

맨 옹구단지제.

∞순전히 옹기단지지.

<u>01</u> 시끼에다가 바베서 덕꼬 그레가꼬는 인자 에마게만 닌는 주

러라런는데. 에마기로 누가 열라기 와뜨라게:. 그 중리 므단 사람
더리 쩌리 머리 쓴 사람더리 온다게서 거그서 기어 저터꿀 지끔
꿀바구 아닌능가?

식기에다가 밥해서 덥고 그래갖고는 인자 에막에만 있는 줄 알
었는데. 에막이로 누가 연락이 왔드라개. 그 중리 뭇한 사람덜이
쩌리 머리 쓴 사람덜이 온다개서 거그서 기어 저텃굴 지금 굴바
구4 안 있는가?

∽식기에다 밥해서 덮고, 원두막에만 있는 줄 알았는데 원두막으
로 누가 연락을 해 줬어. 중리 사람들이 (북쪽으로) 머리 쓴 사람
들이 온다고 해서 거기서 나와 저텃골 지금 굴 바위 있잖은가?

동숭네 산미테 이케 크:나큰 삼미테가 믈도 나고 그래. 거그럴 갇
따가 거그가서 업쩐는데 멘::당 우덜 자버가꼬 우:넌 소리만 나더
라 항가. 기가 마켜가꼬 그래도 짠::뜩 우는 소리가 나고 그래 가
서 저놈덜 한나 찔러 치게 불고 나도 주그까 하고. 그 멩수, 병은
네 아베 멩수씨아고 두:리 수머가꼬.

동숭네5 산 밑에 잉게 크나큰 산 밑에가 믈도 나고 그래. 거그럴
갔다가 거그 가서 업졌는데 맨당 우덜 잡어갖고 우넌 소리만 나더
라 한가. 기가 막혀갖고 그래도 잔뜩 우는 소리가 나고 그래 가서
저놈덜 한나 찔러 직에 불고 나도 죽을까 하고. 그 멩수 병은네 아

---

4 '바구'는 '바위'의 방언형이다. '바우'와 '바구'의 두 가지 형태 외에 어촌에서
  는 '여우'가 쓰이고 있다.
5 '동숭'은 중앙어의 '동생'에 대응한다. 여기서는 이웃하며 지내는 나이 적은
  여자를 가리키고 있다. 전남 동부지역에서는 '동상'이라고 한다.

배 멩수씨하고 둘이 숨어갖고.

∞동생네 산 밑에, 큰 산 밑에는 물도 나오고 그래. 그곳에 엎드려 있는데 맨 우리들 잡아서…… 우는 소리만 나더라 하는가. 기가 막혀서, 잔뜩 우는 소리가 나고 그래 가서 저놈들 한명이라도 찔러 죽이고 나도 죽을까 하고. 병은네 아버지 명수씨 하고 둘이 숨어서.

인자 할마이너냐:튼 사네가서: 불러바야 쓰거따가고, 할마이가 바버레서 단지에다 뎬장구게서 당:꼬 씨끼에다 밥 당꼬 그레가꼬는 시상에 도라감시로 저타꿀 거그를 강께 가서 부:께 나오드라아낭가. 그레서는 나와 바벌 머따 뱽기가 강께 후르라니 또 그 굴로 드러가드라게:.

　인자 할마이넌 야튼 산에 가서 불러바야 쓰것다가고, 할마니가 밥얼 해서 단지에다 뎬장국 해서 담고 식기에다 밥 담고 그래갖고는 시상에 돌아감시로 저탯굴 거그를 강께 가서 붕께 나오드라 안한가. 그래서는 나와 밥얼 먹다 병기가 강께 우르라니 또 그 굴로 들어가드라개.

∞어쨌든 할머니는 산에 가서 불러봐야 쓰겠다 (생각)하고, 밥을 해서 식기에다 담고 단지에다 된장국 담고 저텃골에 가서 부르니까 나오더라 하는가. 그래서 나와 밥을 먹다 비행기가 지나가니까 또 우르라니 그 굴로 들어가더라고 해.

012 그라제, 비헹기가 잔:뜽 무성께.

　그라제, 비행기가 잔뜩 무성께.

∞그러지, 비행기가 잔뜩 무서우니까.

01 할마니가 암상타나다고 동네넌 조용한데 우쩨그라냐 그라고 헤:도 막 그케 무서서 벌벌떰시로. 그레가꼬 인자넌 엥기믄 중:는 그 파니얼쩨. 멩철레 아베 종무, 종무씨도 우리아부지랑 가치 제페가꼬 그떼게 쩌:그…… 궁갑: 거그 믕 거그다가 가따 추겨 부러써, 그떼.

할마니가 암상탄하다고6 동네넌 조용한데 우째 그라냐 그라고 해도 막 궁게 무서서 벌벌 떰시로. 그래갖고 인자넌 앵기믄7 죽는 그 판이었제. 멩철네 아배 종무, 종무씨도 우리 아부지랑 같이 잽혀 가갖고 그때게 저그…… 금갑 거그 믄 거그다가 갖다 죽여 불었어, 그때

∞할머니가 괜찮다고, '동네는 조용한데 왜 그러냐' 그러고 해도 무서워서 벌벌 떨면서. 그래가지고 이제는 걸리면 죽는 판이었지. 명철네 아버지, 종무, 종무씨도 우리 아버지랑 같이 잡혀가서 그때 금갑으로 끌려가서 죽었어, 그때.

02 멩 그케 모: 뗀진 헤따 안 합든자. 우리시아부지가 그란데 데 사비로도 숭꼬 그레따갑디다.

맨 궁게 못뗀짓 했다 안 합든자. 우리시아부지가 그란데 대삽이로도 숨고 그랬다갑디다.

---

6 '암상탄하다[암상타나다]'는 '암시랑토 안하다'로 분석된다. 여기서 '암시랑 토'는 중앙어의 '아무렇지도'에 대응한다.

7 '앵기-'는 '안기다'의 방언형이다. 그러나 여기서는 '걸리다'의 의미로 쓰였다.

∞맨 그렇게 못된 짓 했다 합디까. 우리시아버지도 대숲으로 숨고 그랬다고 합디다.

[01] 그레. 그케 무서라고 데포리꼴로 가가꼬는 수머가꼬 우더라고 가치 나무럴 하러 가가꼬 혼자 수머이써. 거 우더른 제피믄 므다제마는 아베넌 제피믄 주긍께 인자 수머가꼬 이꼬.

그래. 긍게 무서라고. 대포리골로 가갖고는 숨어갖고 우덜하고 같이 나무럴 하러 가갖고 혼자 숨어있어. 거 우덜은 잽히믄 뭇하제마는 아배넌 잽히믄 죽응게 인자 숨어갖고 있고.

∞그래. 하도 무서워 라고. 우리들하고 대포리골로 같이 나무를 하러 가서 아버지는 혼자 숨어있어. 우리들은 잡혀도 괜찮지만 아버지는 잡히면 죽으니까 숨어 있고.

그: 디로 함 보르미 지나떵가. 인자 구인덜, 이: 아군덜 드론다는데. 참말로 경찰이 드라서 소리 지르고 그떼 바메 참말로 무선쩨, 경찰드로던 나른. 드레 인는 노머린자 임밍구니라고 자버서…….인자 들녀게가 인는 사라믄 제피먼 중는다 그라고.

그 디로 한 보름이 지났던가. 인자 군인덜, 이 아군덜 들온다는데. 참말로 경찰이 드라서 소리 지르고 그때 밤에 참말로 무섰제, 경찰 들오던 날은. 들에 있는 놈얼 인자 인민군이라고 잡어서……인자 들녁에가 있는 사람은 잽히면 죽는다 그라고.

∞그 뒤로 한 보름이 지났던가. 이제 아군들 아군들이 들어온다는데. 참말로 경찰이 들어와서 소리 지르고 그때 밤에 참말로 무서웠지, 경찰 들어오던 날은. 들에 있는 놈은 인민군이라고 잡

아서…… 들녘에가 있는 사람은 잡히면 죽는다 그러고.

경찰드로던 나른 그레가꼬 그놈더리 어디가 다 수머이꼬 그랑께
인자 모도 잠는다 어짠다 그레서 아베럴 데레와야 쓰꺼인데, 어디
가 인:는지럴 아러야 마럴하제:. 어쩨사쓰까 그라고 시꾸데로 산
처널 헤멘쩨. 그떼게 거가 이써떤데. 그 굴 굴바구 고리고리 아주
데포리꼴로 너머 뎅김시로 그라고 헤떠니 어느차메 뎅께느나부
지가 왇뜨라고.

경찰 들오던 날은 그래갖고 그놈덜이 어디가 다 숨어있고 그랑
께 인자 모도 잡는다 어짠다 그래서 아배럴 데레와야 쓸 것인데,
어디가 있는지럴 알어야 말얼 하제. 어째사 쓸까 그라고 식구대로
산천얼 헤맸제. 그때게 거가 있었던데. 그 굴 굴바구 고리고리 아
주 대포리골로 넘어 댕김시로 그라고 했더니 어느 참에 뎅께는 아
부지가 왔드라고.

ཀ경찰 들어오던 날은 (인민군 패잔병들이) 어딘가 모두 숨어있
으니까 잡으러 다닌다 어쩐다 해서 아버지를 데려와야 할 텐데,
어디가 있는지를 알아야 말을 하지. 어떻게 해야 할까 하고 식
구대로 산천을 헤맸지. 그때 있었던 곳. 그 굴바위 근처로 해서
대포리골로 넘어 다니면서 찾고 했는데, 어느 참이 되니까 아버
지가 왔더라고.

그레도 어찌게 싸쌀, 밤도롱께 어디 뚝네로 네롸떵가:. 쩌 디에 우
리 에마게가 이써떵 거이데. 그레가꼬는 그떼보타민자 모멀 지베
서 눠써.

그래도 어찧게 싸살,8 밤 도롱께 어디 둑내로 내롸던가. 쩌 디에 우리 에막에가 었었던 것이데. 그래갖고는 그때보탐 인자 몸얼 집에서 눴어.

∞밤이 되니까 어디 둑으로 조심스럽게 내려왔던가. 뒤에 우리 원두막에가 있었던 것이데. 그래서 그때부터 집에 편안히 누워 간호 했어.

그랑께 우리엄메가 지끔 쩌: 지산멘 연동 인자 연동가 우리 이모가 한나 사라써. 이른떼 그른떼는 베기롱나무도 웁써써. 베기롱나무가 그케 어:디던지 초타고: 그란다는데 인자 그 똥숭이 즈그 집 어디가 베기롱나무가 이따고 그저네 그라드라고. 거그럴 우리동숭얼 럭꼬 거까장 가따. 거 우리엄메가.

그랑께 우리 엄매가 지금 저 지산멘 연동 인자 연동가 우리 이모가 한나 살았어. 이른 때 그른때는 백일홍나무도 없었어. 백일홍나무가 긍게 어디던지 좋다고 그란다는데 인자 그 동숭이 즈그 집 어디가 백일홍나무가 있다고 그전에 그라드라고. 거그럴 우리 동숭얼 업고 거까장 갔다, 거 우리엄매가.

∞그러니까 우리 어머니가 지산면 연동, 연동에 우리 이모 한분이 살았어. 그런데 그때는 백일홍 나무도 흔하지 않은 시절이었어. 백일홍 나무가 어디든지 좋다고 그러는데, 그 이모가 자기 집 근처에 백일홍 나무가 있다고 (예전에 말했던 기억이 나서) 우리 동생을 업고 거기까지 갔다, 우리 어머니가.

---

8 [싸쌀]은 '살살'의 방언형이다. 'ㅅ'앞에서 'ㄹ'이 탈락되었다.

012 어뜬 동셍.

어뜬 동생.

∞어떤 동생.

011 기옹이가. 그 동숭얼 데꼬가써. 그: 가서 베기롱나무 헤:다가 고아주고. 게: 자버서 그르케 가냥하고 헤:써도 아주 여:녕 다리가 저러코 댜가꼬. 골물 드러서 처케 걍: 병:신 댜가꼬 쩔:퍽쩔퍽 절: 꼬 뎅기고.

기홍이가. 그 동숭얼 덿고 갔어. 그 가서 백일홍나무 해다가 고 아 주고. 개 잡어서 그롷게 가냥하고9 했어도 아주 영녕 다리가 저 렿고 댜갖고. 골물 들어서 젛게 걍 병신 댜갖고 쩔퍽쩔퍽 절고 댕 기고.

∞기홍이. 그 동생을 데리고 갔어. 그 백일홍나무 해다가 고아 주 고, 개 잡아서 (몸조리)하고 했어도 아주 영영 다리가 저렇게 되 어가지고. 골물 들어서 그냥 병신 되어 가지고 절퍽절퍽 절고 다니고.

012 월레 다리럴 모:씨는…….

원래 다리럴 못 씨는…….

∞원래 다리를 못 쓰는…….

---

9 여기서 '가냥'은 중앙어의 '간호'에 대응된다. 진도에서 '가냥'은 ①물건 따위 를 잘 보호 하거나 보관하다. ②사람의 몸을 보살펴주고 돌보아 주다. 와 같 이 두 가지 의미로 쓰인다.

01 크람. 유기오떼 마저서 고케 댜부러……. 그라고 그떼 그:놈더런 이케 제진 사:람만 지기능 거시 아니라. 씨: 종자럴 업:쎄 불라고, 쩌그저 세견써 그 옥떼 김정서비라고 그 지비 엄메가 세견써 완는데. 이 그 조카가 나무 우게 올라가서 봉께넌 즈그 엄메아베 떼레주기는 데릴 바따게. 그라고 네뻬서 고모네 지비럴 와써. 고모네 지비럴.

크람. 육·이오떼 맞어서 공게 댜 불어……. 그라고 그때 그놈덜언 잊게 제진 사람만 직이는 것이 아니라. 씨 종자럴 없애 불라고, 저기 저 세견써10 그 옥대 김정섭이라고 그 집이 엄매가 세견서 왔는데. 이 그 조카가 나무 욱에 올라가서 봉께넌 즈그 엄매아배 떼레주기는 데릴 밨다개. 그라고 내빼서 고모네 집이럴 왔어. 고모네 집이럴.

∞그럼. 6·25때 맞아서 그렇게 되었어. 그리고 그놈들은 죄진 사람만 죽이는 것이 아니라 씨종자를 없애려고 했어. 옥대 김정섭이라고 그 집 엄매가 석현에서 (시집을) 왔는데. 그 조카가 나무 위에 올라가서 저희 부모 때려죽이는 것을 보았다고 해. 그래서 도망쳐 고모네 집으로 왔어.

자근당까 숭케 노코: 그날만 너머가쓰믄 쓰꺼인데 인자 잔:뜩 정서비네 지비 와서 그 조카럴 네노라고 잔:뜩 징항께. 거근 놈더리 와서 그랑께:. 시상에 가:서 아무게야: 그라고 부릉께넌 "예:." 그라고 박 가깐능가 나옹께.

---

10 전남 고군면에 있는 지명어로 석현리를 '세견'라고 부르고 있다.

작은당가 숨케 놓고 그날만 넘어 갔으믄 쓸 것인데 인자 잔뜩
정섭이네 집이 와서 그 조카럴 내노라고 잔뜩 징항께. 거긋 놈덜
이 와서 그랑께. 시상에 가서 아무개야 그라고 부릉께넌 "예" 그
라고 밥 가깠는가 나웅께.

∽작은당에 숨겨 놓고 그날만 넘어 갔으면 될 텐데, 잔뜩 정섭이네
집에 와서 그 조카를 내 놓으라고 못살게 구니까. (공산당들이)
와서 그러니까. (할 수 없이 가르쳐 줬어) 세상에 가서 아무개야
하고 부르니까. "예" 그러고 밥 가져 왔는가 하고 나왔는데.

그놈더리 자버가꼬 감시로 "너 고상 마이 헤따. 마:이 헤따." 함시
로 그라고 데꼬가서 여그 지서에다 가다나따 장구게쩨 거그다가
고케 주게부러써. 그레서 그 지비가 무널 다처써.

그놈덜이 잡어 갖고 감시로 "너 고상 만이 했다. 만이 했다." 함
시로 그라고 델고 가서 여그 지서에다 가다났다 장구갯재[11] 거그
다가 꽁게 죽에 불었어. 그래서 그 집이가 문얼 닫혔어.

∽그놈들이 잡아 가면서 "너 고생 많이 했다. 많이 했다." 그러면
서 데리고 가서 지서에 가둬놨다 장구개재 끌고 가서 죽여 버렸
어. 그래서 그 집이 문을 닫았어.

그랑께 그케 엄메아베 지기능거 보아쑹께. 그놈도 주게부러야 복
쑤러라난다고. 그:레도: 경:찰더런 그케 족실족실 다 차자서 안 주
겨써 응.

---

11 '장구개재'는 삼별초 당시 이 고개에서 '장군'들이 많이 죽었다고 해서 '장구
   개재'라고 한다.

그랑께 긓게 엄매아배 직이는 것 보았응께. 그놈도 죽에 붙어야 복수럴 안 한다고. 그래도 경찰덜언 긓게 족실족실12 다 찾아서 안 죽였어 응.

∞부모 죽이는 것을 보았으니까 그 자식까지도 죽여야 복수를 안 한다고. 그래도 경찰들은 그렇게 족실족실 다 찾아서 안 죽였어 응.

우더른 그날 임밍군덜 나갈 떼 게:럴 갇써. 게:럴 가썬는데 긓케 게까세서 모도 씩:씨가고 야단이더라고:. 그랑께 도몽리서 베 탈라고 그레떵거이드마. 그래도 므신지 모:르고 지비럴 완:써.

우덜은 그날 인민군덜 나갈 때 개럴13 갔어. 개럴 갔었는데 긓게 갯갓에서 모도 씩씩하고 야단이더라고. 그랑께 도목리서 배 탈라고 그랬던 것이드마. 그래도 뭇인지 모르고 집이럴 왔어.

∞나는 그날 인민군들 나가는 날 조개잡이를 갔어. 조개잡이를 갔었는데 그렇게 갯가에서 모두 씩씩하고 야단이더라고. 그러니까 도목리에서 배를 타려고 그랬던 것이더구먼. 그래도 무슨 일인지 모르고 집에 왔어.

지비러롱께 하주 그럼 무:선 이리 이러나떠마. 그레가꼬는 쩌그저거롱제 너머가는데 그, 에기가 거가 일쓍께. 그 징한놈덜 솔라무에다 무꺼노코 가랑이 짜악 찌저서 지게서 무꺼 나따가고 그름 마리꼬 그케 징헤써. 또 끕짜두녕: 거그다가도 망길싸람도 망길 거 허씨

---

12 '족실족실'은 '샅샅이' 정도의 의미를 갖는다.

13 '개'는 바닷물이 드나드는 '갯가'를 말한다. 조개류나 蟹를 잡으러 갈 때 흔히 '개 간다'라고 한다.

네덜 고케 주게서: 뚜드러 지게서 무더나따고:. 그라고 간는데 거그서 사라가꼬 아무게 아무게 부러서 그 사람도 또 고케 죽꼬.

집이럴 옹게 아주 그런 무선 일이 일어났더마. 그래갖고는 저그 저 거룡재 넘어가는데 그, 애기가 거가 있응게. 그 징한 놈덜 솔라무에다 묶어 놓고 가랑이 짜악 찢어서 직에서 묶어 났다가고 그른 말 있고 궁게 징했어. 또 급자두녕 거그다가도 만길 사람도 만길 거 허씨네덜 공게 죽에서 뚜드러 직에서 묻어났다고. 그라고 갔는데 거그서 살아갖고 아무개 아무개 불어서 그 사람도 또 공게 죽고.

∞집에 오니까 아주 그런 무서운 일이 일어났더구먼. 그리고 거룡재 넘어가는데 애기가 있으니까. 그 독한 놈들 소나무에다 묶어 놓고 가랑이 쫙 찢어 죽여서 묶어 놨다고 하고. 그런 말이 있고 그렇게 악랄했어. 또 급창둠벙 거기다가 만길 허씨네들 그렇게 죽여서, 때려 죽여서 묻어 놨다 하고. 그런데 거기서 살아난 사람이 있었어. (그 사람이 경찰에게) 아무개는 (북쪽으로 머리썼다)고해서 그 사람도 또 그렇게 죽고.

01 금:제 알제. 금:제네 누나.

금재 알제. 금재네 누나.

∞금재 알지. 금재네 누나.

02 베기니 각씨.

백인이 각시.

∞백인이 각시.

`01` 그 지비가 오형제가 닫따. 엄메아베가 업:썩꼬. 그리로 씨지벌 간는데. 그: 벵녀비 베기니 벡써기 또 누구여. 그 우게 성니먼 순경이어써. 그라는데 인자 이 사람더리 그 임밍군덜한테 가서도 그렌써.

그 집이가 오형제가 댰다. 엄매아배가 없었고. 그리로 시집얼 갔는데. 그 백엽이 백인이 백석이 또 누구여. 그 욱에 성님언 순경이었어. 그라는데 인자 이 사람덜이 그 인민군덜한테 가서도 그랬어.

∞그 집이 오형제가 되었다. (시부모가) 없는 데로 시집을 갔는데. 그 백엽이 백인이 백석이 또 누구여. 그 위에 형님은 순경이었어. 그런데 이 형제들이 모두 공산당 편에 섰어도 그랬어.

그 사람더리 어치께 움지기넝 거슬 어디 이케 셍기동 누구 자버 오란다가고 누구 자버 오란다가먼. 가마이 뎅김시로 수무라고: 마레 주고 헤서 이 사람더리 크니럴 헨써. 수양이네 아베도 그라고 또 금시기 서방이라고 거그도 에기 한나도 안 나고 살다가 고케 세:상에 그케 이: 조케 살고. 그른 사람떨도 업:썬는데, 드레 감시로 반치메다가 딱 안저씨믄 그 서방이 각씨 물팍 비고 눠꼬 그레:. 그라믐 보고 수군거리고 그렌쩨. 그:케 조아하고 그란다고.

그 사람덜이 어칭게 움직이넌 것을 어디 잏게 생기동14 누구 잡어 오란다가고 누구 잡어 오란다가먼. 가만히 뎅김시로 숨우라고 말 해주고 해서 이 사람덜이 큰 일얼 했어. 수향이네 아배도 그라고 또 금식이 서방이라고 거그도 애기 한나도 안 나고 살다가 공

---

14 현, 진도군 의신면 돈지리 향교마을

게 세상에 긍게 이15 좋게 살고. 그른 사람덜도 없었는데, 들에 감시로 반침에다가16 딱 앉었이믄 그 서방이 각시 물팍 비고 눴고 그래. 그라믄 보고 수군거리고 그랬제. 긍게 좋아하고 그란다고.

∞공산당들이 어디로 움직이는 것을 미리알고 생기동 누구 잡아 오라고 하면. 가만히 다니면서 (미리) 숨으라고 말해 주고 그랬어. 또 금식이 서방이라고 애기 안 낳고 살아도 두 내외가 그렇게 금슬 좋게 사는 사람들도 없었는데. 들에 (가다 보면) 그 서방이 마루에가 딱 각시 무릎 베고 누워 있고 그래. 그러면 보고 수군거리고 그랬지. 좋아하고 그런다고.

02 지금 가틈 믄: 그거시 숭 데거쏘.

지금 같음 믄 그것이 숭 데겄소.

∞지금 같으면 무슨 흉이 되겠소.

01 그람. 지금 가트믐 보통 봐도 암시랑토 아나제마넌. 그르케 고케 조케 사는 순:한 사라미 인자 쩌리 므데 가꼬는 동네싸람더란테 그 성제 그래써. 이리처리 모도 열락 헤줘가꼬 숨또록 고케 큥 공얼 세원는데 인자 그날 경:차리 드라가꼬 그거슬 알고 경:차라고 가치 산 틸로 뎅기고 그레써.

그람. 지금 같으믄 보통 봐도 암시랑토 안 하제마넌. 그렇게 공게 좋게 사는 순한 사람이 인자 저리 뭇해 갖고는 동네 사람덜한테 그 성제 그랬어. 이리저리 모도 연락해줘 갖고 숨도록 공게 큰

---

15 여기서 '이'는 '금슬'을 의미한다. '정'(情)에 대응되는 표현이다.
16 '반침'은 전남방언형 '마루'에 대응된다.

공얼 세웠는데 인자 그날 경찰이 드라갖고 그것을 알고 경찰하고 같이 산 털로17 댕기고 그랬어.

ᘏ그럼. 지금은 봐도 아무렇지도 않지만. 그렇게 금술 좋게 사는 순한 사람들이 머리는 저쪽으로 썼어도 동네 사람들한테 미리 숨을 수 있도록 연락해 주는 공을 세웠어. 그 형제들이. 그래서 그걸 알고 경찰들하고 같이 산을 털로 다니고 그랬어.

02 그 사라미:.

그 사람이.

ᘏ그 사람이.

01 엉. 금제네 메엉이: 산털러 뎅기고 헨는데. 아이 그날도 와서 각씨가 친정에 이씅께 거 가서 인:는데 막 그 므 부능거 안 닌능가. 삘가니 나발 부능건. 나발 부:는데 헹추니라고 그 사라멀 자버 완는데, 거 베기니는 아무게 아무게가 다 그케 쩌그로 머리썼다 그라고 부러붕께.

엉. 금재네 매형이 산 털러 댕기고 했는데. 아니 그날도 와서 각시가 친정에 있응께 거 가서 있는데 막 그 뭇 부는 것 안 있는가. 삘간이 나발 부는 것. 나발 부는데 행춘이라고 그 사람얼 잡어 왔는데, 거 백인이는 아무개 아무개가 다 긇게 저그로 머리썼다 그라고 불어붕께.

ᘏ응. 금재네 매형이 (경찰과 함께) 산 털러 다니고 했는데, 아니

---

17 경찰들은 인민군의 패잔병과 공산당이 된 사람들을 잡기 위해 소탕작전을 벌였는데 그것을 진도 사람들은 '산 털로 다니다.'라고 한다.

그날도 각시가 친정에 있으니까 거기 가서 있는데, 그 부는 것 있지 않은가. 빨갛게 생긴 나팔 부는 것. 나팔을 부는데 행춘이라고 그 사람을 잡아 왔는데, (그 사람이) 백인이는 저쪽으로 머리 썼다 토설하니까.

그저, 거 나오라 헨:쌍께. 그저 그냥 산털로 뎅기고 그란 사라밍께 그라능가부다: 그라고 나간는데. 실꼬 가서 저: 아렏쩨: 인는데다 총살시겨 부럳써. 주거부럳써.

그저, 나오라 했쌍께. 그저 그냥 산털로 댕기고 그란 사람잉께 그라는가 부다 그라고 나갔는데. 싫고 가서 저 아랫재 있는데다 총살시켜 불었어. 죽어 불었어.

∞(자기를 잡으러 온 줄도 모르고) 그저, 나오라 하니까. 그저 (산에서 경찰과 함께 공산당) 잡고 한 사람이니까 그러는가 보다 그러고 나갔는데. (그 길로) 싣고 가서 저 아랫재 있는데다 총살시켜 버렸어. 죽여 버렸어.

강께 동네싸람덜 다: 너무 짜네 헫쩨. 아주: 공얼 마니 세운 사라미제. 그 사람 아니믄 얼:마나 마이 주구꺼인데. 그르케 머리 썯따게도 고케 그: 사람덜 겁떵맘 머리로 써쩨 소근 다: 네용이로 다: 그르케 헫쌍께. 아주 살려 줄라고 고케 헨:는데.

강께 동네사람덜 다 너무 짠해 했제. 아주 공얼 만이 세운 사람이제. 그 사람 아니믄 얼마나 만이 죽우 것인데. 그릏게 머리 썼다고 해도 곻게 그 사람덜 겁떡만 머리로 썼제 속은 다 내용이로 다 그릏게 했응께. 아주 살려 줄라고 곻게 했는데.

∞그러니까 동네사람들 모두 안타가워 했지. 아주 많은 공을 세운 사람이지. 그 사람 아니었으면 많이 죽었을 텐데. 공산당으로 머리 썼다고 해도 겉만 썼지 속은 그러지 않았으니까, 살려주려고 했는데.

▣12 네가 여서쌀 머거서 유:교가 나씽께. 어레서 아르마르:마니 셍강만 나제. 그란데 이 피:가 게가 그 피럴보고 미처 부러써라. 이 꼬랑얼 건네는데 그 꼬랑이로 피가, 그라고 더미 막 산떠미 마이로 잇:써. 그랑께 인자 지금 셍가가믄 사:라믈 그케 무더부러덩 거이제, 지게가꼬. 그렌는데 우리언니 마리: 그레. 이 게:더리 거 피럴 머꼬 게:더리 미처붕께 언니랑 나랑 두리:럴 가가꼬는 포로시 네삐써.

내가 여섯 살 먹어서 유교가 났잉께. 어레서 아름아름하니 생각만 나제. 그란데 이 피가 개가 그 피럴 보고 미처불었어라. 이 꼬랑얼 건네는데 그 꼬랑이로 피가, 그라고 덤이 막 산더미 마이로 있어. 그랑께 인자 지금 생각하믄 사람얼 뭉게 묻어 불었던 것이제, 직에 갖고. 그랬는데 우리 언니 말이 그래. 이 개덜이 거 피럴 먹고 개덜이 미처붕께 언니랑 나랑 둘이럴 가갖고는 포로시 내뺐어.

∞내가 여섯 살 먹어서 6·25가 났으니까. 어려서 아름아름하니 생각만 나지. 그런데 이 피가, 개가 그 피를 보고 미쳐버렸어라. 도랑을 건네는데 그 도랑으로 피가, 그리고 덤이 산더미 모양으로 있었어. 지금 생각하면 사람을 죽여서 묻었던 것이지. 우리 언니 말이 그래. 개들이 그 피를 먹고. 개들이 미쳐버리니까 언니랑 나랑 둘이 가가지고 간신히 도망쳤다고.

조: 어디를 가다가요.

02 바테, 베추바테 가다가. 거그서 언니랑 꼬랑얼 띠:는데 피가
난제럴 헤써.

밭에, 배추밭에 가다가. 거그서 언니랑 꼬랑얼 띠는데 피가 난
재럴 했어.

∞ 배추밭에 가다가. 거기서 언니랑 도랑을 뛰는데 피가 흥건하게
고여 있어.

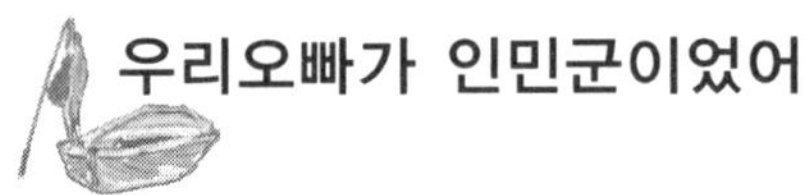 우리오빠가 인민군이었어

이도금 네가 도모끼미 도서기 동숭이어.

내가 도목기미1 도석이2 동숭이어.

∽내가 도목리 도석이 동생이여.

조 아, 그래요. 저도 도목리 도석이란 분에 대해 들은 기억이 있어요.

이 으신, 경찰써를 열:뻔도 더 뎅게써. 네가 에기억꼬.

으신, 경찰서를 열 번도 더 댕겠어. 내가 애기업고

∽의신 지서를 열 번도 더 다녔어. 내가 애기업고.

---

1 지명어에 붙는 접미사로 '-김/기미'와 '-곶/구지'가 있다.

  -김/기미: 선벌김/선벌기미, 초상기미, 송천기미, 마막기미(의신면) 한기미,
    팽목기미(임회면) 깊은기미, 샘기미(지산면), 향목기미(고군면),
    꼴기미(조도면)

  -곶/구지/골: 요곶/요골(의신면), 나리구지, 대구지(군내면), 검사곶/검사골,
    살구지(고군면), 동구지(조도면)

  이러한 '-김/기미'와 '-곶/구지/골'은 진도 뿐 아니라 바다를 끼고 있는 지역
이면 보이는데 이돈주(1966)에서는 '-구지'를 고구려계 지명과 연결시키고
있다. '-곶/구지'의 고형을 */kot/로 보았다. 여기서 't'가 'c'와 'r'로 변하였다고
볼 수 있다. 't'가 'r'로 변한 예는 다른 곳에서도 발견된다.

  河野六郎(著)李珍昊(譯註)(2010)에서는 '牧丹'이 *'motan'에서 'moran'으로,
'次第'는 *'chetyəi'에서 'charyəi'로, 동사 '모르다'(不知)는 *'mot-ar → *morar
→ more → morɯ-'로 설명하고 있다.

2 6·25때 진도지역의 공산당원으로 활약하였다.

조 오빠 때문에요.

이 크람, 오빠 따물레. 밤 나는 주거도 아네줘따가고. 크노빠는 주거써도: 자그노빠넌 산노 산노 기어서: 헤나미라고 강께 마침 또 미언장네 지벌 차자 가뜨라게:. 그레서 거그서 오녀늘 로무집 사라써.

크람, 오빠 따물레. 밥 나는 죽어도 안해줬다가고. 큰 오빠는 죽었어도 작은오빠넌 산노 산노 기어서 해남이라고 강께 마침 또 미언장네 집얼 찾아갔드라개. 그래서 거그서 오년을 놈우집 살았어.

∞그럼, 오빠 때문에. 나는 죽어도 (인민군들) 밥 안 해줬다고 하고. 그때 큰 오빠는 죽었는데 작은오빠는 산으로 산으로 (도망쳐서) 해남으로 갔는데, 마침 (간 곳이) 면장네 집을 찾아 갔드라고 해. 그래서 거기서 5년을 남의집살이 했어.

그랑께 그 나락 장근네 베타고 가서 그 나라걸 시러 와써:, 바메:. 그레가꼬 그 미언장이 한헤 살:므는 세금 바드믄: 이자 나주고: 또 한헤 살믄: 이자 나주고 그래서 나라기 말:도 모다게 마네써써.

그랑께 그 나락 장근네 배 타고 가서 그 나락얼 실어왔어, 밤에. 그래갖고 그 면장이 한해 살므는 세금 받으믄 이자 나주고 또 한해 살믄 이자 나주고 그래서 나락이 말도 못하게 만앴었어.

∞그러니까 (세경 받은) 벼를 장근네 배타고 가서 실어왔어, 밤에. 면장이 한 해 살면 그 세경으로 이자 놔 주고 또 한 해 살면 이자 놔주고 그래서 벼가 말도 못하게 많았었어.

김연엽 존 사람 만나써꼬만.

존 사람 만났었고만.

∞좋은 사람 만났었구먼.

이 응:. 그랑께 앙 주거쩨. 그라나믄 주거쓰꺼인데. 아이 그레가꼬 인자 우리가 도모끼미로 바메시러다 줜:는데. 도모낌써 우리친정엄메가 으베 기엉찰로 열라걸……. 기양 이녀기 가서 자수 헤쓰믄 겐찬 하꺼인데. 열라강께 지놈드리 자버가까서 인자 즈그가 자버따고 순겡드리 도서기는 네가 자버따: 그랑께. 그놈만 노펴지고. 어:넙시 우럼메 뚜드러 마꼬. 오:년 지녁 살다 나와써.

응. 그랑께 안 죽었제. 글안하믄 죽었으것인데. 아니 그래갖고 인자 우리가 도목기미로 밤에 실어다 줬는데. 도목김서 우리 친정 엄매가 읍에 기엉찰로 연락얼……. 기양 이녁이 가서 자수했으믄 갠찬할 것인데. 연락항께 지놈들이 잡어 가까서 인자 즈그가 잡었다고 순겡들이 도석이는 내가 잡었다 그랑께. 그놈만 높어지고. 언없이 울엄매 뚜드러 맞고. 오년 징역 살다 나왔어.

∞응. 그러니까 안 죽었지. 그러지 않았으면 죽었을 텐데. 그래서 우리가 도목리로 밤에 나락을 실어다 줬는데. 도목리서 우리 친정어머니가 읍에 경찰로 연락을……. 그냥 본인이 자수 했으면 괜찮았을 텐데. 연락해주니까 경찰들이 저희가 잡았다고 도석이는 내가 잡았다 해서 그 사람만 높아지고. 우리 어머니는 때려서 원 없이 맞고. 5년 징역 살다 나왔어.

조 할머니도 경찰서 잡혀가셨다면서요.

이 크람 메:뻔 도서기 밥 헤줜냐 아네 줜냐. 임밍굼 바베 줜냐 아네 줜냐. 나 주거도: 아네 쉬따고:. 막 총얼 가스메다 데드마. 게도 나넌 주거도 바바네줘따고. 데차 도간 할마이라고 엄메라고 총이로 나부라고.

크람 멧번 도석이 밥 해줬냐 안 해줬냐. 인밍군 밥 해줬냐. 나 죽어도 안 해줬다고. 막 총얼 가슴에다 대드마. 그래도 나넌 죽어도 밥 안 해줬다고. 대차 독한 할마니라고 엄매라고 총이로 나부라고.

∞그럼 몇 번을 도석이 밥 해줬냐 안 해줬냐. 인민군 밥 해 줬냐 안 해 줬냐. (고문하면) 나 죽어도 안 해줬다고. 총을 가슴에다 막 대더구먼. 그래도 나는 죽어도 밥 안 해줬다고 하니까. 대차 독한 할머니와 엄매라고 총으로 쏴버리라고.

그람 지:발 노라고: 사는 시상도 하도 허마고 그랑께 어서 놔주라고 그랑께. 거그서 므단 사라미 나와서 에기엄메 요리 앙저서 할마이 앙저서. 열 뺀도 더 뎅게써 나넌, 으베 서에를. 그레가꼬 우리 영가믄 어:넙씨 뚜두러 마꼬 지서에서 나도 뚜둘고.

그람 지발 노라고 사는 시상도 하도 험하고 그랑께 어서 놔주라고 그랑께 거그서 뭇한 사람이 나와서 애기 엄매 요리 앉어서 할마이 앉어서.3 열 번도 더 댕겠어 나넌, 읍에 서에를. 그래갖고 우리 영감은 언없이 뚜두러 맞고 지서에서 나도 뚜둘고.

∞그러면 제발 쏘라고, 사는 세상이 하도 험하니까 어서 쏴주라고 그러니까. (어떤) 사람이 와서 애기엄매, 할머니 이리 앉아서.

---

3 '앉-'는 '앉다'의 방언형이다. '앉다~앉다' 두 가지 형태가 쓰이고 있다.

열 번도 더 다녔어 나는, 읍네 경찰서를. 우리 영감도 원 없이
두드려 맞고, 경찰서에서 나도 때리고.

영가미 동네 이장지랑께. 기엉차리 드라써 다선놈덜 우리지비럴
드로는데 인자 산노 산노 기어농께 오시 아주 앙ㄲ또 업써:. 옫 쭈
라고 드랃쩨. 그레서 이장항께 동네 뎅김시로 이쓸마난 지까서 옥
꺼더서 이페서 보네써. 그레따고 넹중에는 숨 세고 사랃쩨.

영감이 동네 이장질항께. 기엉찰이 드라서 다섯놈덜 우리 집이
럴 들어오는데 인자 산노 산노 기어농께 옷이 아주 암긋도 없어.
옷 주라고 드랐제. 그래서 이장항께 동네 댕김시로 있을만한 집가
서 옷 걷어서 입헤서 보냈어. 그랬다고 낸중에는 숨 세고 살았제.

∞그때 영감이 동네 이장을 했는데, 경찰 다섯 명이 우리 집으로
들어왔어. 산으로 산으로 기었으니까 옷이 다 헤졌어. 옷 좀 달
라고 들어왔지. 그래서 있을만한 집을 다니면서 옷 걷어다 입혀
서 보냈어. 그랬다고 나중에는 숨 쉬고 살았어.

조 인민군들이 주민들보고 섬을 나가라고도 했다던데 폭탄이라
도 묻었을까요.

이 무덛쩨. 폽팔 무덛쩨. 당이라고 이써. 심서마고 우리동네아고
두 반데다: 무덛쩨. 그레가꼬 그케 나가라 헫쩨. 그놈 터하므는
다: 주근다고. 그레가꼬 나갇써. 나는 그레도 안 나갇써.

묻었제. 폭팔 묻었제. 당이라고 있어. 심섬하고 우리 동네하고
두 반데다 묻었제. 그래갖고 궁게 나가라 했제. 그놈 터 하므는 다

죽은다고. 그래갖고 나갔어. 나는 그래도 안나갔어.

∽묻었지. 폭발 묻었지. 당이라고 있어. 심섬하고 우리 동네하고
두 (곳)에다 묻었지. 그래서 터지면 죽는다고 나가라고 했지. 다
들 나갔어도 나는 안 나갔어.

조 왜요.

이 아이 시상도 이라고 죽짜 그라고 안 나간는데. 기엉차리 드론
다: 항께는 가꼬 기어가불더라고. 안 시러다주믄 주긍께 시러다뤌
째. 할 쑤 업쩨.

  아니 시상도 이라고 죽자 그라고 안 나갔는데. 경찰이 드론다
항께는 갖고 겨 가불더라고. 안 실어다 주믄 죽응께 실어다 줬제.
할 수 없제.

∽세상도 복잡하고 그래서 죽자하고 안 나갔는데. 나중에 경찰이
들어온다 하니까 도로 가지고 가버리더라고. 안 실어다 주면 죽
이니까 할 수 없이 실어다 줬지.

조 어디까지요.

이 아이 이 건네까지만 시러다 뤌쩨. 여: 우리덜 베 타는데.

  아니 이 건네까지만 실어다 줬제. 여 우리덜 배 타는데.

∽이 건네 (초사리)까지만 실어다 줬지. 우리들 배 타는데.

길 전:장이 이러나써도 여그서 전:장하능 거슨 암불써. 그란데 우

리동숭이 숭:경지레써. 그래서 우리 친정아베가 임밍군더리 드라쏭께 사:라 갈라고 막뚱이 동숭얼 우리지비로 보네써. 경찰가조기라.

전장이 일어났어도 여그서 전장하는 것은 안 봤어. 그란데 우리 동숭이 순경질했어. 그래서 우리 친정아베가 인민군덜이 드랐응께 사라갈라고 막둥이 동숭얼 우리 집이로 보냈어. 경찰가족이라.

∽전쟁이 일어났어도 여기서 전쟁하는 것은 못 봤어. 그런데 우리 동생이 순경이었어. 그래서 우리 친정아버지가 막둥이 동생이라도 살게 하려고 우리 집으로 (피신을) 보냈어. 경찰가족이라.

그란데 이 건네 쩌: 헤동에서: 각충노네 시꾸럴 그케 총이로 쏘아지긴데 보고 우리에기가 막 주:꺼따고 달려서 서숩바트로 띠어가꼬 수머서 달려가꼬 지비가서 중는다고 가서 봉께.

그란데 이 건네 쩌 해동에서 각충노네 식구럴 궁게 총이로 쏘아직인데 보고 우리애기가 막 죽겄다고 달려서 서숙 밭으로 띠어갓고 숨어서 달려갖고 집이 가서 죽는다고 가서봉께.

∽그런데 (우리 집으로 오다가) 이 건네 회동에서 곽충노네 식구들을 총으로 쏘아 죽이는 데를 보고, 우리 동생이 죽어라고 달려서 서숙 밭으로 숨어가지고 죽더라도 집에 가서 죽는다 그리고 가서보니까.

열발투비 다 빠저부러뜨라게. 음:마나 에링거시 아주 주끼살기로 판다나고 달려뜽 거이제. 그레가꼬 와서는 "엄메: 나: 여으서 주글라네. 뉘임네 집 앙가고 여으서 주글라네. 아, 무섭떼: 사람 지긴데

봉께 무섭떼:.” 에기가 사람 주긴데럴 봔는데 안 무서껀능가:. 그라고 그 여자는 능가므라강께. 저: 능가뭉께 총 쏴불고 데그빠기 빨쎄짐시로…….

열두 발톱이 다 빠저불었드라개. 은마나 에린것이 아주 죽기 살기로 판단하고 달렸든 것이제. 그래갖고 와서는 “엄매 나 여그서 죽을라네. 뉘임네 집 안가고 여그서 죽을라네. 아, 무섭데 사람 직인데 봉께 무섭데.” 애기가 사람 죽인데럴 봤는데 안 무섭 것는가. 그라고 그 여자는 눈 감으라고 항께. 저 눈 감웅께 총 쏴 불고 대그빡이 빨세짐시로…….4

∞열두 발톱이 다 빠져 버렸다고 해. 얼마나 어린 것이 죽기 아니 면 살기로 판단하고 달렸든 것이지. 그래갖고 와서는 “엄매, 나 여기서 죽으려네. 누님네 집 안가고 여기서 죽을 라네. 아, 무섭 데 사람 죽이는 것 보니까 무섭데.” 애기가 사람 죽인 것을 봤는 데 안 무섭겠는가. 그리고 그 여자는 눈 감으라고 해서 눈 감으 니까 총으로 쏘았는데 머리가 벌어지면서…….

---

4 ‘빨쎄짐시로’는 ‘벌어지다’의 방언형이다. ‘빨세다~벌세다~벌시다’가 쌍형어 로 쓰인다.

6 · 25가 낳은 웃지 못 할 이야기

김상래 우리동네 청년 혜:장이 이써거드뇨. 청년혜장이 이럴 하고 와서 소늘 시칠라가는데. 임밍군더리 디:따라 와서, "여보쇼. 여그 거멍게가 멤 마릳쏘." 그랑께 "우리동네 시마리 이쏘." 그케 데다바드라고 남수씨 거 형니미.

우리 동네 청년 해장이 있었거든요. 청년 해장이 일얼 하고 와서 손을 시칠라가는데. 인민군덜이 디따라 와서, "여보쇼. 여그 거멍개가 멧마렀소." 그랑께 "우리동네 시마리 있소." 궁게 대답하드라고 남수씨 거 형님이.

∞우리 동네 청년회장이 있었거든요. 청년회장이 일을 하고 와서 손을 씻으려고 하는데. 인민군들이 뒤 따라와서, "여보쇼. 여기 검정개가 몇 마리 있소." 그러니까 "우리 동네 세 마리 있소." 그렇게 대답하드라고 남수씨 그 형님이.

그랑께. "그라믄 어디가 읻쏘." 그랑께 쩌 병룡이네 지비가 게 함 마리가 끄:마니 이꼬, 쩌 이꼬 그케 겔차중께는. 자기드른 거멍게 는 경:찰로 간주헤떰 모냥이어. 강께 강 손:도 안 씩꼬 데:다바면 서. 아:따 마으미, 그 숭:가네 너기 나가불더랑께:.

그랑께. "그라믄 어디가 있소." 그랑께 저 병룡이네 집이가 개 한 마리가 끄마니 있고, 저 있고 궁게 갤차중께는. 자기들은 거멍 개는 경찰로 간주 했던 모양이어. 강께 강 손도 안 씻고 대답하면서. 아따 마음이, 그 순간에 넉이 나가불더랑께.

∞"그러면 어디가 있소." 그래서 (아무 생각 없이) 병룡이네 집에 까만 개 한 마리 있고, 저기도 있다 갈쳐줬는데. 인민군들은 검정개를 경찰로 간주했던 모양이어. 그러니까 대답하는 (그 순간) 아따 마음이 그냥 손도 안 씻고. 그 순간에 넋이 나가불더라니까.

머, 게: 주그미어. 바낭하믄 지기뿔고, 압짱섣따 그라믄 지기뿔고, 어:쩨 주겐냐 그라믄, 그놈 나쁜 노미띠다, 저쪼기로 머리썬씁띠다. 이른 시기로 데항께:.

머, 개죽음이어. 반항하믄 직이불고, 앞장섰다 그라믄 직이불고. 어쩨 죽엤냐 그라믄, 그놈 나쁜 놈입디다. 저쪽이로 머리 썼읍디다. 이른 식이로 대항께.

∞뭐, 개죽음이어. (공산당 세상일 때는) 반항하면 죽여 버리고, (경찰 들어와서는 공산당으로) 앞장섰다고 죽여 버리고. 왜 죽였냐 물으면 그놈 나쁜 놈입디다, (북)쪽으로 머리 썼습디다. 이런 식으로 대하니까.

이른 사람들또 점:부 헤:남까지 가써써. 점:부 이불지고 나까지넘 빠전는데 하하하. 으용구네 간다고 다: 막 씨러가는 파니여 이붕 놈더리 씰코. 그라다 혜남 가다가 점:부 빠꾸 헤:가꼬 겡물로 히어 오고 헤서 오니도 이꼬. 그라고 동네서 밀:때진 하는 사람:.

이른 사람들도 전부 해남까지 갔었어. 전부 이불지고 나까지넌 빠졌는데 하하하. 으용군에 간다고 다 막 썰어가는 판이여 이북 놈더리 싫고.1 그라다 해남 가다가 전부 빠꾸해갖고 갱물로2 히어 오고 해서 온이도 있고. 그라고 동네서 밀대짓3 하는 사람.

∞이런 사람들도 전부 해남까지 갔었어. 전부 이불지고 나까지는 빠졌는데 하하하. 의용군에 간다고 다 쓸어 가는 판이여 이북 놈들이 싣고. 그런데 해남 가다가 전부 다시 바다로 헤엄쳐 돌아온 이도 있고. 그리고 동네서 밀대짓 하는 사람.

조 밀대짓이란 어떤 행동인가요.

김 동:네서 나쁜 사람더리 밀떼 지설 다 헤. 어이든지. 진짜 머리 쓴 사라먼 두:리나 서이나 베께 안 댜써. …… 점:부 걍 두리 에:기 하다도 잘 모다믄 저놈 딴데 머리쓴다 걍. 우리동네도 머심 살고 하던 사람드리 시껀 좀 바다, 암데가다 밤 머꼬 가거라 그라고 시꺼널 줜는데. 그놈 당꼬 가다가 여그 갸치메서 고 시껀나옹께 저쪼기로 머리쓴노미다 그라고 지게 뿌러써.

동네서 나쁜 사람덜이 밀대짓얼 다해. 어디든지. 진짜 머리 쓴 사람언 둘이나 서이나 뱎에 안 닸어. …… 전부 걍 둘이 애기하다도 잘 못 하믄 저놈 딴데 머리 쓴다 걍. 우리 동네도 머심 살고 하던 사람들이 식건 좀 받아, 암데가다 밥 먹고 가거라 그라고 식건얼 줬는데. 그놈 담고 가다가 여그 갸침에서 고 식건 나옹께 저쪽으로 머리 쓴 놈이다 그라고 직에 붙었어.

---

1 '실코'와 '실꼬' 두 가지 형태가 나타난다.
2 '갱물'은 '바닷물'의 방언형이다.
3 '밀대짓'은 '고자질' 정도를 의미한다.

∞동네서 나쁜 사람들이 밀대짓을 다해. 어디든지. (북쪽으로) 머리 쓴 사람은 둘이나 셋이나 밖에 안 돼. …… 둘이 얘기 하다가도 감정이 생기면 저놈 딴 데 머리 썼다 그냥. 우리 동네 머심 살고 하던 사람들이 식권을 받았는데, 아무데 가다 밥 먹고 가거라 하고 식권을 줬는데. (세상이 바뀐 줄도 모르고) 그 식권을 담고 다니다가 호주머니에서 그 식권이 나오니까 북쪽으로 머리 쓴 놈이다 그러고 죽여 버렸어.

4

가난했던 그때는

가래죽 먹다

보리방아

조상가루 밥 먹고 똥구멍 막히다

애기 낳고 가사리죽만 먹다

버스도 없던 시절

장작족과 닝구단네

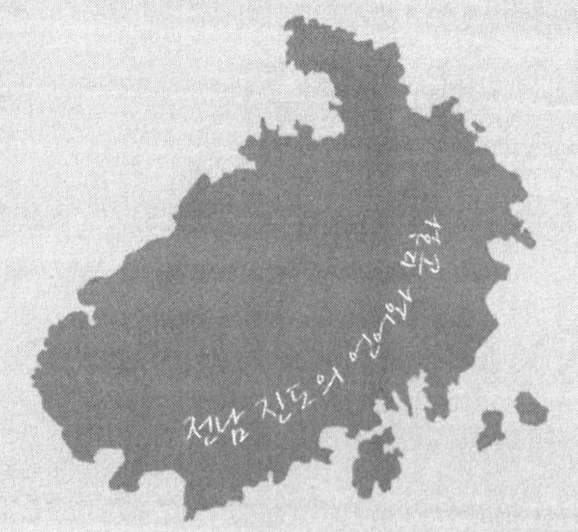

—찰로 그리고 그때는 웃기게 살았어

가래죽 먹다

 보메 쩌:그 사니로 서미로 모하기 저네 모따리랑 거시 이
써. 베고풍께 벨거설 다 먹쩨. 그 따:럴 검:나게 따서: 머꼬. 엔나레
데두뻥이랑 거시 이써. 유리 데두뻥:. 거그다 따:서 당꼬.

봄에 저그 산이로 섬이로 모하기 전에 모딸이란 것이 있어. 배
고풍께 벨것얼 다 먹제. 그 딸얼 겁나게 따서 먹고. 옛날에 대두뼝
이란 것이 있어. 유리대두뼁. 거그다 따서 담고.

∽봄에 산이나 섬으로, 모하기 전에 모딸기란 것이 있어. 배고프
니까 별것을 다 먹는데, 그 딸기를 겁나게 따서 먹고. 옛날에 되
들잇병이란 것이 있어. 거기다 따서 담고.

또 그른떼는 쑥기 나냐:. 쑥기 나면 오:만천지로 다니제. 이 전다
비 마:네도 우리아부지가 다: 제끼헤불고 그랑께:. 우리는 딸:맘
마네가꼬 아부지가 지베다가 신쳥어란써. 이 도니 제까니쓰므는
네가 이 도널 누구한테 전장을 하냐. 멘: 딸베께 업써 가꼬.

또 그른때는 쑥이 나냐. 쑥이 나면 오만천지로 다니제. 이 전답
이 만애도 우리 아부지가 다 재끼해불고[1] 그랑께. 우리는 딸만 만
애갖고 아부지가 집에다가 신경얼 안써. 돈이 재간 있으므는 내가
이 돈얼 누구한테 전장을 하냐. 맨 딸백에 없어갖고.

---

1 '재끼치기'는 '놀음'에 대응한다. '재끼'는 '잡기(雜技)'에서 변화된 것이다.

∞또 그때 쑥이 나냐. 쑥이 나면 오만천지로 (쑥 뜯으러) 다니지. 전답이 많아도 우리 아버지가 놀음하니까. 우리는 딸이 많아서 아버지가 집에다 신경을 안 써. 돈이 생기면 내가 이 돈을 누구한테 물려 주냐. 맨 딸밖에 없어가지고.

농사 지어 보쌀도 헤노무는 풉뽀리떼보툼 비어가꼬. 거그다가 쑥 여코 벨:꺼설 다 여서 머거. 보리도: 풉뽀리도 헤가꼬 보리럴 홀터가꼬:. 우리엄메가 여름 막: 들머는 그 노멀 홀터다가 쩌:. 쩌서 그 노멀 비벼. 몰려서 비벼 인자 메또게 가라서 가레죽 끼레 머꼬. 음:마나 모:머꼬 사랃쩨. 그레도 우리아베는 쌀밤 머거.

농사 지어 보쌀도 해노무는 풋보리 때보툼 비어갖고. 거그다 쑥 엱고 벨것얼 다 여서 먹어. 보리도 풋보리도 해갖고 보리럴 훑어 갖고. 우리 엄매가 여름 막 들머는 그놈얼 훑어다가 쩌. 쩌서 그 놈얼 비벼. 몰려서 비벼 인자 맷독에 갈아서 가래죽2 낄에 먹고. 은마나3 못 먹고 살았제. 그래도 우리 아버지는 쌀밥 먹어.

∞농사 지어 보리쌀도 해 놓으면 풋보리 때부터 베서 거기다 쑥 넣고 별것을 다 넣어서 먹어. 보리도 풋보리를 베서 훑어서 우리 어머니가 여름 막 시작되면 그것을 훑어다가 쪄. 쪄서 말려서 비벼 맷돌에 갈아 가래죽 끓여 먹고. 거의 못 먹고 살았지. 그래도 우리 아버지는 쌀밥 먹었어.

---

2 '가래죽'은 겉보리를 맷돌에 갈아서 만든 죽을 말한다.
3 '은마나'는 '얼마나'에 대응한다. 그러나 여기서는 '거의'의 의미를 가진다.

보리방아

⬛ 보리 쩨:깐 녀물여물하먼 그노멀 벼서 훌터가꼬 살마가꼬 그
노멀 도구통에서 쩨깐 데께지믄 데께가꼬 바벌 헤:머꼬.

보리 째깐 여물여물 하먼 그 놈얼 벼서 훑어갖고 삶아갖고 그
놈얼 도구통에서 쩨깐 데께갖고1 밥얼 해먹고.

∞보리가 조금 익으면 베서 훑어가지고 삶아서 그 것을 절구통에
　조금 데껴가지고 밥을 해 먹고.

또 쩨럴 머거써 제럴:. 보리방에를 찌냐:. 그라믄 인자 아아주 거친
제:는, 한불 찐:노믄 인자 댜지나 짐성얼 줘:. 그 다메 찌언냐 그라
믄 그 노물 게:떠걸 헤머거. 부자싸람드른 두불 찐놈도 댜지럴 주
제만 엄:는 사라믐 몽군 제로: 방에 찜 몽군 제로 게:떠글 헤머거.

또 재럴 먹었어 재럴. 보리방애를 찧냐. 그라믄 인자 아주 거친
재는, 한불2 찐 놈은 인자 댜지나 짐성얼 줘. 그 담에 찧었냐 그라
믄 그 놈울 개떡얼 해 먹어. 부잣사람들은 두불 찐 놈도 댜지럴 주
제만 업는 사람은 몽군 재로 방애 찐 몽군 재로 개떡을 해먹어.

---

1 보리와 벼는 절구통에 찧을 때 총 세 단계를 거쳐야 쌀과 보리쌀이 된다. 이때
　초벌 방아는 '찍다~찧다'이고 두벌, 세벌 방아부터 주로 '데끼다'라는 말을 사
　용한다. 필자의 조사에 의하면 영암과 고흥지역에서도 '데끼다'라는 말을 사
　용하였다. 진도뿐 아니라 다른 지역에서도 사용되는 것으로 보아 전남방언형
　으로 보인다.
2 '불'은 '벌'의 방언형이다. 중세어는 '볼'이다.

✍또 재도 먹었어. 보리방아를 찧었냐. 그러면 한 벌 찧은 재는 거칠거칠하니까 돼지나 짐승을 줘. 그 다음에 찧은 재는 개떡을 해 먹어. 부잣집은 두 벌 찧은 재도 돼지를 주지만 없는 사람은 재를 몽글게 빻아 개떡을 해먹어.

게:떡 거그다가 소다 쪼깐 여코 사까리 쪼깐 여코 그레가꼬 게:떡 헤서 우리엄메가 우덜 머그라고 그레써. 인자 걸:바구리에다가 몹 빠거서 헤:노무는. 놈:시로 고런놈 한나썩 머꼬 놀고 그렌쩨. 그라고 시:불 찐 제럴가꼬 게떠글 헤노믄 더 마싣꼬.

개떡 거그다가 소다3 쪼깐 옇고 삿가리4 쪼깐 옇고 그래갖고 개떡해서 우리엄매가 우덜 먹으라고 그랬어. 인자 걸바구리에다가 못 박어서 해노무는. 놈시로 고런 놈 한나썩 먹고 놀고 그랬제. 그라고 시불 찐 재럴갖고 개떡을 해노믄 더 맛있고.

✍개떡에다 소다와 사카린을 조금 넣고 (만들어서) 우리엄매가 우리들 먹으라고 걸 바구니에 못 박아서 걸어놓으면 놀면서 하나썩 먹고 놀고 그랬지. 그리고 세 벌 찧은 재로 만든 개떡은 더 맛있고.

조 보리방아는 몇 번이나 찧어야 밥을 해 먹을 수 있나요?

이 시:번. 처어메 함번 찌어서 너러. 또: 두번차 찌어가꼬도 너러. 무럴 부서서: 인자 처메 보리방에럴 찔:때 그냥 보리방에 찡는다

---

3 '소다'는 '탄산나트륨'을 일상적으로 이르는 말이다.
4 '삿가루'는 단맛을 내는 인공 조미료 '사카린'의 방언형이다.

그레:. 그라믄 메로 쿵쿵 찌어:. 인자 도구통에서: 메로: 이케 멘드
라서 인자 도구떼로 찌타가: 그 메로 인자 막 찌어 두:리. 그레가
꼬 그 노멀 너:냐? 아치메 널믄, 그 노믈 또 시러!

    시번. 첨에 한 번 찧어서 널어. 또 두 번차 찧어갖고도 널어. 물
얼 부서서 인자 첨에 보리방애럴 찔 때 그냥 보리방애 찍는다 그
래. 그라믄 메로 쿵쿵 찧어. 인자 도구통에서 메로 잉게 맨드라서
인자 도굿대로 찧다가 그 메로 인자 막 찧어 둘이. 그래갖고 그놈
얼 너냐? 아침에 널믄, 그 놈을 또 시러!

∞ 세 번. 처음에 한 번 찧어 널어. 또 두 번째도 찧어서 널어. 물을
부어서 찧는데 처음에 보리방아를 찧을 때는 그냥 보리방아 찧
는다 그래. 그러면 메를 만들어서메로 쿵쿵 찧는데, 절구통에서
절굿공이로 찧다가 그 메로 둘이 찧어. 그래가지고 그것을 너
냐? 아침에 널면 그 것을 또 시려!

■조■ 시린다는 말은?

■이■ 인자: 겹뽀리방에럴 찌어가꼬. 나라걸 시른다고 하는데 보리
방에도 시리기는 시러써. 함불 까불라 불고 또 찌어. 쌀도 시:부럴
시려. 그랑께 뽀순놈 보고 시린단 소리여 시불 찐는단 소리보고
시린단 소리여:.

    인자 겉보리방애럴 찧어갖고. 나락얼 시른다고 하는데 보리방
애도 시리기는 실었어. 한불 까불라 불고 또 찧어. 쌀도 시불얼 시
려. 그랑께 뽀순놈 보고 시린단 소리여 시불 찧는단 소리보고 시
린단 소리여.5

∞ 겉보리방아를 찧어가지고. 나락을 시른다고 하는데 보리방아도 시리기는 실었어. 한 벌 까불라 버리고 또 찧어. 쌀도 세 벌을 시려. 그러니까 빻은 것 보고 시린단 소리여 세 벌 찧는단 소리보고 시린단 소리여.

그라고 인자 보리방에도 쌀방에늠 무럴 암 부꼬 찌체마는 보리방에넌 시:번 다 무럴 부서. 이 도구통에다 찌어도오. 크람 그 나달, 열두사리나 여란사리나 머긍거시 그놈 데낄라믄 도구통이 커나 큿께 나는 도구통에 올라가서 가랑지 떠억 벌리고 올라가서 바벌 헤:땅께. 그람 바비 잔 뻐써:.

그라고 인자 보리방애도 쌀방애는 물얼 안 붓고 찧제마는 보리방애넌 시번 다 물얼 붓어. 이 도구통에다 찧어도. 크람 그 날알, 열두 살이나 열한 살이나 먹은 것이 그놈 데낄라믄 도구통이 커나 큿께 나는 도구통에 올라가서 가랑지 떠억 벌리고 올라가서 바벌 했당께. 그람 밥이 잔 뻤어.

∞ 그리고 쌀 방아는 물을 붓지 않고 찧지만, 보리방아는 세 번 다 물을 부어. 절구통에 찧어도. 그러면 그 날알, 열두 살이나 열한 살이나 먹은 (내가) 데끼려면 절구통이 크니까 절구통에 올라가서 가랑이 떠억 벌리고 올라가서 밥을 했다니까. 그러면 밥이 조금 거칠어.

---

5 '실-~시리-'는 중앙어와 대응하는 어휘가 없다. 이 말은 방아 찧을 때 생긴 '니'를 다시 찧는 것을 말한다. 필자의 조사에 의하면 영암지역에서는 '시른다~실른다'가 사용되고 있었다.

그라고 또 그 무럴 인자 보쌀 히천냐:. 시:불 데낀노멀 가꼬 보쌀 히처서 그 뜨무럴 따로 바더. 바더서 딱 까랑지냐:. 그노멀 끄려노믄 그:케 마시써. 그 보쌀 누룽지아고 끼레노믄 그:케 마싣써. 노린노리나니 미테가 누룽지가 누름시로 그 바비 퍼저가꼬 그케 마싣땅께 퍼저가꼬 끈:끄나니.

그라고 또 그 물얼 인자 보쌀 히쳤냐. 시불 데낀놈얼 갖고 보쌀 히처서 그 뜨물얼 따로 받어. 받어서 딱 까랑지냐.6 그놈얼 끌여노믄 궁게 맛있어. 그 보쌀 누룽지하고 낄에노믄 궁게 맛있어. 노릿노릿하니 밑에가 누룽지가 누름시로 그 밥이 퍼저갖고 궁게 맛있당께 퍼저갖고 끈끈하니.

∞ 그리고 보리쌀, 세 벌 데낀 보리쌀을 씻으면 뜨물을 따로 받아. 받아서 가라앉힌 뒤 보리쌀 누룽지하고 끓이면 그렇게 맛있어. 노릇노릇하게 밑에가 누룽지가 누르면서 그 밥이 끈끈하게 퍼져가지고 그렇게 맛있다니까.

[조] 왜 물을 치면서 방아를 찧었어요?

[이] 그레야 껍찌리 버서어. 버스므느 그 노멀 인자 너러어. 너러따가 인자 또오 그노멀 또 무럴 쪼깐 더 부서가꼬 또 두:부럴 찌거어. 메치는 사라미 이케 탕탕 뛰둘면 덜: 베께진 데가 이껀냐:? 그람 몰려가꼬 시르믄 그 껍찌리 더 버서, 덜 버서진 노미:. 또 너러나아. 너러따가 까불라가꼬 또 인자 데껴. 그람 시:불 보리방에릴

---

6 '까랑지다'는 '가라앉다'의 방언형이다. 이것은 [까랑지고, 까랑저, 까랑징께] 와 같이 활용하고 있다.

데끼냐: 그노미 흐:가니 데께저. 그놈 보쌀 제를 가꼬 게:떠걸 헤노무는 그:케 마싣땅께.

  그래야 껍질이 벗어. 벗으므느 그 놈얼 인자 널어. 널었다가 인자 또 그놈얼 또 물얼 쪼깐 더 붓어갖고 또 두 불얼 찍어. 메치는 사람이 잏게 탕탕 뛰둘먼 덜 베께진데가 있겄냐? 그람 몰려갖고 실으믄 그 껍질이 더 벗어, 덜 벗어진 놈이. 또 널어나. 널었다가 까불라갖고 또 인자 데껴. 그람 시불 보리방애럴 데끼냐 그놈이 흑하니 데께저. 그놈 보쌀 재를 갖고 개떡얼 해노무는 궁게 맛있당께.

∽ 그래야 껍질이 벗겨져. 벗겨지면 그것을 널어. 널었다가 또 물을 조금 붓고 두 벌을 찧어. 메치는 사람이 탕탕 두드리면 덜 벗겨진 데가 있겠냐? 그러면 말려가지고 실으면 덜 벗겨진 껍질이 더 벗겨져. 또 널었다 까불려서 또 데껴. 그럼 세 번째는 하얗게 데껴져. 그 보리쌀 재를 가지고 개떡을 하면 그렇게 맛있다니까.

▨조 메는 도굿대하고 다른가요?

▨이 응 인자 도구떼하고 쪼끔 다르제. 도구떼보둠 더 시어. 도구떼지럼 마악 찌긍께 퍼지제마는 메는 두:리 장담마처서 찌꼬:, 야앙 여페 서서어. 그 메럴 잘 까:까노믄 보싸리 잘 데께지고 또 메가 가바야 헐:씬 메지라기가 조타게써.
  응 인자 도굿대하고 조금 다르제. 두굿대보둠 더 시어. 도굿대질언 막 찍응께 퍼지제마는 메는7 둘이 장단마처서 찍고, 양 옆에

서서. 그 메럴 잘 깎아노믄 보쌀이 잘 데께지고 또 메가 가바야 헐씬 메질하기가 좋다개서.

∞응, 절굿공이하고 조금 다르지. 절굿공이보다 더 세. 절굿공이는 막 찧으니까 퍼지지만 메는 둘이 양 옆에 서서 장단 맞춰 찧고. 그 메를 잘 깎아야 보리쌀이 잘 데께지고, 또 메가 가벼워야 훨씬 메질하기가 좋다고 했어.

조 도굿대처럼 긴 막대같이 생겼어요?

이 막떼기가치 셍겨짜네. 메는 쪼삐쪼삐다니 도구떼마이로 깡까가꼬는 메로 인자 찌어. 요케요케 인자 마라자고들믄 기억짜가치 하고, 여그다가: 남마이로 거그다가 나무럴 찔러, 파가꼬. 그랑께 옌:나레 머심드리: 아침 이:럴 나갈라믄: 첟 쎄부게 이러나서 한: 도구통얼 찌코: 가멍 건 소라니리고:, 우리 엄메랑도 그 노멀 한 도구테를 찌코 가면 더 소란데 더 일치가니 이러나서 두: 도구테럴 찌코 가믄 어짜건냐? 뻗치제.

막대기같이 생겼잔에. 메는 쪼빗쪼빗하니 도굿대마이로 깡까갖고는 메로 인자 찧어. 용게용게 인자 말하자고들믄 기억자같이 하고, 여그다가 낫마이로 거그다가 나무럴 찔러, 파갖고. 그랑께 옛날에 머심들이 아침 일얼 나갈라믄 첫 세북에 일어나서 한 도구통얼 찧고 가면 건 솔한 일이고, 우리 엄매랑도 그놈얼 한 도구테를 찧고 가면 더 솔한데 더 일칙아니 일어나서 두 도구테럴 찧고

---

7 '메'는 '메두짝~메둥이'이라고도 한다. 절굿공이와 같이 절구통에서 곡식을 찧을 때 사용하는 도구이다.

가믄 어짜겄냐? 뻗치제.

∞ 막대같이 생긴 것이 아니라. 메는 비스듬하게 절굿공이처럼 (둥글둥글하게) 깎아서 나무를 파서 ㄱ자처럼 낫처럼 끼워 넣어. 그러니까 옛날 머슴들이 아침 일을 나가려면 첫 새벽에 일어나서 한 절구통을 찧어놓고 가면 수월한 일이고. 우리어머니도 한 절구통을 찧고 가면 수월한데, 더 일찍 일어나서 두 절구통을 찧고 가면 어쨌겠냐? 피곤하지.

조 첫 새벽이라면 몇 시 정도를 말하는가요?

이 세:시 그른떼. 그라고 보리방에 찔때는 세:시도 처니제. 헤가 질:고 바먼 자룩꼬 그랑께. 그라믄 더: 부지러난 사라믄 두: 도구통도 찌어노코 가고 시 도구통도 찌어노코 가고 모도 하러 가고 그레따께:. 그람 바메 자멀 음마나 자건냐:?

세시 그른때. 그라고 보리방애 찔 때는 세시도 전이제. 해가 질고 밤언 자룹고 그랑께. 그라믄 더 부지런한 사람은 두 도구통도 찧어놓고 가고 시 도구통도 찧어놓고 가고 모도 하러 가고 그랬다개. 그람 밤에 잠얼 은마나 잤건냐?

∞ 세시. 그리고 보리방아 찧을 때는 세시도 전이지. 해는 길고 밤은 짧으니까. 그러면 부지런한 사람은 두 절구통을 찧어 놓고 가고 세 절구통도 찧어 놓고 가고 모도 하러 가고 그랬다고 해. 그러면 밤에 잠을 얼마나 잤겠냐?

그란데 그 미테 도구통 미테로 쌀방에 찌므는 싸러:넙씨 넬치고,

보리방에 찌믄 보리 어:넙씨 넬치지. 그놈 주술레도 징하다. 지금
가치 세멘 바다기자네. 마당이 흥마당 앙 기냐? 그란데 우리아부
지가 다: 주스라게. 마:이 주슨 사람 밤 마:이 준다고. 그라믄 네 동
숭하고 두리: 그 노멀 다 주서:. 싸리고 보리싸리고 다 주서. 그레
가꼬 우더리 인자 이상 커나커서 기게가 셍게가꼬:. 인자 깡끄는
기게가 보리방에 깡끄는 기게가 셍겐쩨.

그런데 그 밑에 도구통 밑에로 쌀방애 찌므는 쌀 언없이 넬치고
보리방애 찌믄 보리 언없이 넬치지. 그놈 주술레도 징하다. 지금
같이 세멘 바닥이잖에. 마당이 흑마당 안 기냐? 그란데 우리아부
지가 다 줏으라게. 만이 줏은 사람 밥 만이 준다고. 그라믄 내 동
숭하고 둘이 그놈얼 다 줏어. 쌀이고 보리쌀이고 다 줏어. 그래갖
고 우덜이 인자 이상 커나커서 기게가 생게 갖고. 깡끄는 기게가
보리방에 깡끄는 기게가 생겠제.

⌒그런데 방아를 찧으면 절구통 밑으로 쌀이고, 보리쌀이고 원 없
이 떨어지지. 그것 줍는 것도 힘들다. 지금은 마당이 시멘트 바
닥이지만 (옛날에는) 흙 마당이었잖아? 그런데 우리아버지가
다 주우라고 해. 많이 주은 사람은 밥을 많이 준다고. 그러면 내
동생하고 둘이 쌀이고 보리쌀이고 다 주워. 그러다 우리들 크면
서 방아 찧는 기계가 생겼지.

조 보리밥도 쌀밥처럼 짓나요?

이 보리바번 부럴 시:부럴 여야 다. 인자 함번 끄리가꼬는 짝 퍼
지라고 뚜껑을 더퍼나:. 그랑께 첩 뻐네는 쪼감 퍼지라고 불 려!

그라믄 짝, 퍼전능가 인자 손 녀러보고 두불차 여어.

보리밥언 불얼 시불얼 여야[8] 다. 인자 한 번 끌이 갖고는 짝 퍼지라고 뚜겅을 덮어나. 그랑께 첫 번에는 쪼깐 퍼지라고 불 여! 그라믄 짝 퍼졌능가 인자 솥 열어보고 두 불 차 여.

ↄ 보리밥은 불을 세 벌을 넣어야 돼. 한 번 끓일 때는 쫙 퍼지라고 뚜껑을 덮어나. 그러니까 첫 번은 퍼지라고 불을 넣어! 그러면 쫙 퍼졌는가 솥을 열어보고 두 벌 째 (불을) 넣어.

두불차 열 떼는 싸리쓰믄 싸리나 서수기나: 연저, 거그다가. 인자 어:른들 줄라고:. 인자 살짝살짭 파가꼬 인자 뜨뜨당께 인자 하이튼 절반 퍼진 듣한 데다가 아주 퍼진 듣한데 아이고. 그라믄 인자 두:불차 부럴 려. 그라믐 보리가 보리바벌 두불차 여 노므는 인자 쪼깡 끈끈헤저:. 그라믄 두불 려노믄 지글지글 헤에.

두불 차 열 때는 쌀 있으믄 쌀이나 서숙이나 엱어, 거그다가. 인자 어른들 줄라고. 인자 살짝살짝 파갖고 인자 뜻뜻항께[9] 인자 하이튼 절반 퍼진 듯한 데다가 아주 퍼진 듯한 데 아니고. 그라믄 인자 두불차 불얼 여. 그라믄 보리가 보리바벌 두불차 여 노므는 인자 쪼깐 끈끈해저. 그라믄 두불 여 노믄 지글지글 해.

ↄ 두 벌 째 넣을 때는 어른들 (따로 떠)주기 위해 살짝살짝 파서 쌀이나 조를 엱어 따뜻하니까. 너무 많이 퍼지면 안 되고 절반 퍼진 듯 할 때. 그런 다음 두 벌 째 불을 넣어. 두 벌 째 넣으면

---

8 '엲다'는 '넣다'의 방언형이다.

9 '뜻뜻하다'는 '따뜻하다'의 방언형이다. 문헌으로 '뚯뚯ᄒ다' <동문해 61>이 확인된다.

보리밥이 지글지글 하면서 조금 끈끈해져.

쪼가닌자 부럴 헙뿍 인자 그람 그 바비 지글지글 헤에. 그라믄 그 쌀바번 소기로 드러강께 인자 이케 자치고 똑 떠서 인자 어른들……. 시:불차 거멍 가마소테서 따닥따닥 이케 헤가꼬 부럴 한 서너 너덥 부삭 여: 나:. 그라믄 지:미 안 나건냐? 인자 그떼 ㄲ처:. 그랑께 보쌀바번 시:부를 떼야 만낙께 댜.

쪼간 인자 불얼 헙북 인자 그람 그 밥이 지글지글 해. 그라믄 그 쌀밥언 속이로 들어강께 인자 잉게 잦히고 똑 떠서 인자 어른들……. 시 불차 거멍 가마솥에서 따닥따닥 잉게 해갖고 불얼 한 서너 너덧 부삭 여 나. 그라믄 짐이 안 나겄냐? 인자 그때 그처. 그랑께 보쌀밥언 시 불을 때야 만납게 댜.

☙ 조금 (더) 불을 가득, 그럼 밥이 지글지글 해. 그럼 쌀밥이 (보리밥) 속으로 들어가니까 젖혀 뚝 떠서 어른들……. 세 벌 째는 검은 가마솥에서 다독다독 해서 불을 한 너덧 아궁이 넣어 놔. 그러면 김이 나지 않겠냐. 그때 그쳐. 그러니까 보리밥은 세 벌 을 때야 맛있게 돼.

바비 고실고시라니 따압 퍼저가꼬 뻔덥뻔더감시로 그레가꼬 머 거야제 두불 떼가꼬늠 몸: 머거, 보리바번. 옌나레 소니로 찜 보쌀 바번. 그랑께 보리바번 세:버는 녀야 데는데 세 번차는 제저.

밥이 고실고실하니 딱 퍼저갖고 뻔덕뻔덕함시로 그래갖고 먹 어야제 두불 때갖고는 못 먹어, 보리밥언. 옛날에 손이로 찐 보쌀 밥언. 그랑께 보리밥언 세 번은 여야 데는데 세 번차는 재저.[10]

∞ 밥이 고슬고슬하게 딱 퍼져 반질반질 (윤기가) 나면서 그렇게 해서 먹어야지두 벌 때가지고는 못 먹어, 보리밥은. 옛날에 손으로 찧은 보리쌀은. 그러니까 보리밥은 세 번 (불을) 넣어야 되는데 세 번째는 재워.

조 재진다는 말은 무슨 뜻인가요?

이 인자 시:번차 부럴 떼는 소슬 벌려보고 바벌 따둑따둑: 인자 검나게 누르까무성께 인자 이케 이케 박주기로 함반데로 모테서 인자 그레가꼬 부럴 서너부삭 여나:.

인자 시번차 불얼 때는 솟을 벌려보고 밥얼 따둑따둑 인자 겁나게 누를까 무성께 인자 잎게 잎게 박죽이로 한반대로 모태서 인자 그래갖고 불얼 서너 부삭 여나.

∞ 세 번째 불을 넣는 솥을 벌려보고 밥을 다독다독 많이 누를까봐. 그래가지고 주걱으로 (밥을) 한곳으로 모아 불을 서너 아궁이 더 넣어 놔.

조 불을 더 넣어요.

이 그랑께 부럴 시:번 연다는 마리제.

그랑께 불얼 시번 연다는 말이제.

∞ 그러니까 불을 세 번 넣는다는 말이지.

---

10 '재저'의 '재지다'는 '재우다'에 대응한다.

조상가루 밥 먹고 똥구멍 막히다

이순예 써숙싸리라고: 서숩뽀고 조라기도 하고 조파비라 하기도 하고 조상까리 바비라고도 하고 그레. 조상까리 바비라 하능 거선 왜: 조상까리 바비라 하냐 그라므느:. 그 서수걸 도구통에 안 찐냐:. 그라므는 함부럴 랄켜. 그랑 그: 조상까리 바비랑 거시 함부럴 랄키머는 그: 까:라서 먹또 모:데:.

서숙쌀이라고1 서숙보고 조라기도 하고 조팝이라 하기도 하고 조상가리 밥이라고도 하고 그래. 조상가리 밥이라 하는 것언 외 조상가리 밥이라 하나 그라므는. 그 서숙얼 도구통에 안 찧나. 그라므는 한불얼 날켜.2 그람 그 조상가리 밥이란 것이 한불얼 날키머는 그 까라서 먹도 못해.

꼬서숙쌀이라고, 서숙보고 조라고도 하고 조밥이라고도 하고 조상가루밥이라고도 하고 그래. 조상가루 밥이라고 하는 것은 왜 조상가루 밥이라고 하나 그러면. 서숙을 절구통에 찧는데 한 벌 까불려. 그러면 그 조상가루 밥이란 것을 한 벌 까부르면 거칠어서 먹도 못해.

조 어디에다 날키는 가요.

---

1 '서숙쌀'은 '좁쌀'의 방언형이다. 본문 번역에서는 '좁쌀'과 '조' 대신 방언을 그대로 사용하였다.
2 '날키다'는 '까부르다'의 방언형이다.

이 치로 날켜:. 그레가꼬 그 노멀 다시 뽀사 인자: 머글꺼시 업쌍께:. 다시 뽀꼬 그노멀 인자 좁쌀 쩨:까녀코 바벌 하므는. 그놈 머그므는 진짜로 똥을 몬: 눠. 그 조상까리라는 거시 소화가 안데는 거시여, 꺼푸링께:.

치로3 날켜. 그래갖고 그 놈얼 다시 뽓아 인자 먹을 것이 없응께. 다시 뽓고 그놈얼 인자 좁쌀 째깐 엱고 밥얼 하므는. 그놈 먹으므는 진짜로 똥을 못 눠. 그 조상가리라는 것이 소화가 안대는 것이여, 꺼풀잉께.

∞키로 까불려. 그렇게 해서 (껍질을) 다시 빻아, 먹을 것이 없으니까. 다시 빻아서 좁쌀 조금 넣고 밥을 해서. 그 밥을 먹고 나면 정말 똥을 못 눠. 조상가루가 소화가 안 되는 것이여, 껍질이니까.

그레가꼬 그놈 머꼬 찬:뜩 똥이 안나옹께: 우리엄메가 제끼라기로 파땅께. 그거시 순:정 쪕찌:리여. 순정 쪕찌럴 빠사가꼬 몽굴게 빠사가꼬 바벌 헨:는데 머껀냐:. 그레도 베고풍께: 베고풍께 머꼬.

그래갖고 그놈 먹고 찬뜩 똥이 안나옹께 우리 엄매가 잿기락이로 팠당께. 그것이 순전 껍질이여. 순전 껍질얼 빻아갖고 몽굴게 빻아갖고 밥얼 했는데 먹겄냐. 그래도 배고풍께 배고풍께 먹고.

∞(조상가루) 밥을 먹고 잔뜩 똥이 안 나오니까 우리엄매가 (똥구멍을) 젓가락으로 팠다니까. 그것이 순전히 껍질이여. 순전 껍

---

3 진도방언에서 곡식을 까부를 때 사용하는 도구는 '치'라 부르는데 '키'의 방언형이다. 그런데 진도는 '체'도 '치'라고 한다. 그러므로 '치'는 '키'와 '체'를 모두 아우르는 말이다. 다만 '체'는 두 가지 형태가 있는데 가늘게 촘촘히 엮어 만든 것은 '참치'이고 구멍이 큰 것은 '얼멍치'이다.

질을 몽글게 빻아서 밥을 했는데 먹겠냐. 그래도 배고프니까,
배고프니까 먹고.

그랑께 서숩빱뽀고 서숩빠비라가네. 조상까리 바비라게. 그노멀
기냥 꺼풀조차 네라빠사:, 도구통에서:. 그거또 기게에서 뽄는 거
시 아니라 꺼풀조차 도구통에서 막찌어가꼬: 그 노멀 그데로 바벌
한당께:. 그레도 그: 바벌: 쩨:깐 제를 잔 덜 려믄. 서:숙 제를 쪼깐
덜: 려믄 더 쪼깐 다달부나니 만나.

　그랑께 서숙밥보고 서숙밥이라가내. 조상가리 밥이라개. 그놈
얼 기냥 꺼풀조차 내라 빳아, 도구통에서. 그것도 기게에서 뽓는
것이 아니라 꺼풀조차 도구통에서 막 찌어갖고 그놈얼 그대로 밥
얼 한당께. 그래도 그 밥얼 째깐 재를 잔 덜 여믄. 서숙재를 쪼깐
덜 여믄 더 쪼깐 다달분하니 맛나.

∞그러니까 서숙밥보고 서숙 밥이라고 안하고 조상가루 밥이라
　고 해. 그것을 껍질조차 내려 빻아, 절구통에서. 그것도 기계에
　서 빻는 것이 아니라 껍질조차 절구통에서 막 찧은 (거친 가루
　를) 그대로 밥을 한다니까. 그것도 재를 조금 덜 넣으면. 서숙
　재를 덜 넣으면 더 달짝지근하니 맛있어.

그 노멀 또: 인자 쪼깐 더 날케서: 우리엄메가 바브란 하냐아. 그
라믄 더 만나. 그라고 체:도 머꼬. 삘건 술찌세기 안 인냐. 거 술찌
세기도 컬르므는: 그 술찌세기를 사까루 타가꼬 머거써. 사까링!
또: 보메 봄도로므는. 그:: 징한 노무 쑥 뜨르러뎅기기가 그케 징
하더라. 그레도: 쑵빠비 더 나서 조상까리 밥뽀듬.

그놈얼 또 쪼깐 더 날케서 우리 엄매가 밥을 안 하냐. 그라믄 더 맛나. 그라고 재도 먹고. 벨것 술찌세기 안 있냐. 거 술찌세기도 걸르므는 그 술찌세기를 삿가루 타갖고 먹었어. 삿가링! 또 봄에 봄 도로므는. 그 징한 놈우 쑥 뜯으러 댕기기가 궁게 징하더라. 그래도 쑥밥이 더 나서 조상까리 밥보듬.

∞그것을 조금 더 까불려서 우리엄매가 밥을 하면 더 맛있어. 옛날에는 그렇게 재도 먹고(살고). 별것 술 찌꺼기 있잖아. 그 술 찌꺼기도 거르면 사카린 타서 먹었어. 사카린! 또 봄 돌아오면 그 지겨운 쑥, 쑥 뜯으러 다니기가 지겹더라. 그래도 쑥 밥이 더 나아 조상가루 밥보다.

조 왜요.

이 똥꾸녀거남 메킹께. 조상까리가 인자 또 일련 네네: 먹짜녜 마리제, 가으레 안 나냐:. 그라믕 가을봄까장베께 몸 머저:. 그라고 소숙또 마:니 가라도 그놈망 가꼬맘 머꼬 상께. 다릉거시 억:꼬 머꼬 상:께:. 그랑께: 겨으레 그케 조상까리밥 게::속 그 뽀사가꼬 그 거슬 먹쩨:. 그레가꼬 인자 그런놈 보:충할랑께 조상까리 바비레도 보:충할랑께 그케 쑤걸 뜯쩨.

똥구녁언 안 멕힝께. 조상가리가 인자 또 일년 내내 먹잔에 말이제, 가을에 안 나냐. 그라믄 가을봄까장뱆에 못 먹어. 그라고 소숙도 만이 갈아도 그놈 갖고만 먹고 상께. 다른 것이 업고 먹고 상께. 그랑께 겨울에 궁게 조상가리 밥 게속 그 뽓아갖고 그것을 먹제. 그래갖고 인자 그런 놈 보충할랑께 조상가리 밥이래도 보충할랑께 궁게 쑥얼 뜯제.

∞똥구멍은 막히지 않으니까. 그리고 조상가루 밥도 일 년 내내 먹는 것이 아니라, 가을에 나잖아. 그러면 가을봄까지밖에 못 먹어. 서숙을 많이 갈지만, 다른 것은 없고 (서숙만) 먹고 사니까. 그래서 겨울에 조상가루만 계속 빻아서 먹다보면 부족하니까 조상가루 밥이라도 보충하기 위해 쑥을 뜯지.

그란데 거: 학꾜가서 바블머꼬 가서 똥얼 안 싸냐:. 그라므닌자 이 벤소까네를 드러 갈 쑤가 업써. 이 엔나레는 판자라:. 똥이 한나 차불머는 그라고 끈덕끈덕 하른 고:리 빠지까 무성께:.

그란데 거 학교가서 밥을 먹고 가서 똥얼 안 싸냐. 그라믄 인자 이 벤소깐에를 들어갈 수가 없어. 이 엣나레는 판자라. 똥이 한나 차불머는 그라고 끈덕끈덕 하믄 고리 빠질까 무성께.

∞그런데 학교에 가서 똥을 싸잖아. 그러면 변소를 들어갈 수가 없어. 옛날에는 (화장실 바닥이) 판자라. 똥이 가득 차면 그리고 끈덕끈덕 하면 그리 빠질까 무서워서.

거그다 무성께 몬: 드러가고 이케 뺑: 도라서 학꾜 디로 가먼 노무 바시 이써:. 보리받또: 데고 콩받또 데고 거그다가 똥얼 싸므는:, 쳉피헤! 가치 가서 싸:머는 나는 멘:: 시커마이 쑥 똥만 싸농께. 쑥 똥만 쌍께 그랑께 우리칭고가:, 이름도 이저부러따 하:도 오레뎅께.

그그다 무성께 못 들어가고 잉게 뺑 돌아서 학교 디로 가면 놈우 밧이 있어. 보리밧도 대고 콩밧도 대고 거그다가 똥얼 싸므는 챙피헤! 같이 가서 싸머는 나는 맨 시커마이 쑥 똥만 싸농께. 우리

친고가, 이름도 잊어불었다 하도 오래댕께.

∞거기는 (빠질까봐) 무서워서 못 들어가고 삥 돌아서 학교 뒤로
가면 남의 밭이 있어. 보리밭도 있고 콩밭도 있는데 거기다 똥
을 싸면 창피해! (친구들과) 같이 가서 싸면 나는 새까만 쑥 똥
만 싸니까. 우리 친구가 이름도 잊어 버렸다 하도 오래되니까.

이 거지 가튼년. 똥싸는 거시 멘 쑥빰만 머거서 이게 똥이 더럽따
가나냐. 쑥똥만 싼다아나냐, 나보고. 그거또 그 어레서넌 쳉피하
제 지긍가치 믄: 쳉피하건냐.

이 거지같은 년. 똥 싸는 것이 맨 쑥밥만 먹어서 이게 똥이 더럽
다간하냐. 쑥 똥만 싼다 안하냐, 나보고. 그것도 어레서넌 챙피하
제 지금 같이 믄 챙피하것냐.

∞이 거지같은 년. 똥 싸는 것이 맨 쑥밥만 먹어서 이렇게 똥이 더
럽다고 안 하냐. 쑥 똥만 싼다 안 하냐, 나보고. 그것도 어려서는
창피하지 지금 같으면 뭐가 창피하겠냐.

그케: 쑥빰만 헤:머꼬. 그라고 또 겨을 데므는. 톤 나므는 또 우리
엄메가 가서 바다게 가서 토설 메와:. 그라먼 톤 또 살마가꼬 고
놈. 망: 능그러지게 살므믄 흐:강거또 나온다, 토시:. 그 뻐뻐단놈
살마가꼬 그라믄 그놈 가꼬 싸:레다가 여:뭉 그 밥또 머글만 헤
에:. 진:짜 그 밥또 몸: 머쩨마는 그라제마는 베고풍께: 베고풍께
바비라고 머꼬 사랃쩨.

긓게 쑥밥만 해 먹고. 그라고 또 겨을대므는. 톳 나므는 또 우리
엄매가 가서 바닥에4 가서 톳얼 매와. 그라면 톳 또 삶아갖고 고

놈. 막 능그러지게 삶으믄 호간 것도 나온다. 톳이. 그뻣뻣한 놈 삶
아갖고 그라믄 그놈갖고 쌀에다가 여믄 그 밥도 먹을 만해. 진짜
그 밥도 못 먹제마는 그라제마는 배고풍께 배고풍께 밥이라고 먹
고 살았제.

∞그렇게 쑥밥만 해 먹다가 겨울이 되면. 우리어머니가 바다에 가
서 톳을 매와. 톳을 능그러지게 삶으면 (톳에서) 하얀 것도 나온
다. 진짜 그 밥도 못 먹지만 배고프니까 밥이라고 먹고 살았지.

또 겨을데믄 무수밥. 무수밥 징::아게도 메끼시러야. 무수바번 쑵
빱뽀다 더 모데야. 무수밥또 보싸라고 조상까리하고 헤:서. 그라
고 무수도 음마나 조탸. 미엉바테다 헤:가꼬 뻬:뼈데가꼬 지궁가
트믄 다 버레불껌 먹쩨.

 또 겨을대믄 무수밥. 무수밥 징하게도 멕기실어야. 무수밥언 쑥
밥보다 더 못해야. 무수 밥도 보쌀하고 조상가리하고 해서. 그라
고 무수도 은마나 좋다. 미엉밭에다 해갖고 뺏뺏해갖고 지금 같으
믄 다 버레불것 먹제.

∞또 겨울 되면 무밥. 무밥 진짜로 먹기 싫어야. 무밥은 쑥밥보다
더 못해야. 무밥도 보리쌀하고 조상가루하고 섞어서. 무도 안
좋아. 무명 밭에다 해서 뺏뺏하니 지금 같으면 다 버릴 것 먹지.

그란데 그 놈도 무수럴 쩨깐써겨:므는 겐차……머글마난데. 무수
럴 잔::뜩 지버 여 노므는 그 바비 머:껀냐:. 무수네 누른네 남시로:

순:전 어레서 뭉 그르케 컨쩨:.

  그란데 그 놈도 무수럴 재간썩 여므는 갠차…… 먹을 만한데. 무수럴 잔뜩 집어 여 노므는 그 밥이 먹겄냐. 무수내 누른내 남시로 순전 어레서 믄 그롷게 컸제.

∞무도 조금만 넣으면 괜찮…… 먹을 만한데. 무를 실컷 집어넣으면 무 내 누른 내 나면서 그 밥을 먹겠냐. 순전 어려서 (그런 것 먹고) 컸지.

믄 존 바방끄니나 언:제가 존 바방끄니나 멍냐 그라므는, 설: 추석 도론 추석 도로고 그라믄 쌀밥 한끄니 써기나 먹쩨. 그라나믄 추서게도: 우리는 쌀 송페널 모데바써. 믄: 설피니냐 보리설편, 보리설펴나고 또 차소숙: 소숙 송편.

  믄 존 밥 한 끄니나 언제가 존 밥 한끄니나 먹냐 그라므는, 설 추석 도론 추석 도로고 그라믄 쌀밥 한 끄니 썩이나 먹제. 글 안하믄 추석에도 우리는 쌀 송편얼 못해 봤어. 믄 설편이냐[5] 보리설편, 보리설편하고 또 차소숙[6] 소숙 송편.

∞언제 제대로 된 밥 한 끼니, 좋은 밥 한 끼나 먹어보냐, 설 추석 도로는 때나 쌀밥 한 끼니씩 먹지. 그렇지 않으면, 우리는 추석에도 쌀 송편을 못해 봤어. 무슨 송편이냐 보리송편, 보리송편하고 차조, 조 송편.

---

5 '송펜, 설핀, 설편'은 '송편'의 방언형으로 제보자는 다양한 어휘를 사용하고 있다. 고흥지역에서는 '설펜, 설편'이라고 하였다.

6 '찰+서숙'의 형태에서 'ㄹ'이 탈락된 것이다.

그케서 하믄 그 소숙송페니 그::르케 암 머꼬 잡따:. 보리송펨보듬 찰보리송펜도 엔:나레 찰보리를 가라써:. 찰보리송페늘 헤:노무는 그레도 한나나, 순:정 그른 자꼬기로 송펜 헤:머꼬.

굥게서 하믄 그 소숙송펜이 그릏게 안 먹고 잡다. 보리송펜보듬 찰보리 송펜도 옛날에 찰보리를 갈았어. 찰보리 송펜을 해노무는 그레도 한나나, 순전 그른 잡곡이로 송펜해 먹고.

∞그러면 그 서숙송편이 그렇게도 안 먹고 싶다. 보리송편보다 차보리, 옛날에 차보리를 갈았어. 차보리 송편을 해 놓으면 그래도 한 개 정도 (먹을 만해). 순전히 그런 잡곡으로 송편을 해 먹고.

그라고 메물 가라가꼬 그릉 거시로 끄니 헤:서 메물죽 써머꼬. 메물도 그 노무릴 마이 머그믄 이 머리 버서진다. 찬:뜩 노무릴 마이 머그므는. 엔나레는 그케 순:전 머꼬 사능 거시 가난헤가꼬.

그라고 메물 갈아갖고 그른 것이로 끄니해서 메물죽 써먹고, 메물도 그 노물얼 만이 먹으믄 이 머리 벗어진다. 찬뜩 노물얼 만이 먹으므는. 옛날에는 굥게 순전 먹고 사는 것이 가난해 갖고.

∞그리고 메밀 갈아서 끼니로 메밀 죽 쒺먹고. 메밀도 나물을 많이 해서 먹으면 머리 벗겨진다. 옛날에는 그렇게 순전 먹고 사는 것이 가난해가지고.

하이틍가네 우리아부지는 순:전 너:무 가께 사라가꼬:. 사:데독시니로 네롬시로 그 살리멀:. 옌날 시상에 고무신 싱꼬 커따가드라. 까치신: 그라고 까주꾸두 싱꼬. 그레가코 그케 자식더란테 우리엄메한테랑 고셍 어:넙씨 시키고.

하이튼 간에 우리아부지는 순전 너무 갖게 살아갖고. 사대독신이로 내롬시로 그 살림얼. 옛날 시상에 고무신 신고 컸다가드라. 까치신 그라고 가죽구두 신고. 그래갖고 굴게 자식덜한테 우리엄매한테랑 고생 언없이 시키고.

☞하여튼 우리아버지는 사대독신으로 내려오면서 너무 갖게 살아가지고 그 재산을 (다 날리고). 옛날 세상에 고무신 신고 컸다고 하더라. 비단신, 가죽구두도 신고. 그래놓고 자식들이나 우리 어머니한테는 고생 원 없이 시키고.

조 아버지가 밉거나 하지는 않았나요?

이 밉쩨. 으쩨 암 밉거쎠. 엔나레 그르케 고생 설:치번더가고 사란는데. 나모 어:넙시하고 나무럴 나무럴 메꼬리가꼬 뎅김시로 어:넙시하고. 우리아부지는 할량이라 나무도: 아네중께 순:전 에레서부틈 나무하러 뎅게땅께.

밉제. 으쩨 안 밉겄어. 옛날에 그릏게 고생 설치번덕하고[7] 살았는데. 나모 언없이 하고 나무럴 나무럴 메꼬리 갖고 뎅김시로 언없이하고. 우리 아부지는 할량이라 나무도 안 해중께 순전 에레서부틈 나무하러 댕겠당께.

☞밉지. 왜 안 밉겠어. 옛날에 고생 설치번덕하고 살았는데. 나무 원 없이하고 나무를 나무를 먹둥구미 가지고 다니면서 원 없이하고. 우리 아버지는 한량이라 나무도 안 해주니까 어려서부터

---

[7] '설치번덕'은 온갖 고생을 다 하면서 살았다는 의미이다.

나무하러 다녔다니까.

아까도 마레쩨마는:. 우리엄메가: 딸만 여서슬 낭께 네가 이거설
누구한테 다 전장한댜: 그라고 순:전 방탕질로 도랃땅께. 그레가
꼬 다 업:써저 부럳쩨. 우리엄메가어레서부텀 고:셍고셍 어:넙씨
하고 우리언니덜또 어:넙씨하고.

아까도 말했제마는. 우리엄매가 딸만 여섯을 낭께 내가 이것얼
누구한테다 전장한댜 그라고 순전 방탕질로 돌았당께. 그래갖고
다 없어저 불었제. 우리엄매가 어레서부텀 고생고생 언없이하고
우리 언니덜또 언없이하고.

∞조금 전에도 말했지만. 우리엄매가 딸만 여섯을 낳으니까 내가
이 재산을 누구한테 물려 주냐 그러고 순전히 방탕 길로 돌았다
니까. 그렇게 해서 (재산이) 다 없어져 버렸지. 우리엄매가 어려
서부터 고생고생 원 없이하고 우리 언니들도 원 없이 하고.

애기 낳고 가사리죽만 먹다

조 아기 낳고 나서 산후조리는 어떻게 하셨어요.

이도금 몸조리가 어디가써. 머 하고말고 걍 에기 나코 세밀 너므 믄 바베머꼬 그렌쩨.

몸조리가 어디갔어. 머 하고말고 걍 애기 낳고 샘일 넘으믄 밥 해먹고 그랬제.

∽산후조리가 어디 있어. 뭐 하고말고 그냥 애기 낳고 삼일 넘으 면 밥 해먹고 그랬지.

조 무슨 밥을 해 드셨어요.

김연엽 보리밥. 순정 꽁보리밥. 시어머이가 미여꾹 끼레주고 바베 주멈 머꼬 머 함 메치럽따 걍 나와서 이녁소니로 바베머꼬 그렌쩨.

보리밥. 순전 꽁보리밥. 시어머니가 미역국 낄에 주고 밥해 주 면 먹고 머 한 메칠 업다 걍 나와서 이녁 손이로 밥해먹고 그랬제.

∽보리밥. 순전히 꽁보리밥. 시어머니가 미역국 끓여주고 밥해 주 면 먹고, 뭐 한 며칠 없다 나와서 이녁 손으로 밥해먹고 그랬지.

조 여기는 논도 없는데 쌀은 어디서 구했나요.

김 친정에서 싸럴 마:니 가따 머거써, 나넌 진짜.

친정에서 쌀얼 많이 갖다 먹었어, 나넌 진짜.

∞친정에서 쌀을 많이 가져다 먹었어, 나는 진짜.

조 옛날에는 좁은 산길인데 어떻게 가져왔을까요.

김 샹:끼렁께 인자 쏘에다도 실려서 보네고:. 우리동승 한나가
이케 지게지고 일:만 헤써. 그랑께 저:다가: 베에다 시러주고 가
고. 그랑께 우리영가미 여그 네로믄, 보믄, 그라드랑께. "아따, 이
아레넌 또 죽 써가꼬 뜨드라:." 바븜 벨로 어:꼬 멘 중만 쒀머긍께
그레뜽 거이제.

산길잉께 소에다도 실려서 보내고. 우리 동승 한나가 잉게 지게
지고 일만 했어. 그랑께 저다가 배에다 실어주고 가고. 그랑께 우
리 영감이 여그 내로믄,1 보믄. 그라드랑께. "아따, 이 아래넌 또
죽 써갖고 뜨드라." 밥은 벨로 업고 맨 죽만 쒀 먹응께 그랬든 것
이제.

∞산길이니까 소에다 실려서 보내고. 우리 동생 하나가 지게지고
농사일만 했어. 그러니까 (지게에) 져서 배에다 실어주고 가고.
그러니까 우리영감이 여기 내려와서 보고는. "아따, 이 아래는
또 죽 쒀서 뜨더라." 밥은 별로 없고 맨 죽만 쒀먹으니까 그랬던
것이지.

---

1 '내로믄'은 합성어 '내려오다'의 방언형이다.

조 이 아래면 누굴 말하는가요.

이 나 보고 마라는 소리. 멘:: 가사리 메:다가:.
　나 보고 말하는 소리. 맨 가사리 메다가.
ⓒ나 보고 말하는 소리. 맨 가사리 메다가.

조 가사리는 뭐죠.

이 가사리라고 이써, 게쁘다게가서. 노므 서쑵빵에 찐: 제:. 그노물 뽀사서 주걸 쒀서 중께로넌: 에기 나코 머긍께. 이, 불도 써도 암 베드마. 에기를 나코 네가 그릉 시상얼 사라쎴:. 에기나가꼬 조상까루 거 제만 타논데다 주걸 쒀서 중께넌 이 불썸 부리 암 베드라고:. 찬:뜩 베가 고풍께:. 그랑께 동네어른드리 다: 나보고 중는다게써. 그레도 안 주꼬 이케 사라써.

　가사리라고2 있어, 갯브닥에가서. 놈으 서숙방에 찐 재. 그놈을 뽓아서 죽얼 쒀서 중께로넌 애기 낳고 먹웅께. 이, 불도 써도 안 배드마. 애기를 낳고 내가 그른 시상얼 살았어. 애기 나갖고 조상 가루 거 재만 타논데다 죽얼 쒀서 중께넌 이 불 썬 불이 안 배드라고. 찬뜩 배가 고풍께. 그랑께 동네어른들이 다 나보고 죽는다갰어. 그래도 안 죽고 잉게 살았어.

ⓒ가사리라고 있어, 바다에서. 남 서숙방아 찧은 재를 뽛아서 (가사리를 섞어) 죽을 쒀서 애기 낳고 먹으니까. 불을 켜도 안 보이

---

2 '가사리'는 '우뭇가사리'의 방언형이다.

더구먼. 내가 그런 세상을 살았어. 애기 낳고 조상가루 재만 타서 죽을 쒀주니까 불을 켜도 안 보이더라고. 잔뜩 배고프니까. 그러니까 동네어른들이 모두 나보고 죽는다고 했어. 그래도 안 죽고 이렇게 살았어.

조 불이 안 보였다고요?

이 크라제 에기 나코 이 주걸 머긍께: 앙ㄲ또 암 베제:, 부리 암 베제. 나처럼 서:런 서런 안 살 시상 산 사라멉써. 나무가 업써 부럼 몬녀체:. 항 골쑤가 항 고세가 쪼그리고 안젵쩨.

크라제 애기 낳고 이 죽얼 먹응께 암긋도 안 베제, 불이 안 베제. 나처럼 서런 서런 안 살 시상 산 사람 없어. 나무가 없어 불언 못 옏제. 한 골수가 한 곳에가 쪼그리고 앉었제.

그러지 애기 낳고 죽을 먹으니까 아무것도 안 뵈지. 나처럼 서러운 안 살 세상 산 사람은 없어. 나무가 없어 불은 못 때지. 몸뚱이가 한 곳에 쪼그리고만 앉았지.

그레가꼬 메:치릴 사:링가 불ㄲ고 인는데 길썽이라고: 그 사라미 와서, "지수씨 밤 믇 헤 머거쏘." 그랑께 "예: 헤 머거써라." 그랑께 가이나드리 움시로 "우리 사리나 굴머써라." 그랑께 보싸릴 두 데릴 떠다 주데, 껍뽀싸럴. 그레인자 그농 가라서 인자 죽써서 영감 헤나미로 쌀 바까오도록 까장 머거써.

그래갖고 메칠얼 살인가 불ㄲ고 있는데 길썽이라고 그 사람이 와서 "지수씨 밥 믓 해 먹었소." 그랑께 "예 해 먹었어라." 그랑께 가시나들이 움시로 "우리 살이나 굶었어라." 그랑께. 보쌀얼 두 대럴 떠다 주대. 겉보쌀얼.3 그래인자 그놈 갈아서 죽써서 영감 해남이로 쌀 바까 오도록 까장 먹었어.

∞그래서 삼일인가 불 끄고 있는데 길선이라는 사람이 와서 "제수씨 밥 해 먹었소." "예, 해 먹었어라." 그러니까 (어린 시누들이) 울면서 "우리 삼일이나 굶었어요." 그러니까 보리쌀을 두 대를 떠다 주대. 겉 보리쌀을. 영감이 해남에서 쌀 바꿔 오도록 까지 그걸 갈아서 죽을 쒀서 먹었어.

머꼬 떠러지믄 인자 또 침젱이네 아베가 와서: "지수 므 끼레 잡쌌쏘." "예: 끼레 머걷쏘." 또 가이나드리 움시로 씨누 가이나드리 움시로 "우리 사리나 굴머써라." 강께 거그서 겉쪼르 서너데 떠가까떼. 막 뽀사서 끼레 머꼬 인는데 영가미 쌀바까꼬 영가미 두 마리나 바까꼬 드라떼:.

먹고 떨어지믄 인자 또 침쟁이네 아배가 와서 "지수 뭇 끼레 잡샀소." "예 끼레 먹었소." 또 가이나들이 움시로 씨누 가이나들이 움시로 "우리 살이나 굶었어라." 강께 거그서 겉쪼르 서너대 떠갖가떼. 막 뽓아서 낄에 먹고 있는데 영감이 쌀 바깟고 영감이 두 말이나 바깟고 드랐데.

∞먹고 떨어지면 또 침쟁이네 아배가 와서 "제수, 뭐라도 끓여 드셨소." "예, 끓여 먹었소." 또 시누들이 "우리 삼일이나 굶었어라." 그러니까 거기서도 겉보리 서너 대 떠가지고 왔데. 그래서

---

3 '겉보쌀'은 '겉보리'의 방언형으로 껍질을 벗기지 않은 보리이다.

막 빻아서 끓여 먹고 있는데 영감이 쌀을 두 말이나 바꿔가지고
들어왔데.

조 무얼 가지고가서 바꿔오셨어요.

이 미엉가꼬 헤남가서. 그레가꼬 지:난네 그 지비런 다 헤줘써.
그레도 길썬네넌 니라네줘써. 그레도 이케 안 늘건는데 장녀네 수
수럴 짠뜽 마니 헤써. 베수수라고 허리수수라고 다리수수라고. 서
우라드리 니차 아드리 잘 싸러. 가가 데레다…… 그라네쓰믄 네가
지끙 각씨 간쩨. 한나 안 늘거써. 그라기 다 모쓰게 닫쩨.

미엉갖고 해남가서. 그래갖고 진한네 그 집 일언 다 해줬어. 그
래도 길썬네넌 일 안해 줬어. 그래도 잏게 안 늙었는데 작년에 수
술얼 잔뜩 만이 했어. 배수술하고 허리수술하고 다리수술하고. 서
울아들이 니차 아들이 잘 살어. 가가 데레다…… 글 안 했으믄 내
가 지금 각시 같제. 한나 안 늙었어. 그라기 다 못쓰게 닸제.

∞미역을 가지고가서. 그래서 진환네 일은 다 해줬어. 그래도 길
선네는 일 안해 줬어. 그랬어도 안 늙었었는데 작년에 수술을
잔뜩 많이 했어. 배수술하고 허리수술하고 다리수술하고. 서울
넷째 아들이 잘 살아. 그 아들이 데려다…… 그렇지 않았으면
내가 지금 각시 같지. 하나도 안 늙었어. (수술하기) 다 못쓰게
되었지.

그레가꼬 인자 영:가민자 음마나 뎅께 인자 자석덜 라코 어짜고 그
레서 주낟빼럴 시어써. 게기 자버서 시빌씨 오일씨 헤남 남녀장 우

수영짱 읍짱. 창이로만 뎅게쩨 나넌 초니로는 게기 팔러 안 뎅게써.

그래갖고 영감 인자 은마나 댕께 자석덜 낳고 어짜고 그래서 주낙배럴 시었어. 개기 잡어서 십일시 오일시 해남 남녀장 우수영장 읍장. 장이로만 댕겠제 나넌 촌이로는4 개기 팔러 안 댕겠어.

∞그래가지고 영감하고 자식들 낳고 살면서 주낙배를 세웠어. (주낙배로) 고기 잡아서 십일시 오일시 해남 남리장, 우수영장, 읍장 장으로만 (팔려) 다녔지. 나는 촌으로는 고기 팔로 안 다녔어.

그레가꼬 살림 이러가꼬 인자 받또 사고 멘 짜루럴 사가꼬 자석뜰 제김네서 바또 주고 서:런 서런 시상 나까지 산 사라멉써. 으:쩌 시상에 부리 암 베는데 어:쩨 안 서러:. 그람 에기 나코 몬 멍는 거시 질: 서럽쩨. 그라고 네가 에기럴 열라써:. 열라서 둘 주꼬 팔람메 사라써.

그래갖고 살림 일어갖고 밧도 사고 멧자루럴 사갖고 자석들 제김네서 밧도 주고 서런 서런 시상 나까지 산 사람 없어. 으찌 시상에 불이 안 배는데 어째 안 설어. 그람 애기 낳고 못 먹는 것이 질 서럽제. 그라고 내가 애기럴 열 났어. 열 나서 둘 죽고 팔람매 살았어.

∞그래서 살림을 이뤄 밭도 사고 자식들 분가할 때 밭도 주고, 서러운 세상 나같이 산 사람은 없어. 그럼, 애기 낳고 못 먹는 것이 제일 서럽지. 세상에 불이 안 보이는데 왜 안 서러워. 그리고 내가 애기를 열 낳았어. 열 낳아서 둘 죽고 팔남매 살았어.

---

4 여기서 '촌'이라는 말은 장이 서지 않는 작은 마을을 가리킨다.

크레서 인자 동네어른더리:, 방에 으베 가서 방에 찌비가 누뭉께
릴 사다가 걸러서 주걸 써 머그믐 모도 나:따 가드마. 참말로 진짜
나뜨라고:. 서숙쩨넝 끼리먼 다: 너머 불고. 그: 느뭉께를 걸러서:
미억 뜨더다 주걸 써 머궁께 그놈 머꼬 더 나뜨라고. 에기 나가꼬
찬뜩 업씨 살고 아정마디 그런 주걸 쒀중께 우리 쉬사라드리: 담
또게 가서 에쓰오를 헤써. 동네방네 싸람들 울럼메넘 멘당 가사리
만 써: 준다네: 그라고 두차 아드리 방송을 헤써.

그래서 인자 동네어른덜이, 방애 읍에 가서 방앳집이가 누묵깨
릴5 사다가 걸러서 죽얼 써 먹으믄 모도 났다가드마. 참말로 진짜
낫드라고. 서숙재넌 낄이먼 다 넘어 불고. 그 느묵깨를 걸러서 미
억 뜯어다 죽얼 써먹응께 그놈 먹고 더 났드라고. 애기 낳아 갖고
잔뜩 없이 살고 아적마디 그런 죽얼 쒀중께 우리 쉬살 아들이 담
독에 가서 에스오를 했어. 동네방네 사람들 울엄매넌 맨당 가사리
만 써 준다네 그라고 두차 아들이 방송을 했어.

∞그래서 동네어른들이 읍에 방앗간에 가서 느묵깨를 사다 걸러
서 죽을 쒀먹으면 (더) 낫다고 하드만. 참말로 낫더라고. 서숙
재는 끓이면 다 넘어버리고. 그 느묵깨를 걸러서 미역 뜯어다
죽을 쑤어먹으니까 훨씬 낫더라고. 애기 나서 잔뜩 없이 살고
아침마다 그런 죽을 쑤어 주니까 우리 세 살 아들이 담에 가서
에스오에스를 했어. 동네방네 사람들 우리엄마는 맨 가사리만
쑤어준다네 그리고 둘째 아들이 방송을 했어.

---

5 '느묵깨'는 '벼'의 껍질 벗겨 놓은 것을 말하는데 한 벌 벗긴 '왕겨'가 아니라
마지막 벗긴, 즉 백미를 만들기 전의 '쌀눈'이 있는 '재'를 말한다.

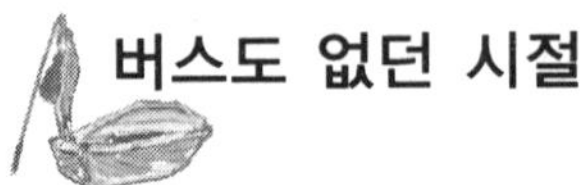 버스도 없던 시절

김연엽 강께 나는 우리영가미 신경통이로 허리아고 다리아고 아퍼가꼬 쩌 시빌시 구분서레가 쩌 저저.

강께 나는 우리영감이 신경통이로 허리하고 다리하고 아퍼갖고 저어 십일시 구분설에가.[1]

∽그러니까 나는 우리영감이 신경통으로 허리와 다리가 아파서 십일시 구분실에가.

조 구분실 병원이요.

김 그레 거가 우리 영가미 이써써 인자 어머이가 가서 바베주고 이써꺼덩. 그레서는 인자 여그서는 그 멩시노가 궁가비로 뎅겐네. 그랑께 멩시노 타고 인자 가서, 아이 궁가까 네릴라는데 아이 비가비가 악쑤장마로 장마통이라: 퍼부서서 네가 이브노시 무리 줄줄주라제: 우리에:기 억꼬 인늠 보다니고 띠고 아주 점:부 머단데, 거그는 칭헤 멀:데. 이 베타고 쩨:까남 베타고 손님 실로 오능거.

그래 거가 우리 영감이 있었어 인자 어머니가 가서 밥해주고 있었거던. 그래서는 인자 여그서는 그 멩신호가 금갑이로 댕겠네.

---

1 '십일시'와 '구분실'은 진도군 임회면에 있는 지명어이다. '십일시'는 10일 마다 장이 열린다는 의미이다. '구분실'은 '굽은 실'의 음을 한자로 옮긴 것이다. 즉 동네가 구불구불한 고랑 동네라는 의미이다.

그랑께 멩신호 타고 가서, 아니 금갑가 내릴라는데 아니 비가비가 악수장마로 장마통이라 퍼붓어서 내가 입은 옷이 물이 줄줄줄하제. 우리애기 업고 있는 보단이고 띠고 아주 전부 멋한데, 거그는 징해 멀데.

∽그래. 그곳에 우리 영감이 있었어. 어머니가 가서 밥해주고 있었거든. 그때 여기서 멩신호가 금갑으로 다녔네. 멩신호 타고 가서, 아니 금갑에서 내리려는데 비가 비가 악수장마로 퍼부어서 내가 입은 옷에서는 물이 줄줄하지. 우리애기 업고 있던 포대기고 띠고 전부 (물에 젖었는데) 거기는 지독하게 멀데.

징아게 멀게 그라는데 비는 악쑤장마로 퍼부꼬 시상에 나런 저무러지고 올로 갈떼가 이써야제:. 아는 사라머닉꼬 그레서는, 거 가치: 베타고 가느넘메가 이떠라고:. 그레서는 예 아주마 어디로 가요 그랑께.

징하게 멀게 그라는데 비는 악수장마로 퍼붓고 시상에 날언 저물어 지고 올로 갈 때가 있어야제. 아는 사람언 업고 그래서는, 거 같이 배타고 가는 엄매가 있더라고. 그래서는 "예 아줌마 어디로 가요." 그랑께.

∽무척 멀게 느껴지는데 비는 악수장마로 퍼붓고 날은 저물어지고 어디로 갈대가 있어야지. 아는 사람은 없고 그래서 같이 배 타고 온 엄매가 있더라고. "예 아줌마 어디로 가요."그러니까.

"중리미로 가요." 그라더마. "나 잔 따라 갈라. 구분시레가 에기 아베가 인는데:. 거그럴 가 꺼인데 이르케 비가 와서 첨 찌리라 질도 모르고." 그른 때 차가 업써짜낭가. 그랑께는.

"죽림이로 가요." 그라더마. "나 잔 따라갈라. 구분실에가 애기 아배가 있는데. 거그릴 갈 것인데 이릏게 비가 와서 첨 질이라 질 도 모르고." 그른 때 차가 없었잔안가. 그랑께는.

∾"죽림이로 가요." 그러더라고. "나 좀 따라갈라. 구분실 병원에 애기아배가 (입원해) 있는데 이렇게 비가 와서 처음 길이라 길 도 잘 모르고." 그런 때 차도 없었잖은가. 그러니까.

"그라쇼: 사람 사는데서 하루빰 모짤랍딥짜. 나 따라갑시다." 그 레서느닌자 에기 억꼬 쩌: 삼태미에다 쌀 당꼬: 짐치 당꼬 각뚜기 도 당꼬 모도 인자 보쌀도 당꼬 모도 머 피료한 거슬 다머가꼬 그 렌는데 비가 짠:뜩 쏘다징께 산테미서 무런 줄줄줄 흐르고 막: 그 레가꼬 우리에기는 디에서 인자 망 늘: 비가 짠:뜩 옹께 늘 이레싸 코. 주근 따리구나 시방.

"그라쇼. 사람 사는데서 하룻밤 못 잘랍딥자.2 나 따라갑시다." 그래서는 인자 애기업고 저 삼태미에다 쌀 담고 짐치 담고 깍두기 도 담고 모도 인자 보쌀도 담고 모도 머 필요한 것을 담어 갖고 그 랬는데 비가 잔뜩 쏟아징께 산태미서 물언 줄줄줄 흐르고 막 그래 갖고 우리애기는 디에서 인자 막 늘 비가 잔뜩 옹께 늘 이래쌓고. 죽은 딸이구나 시방.

∾"그러시오. 사람 사는데서 하룻밤 못 자겠습니까. 나 따라 갑시 다." 그래서 애기 업고 (따라 가는데) 삼태기에 쌀, 김치, 깍두

---

2 '-딥자'는 '-습니까'의 방언형이다.

기, 보리쌀 뭐 필요한 것 담아졌는데, 비가 잔뜩 쏟아지니까 삼
태기에서 물은 줄줄줄 흐르고, 우리애기는 (등) 뒤에서 늘 비가
오니까 (고개를 저어) 대고. 죽은 딸이구나 지금.

그레서너닌자 그 지벌 강께:. 아야, 마:치 옥떼 크네기가 거가 이
써. 시상에 인자 그 엄메를 따라 간는데 옥떼 옴뻬라고 거: 오뻬장
시 하고. 그란데 갸갸 거가 이써. "오메 언니!" 그라더마. "누구
냐?" 그랑께는 "네가 옴뻬요." 그라더마. 오메오메 시상에 으찌 방
가뜨라:.

그래서넌 인자 그 집얼 강께. 아야, 마치 옥대 크내기가 거가 있
어. 시상에 인자 그 엄매를 따라 갔는데 옥대3 옴베라고4 거 옷베
장시하고. 그란데 가가 거가 있어. "오매 언니!" 그라더마. "누구
냐?" 그랑께는 "내가 옴베요." 그라더마. 오매오매 시상에 으찌 반
갑드라.

∞그 집을 따라가니까. 마침 옥대 처녀가 있어. 세상에 그 엄매를
따라갔는데 옥대 옴베라고 옷감장사 하던. "오매 언니!" 그라드
만 "누구냐?" 그러니까 "내가 옴베요." 오매오매 세상에 정말
반갑더라.

그랑께 마악 가가 에기 박꼬 막 쩌저 산테미에 인자 곡썩 다머전
는데 물 뎅긴놈 비고 네 옴 모도 지 온 줌시로 이부라간데 아그덜
오시라 적:쩨. 네 옴 모도 짜:서 세죽 쑨 방에다가 몰리드라고. 그

---

3 제보자의 친정 마을 이름이다.
4 '옷베'이던 것이 '옴베'로 변화된 것으로 보인다.

란데 지금칠로 얄:븐 옥 가트므널릉 모르는데 세죽 쑨 방에다 너러쩨마는 미엉베 오시라 암 모르더라고. 물맘 빠전쩨.

그랑께 막 가가 애기 받고 저 산태미에 곡석 담어 졌는데 물 댐긴 놈 비고 내 옷 모도 지 옷 줌시로 입우라고 하는데 아그덜 옷이라 적제. 내 옷 모도 짜서 새죽 쑨 방에다가 몰리드라고. 그란데 지금칠로 얄븐 옷 같으믄 얼른 모르는데 새죽 쑨 방에다 널었제마는 미엉베 옷이라 안 모르더라고. 물만 빠졌제.

⇒그 애가 애기도 받아주고 삼태기에 곡식 담아졌는데 담긴 물도 비우고, (내 옷이 젖어서) 자기 옷 (갈아입으라고) 줬는데 애들 옷이라 작지. 내 옷 모두 짜서 쇠죽 쑨 방에다 말렸어. 그런데 요즘처럼 얇은 옷이면 빨리 마르는데 쇠죽 쑨 방에다 널었어도 무명옷이라 안 마르더라고. 물만 빠졌지.

그레가꼬 인는데, 그 집 시어머이가 그랑께 엔나레는 손니모면 방에 쩌 바베 머긍께 성가세서 그레떵 거시여. 아저게:, 거그서 잔는데 바메 몰라 그 엄메가 한 시도 더 몯 땨서 이러난능가. 방에럴 찌코 이뜨라고. 그람시로 예:, 갈라믄 이:리 나와서 쩌̌어리 올라가믄 산̌찌리 사니로 올라가야 덴다고.

그래갖고 있는데, 그 집 시어머니가 그랑께 엣날에는 손님 오면 방애 쩌 밥해 먹응께 성가세서 그랬던 것이여. 아적에, 거그서 잤는데 밤에 몰라 그 엄매가 한시도 못 다서 일어났는가. 방애럴 찧고 있드라고. 그람시로 예, 갈라믄 이리 나와서 저리 올라가믄 산질이 산이로 올라가야 댄다고.

⇒그런데 그 집 시어머니가 그러니까 옛날에는 아침방아 찧어서

밥해 먹으니까 손님 오면 성가셔서 그랬던 모양이야. 아침에 한 시도 못되어서 일어났는가. 그 시어머니가 방아를 찧고 있더라고. 그러면서 (아줌마) 가려면 이리 나와서 저쪽으로 올라가면 산길이 (나오는데) 산으로 올라가야 된다고.

그란데 산찌리 이쑹께 그리헤서 가믄 탑니로 너머간다데. 탑니로 너머가믄 탑니서 그 알로 쑤욱 네레가믄 송올 송정이 나온다 그라더마. 그레가꼬넌 송올 송정 가서 무릉께넌 쩌:리 가믕 구분소리라고 갈처 주데. 그레서 에기억꼬: 아정 네 비마꼬 그날 멩시노에서 네레가꼬 어:넙시 비마꼬 아저게도 비웅께 비마꼬:.

그란데 산질이 있응께 그리해서 가믄 탑리로 넘어간다데. 탑리로 넘어가믄 탑리서 그 알로 쑤욱 내레가믄 송올 송정이5 나온다 그라더마. 그래갖고넌 송올 송정 가서 무릉께넌 저리 가믄 구분솔이라고 갈처 주대. 그래서 애기업고 아적 내 비 맞고 그날 멩신호에서 내레갖고 언없이 비 맞고 아적에도 비웅께 비 맞고.

∞산길이 있으니까 그리해서 올라가면 탑리로 넘어간다대. 탑리로 넘어가서 또 (산) 아래로 내려가면 송월 송정이 나온다 그러더구먼. 그래서 송월 송정 가서 물어보니까 구분실 가는 길을 가르쳐 주대. 애기업고 아적 내내 비 맞고 그 전날 명신호에서 내려 원 없이 비 맞고 아침에도 비오니까 비 맞고.

그래서 에기억꼬 그 질로 강께는 우리영가미 이케 창무니로 병원

<hr>

5 송올(송월), 송정은 임회면에 있는 지명어이다.

창무니로 네다보데:. 그라더니 "아따 저 춘자네 엄메가 쩌그 오
요." 인자 어머이보고 그라드라고. 그랑께 인자 우리 큰딸 이리미
춘자거텅. 시상에 강께는 어머이가 바바드라고.

그래서 애기업고 그 길로 강께는 우리영감이 잏게 창문이로 병
원 창문이로 내다 보데. 그라더니 "아따 저 춘자네 엄매가 저그 오
요." 인자 어머니보고 그라드라고. 그랑께 인자 우리 큰딸 이림이
춘자거던. 시상에 강께는 어머니가 밥하드라고.

∞애기업고 그 길로 가니까 우리영감이 병원 창문으로 내다보더
니, "아따, 저기 춘자네 엄매가 오요." 인자 어머니보고 그러더
라고. 우리 큰딸 이름이 춘자거든. 세상에 그러고 가니까 어머
니가 밥하더라고.

워메메: 하도 그 전날 비마꼬 아:정네: 에기 데꼬 주굴 에:쓰고 거
산찔로 산찔로 그라고 가서 그레떵가 아주 거가 안전는데 베가 아
퍼서 주:껃떼:. 아주, 으:찌게 베가 아풍가.

워매매 하도 그 전날 비 맞고 아적내 애기 델고 죽울 애쓰고 거
산질로 산질로 그라고 가서 그랬던가 아주 거가 앉었는데 배가 아
퍼서 죽겄데. 아주, 으찌게 배가 아픈가.

∞워매매 그 전날 비 맞고 아침에 애기하고 죽을 애쓰고 산길로
산길로 가서 그랬는가 (병실에) 앉았는데 배가 아파서 죽겠데.
어떻게 배가 아픈가.

그레가꼬는 거그서 인자 어머이가 바베 나쑹께 인자 밥짠 떠머꼬
인자 그릉거 반찬 다머가꿍 거시랑 모도 인자 양시기랑 보리싸리

랑 가꼬 강거 주고는. 거그서는 자:도 아나고 아첩빰만 쪼간 머꼬
는. 저: 씨빌시 다루 네로기도 으쓱 멀더라.

그래갖고는 거그서 어머니가 밥해 났응께 밥 잔 떠먹고 그른거
반찬 담어갖곤 것이랑 모도 양식이랑 보리쌀이랑 갖고 간 것 주고
는. 거그서는 자도 안하고 아척밥만 쪼간 먹고는. 저 십일시 다루
내로기도 으쓱 멀더라.

∞가져간 반찬이랑 양식을 주고는 하룻밤도 안자고 어머니가 밥
해 났으니까 아침밥만 조금 먹고 십일시 다리 내려오는데 여간
멀더라.

  이   겁나게 멀제. 구분시레서 이상 멀제.

겁나게 멀제. 구분실에서 이상 멀제.

∞겁나게 멀지. 구분실에서 아주 멀지.

  김   응 머러. 거그 네롱께는 그른떼는 거그 뻐:쓰가 나당여따게.
그랑께 나는 인자그 뻐쓰 탈라고 이러트믄 씨빌시로 네란는데: 그
나른 뻐쓰가 안 나왈떼!

응 멀어. 거그 내롱께는 그른떼는 거그 버스가 나당였다개. 그
랑께 나는 그 버스 탈라고 이러트믄 십일시로 내랐는데 그 날은
버스가 안 나왔데!

∞응 멀어. 거기를 내려오니까 십일시만 버스가 나다닌다고 해.
그래서 그 버스를 타려고 십일시로 내려왔는데 그날따라 버스
가 안 나왔데!

이 뻐:쓰가 그짭뻬께 안 뎅게써. 시빌씨만 뎅게써.

버스가 그짝백에 안댕겠어. 십일시만 댕겠어.

∞버스가 그쪽 밖에 안 다녔어. 십일시만 다녔어.

김 응. 시빌씨서 그랑께 뻐쓰가 이따:걸레. 뻐쓰타믄 저어 읍네 잠깐 드러간다고 그라드라고. 그래서 간는데. 그날싸 말고 뻐쓰가 안 나왇떼. 뻐쓰가 안 나오고는 믄쪼까:난 차가 지산멘 가서 나락 실꼬드만. 그란데 거가 뻐쓰탈라 슨 사람드리 다: 그 차 나락까마니 우게로 다 올라 가드라고.

응. 십일시서 그랑께 버스가 있다걸래. 버스타믄 저어 읍내 잠깐 들어간다고 그라드라고. 그래서 갔는데. 그날사 말고 버스가 안 나왔데. 버스가 안 나오고는 믄 쪼깐한 차가 지산멘 가서 나락 싫고드만. 그란데 거가 버스 탈라 슨 사람들이 다 그 차 나락가마니 욱에로 다 올라 가드라고.

∞응. 십일시는 버스가 다닌다고 하기에. 버스타면 읍에 잠깐 들린다고 해서 갔는데. (하필) 그날은 버스가 안 나왔어. 버스가 안 나오고 무슨 조그만 차가 지산면 가서 나락 싣고 오드만. 그런데 버스 타려고 선 사람들이 다 그 나락가마니 위로 올라가더라고.

그래서 인자 에기 두불 띠 이케 동처서 찰라메서 억꼬는 떨어지까 무성게 나락까마니 거 세네끼맘 무끈 놈 멜:까가 이케 작꼬 이썬쩨:. 그레 가꼬 참말로 짜끄다믄 나라 가거뜸마:. 나는 에기 나라가까 무서서 그르케도.

  그래서 인자 애기 두불 띠 동처서 잘라매서 업고는 떨어질까 무성께 나락가마니 거 새내끼만 묶은 놈 멜까가(?) 잉게 잡고 있었제. 그래갖고 참말로 잦굿하믄 날아 가겄든마. 나는 애기 날아갈까 무서서 그롷게도.

∞그래서 애기 두벌 띠 동여 메서 업고는, 떨어질까 두려워 나락가마니 (묶어진) 새끼만 잡고 있었지. 자칫하면 날아가겠더구먼. 나는 애기 날아 갈까봐 두려워서 그토록.

그란데 어쩨 바럴 움지길 쑤가 인냐:. 이케 싸:는 나락 까마니에가 업쩐는데. 그레가꼬넌 인자 에기 데꼬 저, 으베 장에를 거그 장터 인는데 와서 네레가꼬는 시:상에 그른떼는 소그미 업써서 그:케 고상하고 으베서 인자 소금 여뗑가 인자 사가꼬 에기억꼬 또 여그 초사리럴 나왇쩨 어쩨, 삼심니찌럴. 삼심니찌럴 구분소레서: 으베도 삼심니라데. 또 으베서 여 초사리 나오기가 삼심니라드마.

  그란데 어쩨 발얼 움직일 수가 있냐. 잉게 싸논 나락가마니에가 업젔는데. 그래갖고넌 애기 덳고 저, 읍에 장에를 거그 장터 있는데 와서 내레갖고는 시상에 그른떼는 소금이 없어서 궁게 고상하고 읍에서 소금 엇댄가 사갖고 애기업고 또 여그 초사리럴 나왔제 어쩨, 삼십리 질얼. 삼십리 질얼 구분솔에서 읍에도 삼십리라데. 또 읍에서 여 초사리 나오기가 삼십리라드마.6

∞그런데 발을 움직일 수가 있냐. 묶어놓은 나락가마니에 엎드려 있는데. 그래가지고 애기 데리고, 읍에 장터 와서 내려가지고,

---

6 십리는 4㎞라고 한다. 제보자는 아기를 업고 24㎞를 걸은 샘이다. 이 중 12㎞는 소금을 여섯 대나 머리에 인 채 그것도 산길을 걸었다.

세상에 그런 때 소금이 귀해서 또 고생하고, 읍에서 소금 엿 대를 사가지고 애기업고 또 여기 초사리를 왔지 왜. 삼 십리 길을. 구분실에서 읍까지 삼 십리 라데. 또 읍에서 초사리까지 오는데 삼 십리라드만.

조 상상이 안 가네요. 어떻게 다 걸어서.

김 아이, 으짱가 그랑께:. 으베아고 초사리아고 하믄 으쩨뚱가 다: 거러서 안 완능가:. 그 망쩨꼬데기로 그: 고상하고 그 전날 ㅡ르케 비마꼬 그라고 뎅기고. 으베서 아가꼬 망쩨로 인자 오는데: 진짜 아가꼬 네 소기로는 축:께 몸살 헫떼. 그 비 다: 마꼬 멩시노서 네레가꼬 에기아고 상낄로 상낄로 그라고 뎅게가꼬 인자 또 쩌: 으베서 인자 지산멘써 나락차로 올라가꼬 올라는데 어짜 건능가:. 그날싸 말고 뻐쓰는 안 나오고:.

  아니, 으짠가 그랑께. 읍에 하고 초사리하고 하믄 으쨌든가 다 걸어서 안 왔는가. 그 망재 꼭대기로 그 고상하고 그 전날 그롷게 비 맞고 그라고 댕기고. 읍에서 아갖고 망재로 오는데 진짜 아갖고 내 속이로는 죽게 몸살 했데. 그 비 다 맞고 멩신호서 내레갖고 애기하고 산길로 산길로 그라고 댕게갖고 또 쩌 읍에서 인자 지산멘써 나락차로 올라갖고 올라는데 어짜 겄는가. 그날사 말고 버스는 안 나오고.

∞아니 그러니까 어떤가. 읍에서부터 초사리까지 어쨌든 다 걸어서 왔잖은가. 망재 꼭대기로 그 고생하면서 그 전날 비 다 맞고 그러고 다니고. 또 읍에서 망재로 오는데 진짜 와 가지고 내 속

으로는 죽도록 몸살 했네. 그 비 다 맞고 명신호에서 내려 애기
하고 산길로 해서 또 읍으로 (나오려고) 지산면에서 나락 차에
올라타고 오려는데 어쩌겠는가. 그날은 버스도 안 나오고.

조 위험했지만 그래도 타고 왔으니 덜 고생했겠네요.

김 그랑께. 또 어머이가 소금 사가꼬 가그라:, 소금 업씽께. 그레
서는 여뗑가 사서 에기억꼬는 그노미고 그라고 시상에 완는데. 그
딘나런 바테럴 가꺼인데 마거지럽꼬 머리가 아프고 죽꺼뜨라고:.
그르케 시상얼 살고 사란네. 그랑께 우리엄메가 니 고상언 네가
시긴다:. 네가 너 거그다 여우기: 니 고상언 네가 시긴다 늘 그렌
써. 옌:나레 상거슨 참 까마까막 하제:.

그랑께. 또 어머니가 소금 사갖고 가그라, 소금 없잉께. 그래서
는 엿댄가 사서 애기업고는 그놈 이고 그라고 시상에 왔는데. 그
덧 날은 밭에럴 갈 것인데 막 어지럽고 머리가 아프고 죽겄드라
고. 그릏게 시상얼 살고 살았네. 그랑께 우리엄매가 니 고상언 내
가 시긴다. 내가 너 거그다 여우기 니 고상언 내가 시긴다 늘 그랬
어. 옛날에 산 것은 참 까막까막 하제.

또 어머니가 소금 사라고 해서 소금 엿 댄가를 사서 머리에 이
고 애기는 업고 그러고 왔는데. 그 뒷날은 밭에 가려는데 막 어
지럽고 머리가 아파 죽겠더라고. 그렇게 세상을 살고 살았네.
그러니까 우리 (친정) 어머니가 네 고생은 내가 시킨다. 내가 너
거기다 여우기 네 고생은 내가 시킨다. 늘 그랬어. 옛날에 산 것
은 참 까마득하지.

장작족과 닝구단네

[조] 버스도 없던 시절. 중학교 3년, 고등학교 3년 6년을 걸어서 읍으로 학교 다니셨잖아요. 비가 오거나 할 때는 어떻게 하셨어요.

[허갑선] 거, 머 그른떼는 우산도 업썬짜나. 우사니 무::자니 귀헤써. 우사니 귀에가지고:. 이저네 가마니떼기라고 그 늘:쩡안 가마니 일쩨. 포데. 마:데 비스로마니 헤가꼬. 마:데 이써써. 그거설 싸가꼬 여그 디떵어리만 게리고 데니믄 고노미 여리미면 비 마저노믄 오시 누:레 저.

거, 멋 그른 때는 우산도 없었잔아. 우산이 무자니 귀했어. 우산이 귀해가지고. 이전에 가마니데기라고 그 늘정한1 가마니 있제. 포대. 마대 비스롬하니 해갖고. 마대 있었어. 그것얼 싸갖고 여그 딧덩허리만 게리고 대니믄 고놈이 여림이면 비 맞어노믄 옷이 누래 저.

∞그때는 우산도 없었잖아. 우산이 무척 귀했어. 옛날에 가마니라고 그 노르스름한 가마니 있지. 포대, 마대 비슷해가지고. 그것으로 싸가지고 여기 뒷등만 가리고 다니는데 여름이면 비 맞으면 옷이 누래 져.

---

1 '늘정한'은 중앙어의 '노르스름하다' 에 대응한다.

조 마대나 포대 말고 다른 것은 없었나요.

허 이저네 사마라게가꼬 삼베 짜고 나믄 므: 므시로 가마니 처서 뚱뚱아니 치는 므시 이써. 그릉거 씨고 뎅기고. 또 깔탕떼, 어뜬 사라먼 깔탕떼도 조:케 여꺼 가지고 이전 노인덜 뛰로:, 지비로 영는 사람도 읻쩨마는 띠로 여꺼 가지고 비가 덜 세거던. 고놈 여꺼서 쓰고 뎅기고. 나:아중 쪼:끔 더 발딸뎅께 비니루: 파라써. 가눕디 가눕짜나 그레 고노믈 따악딱 게가꼬 첵 쏘게다 여가꼬 뎅기고 그레써.

이전에 삼마라고 해갖고 삼베 짜고 남은 뭇 뭇이로 가마니 처서 뚱뚱하니 치는 뭇이 있어. 그른 것 씨고 댕기고. 또 갈탕대, 어뜬 사람언 갈탕대도 좋게 엮어 가지고 이전 노인덜 뛰로. 집이로 엮는 사람도 있제마는 띠로 엮어 가지고 비가 덜 새거던. 고놈 엮어서 쓰고 댕기고. 나중 조금 더 발달뎅께 비닐우 팔았어. 가눕디 가눕잔아 그래 고놈을 따악딱 개갖고 책 속에다 여갖고 댕기고 그랬어.

∞ 옛날에 삼마라고 삼베 짜고 남은 것, 그런 것으로 가마니를 쳐서 뚱뚱하게 치는 그런 것이 있었어. 그런 것 쓰고 다니고. 또 갈대. 어떤 사람은 갈대도 좋게 엮기도 하고. 옛날 노인들은 띠나 짚으로 엮는 사람도 있지만, 띠로 엮으면 비가 덜 새거든. 그런 것 엮어서 쓰고 다니고. 나중에 조금 더 발달되니까 비닐을 팔았어. 가늘디가늘잖아 그것을 개서 책 속에 넣어 가지고 다녔어.

그라고 우더른 게다도 싱꼬 고무신 싱꼬 뎅겐는데 함버는 베:급

쥐가꼬 운동아럴 타서 한나 타서 함 메칠 싱꼬 뎅기는데 인자 선생이 방악떼라고 인자 역따 놔:두고 학꾜다 놔두고 가라 그레.

그라고 우덜은 게다도 신고 고무신 신고 댕겼는데 한번은 배급 쥐갖고 운동하럴 타서 한나 타서 한 메칠 신고 댕기는데 인자 선생이 방학 때라고 인자 역다 놔두고 학교다 놔두고 가라 그래.

∞그리고 우리들은 게다나 고무신 신고 다녔는데 한 번은 학교에서 운동화를 한 켤레를 배급 줘서 한 며칠 신고 다니는데, 방학이 되니까 선생이 (학교에다) 놔두고 가라고 그래.

조 왜요.

허 아끼기 위혜서. 놔두고 인자 방학 세고 한 달 이따 강께는 누:가 가저가불고 업써. 그랑께 그떼는 모도 게다싱꼬 뎅기는 사람, 고무신 싱꼬 뎅기는 사람, 집씬 싱꼬 뎅기는 사람, 옹:사게가꼬 집씬도 몯: 사머. 신도 업써가꼬 멤발 버꼬 뎅기는 사람도 이썩꼬. 눈 사르르라니 와쓸떼, 아치메 탕 멤발 버꼬 간 테가 이꺼든. 그라믄 다구진 노미라고 다구진 사라미라고 "닝꾸단네 닝꾸단네." 그레써.

아끼기 위해서. 놔두고 인자 방학 새고 한 달 있다 강께는 누가 가저가 불고 없어. 그랑께 그때는 모도 게다 신고 댕기는 사람, 고무신 신고 댕기는 사람, 집신 신고 댕기는 사람, 옹삭해 갖고 집신도 못 삼어. 신도 없어갖고 맨발 벗고 댕기는 사람도 있었고. 눈 사르르 진라니 왔을때. 아침에 탁 멘발 벗고 간 테가 있거든. 그라믄 다구진 놈이라고 다구진 사람이라고 "닝꾸단네 닝꾸단네."2

그랬어.

∞아끼기 위해서. 방학 끝나고 한 달 있다 가니까 누가 가져가 버리고 없어. 그러니까 그때는 게다 신고 다니는 사람, 고무신 신고 다니는 사람, 짚신 신고 다니는 사람, 너무도 옹색해서 짚신도 못 삼아 맨발 벗고 다니는 사람도 있었고. 눈 사르라니 왔을 때, 아침에 맨발벗고 간 자국이 있거든. 그러면 다부진 사람이라고 "시마타 히토, 시마타 히토."그랬어.

또 멤발로 가믕 교실로 멤발로 몯 드로게. 멤발로 몯 드로게 항께 세민는 데가 세메가 네모 빤:드다게 헤가꼬 거그다 땅 무럴지러서 부서나. 지러서 부서노믕 거그서 바럴 치적치저가고는 학꾜 방에 머신냐 그람믄, 장작족! 장작 이케 퉁건노멀 빵께가꼬는 조르라니 놔:. 그람 고놈 타고 자기 교실 아페까지 싸살 드러가. 그람 흐기 다 터러지자냐. 고로케서 뎅기고 헤써.

또 맨발로 가믄 교실로 맨발로 못 드로게. 맨발로 못 드로게 항게 샘 있는 데가 샘에가 네모반듯하게 해갖고 거그다 딱 물얼 질어서 붓어나. 질어서 붓어 노믄 거그서 발얼 치적치적 하고는 학교 방에 멋인냐 그람믄. 장작족! 장작 잉게 퉁건 놈얼 빵께3 갖고는 조르라니 놔. 그람 고놈 타고 자기 교실 앞에까지 살살 들어가. 그람 흑이 다 털어지잔아. 고롱게서 뎅기고 했어.

∞또 맨발로 가면 교실로 못 들어오게 해. 맨발로 못 들어오게 하

---

2 '닝구단네'는 일본어의 방언형으로 보인다. 현대일본어에서 '다부진 사람, 야무진 사람'을 '시마타 히토'라고 한다.
3 '빵께다'는 '쪼개다'의 방언형이다.

니까 샘에다 네모반듯하게 해서 물을 길어 부어놔. (샘에서) 발을 치적치적 하고는 학교복도에 뭐가 있나 그러면 장작족! 장작 두꺼운 것을 쪼개서 조르라니 놔. 그러면 그것 타고 자기 교실 앞에까지 조심조심 들어가. 그러면 흙이 다 털어지잖아. 그렇게 다니고 그랬어.

노인1 일쩨시데떼 보:통이 멤발 버꼬 뎅게쩨. 그랑께 우더리 발투비 업따, 발투비 업써. 그랑께 헤방데기 저네에 일제떼는 학꾜럴 뎅기믄 양발도 업써. 보신도 인자 거 베:! 그걸로 한나나: 헤주면 떠러질라 무성께 엉치에 차고 뎅게. 지비로 사믄 집쩨기로 사 머주믄 그걷또 떠러진다고: 여그다 달고 뎅게. 그래서 이 도:레 체여서 발투비 이케 댜써. 그레도 나넌 뇨만치나 이따. 그란데 발투비 한:나도 엄:는 사라믄 한나도 업:써.

일제시대 때 보통이 맨발 벗고 댕겼제. 그랑께 우덜이 발톱이 업다, 발톱이 없어. 그랑께 해방데기 전에 일제때는 학교럴 댕기믄 양발도 없어. 보신도 인자 거 베! 그걸로 한나나 해주면 떨어질라 무성께 엉치에 차고 댕게. 집이로 삼은 집새기로 삼어주믄 그것도 떨어진다고 여그다 달고 댕게. 그래서 이 돌에 체여서 발톱이 잏게 댔어. 그래도 나넌 요만치나 있다. 그란데 발톱이 한나도 업는 사람은 한나도 없어.

∞일제 때 보통이 맨발 벗고 다녔지. 그래서 우리들은 발톱이 없다, 발톱이 없어. 해방되기 전 일제 때 학교를 다니면 양발도 없어. 버선도 베로 한 켤레나 해주면 떨어질까 봐 엉덩이에 달고 다녀. 짚신 삼아주면 그것도 떨어진다고 (엉덩이) 달고 다녀. 그

래서 이 돌에 체여 발톱이 이렇게 되었어. 그래도 나는 이만큼이나 있다. 발톱이 하나도 없는 사람은 하나도 없어.

허 하여간 일본 놈더리 멤발 베껴가꼬 에끼고 에껴가꼬 멘당 전쟁하는데다…….

하여간 일본 놈덜이 맨발 벗겨갖고 애기고 애껴갖고 맨당 전쟁하는데다…….

하여간 일본 놈들이 맨발 벗겨 아기고 아껴 맨 전쟁하는데다…….

5

아, 바람잔날 없는 인생이여!

베트남 며느리
남편이 먼저 가다
일본으로 간 시어머니
가슴만 두드리고 살다
시집살이
가엾은 우리 어머니

−찰로 그리고 그때는 웃기게 살았어

 베트남 며느리

조 지금 누구랑 살고 계세요?

장남영 자근아더리랑. 이 아더리 쪼깐 여으차네. 그랑께 이 아더란테로 땅도 쪼깐 인능거 다: 이전 헤:주고. 지비고 땅이고 다 이전 헤:칩뿌러써. 다른 아들레더른 므당께 즈그덜 버러서 먹쩨 그라고.

작은아덜이랑. 이 아덜이 쪼깐 여으찬해.1 그랑께 이 아덜한테로 땅도 쪼깐 있는거 다 이전해주고. 집이고 땅이고 다 이전해줘불었어. 다른 아들레덜은 뭇항께 즈그덜 벌어서 먹제 그라고.

∞작은아들이랑. 이 아들이 조금 모자라. 그러니까 이 아들한테 집이고 땅이고 전부 이전해줘 버렸어. 다른 아들들은 저희들 (알아서) 벌어서 먹지하고.

조 요즘은 땅 팔아서 도시에 사는 자식들한테 가던데요.

장 응. 그라제만 나닝 금부네 이 아더라고 살:다 죽쩨. 크나더리고 막뚱이고 오라게도 앙 가고:. 나는 여그서 살:다가 주글란다 마멀 머꼬 이써나써. 아, 노먼 모도 와따 가따 집 폴고 땅 폴고 다: 가따가 또 다: 와서 노무짐 모방에서 살:고. 그른 사람 깍차써, 저런

---

1 '여의찮다'는 어떤 일의 상황이 뜻대로 되지 않았을 때를 의미한다. 그러나 여기서는 '모자라다, 부족하다'의 의미를 가지고 있다.

데도. 치 소검는 사람더리여. 아이 그라고 한자 사넌 늘그니 이케 이녁 지비서 사라야제. 첨보탐 데꼬 사는 자서가고 사라야 하제.

응. 그라제만 나넌 금분에 이 아덜하고 살다 죽제. 큰아덜이고 막등이고 오라개도 안 가고. 나는 여그서 살다가 죽을란다 맘얼 먹고 있어나서. 아, 놈언 모도 왔다 갔다 집 폴고 땅 폴고 다 갔다가 또 다 와서 놈우 집 모방에서2 살고. 그른 사람 깍찼어,3 저런데도. 지 속 업는 사람덜이여. 아이 그라고 한자 사넌 늙으니 잉게 이녁 집이서 살아야제. 첨보탐 뎅고 사는 자석하고 살아야 하제.

∞응. 그렇지만 나는 본디부터 이 아들하고 살다 죽지. 큰아들이고 막등이고 오라고 해도 안가고. 나는 여기서 살다 죽어야지 마음을 먹고 있어나서. 아, 남은 모두 집 팔고 땅 팔고 다 갔다가 또 다 와서 남의 집 모방에서 살고. 그런 사람 흔해. 제 속없는 사람들이여. 그리고 혼자 사는 늙으니 이녁 집에서 살아야지. 처음부터 데리고 사는 자식하고 살아야지.

조 둘째 며느님이 베트남에서 왔다면서요.

장 나도 인자 느꼬오, 메느리 어:더서 메껴 놔사:. 나: 느꼬 주그믄 저거설 나 주거불믕 각씨도 억:꼬 하믄. 저거설 어찌께럴 하끄나 하고, 베트나서 모도 이케 어:더온다 하걸레 이 동네서 상터 다 섬마지기 바설 포라:써. 도늘 마:이 주고: 중메자가 인자 데꼬럴 가써. 그레가꼬 가믕 거그서 걍 베트남 가서 주르라니 모도 설땅

---

2 '모방'은 '작은방'의 방언형이다.

3 '꽉차다'는 '흔하다'의 의미를 갖는다.

고만. 그라믄 이역 골라서 인자 손자꼬 나온다고만. 지: 마메 드는
놈 자꼬.

　나도 인자 늙고, 메느리 얻어서 맽겨놔사. 나 늙고 죽으믄 저것
얼 나 죽어불믄 각시도 업고 하믄. 저것얼 어쩡게럴 하끄나 하고,
베트나서 모도 잉게 얻어온다 하걸래 이 동네서 상터 다섯 마지기
밧얼 폴았어. 돈을 만이 주고 중매자가 인자 델꼬럴 갔어. 그래갖
고 가믄 거그서 걍 베트남가서 주르라니 모도 섯단고만. 그라믄
이녁 골라서 인자 손잡고 나온다고만. 지 맘에 드는 놈 잡고.

∞나도 이제는 늙고, 며느리 얻어 맡겨 놓아야. 나 늙고 죽으면 저
　것을 나 죽어버리면 각시도 없고 하면 저것을 어떻게 할까 하
　고. 베트남에서 모두들 데려온다 하기에 이 동네에서 제일 좋은
　다섯 마지기 밭을 팔았어. 그래서 돈을 많이 주고 중매자가 데
　리고 갔어. 베트남에 가면 (아가씨들이) 줄줄이 섰다는구먼. 그
　러면 자기 마음에 드는 아가씨 골라 손잡고 나온다고만.

조 마음에 드세요.

정 응, 메느리 초아. 네한테 자라고. 간데 동:네 시땅에 돔 벌:라
고:. 돔 버러서 돔 보넬라고:.

　응, 메느리 좋아. 내한테 잘하고. 간데 동네 식당에 돈 벌라고.
돈 벌어서 돈 보낼라고.

∞응, 며느리 좋아. 나한테 잘하고. 그런데 동네 식당에서 돈만 벌
　려고, 돈 벌어서 보내려고.

[조] 베트남에요.

[장] 응, 다: 예금헤나따 베티나므로 보니고 보네. 지비서 아드리:
정기쎄고 저나쎄고 마이 나오먼: 암마가 모:지렌다 마리여. 모:지
렝께: 암마만 주라가믄. 오빠 도니로 하제 그라고 결:떼 안줘. 함:
푸널 안줘.

　응, 다 예금 해났다 베티남으로 보니고 보내. 집이서 아들이 전
깃세고 전핫세고 만이 나오면 안마가4 모지랜다 말이여. 모지랭
께 안마만 주라가믄. 오빠 돈이로 하제 그라고 결때 안줘. 한 푼
얼5 안줘.

∽응, 다 예금 해 놓았다 베트남으로 보내. 집에서 아들이 전기세
고 전화세고 많이 나오면 얼마가 모자란단 말이야. 모자라니까
얼마만 달라고 하면 오빠 돈으로 하지 그러면서 절대 안줘. 한
푼을 안줘.

[조] 그 점은 못마땅하신가 보네요.

[장] 아이 강께 살림하고 상:께. 남자가 인자 버:러서 이씨믄 하고.
또 업:쓰믄 지:가 가치 벙:께 인자 가용얼 가치 써야 맏쩨:. 거가 아
드리 한나가 나:서 중하게 뎅긴다고마:. 아더리 나보고 그라드라고.

　아니 그랑께 살림하고 상께. 남자가 인자 벌어서 있이믄 하고.
또 없으믄 지가 같이 벙께 가용얼 같이 써야 맞제. 거가 아들이 한

---

4 '안마~은마'는 '얼마'의 방언형이다. 중세어 '언마'에서 소급되었다.
5 '푼'은 중세국어에서 엽전을 세던 단위로 한 푼은 돈 한 닢을 이르는 말이었다.

나가 나서 중학게 댕긴다고마.6 아덜이 나보고 그라드라고.

∞살림하고 사니까. 남자가 벌어서 있으면 하고 또 없으면 저도
  같이 버니까 가용을 같이 써야 맞지. (베트남에) 아들 하나가 있
  는데 중학교 다닌다는구면. 아들이 나보고 그러더라고.

그라걸레 메느리 보고 "우리집써 따리던지 아드리던지 한나 나
코:, 느그 아드를 요:리 데리 오니라:." 그랑께 조:타 하드라고.

그라걸래 메느리 보고 "우리 집서 딸이던지 아들이던지 한나
낳고, 느그 아들을 요리 데리 오니라." 그랑께 좋다 하드라고.

∞그러기에 며느리 보고 "우리 집에서 딸이던지 아들이던지 하나
  낳고, (베트남에 있는) 아들을 (한국으로) 데려 오너라." 그러니
  까 좋다고 하드라고.

나는 아프기도 하고 인자 또 아노까 무성께 암제나 그라제:. "두리
가그라. 돔 버러서 다 보네불고, 가분다 항께:. 마런 데레온다게:도
고지럴 드껀냐. 그랑께 너랑 함뻐네 가서 데레 오니라:." 그라고
혜:써.

나는 아프기도 하고 인자 또 안 올까 무성께 암재나 그라제. "둘
이 가그라. 돈 벌어서 다 보내 불고, 가분다 항께. 말언 데레 온다
개도 고지럴 들겄냐. 그랑께 너랑 함뻔에7 가서 데레 오니라." 그
라고 했어.

---

6 '댕긴다고마'의 '-고마'는 '-구먼'의 방언형이다.
7 '함뻔에'는 '함께'의 방언형이다. 중세어 '혼쁴'에서 소급된 것으로 '함뻔'과
  '함꾼'이 같이 쓰이고 있다.

∞나는 아프기는 하고 또 안 올까봐 늘 그래. "둘이 가거라. 돈 벌어서 (베트남으로) 다 보내 버리고 (사람들마다) 가버린다 하니까. 말은 데려온다고 해도 그 말을 믿겠냐. 그러니까 너랑 함께 가서 데려 오너라." 그러고 했어.

사멀 따레 뎰러는 간다 헤도 고지가 안 디켜. 데코 와야 데꼬 오는 거이다: 하제:. 모:도 저케 살다: 돔 버러가꼬 가불고. 가따 온다게 가꼬 아노고 그란다강께 미들수가 업써서.

삼얼 달에 뎰러는 간다 해도 고지가 안 디켜. 뎗고 와야 뎗고 오는 것이다 하제. 모도 졓게 살다 돈 벌어갖고 가불고. 갔다 온다개 갖고 안 오고 그란다 항께 믿을 수가 없어서.

∞삼월 달에 데리러 간다 해도 곧이 안 들려. 데리고 와야 데리고 오는 것이다 하지. 모두 저렇게 살다 돈 벌어가지고 가버리고. 갔다 온다고 해가지고 안 오고 그런다고 하니까 믿을 수가 없어서.

에기도 안 나코. 처메너놔서 밤나 핌냥 머꼬 그라더니 즈그 직 가따 옴시로너닌자 아:주 몬: 나케 하고 완능가: 핀:냐또 암: 머거. 아주 몬나케 하고 옴 모냥이어, 에기럴. 그랑께 에기 데련다 헤도: 사:람마디 놈더리 그라제. 돔 버러가꼬 갈 려자제 헤쌍께:.

애기도 안 낳고. 첨에넌 와서 밤나8 핌약 먹고 그라더니 즈그 집 갔다 옴시로넌 인자 아주 못 낳게 하고 왔는가 핌약도 안 먹어. 아주 못 낳게 하고 온 모냥이어, 애기럴. 그랑께 애기 데련다 해도

---

8 '밤나'는 '밤낮'의 방언형이다.

사람마디 놈덜이 그라제. 돈 벌어갖고 갈 여자제 해쌍께.

∞애기도 안 낳고. 처음에는 와서 매일 피임약 먹고 그러더니 저희 집 갔다 오면서는 아주 못 낳게 하고 왔는가, (지금은) 피임약도 안 먹어. 아주 못 낳게 하고 온 모양이어, 애기를. 그러니까 애기 데려온다 해도 사람마다 남들이 그러지. 돈 벌어가지고 갈 여자다 하니까.

조 걱정이 많으시겠네요.

장 그랑:께. 그랑께 몬: 미꼬 이케 물까세 논 자성마이로 조메조메조메:. 간다게도 성가스고 지:가 에기럴 데레와야 이저 불고:. 성가세.

그랑께. 그랑께 못 믿고 잊게 물갓에 논 자석마이로 조매조매조매.9 간다개도 성가스고 지가 애기럴 데레와야 잊어 불고. 성가세.

∞그러니까. 그러니까 못 믿고, 물가에 논 자식마냥 조마조마. 간다고 해도 걱정스럽고 애기를 데려와야 잊어버릴 텐데. 걱정이여.

메느리가 그라고: 멍청하담 마리 날라가는 세도 살려노코 자불 사라미여. 그케 영리헤 우리메느리가 아:주. 베트남 사람덜 그케 아니 삐고 그라제마는 우리메느리능 꼭 항:국 싸람마냥이로: 이:삐고 몸도 아주 날:씬하고 사:라미 그케 영:리헤. 너머 영리 항께: 성가서.

메느리가 그라고 멍청하단 말이 날라가는 새도 살려놓고 잡울

---

9 '조매'는 '닥쳐올 일에 대하여 자꾸 마음이 초조하고 불안하여지다.'라는 뜻을 가진 동사 '조마거리다'의 어근 '조마'의 방언형이다.

사람이여. 긍게 영리해 우리 메느리가 아주. 베트남 사람덜 긍게 안
이쁘고 그라제마는 우리 메느리는 꼭 한국 사람마냥이로 이쁘고
몸도 아주 날씬하고 사람이 긍게 영리해. 너머 영리항께 성가서.

∞며느리가 또 멍청하단 말이지 나라가는 새도 살려서 잡을 사람
이야. 그렇게 영리해 우리 며느리가 아주. 베트남 사람들 안 예
쁘지만 우리 며느리는 꼭 한국 사람처럼 예쁘고 몸매도 날씬하
고 사람이 영리해. 너무 영리하니까 걱정스러워.

조 말은 잘하는가요?

장 그랑께 처:메 와서도:, 그랑께 으비로 말:베고 공부 베러 한 달
뎅긴다가등마, 처메 와서. 그레가꼬 말:도 얼릉하고 공부도 하고
그라는데. 우리메느리도 인자 처메 와서 고리 뎅긴다고 그라걸레.

　그랑께 첨에 와서도, 읍이로 말 배고 공부 배러 한 달 댕긴다가
든마, 첨에 와서. 그래갖고 말도 얼른하고 공부도 하고 그라는데.
우리 메느리도 인자 첨에 와서 고리 댕긴다고 그라걸래.

∞그러니까 처음 와서, 읍으로 말 배우고 공부 배우로 한 달 다닌
다고 하든만. 그래서 말도 얼른하고 공부도 하고 그러는데. 우
리며느리도 처음에 와서는 (한국어 배우러) 다닌다고 그러기에.

"오냐, 말: 베고 공부럴 베야 덴다:. 말 베아쏭께 으비로 꾸주니 뎅
게라." 그렌는데 돈 녹씨메 돔 벌:라고 꼭 살: 라가고 시땅에서 오
라강께 앙가고: 시땅에 가부네. 그라다 말:도 저케 모데. 그 돈 뇨
씨메 돔 보넬라고 그케.

"오냐, 말 배고 공부럴 배야댄다. 말 배아 쓰께 읍이로 꾸준히
댕게라." 그랬는데 돈 욕심에 돈 벌라고 꼭 살 나가고 식당에서 오
라강께 안가고 식당에 가부네. 그라다 말도 젛게 못해. 그 돈 욕심
에 돈 보낼라고 긍게.

∾"오냐, 말 배워야 된다. 말 배워야 하니까 읍으로 꾸준히 다녀
라." 그랬는데 꼭 사흘 나가더니 식당에서 오라고 하니까 안 가
고 돈 벌라고 식당에 가부네. 그러다 말도 저렇게 못해. 그 돈
욕심에 돈 보낼라고.

조 아들하고 대화는 어떻게 해요?

장 아이, 두런 잘 통아더라고. "어:어:" 이:케 어찌게 "어여 어여"
막 이:레. 잘 아라드꼬. 간데 마럴 모다고 까까바고 포로시 "엄마
식사 하세요." 그 소리베께 모:데.

아니, 둘언 잘 통하더라고. "어어" 잉게 어찌게 "어여 어여" 막
이래. 잘 알아듣고. 간데 말얼 못하고 갑갑하고 포로시 "엄마 식사
하세요." 그 소리백에 못해.

∾아니, 둘은 잘 통하더라고. "어어" 이렇게 "어여 어여" 막 이래.
잘 알아듣고. 그런데 말을 못하니까 나는 갑갑하고 겨우 "엄마
식사하세요." 그 소리밖에 못해.

아저게: 밥 차라주믄 아처게 포도시 자다가 이러나서 아홉시 다
다가믄 걍 밥차라 주고는 걍 가고. 지여게너노먼 느게 오나 일치
오나 즈그 방이로 가 자고. "아야, 너도 밤 머거라." 그라믄 "암머,

암머." 암 머근다고.

아적에 밥 차라주문 아척에 포도시10 자다가 일어나서 아홉시 다 다가믄 걍 밥 차라주고는 걍 가고. 지녁에넌 오면. 늦게 오나 일치 오나 즈그 방이로 가 자고. "아야, 너도 밥 먹어라." 그라믄 "안머, 안머." 안 먹은다고.

∞아침에 겨우 자다 일어나서 아홉시 다 되어 가면 그냥 밥 차려주고 가고. 저녁에 오면, 늦게 오나 일치 오나 저희 방으로 가서 자고. "아야, 너도 밥 먹어라." 그러면 "안 머, 안 머." 안 먹는다고.

조 한국음식이 입에 안 맞아서 그런가 보네요.

장 아이 그랑께 인자 거그서 헤: 먹떤 저런 님서걸 헤먹떠마. 베트나에서 헤먹떵거설. 제료 사다가 싸레다 그케 헤서 막 달게하고 그케 폴 쌍꼬 그케 헤서 고케 헤가꼬 사탕까루 처서 다게 헤:서 머꼬 그라더랑께.

아니 그랑께 인자 거그서 해 먹던 저런 임석얼 해먹더마. 베트나에서 해 먹던 것얼. 재료 사다가 쌀에다 긍게 해서 막 달게 하고 긍게 폴 삼고 긍게 해서 공게 해갖고 사탕가루 처서 달게 해서 먹고 그라더랑께.

∞그러니까 베트남에서 먹던 음식을 해서 먹더구먼. 재료 사다가 쌀을 달게 하고 팥 삶고 그렇게 해서 설탕 처서 달게 먹고 그러더라니까.

---

10 '포도시'는 '겨우, 간신히'의 방언형이다.

간데 반찬도: 할쭝 몰라:. 가널 몸 마추고: 반찬도 지가 헤노믄, 노
물가틈 무처 나도 네가 세로 양녀메서 감 마차서 머꼬. 그레도 놈
더란테는 멘당 메느리가 모도 자란다게:. 므:설 시기고 잘: 모데따
게야 낭구럴 하제.

간데 반찬도 할 줄 몰라. 간얼 못 마추고 반찬도 지가 해노믄.
노물 같은 무처나도 내가 새로 양념해서 간 마차서 먹고. 그레도
놈덜한테는 맨당 메느리가 모도 잘 한다개. 뭇얼 시기고 잘 못 했
다개야 낭구럴11 하제.

∞그런데 반찬도 할 줄 몰라. 간을 못 맞추니까 반찬도 (며느리가)
해놓으면, 나물 무쳐놔도 내가 새로 양념해서 간 맞춰서 먹고.
그래도 남들한테는 항상 며느리가 잘한다고 해. 뭘 시키고 나서
잘 못 했어야 나무라지.

그랑께 암맘 머데도 씨엄씨느너짜등 그레야 댜:. 그레도 그놈 소
네서 무러더머꼬. 주글때 또 어찌게 할: 찌럴 몰라. 소농업써 주글
때는.

그랑께 암만 멋해도 씨엄씨는 어짜든 그레야다. 그래도 그놈 손
에서 물 언어먹고. 죽을 때 또 어찌게 할 지럴 몰라. 소용없어 죽
을 때는.

∞아무리 뭐해도 시어머니는 어쨌든 그래야 돼. 그래도 그놈 손에
서 물 언어먹고. 죽을 때 또 (사람은) 어떻게 될지를 몰라. 소용
없어 죽을 때는.

---

11 '낭구'는 '나무'의 방언형이다. 제보자는 '나무라다'를 '木'의 고형인 '낭구'와
  혼동하여 쓰는 것으로 보인다.

크라고 네가 옴시로는 아:무꺼또 암짜가네. 잘: 하던지 모:다던지 카:만 네비러 둬. 네가 살믄 음마나 살라댜. 세상 사라서 바방 끄니라도 조케 어더먹따 죽쩨. 네가 늘거가꼬 이거설 간서벌 하믄 므다건냐. 자:라나 모:다나 모데도 잘헤:따 오냐 잘헤:따 그 말 뿌니여.

크라고 내가 옴시로는 아뭇것도 암짝12 안해. 잘하던지 못하던지 카만 내비러 둬. 내가 살믄 은마나 살라댜. 세상 살아서 밥 한 끄니라도 좋게 얻어먹다 죽제. 내가 늙어갖고 이것얼 간섭얼 하믄 뭇 하겄냐. 잘하나 못하나 못해도 잘했다 오냐 잘했다 그 말 뿌이여.

∞그리고 내가 (며느리) 오면서부터는 아무것도 간섭을 안 해. 잘하든지 못하든지 가만 내버려 둬. 내가 살면 얼마나 산다고, 사는 동안 밥 한 끼 편하게 얻어먹다 죽지. 내가 늙어가지고 간섭을 하면 뭐하겠냐. 잘하나 못하나 못해도 잘했다. 오냐 잘했다. 그 말 뿐이여.

---

12 '암짝'은 '아무짝'의 준말로 여기서는 '간섭'을 하지 않는다는 부정의 표현으로 쓰였다.

남편이 먼저 가다

장남영 함번 가믄 써거 지는데: 아나프먼 잔 건강하게 더 살고 자꼬: 그레. 늘거도: 썽아고 아나프믄 더 살고 자퍼. 그란데 사라미 오레 사라도 몯:써.

한번 가믄 썩어지는데 안 아프면 잔 건강하게 더 살고 잡고 그래. 늙어도 성하고 안 아프믄 더 살고 잪어. 그란데 사람이 오래 살아도 못써.

∾한번 가면 썩어 지는데, 안 아프고 건강하면 좀 더 살고 싶고 그래. 늙어도 성하고 안 아프면 더 살고 싶어. 그런데 사람이 오래 살아도 못써.

조 왜 그렇게 생각하세요.

장 아:따 암만므데. 오레살믄 모도 자석뜰또 압쎌 수가 이꼬. 늘건싸믄 종 꼬릴 모: 뽀제. 그랑께: 꼭 살만치 살다가 주거야 꼭 씨는데: 복씨런 사라믄 잘또 주떠마는. 나도: 억찌로 주글라고 메:뻬늘 주글라게도 안 주거저. 거 주그란 팔짜가 아닝께 그랑가.

아따 암만 못해. 오래 살믄 모도 자석들도 압셀 수가 있고. 늙었싸믄 존 꼴얼 못 보제. 그랑께 꼭 살만치 살다가 죽어야 꼭 씨는데. 복시런 사라믄 잘도 죽더마는. 나도 억지로 죽을라고 멧 번을 죽을라개도 안 죽어저. 거 죽으란 팔자가 아닝께 그란가.

∞아따, 아무래도 오래 살면 자식들이 먼저 갈 수도 있고. 늙어지면 좋은 꼴을 못 보지. 그러니까 꼭 살만큼 살다 죽어야 하는데. 복 있는 사람은 잘도 죽던 만은. 나도 억지로 죽으려고 몇 번을 죽으려고 해도 안 죽어져. 죽으란 팔자가 아니니까 그런가.

조 무엇 때문에 죽을 생각을 다 하셨어요?

장 음: 참:: 머이마가, 가시면 므다고. 아프게 하면 네 조:카퉁거 이 시상얼 살믄 므다건냐 주거불제. 함버능 그른떼는 옌나리고마:. 우리 남정네 사라서고마.

음 참 머시마가, 가심언 뭇하고. 아프게 하면 내 좋같은 것 이 시상얼 살믄 뭇하겠냐 죽어불제. 한번은 그른때는 엣날이고마. 우리남정네1 살아서고마.

∞음, 참 둘째아들이, 가슴은 아프고. 내 좆같은 것 이 세상을 살면 뭐 하냐 죽어 버리지. 옛날이구먼, 한번은 그때 우리영감 살아서구먼.

이케 네가 어쩨 남정네 사라서 한 샴녀널 아퍼가꼬 베가 아퍼서. 이 물만 드러가금 베가 아픙께 물도 몸 마서. 물만 드러가따믕 막, 베가 아프고 디틀고 항거시 항 꼭 샴녀널 방에 드러안저땅께. 아주 믄 뇨:케 몰라저가꼬 요:레가꼬 이쓰믄 쓰러 노쓰머 송장이언 쩨 사라마녀. 사:람 처다보믄 다: 중는다가고.

---

1 제보자는 '남편'을 '남정네'라 부르고 있다.

잋게 내가 어째 남정네 살아서 한 삼년얼 아퍼갖고 배가 아퍼
서. 이 물만 들어가믄 배가 아풍게 물도 못 마서. 물만 들어갔다믄
막. 배가 아프고 디틀고 한 것이 한, 꼭 삼년얼 방에 들어앉었당
게. 아주 믄 웅게 몰라저 갖고 요레갖고 있으믄 쓰러 눘으며 송장
이었제 사람아녀. 사람 처다보믄 다 죽는다가고.

∽내가 영감 살아서 한 삼년을 배가 아파가지고. 물만 들어가면
  배가 아프니까 물도 못 마셔. 물만 들어가면 배가 아파서 뒤틀
  고 한 것이 꼭, 삼년을 방에 들어앉았다니까. (몸이) 말라서 (누
  워) 있으면 쓰러져 누어있으면 송장이었지 사람 아니어. 사람들
  이 쳐다보면 다 죽는다고 하고.

그랑께 주글라고 그레떵가 어쩔떵가. 자:네 아베가 그저네능 껍떡
까주가고만 나머도 살게:. 차네가 사라야 우리 가이나덜또 존데로
여우제 자네가 주거불믄 존:데로 여우 건능가. 까주가고 뻬따가고
마니써도 살게: 살게 하던 사라미:. 그떼 주글라고 그케 인사 변헤
떵 거시여.

  그랑께 죽을라고 그랬던가 어쨌던가. 자네[2] 아배가 그전에는
껍덕 가죽하고만 남어도 살게. 자네가[3] 살아야 우리 가시나덜도
존대로 여우제 자네가 죽어불믄 존대로 여우겄는가.[4] 가죽하고
뻬딱하고만 있어도 살게 살게 하던 사람이. 그때 죽을라고 긍게

---

2 [자:네]는 '자+네'의 결합형이다. 여기서 '자'는 '저 아이'의 줄임말 '쟤'의 방언
  형이다. 진도에서는 듣는 이에게 자신의 아이들을 가리킬 때도 3인칭대명사
  '자'에 사람을 지칭하는 접미사 '-네'를 결합하여 쓴다.
3 이때의 '자네'는 남편이 아내를 높여 부르는 2인칭대명사이다.
4 '여우다'는 '결혼 시키다'의 전남방언형이다.

인사 변했던 것이여.

∞그러니까 죽으려고 그랬던가, 어쨌던가. 애들 아버지가 전에는 껍질 가죽만 남아도 살게. 자네가 살아야 우리 딸들도 좋은 대로 여우지, 자네가 없으면 좋은 대로 여우겠는가. 가죽하고 뼈만 남아도 살게, 살게 하던 사람이. 그때 죽으려고 그렇게 인사 변했던 것이여.

아이:, 한 일쭈이럴 그라덤마. 지여게 수럴 찐:탕 머까서 네한테 척찌고 죽찌 마러:. 이장뼁·심장뼁언 다: 주서머꼬 네 손쁘당만 나먼네: 하고 중는다고: 그라고 민소릴 헤. 셍견 그라나던 사라미.

　아니, 한 일주일얼 그라던마. 지녁에 술얼 진탕 먹가서 내한테 척지고 죽지 마러. 이장병·심장병언 다 줏어 먹고 내 손브닥만 남었네 하고 죽는다고 그라고 민소릴 해. 셍견 글 안하던 사람이.

∞한 일주일을 그러더구먼. 저녁에 술을 잔뜩 먹고 와서 나한테 척지고 죽지 마러. 위장병·심장병은 (재산) 다 말아먹고 내 손바닥만 남았네 하고 죽는다고 미운소리를 해. 한 번도 그런 적 없던 사람이.

그라이 그나리 장나리고만. 아퍼서 누언는데 또 그라고 민소리를 하걸레. 이별 짜가 들믄 모:달 마리 업따가더니 아주 추글라고: 맘 머꼬. 남정네보고 벨: 이:저네 씨지바서 산:닐. 마럴 다::하고 아주 주글라고.

　그라니 그날이 장날 이고만. 아퍼서 누었는데 또 그라고 민소리를 하걸래. 이별 자가 들믄 못할 말이 업다가더니 아주 죽을라고

맘먹고. 남정네보고 벨 이전에 시집아서 산 일. 말얼 다하고 아주
죽을라고.

∽그러니 그날이 장날 이고만. 방에 누워 있는데 또 미운소리를
  하기에. 이별 자가 들면 못할 말이 없다고 하더니, 아주 죽으려
  고 맘먹고. 남정네보고 별 옛날에 시집 와서 (시집살이 하고) 살
  던 일. 다 말하고 죽으려고.

그저네는 자사라고 그른 사람 보므닌자 네가 요글헤써. 그릉걷뜰
잘 주걷따. 아강께 이케 자사라고 죽쩨. 그라고 네가 셍:전 그레꺼
던. 간데 인자 네가 인자 주글라고. 여으 무리 참:참하믄 지프제:.
물 마:이 드론 사리빠레 인자 주글라고.

    그전에는 자살하고 그른 사람 보믄 인자 내가 욕을 했어. 그른
    것들 잘 죽었다. 악항께 잉게 자살하고 죽제. 그라고 내가 생전 그
    랬거던. 간데 인자 내가 인자 죽을라고 여으 물이5 참참하믄 지프
    제.6 물 만이 들온 사릿발에7 인자 죽을라고.

∽그 전에는 내가 자살한 사람 보면 욕을 했어. 그런 것들 잘 죽었
  다. 악하니까 자살하고 죽지. 내가 늘 그랬거든. 그런데 내가 죽
  으려고. 여기 (집 앞에) 물이 참참하면 깊어. 물 많이 들어 온 밀
  물 때 죽으려고.

---

5 현재 제보자의 마당 입구는 넓은 공터이지만 과거에는 바다였다고 한다.
6 '지프-'는 '深'를 의미하는 것으로 '짚다'와 쌍형어로 쓰인다.
7 '사릿발'의 '사리'는 '조금사리'라고도 하는데 '작은사리(조금)'에 대응된다. 표
  준어에서 '조금'은 썰물 때를 가리킨다. 그런데 여기서 '사리'는 '밀물'을 의미
  한다.

그날 지녀게도 바메 인자 또 술 머꽈서 그케 망 나보고 심장뺑·이장뺑언 살림 다: 주서머꼬 네 솜쁘당만 나먼네: 하고 줒는다고. 자기한테 척찌 말고 주그라고 그날 지녀게도 그라걸레 네 조카틍거 오늘 지녀게는.

그날 지녁에도 밤에 인자 또 술 먹꽈서 긇게 막 나보고 심장병·이장병언 살림 다 줏어 먹고 내 손브닥만 남었네 하고 죽는다고. 자기한테 척지 말고 죽으라고 그날 지녁에도 그라걸래 내 좆같은 것 오늘 지녁에는.

∽그날 저녁에도 술을 먹고 와서 나보고 심장병·위장병은 살림 다 주워 먹고 내 손바닥만 남았네 하고 죽는다고. 자기한테 척지지 말고 죽으라고 그날 저녁에도 그래서 내 좆같은 것, 오늘 저녁에는.

나:제 네가 인자 세나꾸랑 주서다 나:써. 독, 치메다 독싸서 세나꾸로 안 짜메먼 푸러저부러, 빠저도. 그랑께 인자 싸고 그노멀 깍: 짜메야: 안 뜨고 죽쩨. 그랄라고 엔:나레는 나무 세나꾸:.

낮에 내가 인자 새나꾸랑 줏어다 났어. 독, 치메다 독 싸서, 새나꾸로 안 짜매믄8 풀어저부러. 빠저도. 그랑께 인자 싸고 그놈얼 각 짜매야 안 뜨고 죽제. 그랄라고 엣날에는 나무 새나꾸.

∽내가 낮에 새끼를 주어놨어. 돌, 치마에다 돌을 싸도 새끼로 안 묶으면 풀어져버려, 빠져도. 그러니까 (치마에 싼 돌을) 꽉 묶어 주어야 안 뜨고 죽지. 그러려고, 옛날에 칡넝쿨.

---

8 '짜매다'는 '잡아매다'의 방언형이다.

그란데 잔도걸 네레쓰믄 쓰껀데 고케 아픈 사라미 믄 시미써야제.
다메서 쪼깡 큰 도걸 네링께 걍 텅하니 떠러저 불더라고. 아이 인
자 안 데거써.

그란데 잔독얼 내렸으믄 쓰껀데 공게 아픈 사람이 믄 심있어야
제. 담에서 쪼간 큰 독얼 내링께 걍 텅하니 떨어저 불더라고. 아니
인자 안 데겄어.

∞잔돌을 내렸으면 될 텐데, 아픈 사람이 무슨 힘이 있어야지. 담
에서 조금 큰 돌을 내리니까 텅하고 떨어지더라고. 안 되겠어.

넬: 지녀게 자디잔 놈 주서서 네레나따가 싸야 데거따 그라고 그
날 지녀게는 포:기아고 그 딘날 나제는 또 잘자란 도글 주서서 모
테나써. 다메서 네려서 나제 치메로 한:나 데게 주서서 모테 노코,
싸서 동처멜라고 나무 세나꾸 시게럴 주서다 나:두고, 그레노코는
딘날 지녀게능 고노물 싸써.

넬 지녁에 자디잔 놈 줏어서 내레났다가 싸야대겄다 그라고 그
날 지녁에는 포기하고 그 딘날 낮에는 또 잘잘한 독을 줏어서 모
테났어. 담에서 내려서 낮에 치매로 한나 대게 줏어서 모태 놓고,
싸서 동처9 멜라고 나무 새나꾸 시개럴 줏어다 나두고, 그래 놓고
는 딘날 지녁에는 고놈울 쌌어.

∞내일 저녁에는 조그만 돌을 내려났다가 싸야 되겠다 하고 그날
저녁에는 포기하고, 그 뒷날 낮에 자잘한 돌을 담에서 내려 치

---

9 '동치다'는 '동이다'의 방언형이다. '동치다'의 '-치-'는 동사 어간 뒤에 붙어서
'강조'의 뜻을 더하는 접미사이다. 이와 같이 전남방언에는 '꺼:치다(꺼뜨리
다), 넬치다(떨어뜨리다), 떨치다(떨어지다), 빠:치다(빠뜨리다), 오굴치다~오
굴씨다(오그라뜨리다)' 등이 있다.

마로 가득 되게 모아놨어. 싸서 동여매려고 칡넝쿨 세 가닥을 주어다 놓아두고. 그 뒷날 저녁에는 그것을 쌌어.

무레 빠지믄 지가:. 잔:뜩 그레싸컬레 주글라고 도글 세나꾸로 창:창 동에가꼬. 무리, 참참:: 다런 훠:난데 므리 참:차마니 빠지믄 주구꺼인데. 금방 드러망 가믄 주거. 그란데 시:상에…… 암 빠저저. 암 빠저저. 요케요케 싸:가꼬 거가 안저따 떠러지믐 빠치믄 추거. 독 싸씽께. 간데 암 빠저저. 그랑께 나넌 사라미랑 거성 글로 안 셍긴 사라먼 몯: 중는 줄로 아능고마.

물에 빠지믄 지가.10 잔뜩 그래 쌓걸래 죽을라고 독을 새나꾸로 창창 동에갖고. 물이, 참참 달언 훤한데 믈이 참참하니 빠지믄 죽울 것인데. 금방 들어만 가믄 죽어. 그란데 시상에…… 안 빠저저. 안 빠저저. 옹게옹게 싸갖고 거가 앉었다 떨어지믄 빠지믄 죽어. 독 쌌잉께. 간데 안 빠저저. 그랑께 나넌 사람이란 것언 글로 안 생긴 사람언 못 죽는 줄로 아는고마.

∞물에 빠지면 제가. 잔뜩 (미운소리를 하니까) 죽으려고 돌을 새끼로 창창 동여가지고. 물이 참참 달은 훤한데. 물이 참참하게 빠지면 죽을 텐데. 금방 들어가면 죽어. 그런데, 세상에…… 안 빠져져. 안 빠져져. (돌을 잔뜩) 싸 가지고 앉았다 떨어지면 빠지면 죽어. 돌 쌌으니까. 그런데 안 빠져져. 그러니까 나는 사람이란 것은 글로 안 생긴 사람은 못 죽는 줄 아는구먼.

---

10 '물에 빠지믄 지가'의 '지가'는 뒤 문장에 의해 제보자 자신이라는 것을 알 수 있다.

조 할아버지는 어쩌다 돌아가셨어요.

정 그랑께, 그뗴가 여리민데 여리밍께 도걸 실러가써. 쩌어 삼바
우로 저: 건네 겡목가운데가 삼바우라고 떠도라니 이써. 그란데
고리 도걸 주스러 가써. 자:네 아베가 아그덜 데꼬. 아그덜 베로
한:나 실꼬 도글 주스러가서 걍 베가 까바, 까바저가꼬 걍, 걍 세
끼더런 다 사란는데 즈가베는 주거 부러써.

그랑께, 그때가 여림인데 여림잉께 독얼 실러갔어. 쩌어 삼바우
로 저 건네 갯목 가운데가 삼바우라고 떠돌아니 있어. 그란데 고
리 독얼 줏으로 갔어. 자네 아배가11 아그덜 닣고 아그덜 배로 한
나 싫고 독을 줏으러 가서 걍 베가 까바, 까바저 갖고 걍, 걍 새끼
덜언 다 살았는데 즉 아배는 죽어 불었어.

그 때가 여름인데 여름이라서 돌을 실러 갔어. 저 삼바위로, 바
다 한가운데에 삼바위라고 있어. 그리 돌을 주우러 갔어. 애들
아버지가 애들 배에 가득 싣고, 돌 주우러 가서 그냥 배가 뒤집
어, 뒤집어져서 애들은 다 살았는데 애들 아버지는 죽어 버렸어.

조 돌은 어디에 필요했나요?

정 바다라:. 바다라 인자 담 싸서 설파걸 너룩께 니릴라고. 다::
도걸 시러다가 니리고 인자 함: 베 메키먼 다 메킹께 함 베만 시러
다가 메키믄 다 하걷따 그렌는데. 실러가서 걍 베가 헝거 가꼬 가

---

11 여기서 '자:네'는 '자(재)+-네'의 결합형이다.

서 걍 베가 물 드러가꼬 걍 세끼더런 다 사란는데 걍.

바다라. 바다라 인자 담 싸서 설팍얼[12] 널웁게 니릴라고. 다 독얼 실어다가 니리고 인자 한 배 멕히면 다 멕힝께 한 배만 실어다가 멕히믄 다 하겄다 그랬는데. 실러가서 걍 베가 헌것 갖고 가서 걍 베가 물들어 갖고 걍 새끼덜언 다 살았는데 걍.

∾(마당 앞이) 바다라. 담 싸서 마당어귀를 넓게 늘리려고. 거의 다 늘리고 이제 한 배만 메우면, 한 배만 실어다 메우면 다 하겠다 그랬는데. 배가 낡아서 물이 새가지고 자식들은 다 살았는데 그냥.

세끼덜 다: 시러서 여그서 봉께 베를 타고 실코 가고 이떵마. 마당에 어찌게 인자 설파케 나가서 인자: 쩌어 설파게서 뜨레가 안저서 네다보는데 쩌어 건네서 밤 메던 사라미 베 까바젇따! 막, 소리를 지르고 달리고 날리네.

새끼덜 다 실어서 여그서 봉께 배를 타고 싫고 가고 있던마. 마당에 어찌게 인자 설팍에 나가서 쩌어 설팍에서 뜰에가 앉어서 내다보는데 쩌어 건네서 밭 메던 사람이 배 까바젔다! 막, 소리를 지르고 달리고 날리네.

∾여기서 보니까 애들 다 싣고 가고 있더구먼. 마당입구에 나가서 뜰에 앉아 내다보는데 (갑자기) 저어 건네 밭 메던 사람이 배 뒤집어졌다! 막 소리를 지르고 달리고 난리네.

---

12 '설팍~설팍'은 '마당어귀'에 대응한다. 고흥지역에서는 '새랍~새랖~새르팍' 등이 쓰이고 있었다.

베 까바저따고: 망 녀그 소럴 누가 처떵가:. 사람더리 막 동네사람
더리 나와서 인자 막 베를 타고 점:부 나가네. 나가드이 음:마나
이씽께 세끼더럼 모도 압시고 와. 즈가베넌 주거가꼬 인자 쩌어
끄서다 나두고. 그레가꼬 즈가베가 뜽그멉씨 주거써.

　배 까바졌다고 막 여그 소럴 누가 쳤던가. 사람덜이 동네 사람
덜이 나와서 인자 막 배를 타고 전부 나가네. 나가드니 은마나 있
잉께 새끼덜언 모도 압시고 와. 즉아배넌13 죽어갖고 인자 쩌어
끗어다 나두고. 그래갖고 즉아배가 뜬금없이 죽었어.

∞배 뒤집어졌다고 여기서 누가 소리를 쳤던가. 동네사람들이 나
와서 배를 타고 전부 나가네. 나가더니 얼마나 지나니까 새끼들
은 모두 앞세우고 와. 애들 아버지는 죽어서 (해변 가에) 끌어다
놔두고. 그래서 애들 아버지가 뜬금없이 죽었어.

---

13 '즉(~즈그)'은 '저희'의 방언형이다. 여기서는 '저회아버지'보다 '애들 아버
지'의 대역이 더 자연스럽다. 이기갑(1998:56~57)에서 '즈그'는 친족관계에서
사용되며 '지'의 복수형이라고 보았다.

일본으로 간 시어머니

장남영 아::, 씨집사리 워넙씨 헨쩨:. 씨지버롱께: 인자 네 씨엄씨 씨압씨너너:꼬. 할마이 하납씨: 자근씨압씨 인는 데로 씨지버봐써.

아, 시집살이 언 없이 했제. 시집얼 옹께 인자 내 씨엄씨 씨압씨 넌 업고. 할마이 하납씨 작은씨압씨 있는 데로 시집얼 왔어.

∞아, 시집살이 원 없이 했지. 시집을 오니까 내 시부모는 없고. 시조부모, 작은 시아버지만 있는 곳으로 시집을 왔어.

인자 네 씨압씨는 여그서 삼:시로 장게 가가꼬 아들 둘 나:따가고 만. 그레가꼬 인자 으:찌 엔나레 제께치기럴 잘 헤가꼬:. 엔:나레 거 모카, 모카를 한나큼 제노코 하믄, 제끼하고 돈 닐코 오믄, 도늘 주라가면 모카 막 다머서 싸주머 가꼬가고:. 나락또 막 가마이로 제:서 이케 주고. 땅도 포라서 주고 그레떵 거이드마.

인자 내 씨압씨는 여그서 삼시로 장개 가갖고 아들 둘 났다가고 만. 그래갖고 인자 으찌 옛날에 재끼치기럴 잘해갖고. 옛날에 거 목하, 목하를 한나큼 재 놓고 하믄, 재끼하고 돈 잃고 오믄, 돈을 주라가면 목하 막 담어서 싸 주머 갖고 가고. 나락도 막 가마니로 내서 잏게 주고. 땅도 폴아서 주고 그랬던 것이드마.

∞내 시아버지는 여기 살면서 장가 가가지고 아들 둘을 났다고 하고만. 그런데 놀음을 좋아해가지고. 놀음하다 돈 잃고 와서 돈을 달라고 하면 (창고에) 가득 재 놓은 목화를 담아주고. 나락도

가마니로 내서 주고. 땅도 팔아서 주고 그랬던 것이더구먼.

그라다 인자 겔구게는 인자 부모도 조타게. 밤:나 이케 제끼하고 와서 또 포라주믄 다 망처불고 또 드로고 또 드로고 그랑께 인자 부모네도 안 조타강께. 걍, 걍 만주로 나가뜽가 일보니로 나가뜽가 가부러따게:.

그라다 인자 겔국에는 인자 부모도 좋다개. 밤나 잏게 재끼하고 와서 또 폴아주믄 다 망처불고 또 드로고 또 드로고 그랑께 인자 부모네도 안 좋다강께. 걍. 만주로 나갔든가 일본이로 나갔든가 가불었다개.

∞그러니 결국에는 부모도 좋다고 하겠어. 날마다 놀음하고 와서 (곡식) 팔아주면, 다 잃고 들어오고 또 들어오고 그러니까, 부모도 좋아할 리 없지. (그래서) 그냥 만주로 나갔다든가 일본으로 나갔다든가 가버렸다고 해.

그레 우리씨엄씨가 에기 둘: 나 노코: 큰지비서 살다가, 서방이 일봉까 이땀 마를 드꼬: 씨엄씨가 인자 차자가써.

그레 우리씨엄씨가 애기 둘 나 놓고 큰 집이서 살다가, 서방이 일본가 있단 말을 듣고 씨엄씨가 인자 찾아갔어.

∞그래서 우리시어머니가 애기 둘 낳고 큰집에서 살다가, 서방이 일본에 있다는 말을 듣고 찾아갔어.

그레 일봉까장 거그럴 차자강께. 자궁각씨 어더서 거그서도 에기 럴 둘: 나가꼬 삼:시로, 나: 하루 지녁만 자고 갈란다고 하루 지녁만 제주라고. 그레도 서방노미 인자 안자주고: 가라게. 거그까장 차자간는데. 씨엄씨가 도로 그냥 네라따능고만. 네롸가꼬: 또 그질로 씨엄씨가 걍 일보니로 걍 드러가 부러따능고만.

그레 일본까장 거그럴 찾아강께. 작은 각시 얻어서 거그서도 애기럴 둘 낳 갖고 삼시로, 나 하루 지녁만 자고 갈란다고 하루 지녁만 재주라고. 그레도 서방놈이 인자 안 자주고 가라개. 거그까장 찾아갔는데. 씨엄씨가 도로 그냥 내랐다는고만. 내롸갖고 또 그질로 씨엄씨가 걍 일본이로 걍 드러가 불었다는고만.

∞일본까지 찾아가니까. 작은 각시 얻어 거기서도 애기를 둘 낳고 사는데, (시어머니가) 나 하루 저녁만 자고 갈 테니 하루 저녁만 재워달라고. 그런데도 서방 놈이 안 재워주고 가라고해. 거기까지 찾아갔는데. 그래서 시어머니가 도로 내려왔다는구면. 와서는 또 그 길로 다시 시어머니가 일본으로 들어가 버렸다는구면.

조 애들은 어떻게 하고요?

장 에기더렁 걍 여그다 나:두고:. 한자 살:다 둘: 놔두고 인자 그레가꼬는 마라자믄 우리서방하고 인자 동상 한나 나가꼬 이따 씨엄씨가 걍 도로 드러가써. 일본 데마도서 산:다고만 하제 인자 씨엄씨도: 강강 소시겁써. 업따게.

애기덜언 걍 여그다 나두고. 한자 살다 둘 놔두고 인자 그래갖고는 말 하자믄 우리 서방하고 인자 동상 한나 나갖고 있다 씨엄씨가 걍 도로 들어갔어. 일본 대마도서 산다고만 하제 인자 씨엄씨도 감감 소식 없어. 업다개.

∞애기들은, 혼자 살다 둘 놔두고. 말하자면 우리서방하고 시동생을 나서 키우다 시어머니도 일본으로 들어갔어. 일본 대마도에서 산다고만 하지 시어머니도 감감 소식 없어. 없다고 해.

나 씨지봉게 그라덤마:. 아:무게 처란네 엄메는 에기베서 이케 차투 가터가꼬 도느린자 일본써 데마도서 삼시로 인자 여그 아덜 줄라고. 아드린자: 게론헤서 제김나서 살면. 살:만치 주고 갈라고 인자 도널 비게럴 멘드라 가꼬 비게:다 다머서 지비럴 가까드라능고마. 그레가꼬 아들 당에 게로나네따 강께. 이케 와따 간딴다 그라드마. 그 말만 드릳쩨 소시기 아주 업:써써. 나 씨지봉게.

나 씨집옹게 그라던마. 아무게 철한네 엄매는 애기배서 잉게 차투1 같어갖고 돈을 인자 일본서 대마도서 삼시로 여그 아덜 줄라고. 아들 인자 겔혼해서 재김나서 살면. 살만치 주고 갈라고 돈얼 비개럴 맨드라 갖고 비개다 담어서 집이럴 갖가드라는고마. 그래갖고 아들 당에 겔혼 안했다강께. 잉게 왔다 갔단다 그라드마. 그 말만 들었제 소식이 아주 없었어. 나 시집 옹게.

∞나 시집오니까 그러더구먼. 철환네 엄매는 애기배서 자루 같아가지고 돈을 이제, 일본 대마도에 살면서 진도에 있는 아들 주려고. 아들이 결혼해 분가해서 살면, 살만큼 주고 가려고 베개를 만들어 가지고, 베개에 담아가지고 집에 가지고 왔다는구먼. 그런데 아들이 아직 결혼을 안했다고 하니까. 왔다가 그냥 갔단

---

1 '차투~차두'는 '자루' 혹은 '베자루'(뵈쟈룩, 불정 하12)의 방언형이다. 전남방언형은 '차두~차댕이'이고 제주도에서는 '차디'라고 한다. 중세국어에서 다음과 같은 문장이 발견 된다.
  예) 차딕 아니 식ᄂ녀(번역박통사 상12)

다 그러더구먼. 말만 들었지 소식이 없었어. 나 시집오니까.

그렌는데:. 네가 자성나코 제김나서 사:는데 함범 펀지가 와뜨라
게. 우리서방사라서 이케 삼:시로 뚱그멉씨 이저부런는데: 즈검메
한테서 편:지가 와따고 그라더니온다 그라고 편지가 완써 또.

 그랬는데. 내가 자석 낳고 재김나서 사는데 한번 편지가 왔드라
게. 우리서방 살아서 잊게 삼시로 뜬금없이 잊어불었는데 즉 엄매
한테[2] 편지가 왔다고 그라더니 온다 그라고 편지가 왔어 또.
∞그런데 내가 자식 낳고 분가해서 살고 있는데 한 번은 편지가
 왔더라고 해. 우리영감 살아서, (어머니를) 잊고 사는데 느닷없
 이 시어머니로부터 편지가 왔다고 그러더니 (나중에는 시어머
 니가) 온다고 또 편지가 왔어.

처메 편지할떼넌 엄메라고 답짱얼 하지 말:고 아주머이라고 답짱
을 헤라: 그라고 펜지썬따고 그라더마. 인자 우리서방이 아주마이
로 하라게서 고케 답장을 헤:써. 인자 또 답장이 완는데 은제은제
온다고 우리씨엄씨가 온다고 열라기 와써. 와가꼬 그른 떼만 헤도
모도 일본 양:당가튼 오설 마:이 가까뜨라고. 가시미로.
 첨에 편지 할 때넌 엄매라고 답장얼 하지 말고 아주머니라고 답
 장을 해라 그라고 펜지 썼다고 그라더마. 인자 우리서방이 아주마
 니로 하라개서 곻게 답장을 했어. 인자 또 답장이 왔는데 은제은
 제 온다고 우리씨엄씨가 온다고 연락이 왔어. 와갖고 그른 때만

---

2 '즉(즈그)'는 제보자 남편을 가리키므로 '즉엄매'는 제보자 남편의 어머니를
  말한다.

해도 모도 일본 양단 같은 옷얼 만이 갖잤드라고. 가심이로.[3]

∞처음에 편지할 때는 어머니라 하지 말고 아주머니라고 답장을
해라, 그렇게 편지를 보냈다고 그러더구먼. 그래서 우리서방이
아주머니라고 답장을 했어. 또 답장이 왔는데 우리시어머니가
온다고 연락이 왔어. 왔는데 그 때만 해도 일본 양단 같은 옷감
을 많이 가지고 왔더라고. 옷감으로.

조 가심이 머죠?

장 옥가미로. 다리할라 짤팍짤파카니 이케 아더럴 차자와써. 인
자 중풍 걸려부러따고 지아지비 시 체나 디안는데. 두 체넌 포라
서 당신 고처따고. 짤:팍짤파가고 와뜨라고 엔나레 오레댠네.

옷감이로. 다리할라 짤팍짤팍하니 잉게 아덜을 찾아왔어. 중풍
걸려불었다고 지아집이 시 채나 디았는데. 두 채넌 폴아서 당신
고첬다고. 짤팍짤팍하고 왔드라고 엣날에 오래댰네.

∞옷감으로. 다리를 절뚝절뚝거리면서 아들을 찾아왔어. 기와집
이 세 채나 되었는데 중풍 걸려 두 채는 팔아 당신 고쳤다고. 절
뚝절뚝하고 왔더라고. 옛날에 오래 되었네.

그란데 그른떼는 우리가 업시 살 떼여. 엔나레 숭녀니 아주 숭녀
니:. 그떼 아주 머글꺼덥씨 여가 게까시라 톡 갈:포레 머꼬 그랄
떼 여그를 와가꼬. 아이고: 와서 봉께, 므다게 산중 아러떠니 이라

---

3 '가심'은 옷감의 재료가 되는 '감(거리)'의 방언형이다. 중세어 'ᄀ숨'이 확인된
다.

고 골:라나게 상께:. 보기가 암 봉거뿐담 모:단다고 와따가:.

　그란데 그른때는 우리가 없이 살 때여. 엣날에 숭년이 아주 숭년이. 그때 아주 먹을 것 없이 여가 갯갓이라 톳 갈포래 먹고 그랄 때 여그를 와갗고. 아이고 와서 봉께, 믓하게 산 중 알었더니 이라고 곤란하게 상께. 보기가 안 본 것 보담 못한다고 왔다가.

∽그런데 그때는 우리가 가난하게 살 때여. 옛날에 흉년이 들어서, 먹을 것은 없고 (팽목이) 바닷가라 톳 갈파래 먹고 살 때 여기를 와 가지고. 와서 보니 괜찮게 사는 줄 알았는데 곤란하게 사니까 안본 것 보다 못 하다고.

"가지 말고 걍 여그서 삽:시다:." 네가 씨엄씨럴 음::마나 워넝기려써. 자근씨엄씨 하고: 그맘마네도 네가 손지 메느링:께, 메느링께 더 조:케 하자네. 인자: 큰지비서 자근씨엄씨아고 나아고 가치 에기럴 나꺼든:, 제김나기 저네:.

　"가지 말고 걍 여그서 삽시다." 내가 씨엄씨럴 은마나 원헌 기렸어. 작은씨엄씨하고 그만만 해도 내가 손지 메느링께, 메느링께 더 좋게 하잔에. 인자 큰집이서 작은씨엄씨하고 나하고 같이 애기럴 낳거든. 제김나기 전에.

∽ "가지 말고 그냥 여기서 삽시다." 내가 시어머니를 얼마나 원한 그렸어. 작은 시어머니하고 (시조부모님 하고 같이 사는 데) 그만만 해도 나는 손자며느리니까, 더 좋게 하는 것이 아니라. 큰집에서 작은 시어머니하고 나하고 같이 애기를 낳았거든, 분가하기 전에.

에기를 나:가꼬 여르메인자, 즈그메느리가 난 에기는 등어리서 억
꼬이써, 씨함쎄가. 우리에기는 모방에다 처바가 노코: 보두마주도
아나고 셍:경 고케, 가랍바는 용앙께 나두라고 그라고 셍::견 나둥
께, 데그빠기 아주 요케 드러가부러써.

애기를 나갖고 여름에 인자. 즈그 메느리가 난 애기는 등허리서
업고 있어, 씨함세가. 우리 애기는 모방에다 처박아 놓고 보둠아
주도 안하고 생견 콩게, 가락바는4 용항께 나두라고 그라고 생견
나둥께, 대그빡이 아주 용게 들어가 불었어.

∞ 애기를 낳아 가지고 (그때가) 여름이었는데, 당신 며느리가 난
애기는 등허리에 업고 있어, 시할머니가. 우리애기는 모방에다
처박아 놓고 안아 주도 안하고. 가락바는 용하니까 놔둬라 그러
고. 항상 그렇게 놔두니까 뒤통수가 납작하게 들어가 버렸어.

조 가락바는 무슨 뜻인가요?

장 가렝이서 나:, 쩌어 엔:나레 벡뚱보고 가랑이라게꺼든. 친정
이름 부른다고 하하하 가랍빠라게써 하하하. 그레가꼬 인자 일본
씨엄씨가 이케 디:로 아가꼬:. 와따가: "가지말고 우리집써 삽:씨
다." 네가 장언 장언 다: 나도 어쩨 씨엄씨 장어넘:능고. 씨엄씨가

---

4 '가락바'는 별칭이다. 진도에는 인칭접미사가 있는데 남자아이의 경우 '-바, -
   놈, -수'를 쓰고 여자아이는 '-단, -심, -년'을 쓴다. 이돈주(1979)에서 접미사
   '-바'는 고대어의 표기에 나타나는 '-보'의 이형태라고 하였다.
   '가락'은 진도군 임회면 백동리의 옛 고유명에서 온 것으로 '갈하골'인데 세월
   이 거듭되면서 유성음 사이에서 'ㅎ'이 탈락된 형태가 굳어져 '가락이>가랑
   이~가랭이'로 변하였다. 그래서 제보자 친정이 '가락(백동리)'인 관계로 지명
   뒤에 인칭접미사 '-바'를 붙여 그 자식의 별칭으로 '가락바'라 부른 것이다.

항::상 노무 씨엄씨능 고케 에기럴 라서 고라는데. 나녕 걍 씨엄씨가 업:씽께 씨함씨랑 고케 상께:. 장언장언 참 처냐마냐 다 나도 씨엄씨 한나 사고: 잡쩨.

가랭이서 나, 쩌어 엣날에 백동보고 가랑이라 했거든. 친정이름 부른다고 하하하 가락바라겠어 하하하. 그래갖고 인자 일본 씨엄씨가 잊게 디로 아갖고. 왔다가 "가지말고 우리집서 삽시다." 내가 장언 장언 다 나도 어째 씨엄씨 장언 업는고. 씨엄씨가 항상 놈우 씨엄씨는 곻게 애기럴 낳서 고라는데. 나년 걍 씨엄씨가 없잉께 씨함씨랑 곻게 상께. 장언 장언 참 천야만야 다 나도 씨엄씨 한나 사고 잡제.

∞ 가랑이서 내가, 옛날에 백동보고 가랑이라 했거든. 친정 이름 부른다고 하하하 가락바라고 했어. 그래가지고 일본시어머니가 뒤로 왔기에 "가지 말고 우리 집에서 삽시다." 내가 장은 장은 다 나도 왜 시어머니 장은 없는고. 남들은 애기를 낳으면 시어머니가 (돌봐주고 하는데). 나는 시어머니가 없고 시할머니 (밑에서 시집살이만 하고) 사니까. 장은 장은 참 온갖 것이 다 나는데 시어머니 하나 사고 싶지.

그라고 항상 그라고 씨집사리하고 살:다가 함쎄가 주거부러써. 그란데 이케 일본씨엄씨가 디:로 드라서. 숭녀네 와가꼬 사능거시 음:마나 보기가 므:당께:. 보고강 거시 가시메 영꼬간다 그라고 또 온다고 함번 더 온다 그라고 가써.

그라고 항상 그라고 씨집살이하고 살다가 함쎄가 죽어불었어. 그란데 잊게 일본 씨엄씨가 디로 드라서. 숭년에 와갖고 사는 것이 은마나 보기가 뭇항께. 보고 간 것이 가심에 연고 간다 그라고 또 온다고 한 번 더 온다 그라고 갔어.

∞그렇게 시집살이만 하고 살다가 시할머니가 죽어버렸어. 그런데 일본시어머니가 뒤로 들어와서. 흉년에 왔는데 사는 것이 얼마나 보기가 안쓰러운지. 보고 간 것이 가슴에 얹고 간다고 하면서. 갔다가 한 번 더 온다 그러고 갔어.

멩:녀니따가 또 왇떼:. 인자 디:로는 아서 논 두어: 마지기 사주고 간다고. 자네:, 나도 이케 씨집사리럴 하고 사란는데 자네너늠:마나, 꼭 하게럴 하더마 씨엄씨가:. 나보고:, 음마나 씨집사리럴 하고 사능고: 하고 자네 그 공얼 가풀라고 네가 맘 머꼬 인는 사라민데. 다으메는 네가 오믄 논 두마지기럴 사주고 감세:. 하고 가써.

멧넌 있다가 또 왔데. 인자 디로는 아서 논 두어 마지기 사주고 간다고. 자네,5 나도 잉게 씨집살이럴 하고 살았는데. 자네넌 은마나, 꼭 하게럴 하더마 씨엄씨가. 나보고, 은마나 시집살이럴 하고 사는고 하고 자네 그 공얼 갚울라고 네가 맘먹고 있는 사람인데. 다음에는 내가 오믄 논 두 마지기럴 사주고 감세. 하고 갔어.

∞몇 년 있다가 또 왔데. 뒤로는 와서 논 두어 마지기 사주고 간다고. "자네, 나도 시집살이를 하고 살았는데. 자네는 얼마나." 꼭 하게를 하든만 시어머니가. 나보고, "얼마나 시집살이를 하고 사는고 하고, 자네 그 공을 갚으려고 내가 마음먹고 있네. 다음에는 오면 내가 논 두 마지기를 사주고 감세." 하고 갔어.

---

5 '자네'는 제보자의 시어머니가 제보자를 부르는 호칭이다.

가드니 참말로 왇써. 또 음:마나 일본써 이따가 씨엄씨가 우리 지비럴 왇써. 인자 그랄떼는 도널 가까서 논 두마지기럴 사추고 사줌시로 그라더마. 노널 두마지기럴 사주꺼싱께. 즈그 아덜 아피로 하지 말:고 네 아피로 이전하라가등마.

가드니 참말로 왔어. 또 은마나 일본서 있다가 씨엄씨가 우리 집이럴 왔어. 인자 그랄 때는 돈얼 갖가서 논 두마지기럴 사 주고 사줌시로 그라더마. 논얼 두마지기럴 사줏것잉께. 즈그 아덜 앞이로 하지 말고 내 앞이로 이전하라가든마.

∞가더니 진짜로 왔어. 한참을 일본에서 계시다가 시어머니가 또 우리 집에 왔어. 그때는 돈을 가지고 와서 논 두 마지기를 사 사 주면서 그러더라고. 당신 아들 이름으로 (등기) 하지 말고 내 앞으로 이전하라고 하든만.

게서 "어머이 어쩨, 자:네 아베 아피로 이전 하라:제. 네 아피로 하라 하요:." "네가 자네 공 가풀라 그라네." 자기 업씨 짠뜩 시게 나써:. 자기 업씨: 거가 삼:시로 씨집사리 헤:따고. "나도: 씨집싸리럴 헨:는데 자네느늠:마나 씨집사리럴 더 데게 하능고:. 그 늘그니 징한 늘그니 하고 헤서. 자네 그 으네를 가플랑께." 꼭, 네 아피로만 이저늘 하게 헤서. 논 두마지기 사주고 인자 씨엄씨가 갇써:. 그레 가가꼬 인자 또 온다가더니. 시상 버려서 모:돼고: 모돼고.

개서 "어머니 어쩨. 자네아배[6] 앞이로 이전하라제. 내 앞이로 하라 하요." "내가 자네 공 갚울라 그라네." 자기 없이 잔뜩 시게

---

6 여기에 쓰인 '자네아배'의 '자:네'는 2인칭 대명사가 아니라 '자(재)+-네'의 결합이다.

나서. 자기 없이 거가 삼시로 씨집살이 했다고. "나도 씨집살이럴 했는데 자네는 은마나 씨집살이럴 더 대게 하는고. 그 늙으니 징한 늙은이하고 해서. 자네 그 은혜를 갚을랑께." 꼭. 내 앞으로만 이전을 하게 해서. 논 두마지기 사주고 인자 씨엄씨가 갔어. 그래가갖고 인자 또 온다가더니. 시상 버려서 못와고 못와고.

∞그래서 "어머니 왜, 애들 아버지 앞으로 이전하라고 하지 내 앞으로 하라고 하요." "내가 자네 공 갚으려고 그러네." 당신 없이 (시집살이를) 잔뜩 시켜 놔서. 당신 없이 (시조부모 밑에서) 살면서 시집살이 했다고. "나도 시집살이를 했는데 자네는 얼마나 시집살이를 더 힘들게 했는고. 그 늙으니 독한 늙으니 하고 해서. 자네 은혜를 갚으려고." (하면서) 꼭, 내 앞으로만 이전을 하게 해서. 논 두마지기 사주고 시어머니가 갔어. 또 온다고 하더니. 세상 버려서 못 오고 못 오고.

징 그라고: 살다가: 제김 나가꼬 살다가: 살만항께 걍 서방 주거붕께. 세끼더러닌자 또: 마:이 나:가꼬. 그놈 한자 키니라고 인자: 음마나 고상 헬껃쏘. 그 엄:는 시상에 지끄믄 이:끼나하요. 그라고 사라:써.

그라고 살다가 재김 나갖고 살다가 살만항께 걍 서방 죽어붕께. 새끼덜언 인자 또 만이 나갖고. 그놈 한자 키니라고 인자 은마나 고상 했겄소. 그 업는 시상에 지금은 있기나 하요. 그라고 살았어.

∞그렇게 분가해서 살다가 살만하니까 남편이 죽어버렸어. 새끼들은 또 많이 나서, 그놈 혼자 키우느라고 얼마나 고생 했겠소. 그 없는 세상에 지금은 있기나 하요. 그러고 살았어.

조 할아버지 보고 싶으세요?

장 나는: 그케 절머서 주거도: 셍::견 보고 자픔 마미 억꼬. 이: 하넌 세끼더럴 응, 즈가베 사라서 보담 어:찌께 하던지 더 자레야 할 터인데. 네가 어찌께럴 려우고 사꼬: 하믄. 아주 절머 주거써도 한::나 셍가간나.

나는 긓게 젊어서 죽어도 생견 보고 잪은 맘이 업고. 이 하넌7 새끼덜얼 응. 즉아배 살아서 보담 어찡게 하던지 더 잘해야 할 터인데. 내가 어찡게럴 여우고 살꼬 하믄. 아주 젊어 죽었어도 한나 생각 안나.

∽나는 (영감이) 젊어서 죽었어도 한 번도 보고 싶은 마음이 없어. 이 많은 새끼들을 응, 애들 아버지 살아서 보다 어떻게 하든지 잘 키워야 할 텐데. 내가 어떻게 여우고 살까하면 젊어서 죽었어도 한 번도 생각 안나.

그랑께 늘거서 주근 사람더리 영감 영감하고 울:면. 시:상에 고만치나 살다 주건:는데 나는 절머서 주거써도 세끼더라고 살리럴 셍가가믄 셍견 생각 안나드라 그레. 아주 결::때, 거짐마리 아이라 악::착가틈 맘맘 메커. 세끼덜! 그마안 세끼더를 어찌께럴 하고 사라나가꼬 하믄: 앙만, 셍긴당께 응-.

그랑께 늙어서 죽은 사람덜이 영감영감 하고 울면. 시상에 고만치나 살다 죽었는데 나는 젊어서 죽었어도 새끼덜하고 살일얼 생

---

7 '하넌'은 '多'의 의미이다. 옛 형태를 그대로 쓰고 있다.

각하믄 생견 생각 안나드라 그래. 아주 결때, 거짓말이 아니라 악착같은 맘만 멕혀. 새끼덜! 그 만안 새끼덜을 어찧게럴 하고 살아 나갖고 하믄 악만. 생긴당께 응.

∞그러니까 늙어서 죽은 사람들이 영감영감 하고 울면 (속으로 그래). '세상에 그만큼이나 같이 살다 죽었는데 나는 젊어서 죽었어도 새끼들하고 살 일을 생각하면 한 번도 생각 안 나더라.' 아주 절대, 거짓말이 아니라 악착같은 마음만 먹어져. 새끼들! 그 많은 새끼들을 어떻게 (키우면서) 살아갈까 생각하면 악만 생긴 다니까 응.

가슴만 두드리고 살다

장 고:상고상 아주. 나 고상하고 삼: 마런 혜가 자도 메:치럴 헤도 몯:따 헤. 아:: 나: 살: 시:상얼 셍가가믄. 크라고 아드랄라 여일하담 마리지:. 저런 아드라고 가치 상께: 쏘케로 항가시미(손으로 두드림):. 그케 쩨:까니 사라 나왇써. 세끼덜 겔칠로뭉 겔치고 몯 겔친놈 몯: 겔치고 한자 그놈 다:: 시집 여우사리하고.

　고상고상 아주. 나 고상하고 산: 말언 해가 자도 메칠얼 해도 못 다 해. 아, 나 살 시상얼 생각하믄. 크라고 아들할라 여일하단 말이지. 저런 아들하고 같이 상께 소케로 한가심이. 궁게 쩨까니 살아 나왔어. 새끼덜 갤칠놈은 갤치고 못 갤친놈 못 갤치고 한자 그놈 다 시집 여우살이 하고.

∞고생고생, 나 고생하고 산 말은 해가 져도 며칠을 해도 못 다해. 아– 나 산 세상을 생각하면. 아들도 온전하단 말이지 부족한 아들하고 같이 사니까. 솜으로 온 가슴을 (틀어막은 듯이) 그렇게 겨우겨우 살아 나왔어. 새끼들 갈칠 놈은 갈치고 못 갈친 놈은 못 갈치고 혼자 그놈 다 결혼시키고.

우리 막뚱이 아더럼 마운두린데 당에 게로너라네써. 고 곱쌀마질 노미 항국통시네 뎅기는데 누니 노파가꼬 그케 게리니라고:.

　우리 막둥이 아덜언 마훈 둘인데 당에 겔혼을 안했어. 고 곱살마질 놈이 한국통신에 뎅기는데 눈이 높아갖고 궁게 개리니라고.

∽우리 막둥이 아들은 마흔 둘인데 아직 결혼을 안 했어. 그 급살 맞을 녀석이 한국통신에 다니는데 눈이 높아서 가리느라고.

"아야 막뚱아, 어쩨 천 나세 누나네 든 사라미 어디가 이뜨냐:. 호박 가튼 나가씨도 서로 정 들고 자성나코 살믄 다: 정들고 산:단 다. 항상 점따. 메싸리여 멛쌀 지끔:. 나이 먹따 나믄: 인자 마이 머거따고 안 셍기제. 그랑께 헤! 엔마나믄 놈만하믄 헤라." 그케 하라게도.

 "아야 막둥아. 어쩨 첫 낫에 눈 안에 든 사람이 어디가 있드냐. 호박 같은 아가씨도 서로 정들고 자석 낳고 살믄 다 정들고 산단 다. 항상 점댜. 멧 살이여 멧 살 지금. 나이 먹다 나믄 인자 만이 먹 었다고 안생기제. 그랑께 해! 엔만하믄 놈만 하믄 해라." 궁게 하 라게도.

∽"아야 막둥아, 한번 보고 눈 안에 든 사람이 어디 있더냐. 호박 같은 아가씨도 서로 자식 낳고 살다보면 정들고 산단다. 항상 젊더냐. 몇 살이여 몇 살 지금. 나이 먹다 나면 이제 많이 먹었 다고 안 생기지. 그러니까 해! 웬만하면 남만하면 해라." 그렇게 하라고 해도.

급쌀 마께 섬맘 보고 아나고::. 그놈망 게론하믄 네가 성가시니:리 억꼬. 이놈도: 쏘케로 가심찌끼하고 글로 아주 나는 그냥 빙이빙 이 벨: 가지 병이 다: 이써가꼬. 시방 밤:나 병아네만 이라고 뎅기 고:. 일:도 모:데 아픙께.

 급살 맞게 선만 보고 안하고. 그놈만 겔혼하믄 내가 성가신 일이 엄고. 이놈도 소캐로 가심 찍기하고 글로 아주 나는 그냥 빙이 빙이 벨 가지 병이 다 있어갖고. 시방 밤나 병안에만 이라고 댕기고. 일도 못해 아픙게.

∽급살 맞게 선만 보고 안 하고. 그놈만 결혼하면 내가 걱정할 일이 없고. 이놈도 솜으로 가슴 찍기하고 글로 아주 나는 병이 병이 별 병이 다 있어가지고. 지금 날마다 병원에만 이러고 다니고. 일도 못해. 아프니까.

씨집사리에 서방 일치 주거불고:. 그케 마:난 세끼덜 여우사리하고:. 아덜 쩌거다고 삼:시로, 소기 암 페나고 늘거강께 멘당 비:엉투거리여 투거리. 그란데 이케 늘그마게 저케 메느리 어더가꼬 상께.

시집살이에 서방 일치 죽어불고. 궁게 만안 새끼덜 여우살이 하고. 아덜 저것하고 삼시로, 속이 안 펜하고 늙어강께 맨당 비엉투거리여 투거리. 그란데 잏게 늙으막에 젛게 메느리 얻어갖고 상께.

∽시집살이에 서방 일찍 죽어서. 그 많은 새끼들 (혼자 힘으로) 결혼시키고 부족한 아들하고 살면서 속이 안 편하고 늙어가니까 맨 병투성이여 투성이. 그런데 늘그막에 며느리 얻어서 사니까.

조 농사일도 거들어 주나요.

장 쩌 와따게도 므닐도 아나고 저케 시땅에망 갈라고 그케 날리를 치고. 믐 바테도 쩨:까난 두안 한나 바또: 다:: 미게불고. 네가 일 모당께 다 미게불고 포라불고 모:데. 노는, 인자 아드리 항께: 놈만 혜.

저1 왔다개도 믄 일도 안하고 젲게 식당에만 갈라고 궁게 난리
를 치고. 믄 밭에도 쩨깐한 두안2 한나 밭도 다 믹에 불고. 내가
일 못항께 다 믹에불고 포라불고. 못해. 논은. 인자 아들이 항께
논만 해.

∞며느리 왔다고 해도 농사일도 안하고 식당에만 나가서 돈만 벌
 려고 하지. 밭도 작은 남새밭 하나 벌고 남은 밭은 다 묵혀 버리
 고. 내가 일 못하니까 다 묵히거나 팔았어. 못해. 논은 아들이 하
 니까 논만 벌어.

밭 두안 쩨깐 거그다가 장녀네 께럴 가랃떠마. 즈그더리 께를 가라
가꼬. 께 가라가꼬: 소:끄도 아나고 메:도 아나고 가라만 나두고.
나너나퍼서 밤:나 강주 와따가따 항께. 즈그더리 헤:따고 함번 옹
께 께가: 푸런 요:레가꼬 이꼬:. 그 소게가 께는 한나도 부:꼬 둘:또
부꼬 그레가꼬 이뗭마. 가서 봉께 한나 구녀기로 톡토겸:떠라고.

  밧 두안 쩨깐 거그다가 작년에 께럴 갈았더마. 즈그덜이3 께를
 갈아갖고 소끄도 안하고 메도 안하고 갈아만 나두고. 나넌 아퍼서
 밤나4 강주 왔다 갔다 항께. 즈그덜이 했다고 한번 옹께 께가 풀언
 요래갖고 있고. 그 속에가 께는 한나도 붙고 둘도 붙고 그래갖고
 있던마. 가서 봉께 한나 구녁이로 톡톡 염더라고.

∞남새밭에다 작년에 깨를 조금 갈았더구먼. 저희들이 깨를 갈았

---

1 '저'는 베트남 며느리를 가리킨다.
2 진도에서 '뒤안'은 집에 딸린 '텃밭'에 대응한다.
3 '즈그덜'은 아들내외를 가리킨다.
4 '밤나'는 '밤낮'의 방언형이다.

는데 솎아주지도 않고 잡초도 안 뽑고 (그렇게) 갈아만 놔두고. 나는 아파서 늘 광주 왔다 갔다 하니까. 저희들이 했다고 한 번 와서 (보니까) 깨가 풀 속에 있는데 한 개도 맺히고 둘도 맺히고 그래가지고 있더구먼. 하나씩 꼬투리 속에서 톡톡 영글드라고.

그러걸레 "아야, 기종아 께 벼라. 한나쿰시겸떠라." "암 빌라! 암 비고 야게불라."

그러걸래 "아야, 기종아5 깨 벼라. 한나쿰식 염더라." "안 빌라! 안비고 약6 해불라."

∞그래서 "아야, 기종아 깨 베라. 한 개씩 영글더라." "안 벨라! 안 베고 약으로 죽여 버릴라."

아날란다가데. 그라걸레 네가 깔게 가꼬가서 안저서 푸러니레가 꼬 소게가 이꺼던. 치레서 다라다 한:나 비어서 하우스 아네다 여노코 쪼깐 더 굴군노미 나먼는데 인자 모:다 거뜨라고. 그레 와서넌, "그놈 아적 일치가니 가서:, 자 데꼬가서 비어노코 가도 헙씨 나홉씨에 가야. 가 벼노코 가그라." 그라고 항께는. 데꼬 가서 빔스로 그라더라 아나요.

안 할란다가데. 그라걸래 내가 깔개 갖고 가서 앉어서 풀언 이래갖고 속에가 있거던. 치레서 다라다7 한나 비어서 하우스 안에

---

5 제보자의 둘째 아들 이름이다.
6 여기서 '약'이란 잡초를 죽이는 약을 말한다.
7 '다라'는 일본식 발음 '다라이'의 줄임말이다. 여기서는 플라스틱으로 된 큰 대야를 가리킨다.

다 여 놓고 쪼간 더 굵은 놈이 남었는데 인자 못하겄드라고. 그래 와서넌, "그놈 아적 일치간이 가서. 자 댏고 가서 비어놓고 가도 협신8 아홉시에 가야. 가 벼놓고 가그라." 그라고 항께는. 댏고 가서 빔스로 그라더라 안하요.

❀(깨 수확을) 안 한다고 하데. 그러기에 내가 깔개 갖고 가 앉아서, 풀 속에가 있거든. (풀 속에서 깨대만) 골라서 대야로 가득 베서 하우스 안에다 널어놓고 조금 더 굵은 것이 남았는데 못하겠어. 그래 와서는 "아침 일찍 (네 처) 데리고 가서 베 놓고 가도 (식당에) 충분히 가야. 베 놓고 가거라." 그러고 하니까. 데리고 가서 베면서 그러더라 하요.

"오빠! 후제너니거 하지 마러부러." 갈:지 마:라고. 아드리 그랑께 알제. 아이, 오레도 인자 콩도 거멍콩얼 이:상 솔:차니 비니리 씨고 싱게뜨라고.

 "오빠! 후제넌 이것 하지 말어 불어." 갈지 마라고. 아들이 그랑께 알제. 아니, 올해도 인자 콩도 거멍콩얼 이상 솔찬히 비닐이 씨고 싱겠드라고.

❀"오빠! 나중에는 이것 하지 말아버려." 갈지 말라고. 아들이 그

---

8 '협신(~협북/합북)'은 이 문장에서 '넉넉하다, 충분하다, 흐벅지다'에 대응된다. 문헌을 보면 '흐윅하-'와 '흐윅이'가 발견된다. '흐윅-'은 '흡족하다, 흐벅지다, 윤택하다'등의 의미를 가지고 있다.『표준국어대사전』에 '흐벅지다'와 '흡박하다'가 나온다. '흡박'은 한자로 '洽博'이며 1음절 '洽'은 '윤택하다, 넉넉하다'의 의미를 가지고 있다. 이것으로 보아 '흐벅-'과 '흡박-'은 '*흡->흫-'에서 소급된 것으로 보인다. 전남방언에서 쓰이는 '협신, 협북'의 '협-'의 형태를 문헌에서 찾아볼 수 없어 현재로서는 단언하기 어렵지만 이 어휘들 역시 '흫-'에서 출발한 것은 아닐까 추정해본다.

러니까 알지. 아니, 올해도 검정콩을 이상 많이 비닐이 씌우고
심었더라고.

콩이 인자 함비짜궁 키망 커서 안 여러써도 함비짜건 여러뜨라고.
여물 드러서 할 떼가 다써. "아야 콩 헤라:. 콩 함삐짜거넙:써도
엄:는 노먼 하지 말고 인는 놈만 헤서 하우스 아네다 너러따 뜨둘
제. 한나큼 이써도 실하드라. 뜨둘먼 씨거뜨라." 그라고 헤꺼던.

콩이 인자 한비짝은 키만 커서 안 열었어도 한비짝언 열었드라
고. 여물9 들어서 할 때가 닸어. "아야 콩 해라. 콩 한비짝언 없어
도 업는 놈언 하지 말고 있는 놈만 해서 하우스 안에다 널었다 뜨
둘제. 한나큼 있어도 실하드라. 뜨둘먼 씨겄드라." 그라고 했거던.
∞콩이 한쪽은 키만 크고 안 열었어도 한쪽은 열었더라고. 여물어
서 할 때가 되었어. "아야 콩 해라. 여물 안든 콩은 하지 말고 여
물 든 것만 해서 하우스 안에 널었다가 뚜드려라. 드물게 있어
도 실 하드라. 뚜드리면 쓰겠더라."그라고 했거든.

네가 저그나믄 한데: 하머나프고:. 마므니써도 하머나풍께 므설
모데. 그레 "아야, 콩잔 헤:야. 질까 바테서 노미 요게야. 콩잔 헤서
하우스에다 믑 피고 여러놔따가 띠두르머난 씨건냐. 콩잔 헤라."
나: 보고 또 일 시긴다고 요게. 일: 시긴다고.

내가 적은하믄10 한데 하먼 아프고. 맘은 있어도 하먼 아풍께

---

9 '여물'은 '알맹이'를 말한다.
10 여기에 쓰인 '적은하다'는 『표준국어대사전』의 '수월하다1', '웬만하다1', '시
  원하다3' 등의 표현이 쓰일 자리에 나타난다.

뭇얼 못해. 그래 "아야, 콩잔 해야. 질가 밭에서11 놈이 욕해야. 콩잔 해서 하우스에다 뭇 피고 열어났다가 띠두르면 안 씨겄냐. 콩잔 해라." 나보고 또 일 시긴다고 욕해. 일 시긴다고.

∞내가 웬만하면 하는데 하면 아프고. 마음은 있어도 하면 아프니까 일을 못해. 그래 (아들더러) "아야, 콩 좀 해야. 길가 밭에서 남이 욕해야. 콩 해서 하우스에다 (깔개) 펴고 널어놓았다 뚜드리면 안 쓰겠냐? 콩 좀 해라." 나 보고 또 일 시킨다고 욕해. 일 시킨다고.

"네가 시살머그네기요 두 살 머거쏘 시살 머거쏘." 그라고 인자 아드리: 징항께 인자 메:뻔 하다가 카만 나둬써. 밤나 누노고 시상에 상에 시: 세가꼬 콩 한데에 사마나니네 어짜네. 오레능 거멍콩 안 쎈따고 그라데. 그란데 시상에상에 헤 가꼬:. 어디 병앙 감시로 봉께 밤나 누노고 그랑께 인자 땅 다가꼬 써거가꼬 이써.

"내가 시살 먹은 얘기요 두 살 먹었소 시살 먹었소." 그라고 인자 아들이 징항께 인자 멫 번 하다가 카만 나뒀어. 밤나 눈 오고 시상에 상에 시 세갖고12 콩 한 대에 사만안이네 어짜네. 올해는 거멍콩 안 쎘다고13 그라대. 그란데 시상에상에 해갖고. 어디 병안 감시로 봉께 밤나 눈 오고 그랑께 인자 땅 닿 갖고 썩어갖고 있어.

---

11 '田'을 의미하는 '밭'은 환경에 따라 'ㅅ~ㄷ~ㅌ'의 교체를 보인다. 처격조사 '-에' 앞에서 반드시 'ㅌ'으로 실현되지만 그 외의 모음어미 뒤에서는 'ㅅ'으로 실현되고, 자음 앞이나 단독으로 쓰일 때는 'ㄷ'으로 나타난다. 그러므로 처격 앞에서는 '밭'으로, 그 외의 자리에서는 '밧'으로 표기한다.

12 '시 세다'는 '값이 높다'를 의미한다.

13 '쎘다'는 '흔하다'에 대응한다.

∞"내가 세 살 먹은 애기요 두 살 먹었소." 그러고 아들이 대드니까 몇 번 말하다가 가만 나뒀어. 늘 눈 오고 세상에 가격이 높아서 콩 한 대에 사만원이네 어쩌네 하는데. 올해는 검정콩이 귀하다고 그러대. 그런데 세상에 상에 해 가지고. 병원에 가면서 보니까 늘 눈 오고 그러니까 이제 땅 닿아서 썩어갖고 있어.

조 지금도 안했어요?

장 시방도 아나고 이써. 인자 댜:불라고. 워메워메: 네가 살리마고 할 떼넌. 네가 인자 그릉거 시기고할 때는 인자 거름도 사다하고 항께. 농사도 잘 떼고 크라더니. 카만 나둥께 나락도:: 다: 메루메기고:. 네가 농사 질떼보담 시방언 나락또 엔:통 안나오고. 거름도: 지데로 헤야 농사가 데제 거르메끼다 농사도 안댜.

시방도 안하고 있어. 인자 댜 불라고. 워매워매 내가 살림하고 할 때넌. 내가 인자 그른 것 시기고 할 때는 인자 거름도 사다하고 항께. 농사도 잘 데고 크라더니. 카만 나둥께 나락도 다 메루 멕이고. 내가 농사 질 때 보담 시방언 나락도 엔통 안 나오고. 거름도 지대로 해야 농사가 데제 거름 애끼다 농사도 안댜.

∞지금도 안하고 있어. 이제 다 갈아버릴라고. 워매워매 내가 살림하고 살 때는. 내가 그런 것 시키고 할 때는 거름도 사다하니까 농사도 잘 되고 그러더니. 가만 놔두니까 벼도 다 멸구 먹이고. 내가 농사지을 때 보다 지금은 벼도 온통 안 나오고. 거름을 제대로 해야 농사가 되지 거름을 아끼면 농사도 안 돼.

거르머리케 에껴. 돈 주고 안살라고 그랑거이제. 노네다 미꺼름 암:마하고, 우꺼름 암마 헤야 조아야 헤도. 나락 헤노뭉 고케 데릉게 쏩 마이로 헤 노코 메루 미기고. 오레도 메루 미게따고 나락 쩨깐 나따고 헤 싸.

거름얼 잉게 애껴. 돈 주고 안 살라고 그란 것이제. 논에다 밑거름 안마하고, 웃거름 안마해야 조아야 해도. 나락 해 노믄 곻게 대룽게14 속 마이로 해 놓고 메루 믹이고. 올해도 메루 믹엤다고 나락 쩨깐 낛다고 해 싸.

∞거름을 아껴. 돈 드니까 안 사려고 그런 것이지. 논에다 밑거름 얼마하고, 웃거름 얼마 해야 좋아야 해도. 나락도 달래같이 작게 지어놓더니 멸구 먹이고. 올해도 멸구 먹였다고 나락도 조금 났다고 해 싸.

마늘도: 마늘 끔 조탄다고 오레는 마늘 논다게 싸:. 받 댜가꼬 비니럴 쎠 나떵가. 으베 가서 삼마난썩 주고 사다가 놔:쎠. 놈 비싸다강께.

마늘도 마늘 금 좋단다고 올해는 마늘 논다개 싸. 밧 댜갖고 비닐얼 쎠낳던가. 읍에 가서 삼마난썩 주고 사다가 놨어. 놈 비싸다강께.

∞마늘도 마늘 값이 좋다고 올해는 마늘 논다고 해 싸. 밭 갈아서 비닐을 씌워 놨던가. 읍에 가서 삼 만원씩 주고 사다가 놨어. 남이 비싸다고 하니까.

---

14 '대룽게'는 '달래'의 방언형이다. '대룽게 속'이란 '벼가 달래같이 키가 작다.' 는 의미이다.

고라야체. 걸고 메:야제. 오메:: 싱게만 노믄 머글쭝 알고 고케 싱
게만 노코. 가서봉께 지시미: 지시미 지시미: 그케떰마. 네가 밤메
써. 가봉께 고랑에맘 마늘 세다구로 푸린는 노먼 한:나 뜨또 아나
고 고랑에맘 말:가니 뜨더 노코.

고라야제. 걸고15 매야제. 오매 싱게만 놓믄 먹을 중 알고 공게
싱게만 놓고. 가서 봉께 지심이 지심이 궁게떰마. 내가 밭 맸어. 가
봉께 고랑에만 마늘 새다구로 풀 있는 놈언 한나 뜯도 안하고 고
랑에만 말가니 뜯어 놓고.

꿈고라야지. 걸고 매야지. 오매 심어만 놓으면 먹을 줄 알고 심어
만 놓고. 가서 보니까 잡초가 잡초가 많이 있어. 내가 밭 맸어,
고랑만. 마늘 사이로 있는 풀은 아예 뜯도 못하고 고랑만 깨끗
하게 뜯어 놓고.

거르멀 또 하라게도 아네. 절:때 아네. "마늘또 미뜰라믄 시하네
두불 시불하고 설 시고 두불헤야 마늘도 믿뜨러야:. 놔만 노코 거
르마나믄 덴댜:. 거롸사 포라 먹쩨. 거르멀 헤!" 그라믄 또 나 보고
시붕거린다고 앙체끼 한다고 요게.

거름얼 또 하라개도 안해. 절대 안해. "마늘도 밋들라믄 시한에
두불 시불하고 설시고 두불해야 마늘도 밑들어야. 놔만 놓고 거름
안하믄 덴댜. 걸와사 폴아 먹제. 거름을 해!" 그라믄 또 나보고 시
붕거린다고 안체끼 한다고 욕해.

꿈거름을 또 하라고 해도 안 해. 절대 안 해. "마늘도 밑 들려면 거

---

15 '걸다'는 흙이 기름지고 양분이 많다는 것을 의미한다.

울에 두 번 세 번 설 지나고 두 번 해야 마늘도 밑 들어야. 놔만 놓고 거름 안 하면 된 다냐. 걸어야 팔지. 거름을 해!" 그러면 또 나 보고 잔소리 한다고 아는 척 한다고 욕해.

조 마늘밭에는 어떤 거름이 좋은가요?

장 보가벌 헤야 댜. 마늘 바테넘 보가벌 헤야 질:게 가고 믿뜰체. 요소하믐 빤따가고 미시 안드러. 마늘 기운도 더 거름 기운도 더 떨어지고 미단드러.

복합얼 해야 댜. 마늘 밭에넌 복합얼 해야 질게 가고 밋들제.16 요소하믄 반딱하고17 밋이 안들어. 마늘 기운도 더 거름 기운도 더 떨어지고 밋 안들어.

∽복합을 해야 돼. 마늘 밭에는 복합을 해야 길게 가고 밑들지. 요소하면 그 때 뿐이고 밑이 안 들어. 마늘 기운도 거름 기운도 더 떨어지고 밑 안 들어.

요소고 보가비고 또 음:마나 게 데가리 소금버리듣 허처 난능가. 마늘또 추아다 봉께. 가눕띠:: 가느라가꼬 포라먹또 모다거떼. 저 레가꼬 인는데 폴:쎄 틀럲쩨. 그람시로 즈그덜만 자란다고 저만 자란다고. 믐 마:럴 안드러, 노무 마럴.

요소고 복합이고 또 은마나 '개 대가리 소금 버리듯' 허처났는

---

16 여기서 말하는 '밋들다'는 '감자, 고구마, 마늘'등과 같이 뿌리식물의 굵은 정
　 도를 말하는 것으로 '밑들다'의 방언형이다.
17 '반딱'은 '반짝'의 방언형이다.

가. 마늘도 추아다 봉께. 가늡디 가느라갖고 폴아 먹도 못하겄데. 저래갖고 있는데 폴세 틀렸제. 그람시로 즈그덜만 잘한다고 저만 잘한다고. 믄 말얼 안들어, 놈우 말얼.

∞요소고 복합이고 또 얼마나 '개 대가리 소금 버리듯' 뿌려놨는가. 마늘도 쳐다보니까. 가늘디가늘고 팔아 먹도 못 하겠데. 저래가지고 있는데 진작 틀렸지. 그러면서도 저희들만 잘한다고 저만 잘한다고. 무슨 말을 안 들어, 남 말을.

 ## 시집살이

조 자식 둘이 먼저 갔다고 그랬던가요?

장 망: 나서, 망: 나 집짜리서 주거써. 둘따 시:무레: 또 나가꼬 또.

막 낳서, 막 나 집자리서1 죽었어. 둘 다 시물에 또 나갖고 또.

∞ 막 낳아서, 짚자리에서 죽었어. 둘 다 스물에 낳아 가지고 또.

조 집 자리라고 그러면?

장 엔:나레넘 물 떠노코: 망: 나서:. 세밀도 안 너머서 주거부러써:.

옛날에넌 물 떠놓고2 막 낳서. 샘일도 안 넘어서 죽어불었어.

∞ 물 떠놓고 막 나서. 삼일도 안 지나서 죽어버렸어.

조 세 번째 애기도 잘못 될까봐 걱정했겠네요.

장 그라:제. 조메조메 하제. 으타타 시:상에 나늠 믄제로 에기릴

라서 이케 놈 모달 이럴……. 그거 가따 디네블라믄 음:마나 징

---

1 '집자리'는 '짚자리'를 말한다. 옛날에는 아기를 낳을 때 짚을 깔고 낳았기 때
  문에 '짚자리'라고 한다. 이 책의 '젖을 타다'편을 보면 '아기 낳다 짚이 샅에
  닿아서 부었다'는 대목이 나온다.
2 애기를 낳으면 '제왕(삼신할머니) 상'이라고 해서 물을 떠놓았다.

헤:. 에기럴 나서 또 그라까마니 밤:나 걱정헫쩨. 간데 우리아덜 베서 씨함쎄가 ᄆ시랑고아니:, 가랑이네는 딸라믄 또 중는다가드라! 꼭 밤만 머그믄 씨함쎄가 그 염:병얼 하네. 졈졩이가 그란데 또 딸라믄 또 중는다가드라 헫따고. 간데 아들만 나써.

그라제. 조매조매 하제. 으타타 시상에 나는 믄 제로 애기럴 낳서 잊게 놈 못할 일얼……. 그거 갖다 디네블라믄3 은마나 징해. 애기럴 낳서 또 그라까마니 밤나 걱정했제. 간데 우리 아덜 배서 씨함쎄가 뭇이란고 하니, 가랑이네는 딸 낳믄 또 죽는다가드라! 꼭 밥만 먹으믄 시함쎄가 그 염병얼 하네. 점쟁이가 그란데 또 딸 낳믄 또 죽는다가드라 했다고. 간데 아들만 났어.

∽그러지. 조마조마 하지. 으따따 세상에 나는 무슨 죄로 애기를 나서 이렇게 남 못할 일을……. 그것 가져다 (묻으려면) 곤욕스러워. (그래서) 애기를 낳으면 또 (죽을까봐) 늘 걱정했지. 그런데 우리아들 배서 시할머니가 뭐라는고 하니. 가랑이네는 딸 낳으면 또 죽는다고 하드라! 꼭 밥만 먹으면 시할머니가 그 염병을 하네. 점쟁이가 그러는데 딸 낳으면 또 죽는다고 하드라 그랬다고. 그런데 아들만 낳았어.

조 스무살이면 어린나인데요.

장 그랑께:. 그: 일치 에링거시 씨집가가꼬: 시꾸 마난데 거그서 사라나온 이럴 셍각하믄 누니:, 시방도 우치케: 사라 나와씨까::

---

3 '디내불-'은 중앙어의 '버리다'에 대응한다.

셍가기나. 시방 아그덜 가트믄 밥또 할쭝 모르꺼인데 고:: 바베서
다 차라네고:. 방에 찌어 바베서 다 헤주고 고케 이라고 헤쓰까::.
지금 셍가가뭉 꿍가터.

그랑께. 그 일치 에린 것이 시집 가갖고 식구만한데 거그서 살
아나온 일얼 생각하믄 눈이. 시방도 웅짛게 살아 나왔일까 생각이
나. 시방 아그덜 같으믄 밥도 할 중 모르 것인데 고 밥해서 다 차
라내고. 방에 찧어 밥해서 다 해주고 공게 일하고 했을까. 지금 생
각하믄 꿈같어.

∞그러니까. 그 어린 것이 일찍 시집가가지고 식구도 많은데서 살
아나온 일을 생각하면 눈이 (아득해), 지금도 (그때 일만 떠오르
면) 어떻게 살아 나왔을까 생각이나. 요즘 애들 같으면 밥도 할
줄 모를 나이인데. 방아 찧어 밥해서 차려주고 했을까. 지금 생
각하면 꿈같아.

그라고 자근씨엄씨아고 나하고 에기럴 가:치 가저가꼬 한다레 또
나케 댜써. 자근씨엄씨하고 가치 두리 에기 베:가꼬 뎅게쩨. 씨함
쎄가 또 머이라 항가니:. 한지비서 이 자근씨엄씨 자는 방언 헨낭
이고, 나는 모방이고 그레꺼던. 그랑께 인자 딴: 지붕머리라 한헤
둘: 나도 켄찬하다게.

그리고 작은씨엄씨하고 나하고 애기럴 같이 가저서 한달에 또
낳게 댰어. 작은 씨엄씨하고 같이 둘이 애기 배갖고 댕겠제. 씨함
쎄가 또 멋이라 한가니. 한집이서 이 작은씨엄씨 자는 방언 핸낭
이고, 나는 모방이고 그랬거던. 그랑께 인자 딴 지붕머리라 한해
둘 나도 갠찬하다개.

∞또 작은 시어머니하고 나하고 애기를 함께 가져서 같은 달에 낳게 되었어. 작은 시어머니하고 같이 애기 배서 다녔지. 그런데 시할머니가 또 뭐라고 하냐면. 작은 시어머니 자는 방은 행낭이고, 나는 모방이고 그랬거든. 그러니까 다른 지붕머리라 한해 둘 낳아도 괜찮다고 해.

조 한 지붕아래서 둘 낳으면 안 좋은가요?

장 이 한: 지붕머리라 한:헤 안나체. 간데 헨낭이고 큰 지붕머링께 겐차하다게 한 지붕 머리가 아잉께. 간데 고놈 늘그니가 머이라 항가니. 밤::나 나년, 느께 나나 일치 나나 에기 나면 놈 모방 어:더 나:가꼬 드로고. 즈그 메느리년 즈그 집써 나:라고 요라고 또 늘그니가 그라네.

이 한 지붕머리라 한해 안 낳제. 간데 햇낭이고 큰 지붕머링께 갠찬하다개 한 지붕머리가 아닝께. 간데 고놈 늙은이가 머이라 한 가니. 밤나 나년, 늦게 나나 일치나나 애기 나면 놈 모방 얻어 나 갖고 드로고. 즈그 메느리년 즈그 집서 나라고 요라고 또 늙은이 가 그라네.

∞한 지붕머리일 때는 한해 안 낳지. 그런데 (작은 시어머니는) 행 낭이고 (나는) 큰 지붕머리이니까 괜찮다고 해, 한 지붕머리가 아니니까. 그런데 그 늙은이가 늘 나는, 늦게 낳으나 일찍 낳으 나 애기를 낳으면 남의 집 모방 얻어 낳아서 들어오고. 당신 며 느리는 당신 집에서 낳으라고 또 늙은이가 그러네.

그랑께 인자 놈 모방 어더나써. 에기 미르므닌자 거가 나: 가꼬 드롤라고. 하: 그레서인자 서:따린데 나넌 놈 모방이로 가서 에기 나 가꼬 피 찍찍 흘러가꼬 또 드로거따:: 하는 이럴 셍가가믄 거부게:. 거부게서 "아이고- 지앙님네 지앙님네: 하루망정 이레도 우 짜든지 섣딸 노코 정오레만 나 주쇼:." 하-, 잠만 께면 소그로 그 라제. 잠만 께면 그라제. 인자 노무 지비로 앙 갈라고 하루만 닝게 서 나므닌자 그다레 안 낭께.

그랑께 인자 놈 모방 얼어났어. 애기 미르믄 인자 거가 나갖고 드롤라고. 하 그래서 인자 섣달인데 나넌 놈 모방이로 가서 애기 나갖고 피 찍찍 흘러갖고 또 드로겄다 하는 일얼 생각하믄 거북 해. 거북해서 "아이고 지앙님네 지앙님네 하루망정이래도 우짜든 지 섣달 놓고 정올에만 나 주쇼." 하, 잠만 깨면 속으로 그라제. 잠 만 깨면 그라제. 인자 놈우 집이로 안 갈라고 하루만 닝게서 나믄 인자 그달에 안 낭께.

∽그래서 남의 작은방 얼어났어. 애기 밀면 낳아서 들어오려고. 그런데 남의 작은방에 가서 애기 낳아 가지고 피 찍찍 흘려서 들어올 일을 생각하니까 거북해. 거북해서 "아이고 제왕님(삼 신), 제왕님 하루만이라도 (좋으니) 어쨌든지 섣달 지나고 정월 에만 낳게 해주시오." 하-, 잠만 깨면 속으로 그러지. 잠만 깨면 그러지. 남의 집으로 안 가려고 하루만 넘겨서 나면 그달에 안 낳으니까.

에기럴 차투가꼬 데임시로 어서 나부러야 데제마는 베불릉 거 소 농 업써. 한다레 안 날라고 날 비케서 나:키만 하믄 조아. 그라고

밤:나 그레떠니 시:상에 섣따레긴데. 씨엄씨넌 섣따레 나꺼던. 아이 딱 서:리 너머부네 안 나코.

애기럴 차투갖고 대임시로 어서 나 불어야 데제마는 배불른 것 소용없어. 한 달에 안날라고 날 비케서 낳기만 하믄 좋아. 그라고 밤나 그랬더니 시상에 섣달 애긴데. 씨엄씨넌 섣달에 났거던. 아이 딱 설이 넘어부네 안 낳고.

∽애기는 자루처럼 다니면서도 어서 낳아야 되지만 배부른 것 소용없어. 같은 달에 안 낳으려고, 날 비켜서 낳기만 하면 좋아. 늘 (그렇게 빌었더니) 세상에 섣달 애긴데. 시어머니는 섣달에 낳았거든. 그런데 설이 딱 넘어버리네, 안 낳고.

오::메오메 인자 서레 인자 에기 나까 무성께 친정에도 앙가고 그렌는데. 설: 딱 너머부러. 오메오메 그케 조을 쑤가 업써. "지앙님네 지앙님네, 감사합니다: 감사합니다." 하고 인자 정오리 댜붕께 맘 푸욱: 노아불고 노무 모방이로 앙 가거따:. 그르케 마미 놔지더라고:. 서따레긴데: 설: 시고도 여러 날 리따가 나트라고.

오매오매 설에 애기 날까 무성께 친정에도 안가고 그랬는데. 설 딱 넘어 불어. 오매오매 궁게 좋을 수가 없어. "지앙님네 지앙님네, 감사합니다 감사합니다." 하고 인자 정올이 댜붕께 맘 푸욱 놓아 불고 놈우 모방이로 안 가겄다. 그릏게 맘이 놔지더라고. 섣달 애긴데 설 시고도 여러 날 있다가 낳드라고.

∽오매오매 설에 애기 낳을까 봐 친정에도 안가고 그랬는데. 설이 딱 넘네. 오매오매 그렇게 좋을 수가 없어. "제왕님, 제왕님 감사합니다, 감사합니다."하고 정월이 되니까 남의 모방으로 안

가겠다 하고 마음을 푸욱 놓아지더라고. 섣달 애긴데, 설 쇠고
도 여러 날 있다가 낳더라고.

조 날 달이 지나서 또 걱정하지는 않았어요.

장 걱쩡 아네써. 나까 무성께 걱정헫쩨.
  걱정 안했어. 날까 무성께 걱정했제.
∞걱정 안했어. 낳을까 봐 걱정했지.

조 씨할머니 밑에서 키우느라 예쁘다는 표현도 못했겠네요.

장 이삐게 키기는. 꽁 늘그니가: 모방에다 창구녀기로 뚤러노코.
즈그 손지넌 하:루 점드록 등어리에다 억꼬 이꼬. 네가 난 노멍 그
케 모방에 처 놔두고. 나:가꼬 베럴짜먼. 인자 우리에기 나:가꼬
인자 베:를 짱께. 에기가 막 깜:짝깜짝 보두 쏘리에 놀:레 드라고,
인자 낭:거시라:. 그라걸레 보둥꼬 나가서.
  이삐게 키기는. 꼭 늙은이가 모방에다 창구녁이로 뚤러놓고. 즈
그 손지넌 하루 점드록 등허리에다 업고 있고. 내가 난 놈언 궁게
모방에 처 놔두고. 나 갖고 베럴 짜먼. 인자 우리애기 나 갖고 인
자 베를 짱께. 애기가 막 깜짝 깜짝 보두 소리에 놀래 드라고, 인
자 난 것이라. 그라걸레 보둠고 나가서.
∞예쁘게 키우기는. 꼭 늙은이가 작은방에 (뉘어 놓은 채) 창구멍
  만 뚫어놓고 (보고 있고). 당신 손자는 하루 종일 등허리에 업고
  있고. 내가 낳은 애기는 그렇게 작은방에 처박아놓고. 낳아서 베

를 짜면, 애기를 낳아 가지고 베를 짜니까, 애기가 바디소리에 깜짝깜짝 놀라 드라고, 막 낳은 애기라. 그러기에 안고 나가서.

"함마이 에기 큼방에다 잔 네: 노쇼:. 보두 칠:떼마다 에기 놀:레 요:." 큼방에다 뉘 놀랑께. "가̆따 네̆나. 거̆따 네̆놔." 몯: 데̆꼬 큼방 이로 오라하네. 에기럴 몯 데꼬 도로 베 짠 네 방이로 가따 네 노 라고. 고:런 징한 씨함쎄가 고런 씨집사리럴 헫:땅께.

"한마니 애기 큰방에다 잔 네 노쇼. 보두 칠 때마다 애기 놀레 요." 큰방에다 뉘 놀랑께. "갖다 내나. 것다 내놔." 못 뎅고 큰방이 로 오라 하네. 애기럴 못 뎅고 도로 베 짠 내 방이로 갖다 네 노라 고. 고런 징한 씨함쎄가 고런 씨집살이럴 했당께.

∽"할머니 애기 큰방에다 좀 뉘어 놓으소. 바디 칠 때 마다 애기가 놀라요." 하고 큰방에다 뉘어 놓으려니까. "갖다 뉘어 놔. 거기 다 뉘어 놔." (애기를) 큰방으로 못 데리고 오게 하네. 베 짜는 (내) 방에 도로 갖다 뉘어 놓으라고. 그런 지독한 시할머니가, 그런 시집살이를 했다니까.

그라걸레 인자 드러가서 네: 조또 베고 머시고 인자 에기럴 보둥 꼬 안전는 거시:: 으::찌께 눔무리 나옹가:. 에기럴 보둥꼬 안자서 울고 베 짤 셍각또 말 정도 억꼬. 시:상에 가따 거그다 잔 니어노 믄 쓰걷따고:. 놀:린다게도 몯: 니고 도로 가따 니어노라가니……. 자근씨엄씨는 베도 안 짜고 에기만 보둥꼬 저설 메기고 인능 거 시. 눔무리눔무리: 에기 옫 다: 저꼬 네 옫 다: 저꼬.

그라걸래 들어가서 내 졷도 베고 멋이고 인자 애기럴 보둠고 앉었는 것이 으찡게 눈물이 나온가. 애기럴 보듬고 앉어서 울고 베 짤 생각도 말 정도 업고. 시상에 갖다 거그다 잔 니어노믄 쓰겄다고. 놀런다개도 못 니고 도로 갖다 니어노라가니……. 작은 씨엄씨는 베도 안 짜고 애기만 보듬고 젓얼 멕이고 있는 것이. 눈물이 눈물이 애기 옷 다 젖고 내 옷 다 젖고.

∞그러기에 들어가서 내 좆도 베고 뭐고, 애기를 안고 앉어있는 것이 어떻게 눈물이 나오는가. 애기를 안고 앉어서 우는데, 베 짤 생각도 말 정도 없고. 세상에 거기다 좀 뉘어 놓으면 좋겠다고, 놀란다고 해도 못 누이고 도로 갖다 뉘어 노라고 하니……. 작은 시어머니는 베도 안 짜고 애기만 안고 젖을 먹이고 있는 것이, 눈물이 눈물이 애기 옷 다 젖고 내 옷 다 젖고.

그라고 인자 울:고 안저쓰께:. 늘그니가 또 쪼차와써. 베짜넌 소리가 안낭께. 모방이로 쪼차와서 문 너러 보드랑께. "어쩨 베 안 짱고."

그라고 인자 울고 앉었응께. 늙은이가 또 쫓아 왔어. 베 짜넌 소리가 안낭께. 모방이로 쫓아와서 문 널어4 보드랑께. "어쩨 베 안 짠고."

∞그렇게 울고 앉아 있으니까. 늙은이가 또 쫓아왔어. 베 짜는 소리가 안 나니까. 모방으로 쫓아 와서 문 열어 보더라니까. "왜 베 안 짜는고."

---

4 제보자는 '열다'(開)를 '널다'로 '널다'(晞)를 '열다'로 쓰고 있다. 본문 501~502쪽 참고. 이기갑(2009: 228)도 '開'를 '널다'로 수록되어 있고 영암에서도 '열다'를 환경 따라 '널다'로 쓰기도 하였다. ㄴ-첨가인 것으로 보이지만 한편으로는 '널다'를 '열다'라고도 하기 때문에 좀 더 살필 필요가 있다.

조 할머니 남편은요.

장 크레도 카만 나둬 엔:날 사람드리라:. 엔:날사람더런, 그레도 아이, 에기가 그라믕 거그다 녀노체 어쩨 함씨 거그다 니라 휀능가:? 므다믄 지끔 사람드런 그라제. 그라제마는 나도 서방보고 함씨가 이라네 저라네 그름 말:도 아나고. 이저네는 멍청헤씽께: 시방 사람가트먼 으:쩨 그름 마럴 안 헤:. 고케 씨집사리하고 그레도 함:마디 안 휀쩨.

크래도 카만 나둬 엣날 사람들이라. 엣날사람덜언, 그래도 아니. 애기가 그라믄 거그다 녀놓제 어쩨 함씨 거그다 니라 했는가? 뭇하믄 지금 사람들언 그라제. 그라제마는 나도 서방보고 함씨가 이라네 저라네 그른 말도 안하고. 이전에는 멍청했잉께 시방 사람 같으면 으쩨 그른 말얼 안해. 공게 시집살이하고 그래도 한마디 안했제.

∞그래도 가만 나둬 옛날 사람들이라. 옛날사람들은, 애기가 (놀래면 큰방에) 뉘어 놓지 왜 할머니, (베 짜는 방에) 뉘어 놓으라 했는가? 지금 사람들은 그러지. 나도 시집살이 그렇게 하고 살았어도 서방보고 할머니가 이러네 저러네 한 마디도 안 하고. 옛날에는 멍청했으니까 지금 같으면 왜 그런 말을 안 해. 그렇게 시집살이하고 그랬어도 한마디 안했지.

함버넌:, 그른떼는 보리럴 송끼게로 훝터네고만. 모방에다 인자 우리에기를 아저게 메옥 시게서 밤 머꼬 오:레오레 자거라: 그라고 니어 노코는 보리러린자 우리 남정네넌 홀트고 나는 갈라주고 씨함쎄넌 디:슬 보고 그라거던.

한번언, 그른 때는 보리럴 손기게로 훑어내고만. 모방에다 우리
애기를 아적에 메욱 시게서 밥 먹고 오래 오래 자거라 그라고 니
어 놓고는 보리럴 인자 우리 남정네넌 홀트고 나는 갈라주고 씨함
세넌 딧을 보고 그라거던.

∞ 한번은, 그때는 보리를 손기계로 훑어낼 때구먼. (아침에) 작은
방에다 우리애기를 목욕 시켜서 밥 먹이고 오래오래 자거라 하
고 뉘어 놓고는, 보리 (타작을 하는데) 우리 남편은 훑고 나는
갈라주고 시할머니는 뒤를 보고 그러거든.

아이: 에기가 벵낙가치 우러. 우러도 전 쭈:라 하기저네 저설 몬 쮜.
함쎄가, 함쎄가 전 주라 헤야 저설 줘야제:. 아::무리 우러도 저설
몬:쭤. 에기가 고케 울고 직써 이:럴 헤 베까테서 이럴 하고 모방에
서 그케 우러도. 전 쮜:라 그레야 전 쭈제. 전 쭈라 아네 전 쭈믄 염:
병 천병 다 항께, 전 쭌다고. 고케고케 징한 씨집사리 헤:땅께.

아니 애기가 백낙같이 울어. 울어도 젓 주라하기 전에 젓얼 못
쭤. 함쎄가, 함쎄가 젓 주라 해야 젓얼 줘야제. 아무리 울어도 젓얼
못쭤. 애기가 공게 울고 집서 일얼 해도 배깥에서 일얼하고 모방
에서 궁게 울어도. 젓 쮜라 그레야 젓 주제. 젓 주라 안 해 젓 주믄
염병천병 다 항께, 젓 준다고. 공게공게 징한 시집살이 했당께.

∞ 아니 애기가 벼락같이 울어. 울어도 젖 줘라 하기 전에는 젖을
못 줘. 할머니가, 할머니가 젖 줘라 해야 젖을 줘야지. 아무리 애
기가 울어대도 집에서 일을 하던 밖에서 일을 하던 작은방에서
울어도. 젖 줘라. 그래야 젖 주지 (젖 주라는 말) 안 해서 젖을 주
면 염병천병 다 하니까, 젖 준다고. 그렇게 지독한 시집살이를

했다니까.

엔만하믄 네가 나도 사라민데 이케 함씨보고 요걸 하걷쏘:. 아이 그래서 인자 에기가 고:케 울던 에기가 지용헤. 우:다울다 잠든 모냥이어 지처가꼬:. 정시멀 차릴라고 그레떵가 어쩨뚱가 정제드라서. 정제 센문 또 여는 소리가 나믄 또 늘그니가 요강께. 문 너러 본다고 또 요강께. 송꾸라기로 침 볼라가꼬 창구녀게다 요케 송꾸라기로 뚤러서 모방 어짜냐 디레다 봉께.

엔만하믄 내가 나도 사람인데 잉게 함씨보고 욕얼 하겄소. 아니 그래서 인자 애기가 콩게 울던 애기가 지용해. 울다 울다 잠든 모냥이어 지처갖고. 정심얼 차릴라고 그랬던가 어쨌든가 정제 들아서. 정제 샛문 또 여는 소리가 나믄 또 늙은이가 욕항께. 문 널어 본다고 또 욕항께. 손꾸락이로 침 볼라갖고 창구녁에다 용게 손꾸락이로 뚤러서 모방 어짜냐 디레다 봉께.

∞웬만하면 내가 나도 사람인데 할머니보고 욕을 하겠소. 그런데 아니 (벼락같이) 울던 애기가 (갑자기) 조용해. 울다울다 지쳐서 잠든 모양이여. 점심을 차리려고 그랬든가 어쨌든가 부엌에 들어와서, 부엌 샛문 여는 소리가 나면 또 늙은이가 문 열어본다고 욕 하니까. 손가락으로 침 발라 창구멍을 뚫어서 (애기가) 어떠냐 들여다보니까.

그른 때넌 흐:간 모도 베치메 베적쌈 그릉거 헤이버써. 흐:간 네 치메 뜨더서 니베서 에기 까넘 보닥찌럴 멘들고 또 고노머레기 돔방에를 멘들고, 네가. 그레가꼬 에기 옴만 흐간 온 니피고 흐감 보

단찌럴 까라서 녀난는데. 창꾸녀기로 뚤러서 봉께 에기느넘:는데 보닥찌가 삐:라네. 피가, 피가 베걸레 인자 요걸 하거나마나 네 조 또 무널 푸떡 열고 드러강께.

　그른 때넌 흐간 모도 베치매 베적삼 그른 것 해 입었어. 흐간 내 치매 뜯어서 니베서 애기 까넌 보닥지럴 맨들고 또 고놈얼 애기 돔방애를5 맨들고, 내가. 그래갖고 애기 옷만 흐간 옷 입히고 흐간 보단지럴6 깔아서 녀났는데 창구녁이로 뚤러서 봉께 애기는 업는 데 보닥지가 삐라네. 피가, 피가 배걸래 인자 욕얼 하거나 마나 내 좆도 문얼 푸떡 열고 들어강께.

∞그때는 흰 베치마 베적삼 옷을 해 입었어. (그래서 내가 입던) 옷들을 뜯어서 누벼가지고 애기 깔아주는 포대기를 만들고 애기 배냇저고리도 만들고, 내가. 애기 흰옷만 입혀서 흰 포대기로 깔아 뉘어 놓았는데, 창구멍을 뚫어서 보니까 애기는 없는데, 포대기만 빨가네. 피가, 피가 보이기에 욕을 하거나 말거나 내 좆도 문을 풀떡 열고 들어가니까.

---

5 '돔방에'는 남자의 저고리이다.

6 제보자는 아기 요를 '보단지~보닥지'라고 하였는데, 중앙어의 '포대기'에 대응한다. '보단'과 '포다기'가 문증되고,『표준국어대사전』에서 '보단'은 '포단' 의 옛말이라고 나온다. '포단'은 요와 이불을 말하며, '포대기'는 어린아이의 작은 이불이나 어린아이를 업을 때 쓴다고 나온다. '보단'과 '포대기'의 1음절 '보, 포'는 같은 한자 '蒲'을 쓰고 있다.
河野六郞 著 · 李珍昊 譯註(155~167)을 보면 '蒲'는 그 음이 '포'로만 나타난 다. 한자 '蒲'는 '甫'에 속한 것으로 '甫'는 현대한자음이 '보'이다. 이 책에서는 순음 'ㅂ'과 'ㅍ'의 분포는 중국 원음의 全淸, 次淸과는 별로 관계가 없고, 한 자에 따라 그 원인이 다르기는 하지만 현대 음에서 어떤 경우 'ㅂ'으로 어떤 경우 'ㅍ'으로 된다는 것은 대부분 '음절편향'에 의한 것이라 보았다.

드러가서 봉께 그 장롱 세다구가 쩨:까난 요마이난 사이가 인는
데. 고:리 어찌께 드러가가꼬 이써. 그 장롱 세:다구로 기어들어
감시로 그레뚱가 어쩨등가. 에기가 음:마나 음마나 울:고 비베서,
디추기 버서서 피가 나서 이 방쁘닥 장판인데. 장판도 아주 뻴::가
고 지 돔방에나 이거세나 피가 무더서, 그 문데고 그레서 디:추게
서 피가나서 두 디추기 고레가꼬.

들어가서 봉께 그 장롱 새다구가 쩨까난 요마이난 사이가 있는
데. 고리 어찧게 들어 가갖고 있어. 그 장농 새다구로 기어들어 가
면서 그랬든가 어쨌든가. 애기가 은마나 은마나 울고 비베서, 디
축이 벗어서 피가 나서 이 방쁘닥 장판인데. 장판도 아주 뻴가고
지 돔방에나 이것에나 피가 묻어서, 그 문대고 그래서 디축에서
피가나서 두 디축이 고래갖고.

∞들어가서 보니까, 장롱 사이로 작은 요만한 틈이 있는데, 그리
어떻게 들어갔는지, 그 장롱 사이로 기어들어 가면서 그랬던가.
애기가 얼마나 울고 비벼서 뒤축이 벗겨져서 피가 나서 방바닥
장판인데 장판도 빨갛고 제 배내옷이나 포대기나 피가 묻어서
문대고 그래서 두 뒤축이 그래갖고.

울다 울다 망:다네 지처가꼬 잠 드런는지. 포:리가 포리가 나쁘다
기 암 베게:: 포리똥언 시커마니 싸노코. 포리가 엉거부터써. 늘그
니가 전 쭈라가낭께 몯 드론당께 몯드롱당께 전쭈라 아나믄.

울다 울다 망단해 지처갖고 잠이 들었는지. 포리가 포리가 낫브
닥이? 안 배게 포리 똥언 시커마니 싸놓고. 포리가 엉거 붙었어. 늙
은이가 젓 주라간항께 못 드론당께 못 드론당께 젓 주라 안하믄.

∞울다 울다 망단해 지쳐서 잠이 들었는지. 파리가 파리가 얼굴이 안 보이게 파리똥은 새카맣게 싸 놓고. 파리가 엉겨 붙었어. 늙은 이가 젖 주란 말을 안 하니까 못 들어간다니까 젖 주라 안 하면.

그레가꼬느닌자 체김 날라고 집 지서꾸나. 큰집써 당에 제기만나고 방 안나만 우선 집지서가꼬 끼메가꼬 제김날라고 따로 지벌 진는데. 그랑께 바메 에기억꼬 큰지비로 자로 가믄.

그래갖고는 인자 재김 날라고 집 짓었구나. 큰집서 당에 재김 안 나고 방 한나만 우선 집 짓어 갖고 끼메갖고 재김 날라고 따로 집얼 짓는데. 그랑께 밤에 애기 업고 큰집이로 자로 가믄.

∞그러다 분가하려고 집을 지었구나. 아직 분가는 안 하고 우선 방 하나만 꾸며가지고 분가하려고 집을 짓는데, 밤에 애기 업고 큰 집으로 자로 가면.

"아:가 아가 으짜던지 미엉만 질고 봉만 타라 봉만 타라:." 보둥꼬 자로 감시로 짠뜩 짠뜨 에기가 웅께:. "으짜던지 미엉만 타고 봉만 타라." 그라고 그케 항상 보둥꼬 큰지비로 자로가고 자로가고 그레뜨니.

"아가 아가 으짜던지 미엉만8 질고 복만 타라 복만 타라." 보둠고 자로 감시로 잔뜩잔뜩 애기가 웅께. "으짜던지 미엉만 타고 복만 타라." 그라고 긍게 항상 보둠고 큰 집이로 자로가고 자로가고 그랬드니.

---

7 진도에서 'ㅊ' 어간말음을 가진 경우에는 'ㅅ'으로 나타난다.
8 여기서 '미엉'은 '목화'가 아니라 '命'을 뜻한다.

꼬"아가 아가 부디 명만 길고 복만 타라 복만 타라." 안고 자러가
면서 잔뜩 애기가 우니까. "부디 명만 타고 복만 타라." 그러면
서 안고 큰 집으로 자러가고 그랬더니.

자러가믄 질까 집써 함마니가 이써. 할마이가 오드마, "시상에 그
라제 어찌야:. 짠:뜩 고케 지 손자만 이뻐 항께 '으짜던지 아가가
봉만타고 미엉만 타라:.' 그란 소리 드러따:." 질깐 함쎄가 드꼬 그
딘나른 그라더랑께. 아:: 그란 시상얼 사라써. 그란 시상.

자러가믄 질가집서 한마니가 있어. 할마니가 오드마, "시상에
그라제 어찌야. 잔뜩 곻게 지 손자만 이뻐항께 '으짜던지 아가가
복만타고 미엉만 타라.' 그란 소리 들었다." 질갓 함쎄가 듣고 그
딧날은 그라더랑께. 아 그란 시상얼 살았어. 그란 시상.

꼬(큰집으로) 가는 그 길목에 할머니 (한 분이 살고) 있었어. 할머
니가 오더니 "세상에, 그러지 어째야. 잔뜩 제 손자만 예뻐 하니
까, 아가 아가 복만타고 명만 타라. 그러는 소리 들었다." 길가
집 할머니가 듣고 그 뒷날은 그러더라니까. 아- 그런 세상을 살
았어. 그런 세상.

즈그 메느리넌 에기는 아누러도 버서 줌스로 "아나:, 에기 젓 쭤:
라." 그람시로도 우레기넌 모방에서 우러도 아누네기: 디뜽에서
버서 줌시로. 우레기넌 한자 이케 우러도 나보고는 넹수 지러다:
밥 차리라라고. 고:런 씨함쎄가 고:런 징한 씨집사리럴 시게써.

즈그 메느리넌 애기는 안 울어도 벗어 줌스로 "아나. 애기 젓 줘
라." 그람시로도 울 애기넌 모방에서 울어도 안 운 애기 딧등에서

벗어 줌시로. 울 애기넌 한자 잊게 울어도 나보고는 냉수 질어다
밥 차리라 가고. 고런 씨함세가 고런 징한 씨집살이럴 시겠어.

∞당신 며느리가 난 애기는 안 울어도 (업고 있다) 벗어 주면서
"아나, 애기 젖 먹여라." 그러고, 우리애기는 작은방에서 아무리
울고 있어도, 나보고는 냉수 길어다 밥 차리라 하고. 시할머니
가 그런 지독한 시집살이를 시켰어.

네가 오지게사 우리할마이넌 주그믄 구렝이 데꺼이다 헫:땅께. 벤
소에 가서 얼릉 안 나와도 그른떼는 세붕 무럴, 세부게 무럴 질른
데. 모다 동네서 때롱께: 세부게 일치:가니 이러나서 무럴 지:러.

내가 오직해사 우리 할마이넌 죽으믄 구렝이 대꺼이다 했당
께. 벤소에 가서 얼른 안 나와도 그른때는 새북 물얼, 새북에 물
얼 질른데. 모다 동네서 때롱께9 새북에 일치가니 일어나서 물얼
길어.10

∞내가 오죽하면 우리 할머니는 죽으면 구렁이 될 것이다 했다니
까. 변소에 가서 빨리 안 나와도, 그때는 새벽에 물을 긷는데. 모
두 동네서 때리니까 새벽에 일찍 일어나서 물을 길어.

인자 물 질러갈라고 이러나서 하장시레 가서 똥싸고 이씨믄. 하장
실 쪼차와서 브다고 안 나오고 물 떠러질라고 고라고 뻐드러전나

---

9 '때루다~때리다'는 중앙어와 대응되는 말이 없다. 샘 바닥에 고인 물을 퍼내
  는 일을 말하는데, 고흥과 영암 두 지역을 조사한 결과 고흥은 확인되지 않았
  고, 영암에서는 '대레 묵고'와 같이 확인되었다.
10 '긷-'는 이 지역에서 [지른다, 질꼬, 지러, 지릉께]와 같이 '질다'로 규칙화 되
  었다.

고 고라고 퍼부꼬 한 늘그니여, 함쎄가:. 징헤써 징헤.

인자 물 질러갈라고 일어나서 하장실에 가서 똥 싸고 있이믄. 하장실 쫓아와서 뭇하고 안 나오고 물 떨어질라고 고라고 뻐드러졌냐고 고라고 퍼붓고 한 늙은이여, 함쎄가. 징헸어 징헤.

∞물 길러가려고 일어나 화장실에서 똥이라도 싸고 있으면, 화장실까지 쫓아와서 물 떨어지면 어쩌려고 뻐드러져 있냐고 퍼 붓고 한 늙은이여, 할머니가. 지독했어, 지독해.

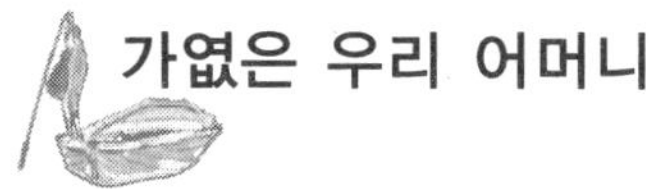 **가엾은 우리 어머니**

[이순예] 우리엄메가: 저 항우정승 후소니어.

우리 엄매가 저 항우정승 후손이어.

∞우리 어머니가 황우정승 후손이야.

[조] 황희정승이요.

[이] 응. 항히정승. 항히정승 거가 궁각 고:리 기항얼 와가꼬: 소:니 다 크게 퍼징: 거이드라. 그레가꼬 항씨가 셍겐는데. 우리:엄메가 검:나게 부자찝 따리야:, 우리엄메가:. 궁갑 도게찌비라가믄 아라 줘써.

응. 항히정승.[1] 항히정승 거가 금갑 고리 기항얼 와갖고 손이 다 크게 퍼진 것이드라. 그래갖고 항씨가 생겼는데. 우리 엄매가 겁나게 부잣집 딸이야, 우리 엄매가. 금갑 도갯집이라가믄 알아 줬어.

∞응 황희정승. 황희정승이 금갑으로 귀향을 와서 손이 퍼진 것이드라. 그래가지고 황씨가 생겼는데, 우리 어머니가 겁나게 부잣집 딸이야. 금갑 주조장집이라고 하면 알아줬어.

---

1 황희(1363~1452): 초명은 수로(壽老)이고 자는 구부(懼夫)이며 호는 방촌(厖村)이다. 세종 때에 18년간 영의정을 지내면서 농사법을 개량하고 예법(禮法)을 개정하는 등 문물제도의 정비에 힘썼으며, 어질고 깨끗한 관리의 표본이 되었다.

그란데 엄메가 그냥 호일짜, 호일짜에를 헤:가꼬 엄메가 그냥 주거부러써, 시:살 머거서. 그란데 에:기가 갑자기 업써저가꼬 오만디로 다:: 차지러 뎅기는데 에기가업떠라가나냐? 그레가꼬는 죽은 엄메한테만 '이 징한년 저만 죽쩨 에기까지 데꼬간냐 하고는……' 나중에 차따차따 봉께넌 시상에 그 딘나런 봉께 주그넘메 그 펭풍소게서 혼니불 더퍼 논데 가서 저설 뽈고 이떠라게:. 시살 머긍 거시: 저설 뽈고 이써가꼬는…….

그란데 엄매가2 그냥 호일짜, 호일짜에를 해갖고 엄매가 그냥 죽어불었어, 시살 먹어서. 그란데 애기가3 갑자기 없어저 갖고 오만디로 다 찾이러 댕기는데 애기가 업더라간 하냐?4 그래갖고는 죽은 엄매한테만 '이 징한년 저만 죽제 애기까지 델고 갔냐……' 하고는 나중에 찾다 찾다 봉께넌 시상에 그 딧날언 봉께 죽은 엄매 그 펭풍 속에서 혼니불 덮어 논데 가서 젓얼 뽈고 있더라게. 시살 먹은 것이 젓얼 뽈고 있어 갖고는…….

☞그런데 엄매가 천연두, 천연두를 앓다가 그냥 죽어버렸어, (우리친정어머니가) 세 살 먹어서. 그런데 또 애기가 갑자기 없어져가지고 사방으로 찾으러 다니는데 애기가 안보이더라고 하

---

2 여기서 '엄매'는 제보자의 친정어머니가 아니라 제보자의 외할머니를 말한다. 대역에서 제보자의 친정어머니는 '어머니'로 외할머니는 '엄매'를 그대로 사용하여 차별을 둔다.

3 '애기'는 제보자의 친정어머니를 가리킨다.

4 이 문장을 다시 정리하면 '애기가 없더라고 안 하냐?'인데 이기갑(2009:122)를 참고하면 전남방언은 중앙어와 달리 장형부정의 축약형 '잖다' 대신 부정어 '안'의 기능이 변화하여 확인 의문사로 쓰인다고 하였다. 이 확인의문사 '안'은 서술어 앞뿐만 아니라 다른 성분 앞에서도 나타날 수 있고 한 문장 안에서 여러 차례 쓰일 수도 있다. 그러나 여러 번 나타난다 하더라도 확인 의문을 나타내는 기능에 있어서는 한 번 쓰이는 것과 차이는 없다.

나? 그래서 죽은 엄매한테 '독한 년 저만 죽지 애기까지 데리고 갔냐……' 하고는 찾다 찾다 세상에 그 다음날 보니까 죽은 엄 매 가려놓은 병풍 뒤 홑이불 덮어 놓은데 가서 젖을 빨고 있더 라고 해. 세 살 먹은 것이 젖을 빨고 있어서…….

조 호일자가 뭐에요?

이 엔날 옘병. 성제가니 오빠 한나 이꼬 언니 이꼬 그렌는데. 아 드런 여:섣싸링가하이튼 머거서 주꼬. 언닝가 누궁가가 아옵싸레 죽꼬 그레따게:.

옛날 옘병.5 성제간이 오빠 한나 있고 언니 있고 그랬는데. 아들 언 여섯설인가 하이튼 먹어서 죽고. 언닝가 누군가가 아홉살에 죽 고 그랬다개.

↝옛날 염병. 형제는 오빠 하나 있고 언니 있고 그랬는데. 오빠는 여섯 살인가 하여튼 먹어서 죽고. 언니는 아홉 살에 죽었다고 해.

조 언니 오빠도 호일짜로 죽었나요.

이 응 엄메보다 몬차. 그랑께 인자 우리엄메가 시살머꼬 그렌는 데. 인자 에길때넌 어찍께: 큰지럴 모르는데 엄메가 이케 주거부 러서 아베가 엄메럴 한나 어등 거이드라.

응 엄매보다6 몬차. 그랑께 인자 우리 엄매가 시살 먹고 그랬는

---

5 '옘병(염병)'은 '천연두'의 방언형이다.
6 여기서 '엄매'는 제보자의 '외할머니'이다. 뒤에 오는 '아배'와 '엄매'는 각각

데. 인자 애길때넌 어쩡게 큰지럴 모르는데 엄매가 잃게 죽어불어
서 아배가 엄매럴 한나 얻은 것이드라.

∞응 엄매 보다 먼저. 그러니까 우리 어머니가 세 살 먹어서, 애길
　때니까 어떻게 자랐는지 모르는데 엄매가 죽어버려서 아배가
　새엄매를 얻은 것이더라.

간데 아베가 또 호일짜로 다서쌀 머거서 주뜨라가냐:. 인자 세엄
메럴 어던는데 걍 아베가 또 주뜨라가냐:.

　간데 아배가 또 호일짜로 다섯살 먹어서 죽드라가냐. 인자 새엄
매럴 얻었는데 걍 아배가 또 죽드라가냐.

∞그런데 아배가 또 천연두로 다섯 살 먹어서 죽더라고 하냐. 새
　엄매를 얻었는데 아배가 또 죽더라고 하냐.

아베엄메 메시: 지금 궁각 공동지가 인는데 셍::경 그 메설 파다가
선사네다가 무들란다가더니. 우리엄메가 모:다고 돌아가세써. 돌
아가세부러놓께 우더렁 그 메시 어디가 인는: 주럴 몰라:. 엄메가
늘: 간다간다 헤가꼬 또 엄메가 인자 아퍼붕께. 그 메슬 이저불고
어디가 인는 주럴 모르건다게: 우리언니도.

　아배엄매 멧이 지금 금갑 공동지가 있는데 생경 그 멧얼 파다가
선산에다가 묻을란다 가더니. 우리엄매가 못하고 돌아가셨어. 돌
아가세 부러놓께 우덜언 그 멧이 어디가 있는 줄얼 몰라. 엄매가
늘 간다간다 해갖고 또 엄매가 아퍼붕께. 그 멧을 잊어불고 어디

　제보자의 '외할아버지'와 '새외할머니'를 가리킨다.

가 있는 줄얼 모르것다개 우리 언니도.

∞아배엄매 묘가 지금 금갑 공동묘지에 있는데, 늘 그 묘를 파서 선산에다 묻는다고 하더니, 우리 어머니가 못 하고 돌아가셨어. 어머니가 늘 간다간다 했는데 돌아가셔 노니까, 그 묘가 어디에 있는 줄을 몰라. 그 묘가 어디 있는 줄을 모르겠다고 해, 우리 언니들도.

조 왜 처음부터 선산에 묻히지 않았나요?

이 옌나레넌 호일짜라 헤:가꼬 그 나:쁨 병에 주그므넌:. 그 선사니로 몯: 드러가써. 디로 멩::녕 흘러야 그 선사니로 드러가떵 거이드라, 이저네는.

옛날에넌 호일짜라 해갖고 그 나쁜 병에 죽으므넌. 그 선산이로 못 들어갔어. 디로 맷년 흘러야 그 선산이로 들어갔던 것이드라, 이전에는.

∞옛날에 천연두로 죽은 사람은 나쁜 병이라고 해서 선산으로 못 들어갔어. 뒤로 몇 년이 흘러야 선산으로 들어갔던 것이더라, 옛날에는.

조 그럼 어머니는 누구랑 사셨을까요?

이 인자 엄메아베가 주거불고 업:씽께 자그나베아고 함마니하고 가치 상 거이드라. 가치 사란는데 살리먼 누거설 가꼬 사란냐 그라므는. 우리엄메 거설 가꼬:, 자그나베가 그놈저놈 다 가꼬사라써:.

인자 엄매아배가 죽어불고 없잉께 작은아배아고 한마니하고 같이 산 것이드라. 같이 살았는데 살림언 누것얼 갖고 살았냐 그라므는. 우리엄매 것얼 갖고, 작은아배가 그놈저놈 다 갖고 살았어.

∞엄매아배가 죽고 없으니까 작은아배하고 할머니하고 같이 산 것이더라. 그런데 살림(재산)은 누구의 것을 가지고 살았냐. 우리 어머니 것을 가지고, 작은아버지가 그것 저것 다 가지고 살았어.

그란데 함씨 사라서는 함씨가 주멉바비레도 꼼처나따 주고 이케 함씨가 뻴:거설 다: 감처나따 두리 창께: 메기고. 흥:성망성 고케 흐네빠저가꼬 이써도: 우르라니 함범 몸: 머거바따 아나냐. 고케 부자찝 따리어도 엄메가 네 엄메가 아니고 네 아베가 아닝께.

그란데 함씨 살아서는 함씨가 주먹밥이래도 꼼처났다7 주고 잉게 함씨가 뻴 것얼 다 감처났다 둘이 장께 멕이고. 흥성망성 공게 흔해빠저 갖고 있어도 우르라니 한번 못 먹어봤다 안 하냐. 공게 부잣집 딸이어도 엄매가 내 엄매가 아니고 내 아배가 아닝께.

∞할머니 살아서는 할머니가 주먹밥이라도 감춰놓았다 주고, 별 것을 다 감춰 놨다 둘이 자면서 먹이고. 흥청망청 흔해빠져 있어도 우르라니 한 번 못 먹어 봤다고 안 하냐. 그렇게 부잣집 딸이었어도 엄매가 내 엄매가 아니고 내 아배가 아니니까.

---

7 '꼼치–'는 '감추다'의 방언형이다. '꼼치다~감추다'가 같이 쓰이고 있다.

자근아베늠 말:도 모다게 조:케 하는데:. 자그넘메가 그케 박떼
럴…… 뻴:거설 다 시기고. 고:: 크네기떼도 열리곱쌀 머거서 씨지
벌 오게 데는데 셍:견 바벌 라네바따나냐. 바버란헤 보고 멘: 일베
께 아네보고. 올레 게쁘다게 상께: 게쁘다게 데꼬 가서.

작은아배는 말도 못하게 좋게 하는데. 자근엄매가 궁게 박대
럴…… 삘것얼 다 시기고. 크내기8 때도 열리곱살 먹어서 시집얼
오게 데는데 생견 밥얼 안 해봤단 하냐. 밥얼 안 해보고 맨 일뱍에
안 해보고. 올래 갯브닥에 상께 갯브닥에 뎗고 가서.

∞작은아배는 말도 못하게 좋게 하는데, 작은엄매가 그렇게 박대
를……. 별것을 다 시키고. 처녀 때도, (친정어머니가) 열일곱
살 먹어서 시집을 가게 되는데, 밥을 한 번도 안 해봤다고 안 하
냐. 원래 바닷가에 사니까 바닷가에 데리고 가서.

게쁘닥 거 퍼::럼 무레에. 퍼::럼 믈: 그른데 가서 톰 메고: 미엉메
고 그른떼 도팍 미엉메고 그레가꼬. 순::전 헤우하믄 그노멀 다 이
고 뎅기고 그레따게:, 가이나떼:. 그레가꼬 셰상에 바벌 함범 모:
데 바따나냐 씨집오도록:.

갯브닥 거 퍼런 물에. 퍼런 물 그른데 가서 톳 매고 미엉 매고
그른때 도팍 미엉 매고 그래갖고. 순전 해우하믄 그 놈얼 다 이고
댕기고 그랬다개, 가이나때. 그래갖고 세상에 밥얼 한번 못해 밨
단하냐 씨집오도록.

∞바닷가 그 파란 물에, 파란 물에 가서 톳 매고 돌미역 매고. 김

---

8 '크내기'는 '처녀'의 방언형이다. '큰+애기'의 결합형이던 것이 시간이 지나면
 서 '크내기'로 굳어졌다.

하면 다 이고 다니고 그랬다고 해, 처녀 때. 그래가지고 세상에 밥을 한 번도 못해 봤다고 안 하냐, 시집오도록.

간데 열리곱 쌀 머거서 쩌: 씨지바가꼬:. 여라홉쌀 머거서 우리아부지가 일보늘 드러가부러따게.

간데 열리곱살 먹어서 저 시집 아갓고. 열아홉살 먹어서 우리 아버지가 일본을 들어가 불었다개.

∞그런데 열일곱 살 먹어 시집을 왔는데 열아홉 살 먹어서 우리 아버지가 일본을 들어가 버렸다고 해.

그라고 엄메너닌자 그라고 사:는데 하나씨가 으::찌게 게파케가꼬:. 그 혼자 사는 메느리:. 메느리한테다가 성질라믄 불 빌:간 화루럴. 엔나레넌 하루에다 꼽 부럴 다머꺼덩. 그라므는 불: 빌:간 노멀 가따가 시:상에 할뭄조테다가 던저불고. 그라나믄 메느리조테다가 던저불고 그라믄.

그라고 엄매넌 인자 그라고 사는데 하나씨가 으찌게 개팍해갓고. 그 혼자 사는 메느리. 메느리한테다가 성질라믄 불 빌간 화루럴. 옛날에넌 하루에다 꼭 불얼 담었거던. 그라므는 불 빌간 놈얼 갖다가 시상에 할뭄 졸에다가 던저불고. 글안하믄 메느리 졸에다가 던저불고 그라믄.

∞그렇게 우리 어머니는 혼자 사는데 할아버지가 하도 괴팍해가지고, 그 혼자 사는 며느리한테 성질나면 불 빨갛게 달아오른 화로를. 옛날에는 화로에 꼭 불을 담았거든. 그러면 불 빨간 화루를 세상에 할멈 곁에다 던져버리고. 그렇지 않으면 며느리 곁

에다가 던져버리고 그러면.

하이고 네가 이 시상얼 살:믄 므다컨냐 그라고 주글라고:. 쩌 노무
럴 함:바구리 헤:가꼬 둠벙에다 시처서 가세다 노코는. 신작로에
가서: 도파걸 한::치메럴 다머까따게. 인자 주그먼 까랑저부라 한
다고:. 다마꽁께는. 이케 막, 빠질라강께 딱 그:림자가 비치더라가
나냐. 그랑께 깜:짝 놀레가꼬 그데로 털고 이러나따게:.

아이고 내가 이 시상얼 살믄 못하겄냐 그라고 죽을라고. 쩌 노
물얼 한바구리 해갖고 둠벙에다9 시처서 갓에다 놓고는. 신작로
에 가서 도팍얼 한치매럴 담었갔다개. 인자 죽으면 까랑저부라 한
다고. 담았공께는. 잉게 막, 빠질라강께 딱 그림자가 비치더라간
하냐. 그랑께 깜짝 놀래갖고 그대로 털고 일어났다개.

∞아이고 내가 이 세상을 살면 뭐 하겠냐, 그러고 죽으려고. 나물
을 한바구니 캐서 둠벙에 씻어 가에다 놓고는. 신작로에 가서
돌을 치마 가득 담아 가지고 왔어. 죽으면 가라앉아버리라 한다
고. 담아가지고 와서는 막, 물에 빠지려고 하니까 딱 그림자가
비추더라고 안 하냐. 그러니까 깜짝 놀라서 그대로 털고 일어났
다고 해.

이러나가꼬는 그떼 작쑤기 일봉까 이씽께. 인자 큰고모가 드러간
다 하드라게:. 큰 고모가 드러간다 항:께 인자 우리엄메도 그른떼

---

9 『표준국어대사전』을 보면 '둠벙'은 '웅덩이'의 전남방언이라고 되어 있다. 여
 기서 말하는 '둠벙'은 사람이 빠지면 죽을 정도의 깊이를 가지고 있다. 그러
 므로 '둠벙'은 표준어 '웅덩이'이 보다 훨씬 크다고 보아야 한다.

메쌀 머거서 드러간냐 그라므는. 열리곱쌀 머거서 씨집 가가꼬 시물려서세: 여서쌀 먹또록 혼자 사라써:. 인자 각씨로 시물려서쌀 먹또록 사라가꼬는 일본써 드로라게 우리아부지가:.

일어나갖고는 그때 작숙이10 일본가 있잉게. 인자 큰 고모가 들어간다 하드라개. 큰고모가 들어간다 항게 우리 엄매도 그른 때 멧살 먹어서 들어갔냐 그라므는. 열리곱살 먹어서 시집가갖고 시물 여섯에 여섯살 먹도록 혼자 살았어. 인자 각시로 시물 여섯살 먹도록 살아갖고는 일본서 드로라개 우리아부지가.

☞일어나가지고 그때 고숙이 일본에 있으니까. 큰 고모가 (일본으로) 들어간다 하더라고 해. 우리 어머니도 (같이 들어갔는데) 그때 몇 살 먹어서 들어갔냐 하면. 열일곱에 시집 와갖고 스물여섯 살 먹도록 혼자 살았어. 각시로 스물여섯 살 먹도록 살았는데 (마침) 일본에서 들어오라고 해, 우리 아버지가.

일본써는 우리아부지가 인자 그른떼넌 일본써 삼시로 인자 우리아부지가 큰:: 양복저멀 헤:따게:. 그레가꼬 우리크넌니 나코: 자그넌니 나코. 또: 시차 언니까지 거그서 나가꼬: 그렌는데, 그렌는데 인자 천:젱이 믄 전젱이냐. 지금 마라자고 들머는 유교가 아니고: 그…….

일본서는 우리아부지가 인자 그른때넌 일본서 삼시로 우리 아부지가 큰 양복점얼 했다개. 그래갖고 우리 큰언니 낳고 작은언니 낳고. 또 시차 언니까지 거그서 나갖고 그랬는데, 그랬는데 전쟁

---

10 '작숙'은 고모의 남편을 이르는 호칭이다.

이 믄 전쟁이냐. 지금 말하자고 들머는 유교가 아니고 그…….

∞일본에서 우리 아버지가 일본에서 살면서 큰 양복점을 했다고 해. 그러다 우리 큰언니 낳고 작은 언니 또 셋째언니까지 거기서 낳고 그랬는데, 전쟁이 무슨 전쟁이냐. 지금 말하자고 들면 6·25는 아니고.

조 태평양 전쟁이요.

이 응. 인자 일보네서 그케 전젱이 이러 나가꼬:. 그른때: 맙 폭탄 떼링께 찬뜩 엄메가: 찬:뜩 나오자 항께. 나늠 베:가꼬 나오자 항께넌. 인자 도로 드러갈라고:. 세::루 양복기지럴 이른 창고, 창고에다 한:나 여노코:. 인자 또 드러갈라고 헤가꼬는 몯: 드러가부러써.

  응. 인자 일본에서 긍게 전쟁이 일어 나갖고. 그른때 막 폭탄 때링께 잔뜩 엄매가 나오자 항께. 나는 배갖고 나오자 항께넌. 인자 도로 들어갈라고. 세루 양복11 기지럴 이른 창고, 창고에다 한나 여 놓고. 인자 또 들어갈라고 해갖고는 못 들어가 불었어.

∞응. 일본에서 전쟁이 일어났는데, 그때 막 폭탄을 때리고, 우리 어머니는 나오자고 하니까, 나를 배가지고 나오자 하니까. 도로 들어가려고, 세루양복감을 (큰) 창고에다 가득 넣어놓고. 또 들어가려고 했는데 못 들어갔어.

---

11 이호철의 단표소설 <만조기>에 '패빼이 집주인이 새로 이장이 되었고, 세루 양복을 입었다.' 라는 문장이 나온다. '세루'는 일제강점기에 들어온 방모직 물이다.

조 왜 못 들어가셨어요.

이 우리엄메가 인자 일보니로 드러가는 거설 자:꾸 미러써. 함씨
보고 자버가꼬 그 함씨 몸 미더서. 그레농께 나:중에너누리아부지
가 니년 따물레. 니년 따물레 네: 신세 망처따고 그라고 또 요가고.

　우리 엄매가 인자 일본이로 들어가는 것얼 자꾸 미렀어. 함씨12
보고 잡어 갖고 그 함씨 못 미더서. 그래농께 나중에넌 우리 아부지
가 니년 따물레. 니년 따물레 내 신세 망쳤다고 그라고 또 욕하고.
∞우리어머니가 일본으로 들어가는 것을 자꾸 미뤘어. 외할머니
　보고 싶어서 외할머니 못 미더워서. 그러니까 나중에 우리 아버
　지가 너 때문에. 너 때문에 내 신세 망쳤다 그라고 또 원망하고.

---

12 '함씨'는 '할머니'의 방언형으로 제보자 어머니의 '할머니'를 가리킨다.

6

길쌈 그리고 물들이기

베틀에 오르다
명주베가 나오기까지
목화솜에서 베를 만들다
잿물 내리기
조달물들이기
치자물들이기

— 찰로 그리고 그때는 웃기게 살았어

베틀에 오르다

조 베 짜는 것은 누구한테 배우셨어요.

장남영 노미 짜능 거 누니로 보고 소니로 따라서 하제. 베트레 놈 짜는데 인자 짜다 네리믄 거그 얼릉 올라가서 짜바, 가이나 떼. 짜다가 베트레서 네리믕 그랄때 짠데 보고 올라서 몰코치고, 짜다가 서툴믐 북 팍 찌서불믄 오소르마니 떠러지믄 하하하 그놈 모도 이서가꼬 잘 몬: 니서 노믄 또 베짜는 사라미 와서 또 세로 또 조:케 이서가꼬 하고 고로케 짜보고 그레가꼬 인자 디:로넌 짠쩨. 하루낟 하루짜고 밤짜고 그라믄 시비레 항가락썩 딱딱 끄너써.

　놈이 짜는 거 눈이로 보고 손이로 따라서 하제. 베틀에 놈 짜는데 인자 짜다 내리믄 거그 얼른 올라가서 짜바, 가시나 때. 짜다가 베틀에서 내리믄 그랄 때 짠데 보고 올라서 몰코치고,1 짜다가 서툴믄 북2 팍 찌서불믄3 오소름하니 떨어지믄 하하하 그놈 모도 잇어갖고 잘 못 잇어 노믄 또 베 짜는 사람이 와서 또 새로 또 좋게

---

1 '몰코'는 '말코'의 방언형이다. 길쌈을 할 때 베가 짜여 나오면 피륙을 감는 대이며 베틀에 달려 있다.
2 '북'은 베틀에서 날실의 틈으로 왔다 갔다 하면서 씨실을 푸는 기구이다. 베틀 짜는 데 중요한 역할을 하며, 배 모양으로 생겼다.
3 '찌서불–'은 '찌르다'의 방언형이다. 그러나 뒤 문장에서 '실을 잇는' 과정이 나오는 것으로 보아 북에 의해 촘촘히 늘어선 날실들이 '끊어진' 것으로 해석된다.

잇어 갖고 하고 고로케 짜 보고 그래갖고 인자 디로넌 짰제. 하루 낫 하루 밤 짜고 그라믄 십일에 한 가락썩4 딱딱 끈었어.

∞남이 짜는 것 눈으로 보고 손으로 따라서 하지. 남이 짜다 베틀에서 내려오면 빨리 올라가서 짜봤어, 계집아이 때. (남이) 베 짜다 베틀에서 내리면 그럴 때, 짜는 모습 눈여겨보았다가 올라 가서 말코치고, 짜다가 서툴면 북 확 끊어버리면 우수수 떨어져 서 하하하 그 놈 모두 이어갖고, (그런데) 잘 못 이어 놓으면 또 베 짜는 사람이 와서 새로 이어서 하고. 그런 식으로 짜보고 하 다가 뒤로는 (혼자) 짰지. 하루 낮 짜고 밤 짜면 십일에 한 가닥 씩 딱딱 끊었어.

조 한가락은 어느 정도의 양을 말하는 건가요.

장 시므장, 이십짱.
　시므장, 이십짱.
∞스무장, 이십장.

조 그 정도면 수준이 어느 정도 되는가요.

장 마:이 짜제 자라제.
　만이 짜제 잘하제.

---

4 '가락'은 '가닥'의 방언형이다. '썩'은 수량을 나타내는 말 뒤에 붙어서 뜻을 더 하는 접미사 '씩'의 방언형이다. 물레로 실을 자을 때 실이 감기는 쇠꼬챙이 의 수량이다.

∞많이 짜지 잘하지.

조 베는 어떻게 짰어요.

장 명 자사. 명 자사가꼬 뽀바가꼬 고노멀 베: 메가꼬 인자 보두로 짜제.

　명 잣아. 명 잣아갖고 뽑아갖고 고놈얼 베 매갖고 인자 보두로[5] 짜제.

∞명 자아. 명 자아가지고 뽑아서 그것을 베 매서 바디로 짰지.

---

5 '보두'는 '바디'의 방언형이다. 베틀에 딸려 있는데 가늘고 얇은 대오리를 참빗 살 같이 세워, 두 끝을 앞뒤로 대오리를 대고 단단하게 실로 얽어 만든다. 살의 틈마다 날실을 꿰어 베의 날을 고르며 북의 통로를 만들어 주고 씨실을 쳐서 베를 짜는 구실을 한다.

명주베가 나오기까지

조 목화솜 말고 다른 베도 짜 보셨어요.

장남영 멩지베. 그른떼 또 멩지켜서 멩지 베짜고:.
멩지베. 그른때 또 멩지 켜서 멩지베 짜고.
∞명주 베. 그때는 또 누에 켜서 명주 베 짜고.

조 명주는 누에에서 나온 실로 짠 베를 말하는가요.

장 응. 누에. 엔나레는 누에도 켠쩨.
응. 누에. 엣날에는 누에도 켰제.
∞응. 누에. 옛날에는 누에도 키웠지.

조 뽕나무도 있었겠네요.

장: 뽕나무 모도 바까테로 싱겐따가 모도 뽕나무 입싹 따다가 밥
쭈먼 고놈 머꼬 인자 커가꼬. 노라이 이그머닌자 집 지서 드러가
꼬 고추 멘들제.
뽕나무도 모도 밭같에로 싱겠다가 모도 뽕나무 입싹 따다가 밥
주먼 고놈 먹고 인자 커갖고. 노라이 익으면 인자 집 짓어 들어갖
고 고추1 맨들제.

∽뽕나무를 밭가에로 심었다가 (자라면) 뽕나무 잎 따다가 밥 주
면 그 뽕 잎을 먹고 커서. 노랗게 집 지어 들어가서 고치 만들지.

조 고추 만든 다음 벌레들은 어떻게 되나요.

장 저는 나와 거 인자 죽쩨. 벌레가: 저는 누에 까노코:.
　저는2 나와 거 인자 죽제. 벌레가 저는 누에 까놓고.
∽저는 나와 죽지. 벌레가 저는 누에 까놓고.

조 나방이 알을 낳고 죽는다는 말씀이죠.

장 까노코 주그믄자: 거 벌레 아네가 뉘 소게가 인자 또 므다니
뜨라고. 거 먹뜨라고.
　까놓고 죽으믄자 거 벌레 안에가 뉘 속에가 인자 또 뭇 안 있드
라고. 거 먹드라고.
∽까놓고 죽으면 벌레 안 누에 속에가 또 뭐 있더라고. 거 먹더라고.

조 번데기요.

장 응. 이거시 까노코 나오믄 그 소:게가 번데기 셍게 가꼬 인자
고추데제 고추 댜. 그라므닌자 고추럴 고노멀 노:라니 따가꼬 고

---

1 '고추'는 '누에고치'의 방언형이다.
2 '저'는 인칭사인데 여기서 성충이 된 '누에나방'을 가리킨다. 사람이 아닌 것
　에도 쓰였다.

노멀 무레다가 고추럴 눼 고추럴 다머노코 포폭 끼림시로 쑤어.
고추가 처메넌 이케 무루게로 둥둥 떠뎅기거덩. 그랑께 요런 그르
세다 다머노코 화데가튼데다 인자 연저 노코. 부럴 뗌스로 무럴
포:폭끼리머 고추가 퉁퉁 부러. 그람 인자 므이로 저서서 인자 이
케 시:럴 작꼬 뻬!

응. 이것이 까놓고 나오믄 그 속에가 번데기 생게 갖고 인자 고
추 데제 고추 댜. 그라믄 인자 고추럴 고놈얼 노라니 따갖고 고놈
얼 물에다가 고추럴 눼 고추럴 담어 놓고 폭폭 낄임시로 쑤어. 고
추가 첨에넌 잉게 물 욱에로 둥둥 떠 댕기거던. 그랑께 요런 그릇
에다3 담어놓고 화데같은 데다 인자 엱어 놓고. 불얼 뗌스로 물얼
포폭 낄이머 고추가 퉁퉁 부어. 그람 인자 므이로 젓어서 인차 잉
게 실얼 잡고 뻬!

∞응. 그 속에 번데기 생겨서 고치가 돼. 그러면 노란고치를 따가지
고 물에다 담가놓고 팔팔 끓이면서 쑤어. 고치가 처음에는 물 위
로 둥둥 떠다니니까, 이런 그릇에 담아놓고 화덕 같은데다 엱어
놓고, 불을 때면서 물을 팔팔 끓이면 고치가 퉁퉁 불어. 그러면
(막대로 저어 붙어 올라오는) 실을 잡고 뽑아!

이 시럴 모도 흐:가니 이랑께 시란 나오드라고. 실로 나와. 그람
실로 나옴 닌자 또 꾸리에 가머가꼬 인자 뻬짜고. 고노미로 뻬 뻐
처가꼬 인자.

이 실얼 모도 흐가니 이랑께 실 안 나오드라고. 실로 나와. 그람

---

3 과거에는 옹기를 사용하였다.

실로 나옴 인자 또 꾸리에 감어갖고 베 짜고. 고놈이로 베 뻗처4
갖고 인자.

∞실이 하얗게 안 나오더라고. (고치를 쑤면) 실로 나와. 실로 나
오면 또 꾸리에 감아서 베를 짜고. 그놈으로 베 뻗쳐서.

조 뻗힌다는 말은 베를 어떻게 한다는 말인가?

장 응 쩌:리 펴. 그레가꼬 인자 고노멀 도투마리에다 메:. 도투맘
시로 그레가꼬 인자 트레 연저서 잉에 걸고 몰코도 걸어서 짜제.
그레가꼬 서:레 모도 고놈 또 푸다베:서 모도 바지돔방에도 짤라
서 하고 설: 도로믄 그놈 짤라서 바느질들 헤서 명 도로믄 모도
식:꾸데로 오데 입쩨.

　응 쩌리 펴. 그래갖고 인자 고놈얼 도투마리에다 매.5 도투 맘시
로 그래갖고 인자 틀에 엲어서 잉애6 걸고 몰코도 걸어서 짜제. 그
래갖고 설에 모도 고놈 또 푸답해서7 바지돔방에도 짤라서 하고

---

4 여기서 '뻗치다'는 '물체가 어떤 방향으로 길게 이어져 가다' 혹은 '가지나 덩
굴, 뿌리 따위가 길게 자라나다.'의 뜻을 가진 '뻗다'에 접미사 '-치-'가 결합
된 것이다. 도투마리 감기 전인 것으로 보아 바디 샛수에 맞추어진 날실을 길
게 늘어뜨린 실의 상태를 '뻗치다'로 표현하고 있다. '이기심'제보자는 '무명
베 짜기' 설명에서 '뻗대다'라고 표현하였다. 각각의 '뻗치다'와 '뻗대다'는 명
주 베와 무명베의 날실을 도투마리에 감기 전 길게 쫙 늘어뜨린 상태를 표현
한 것이다.
5 도투마리는 H형의 널빤지로 되어 있으며 여기에 날실이 감기게 되는데 베매
기라고 한다.
6 '잉애'는 '잉아'의 방언형이다. 잉아는 베틀의 날실을 한 칸씩 걸러서 끌어 올
리도록 맨 굵은 실을 말한다.
7 '푸답'은 '푸새'의 방언형이다. 풀을 먹여서 방망이로 다듬이질 하는 것을 말
한다.

설 도로믄 그놈 짤라서 바느질들 해서 멍 도로믄 모도 식구대로 옷 해 입제.

∞응 저리 펼쳐. 그래가지고 도투마리에다 매. 도투마리를 말면서 베틀에 얹어서 잉아 걸고 말코도 걸어서 베를 짰지. 베를 짜서 명절 돌아오면 푸새해서 잘라서 바느질해서 바지저고리도 만들고 식구대로 옷 해 입었지.

조 누에 키울 때 아이들이 징그럽다고 하지는 않았나요.

장 그른때 으레이 킹께. 아그덜또 무사 아나제. 으레킹께: 아그덜또 보통이제. 집찜마디 싸악 키고 그랑께 아그덜또 보통 보고 그라제. 시방 아그더런 징그럭꼬 징하제마넌. 모도 키고 그랑께 즈그덜또 밥또 주고. 그람: 아그덜또 디라보고 밥또 허처주고 또 똥도 게리믄 똥도 보라지만 치레서 게레 네:노코 또 딴 데다 터러불고 또 노코 밥주고 그레. 그람 아그덜 즈그덜또 밥주고 무사 아나고.

그른때 으레히 킹께. 아그덜도 무사 안하제. 으레 킹께 아그덜도 보통이제. 집집마디 싸악 키고 그랑께 아그덜도 보통 보고 그라제. 시방 아그덜언 징그럽다고 징하제마넌. 모도 키고 그랑께 즈그덜도 밥도 주고. 그람 아그덜도 디라 보고 밥도 허처 주고 또 똥도 게리믄 똥도 보라지만 치레서 게레 내놓고 또 딴데다 털어불고 또 놓고 밥 주고 그레. 그람 아그덜 즈그덜도 밥 주고 무사 안하고.

∞그때는 으레 키웠으니까 애들도 무서워 안했지. 애들도 보통이지. 집집마다 싹 키우고 그러니까 아이들도 보통으로 보고 그러

지. 요즘 애들은 징그럽다고 하겠지만 그때는 집집마다 전부 키
우니까. 그럼 애들도 드려다 보고 밥도 뿌려주고 똥도 가릴 때
되면 누에벌레만 골라서 가려내놓고, 또 (똥은) 다른 곳에 털어
버리고 (누에 집에) 넣고 밥 주고 그래.

조 아이들이 누에똥까지 다 치웠어요?

장 그람. 밥 주므닌자 거그서 밤: 머꼬 까라주고 밤 머꼬 까라주
머 인자 플 쏘게 똥조차 인자: 쭐기조차 합:뻑 까라지제.
　그람 밥 주믄 인자 거그서 밥 먹고 깔아주고 밥 먹고 깔아 주면
인자 플 쏙에 똥조차 인자 줄기조차 합북8 깔아지제.
∞그럼. 밥 주면 거기서 밥 먹고 깔아지면 풀 속에 똥조차 줄거리
　조차 가득 깔아지지.

조 뭐가 깔아진다고요.

장 누에가: 바벌 주면: 닙싸걸 주믄 머꼬 거그다가 똥: 싸고 거 입
쌍 머그믄 쭐거리도 까라지고 그랑께 미테가 인자 풀 쏘게가 까라
지먼: 고거서린자 또: 점부 쳐네야 댜. 네:만 이케 치레서 네노코
고놈 떠러부고 인자 세로 인자 밥 주제.
　누에가 밥얼 주면 입삭얼 주믄 먹고 거그다가 똥 싸고 거 입싹
먹으믄 줄거리도 깔아지고 그랑께 밑에가 인자 풀 쏙에가 깔아지

---

8 '합북~협북'은 '가득히, 충분히, 넉넉히'에 대응되는 부사이다.

먼 고것얼 인자 또 전부 쳐내야 댜. 네만 잏게 치레서 내놓고 고놈 떨어불고 인자 새로 인자 밥 주제.

☞누에가 밥을 주면, 뽕잎을 먹고 나서 똥도 싸고 뽕잎 먹고 난 줄거리도 (바닥에) 가라앉고 그러니까, 밑에 풀 속에 (똥이나 줄거리가) 가라앉으면 그것을 또 전부 쳐내야 돼. 누에만 골라서 내놓고 그것 털어버리고 새로 밥을 주지.

조 그 번데기는 어떻게 했어요.

장 몰:라. 놈더런 모도 머거도 나넌 다 머거도 뺀데기너남 머거써, 인자 봉께.

몰라. 놈덜언 모도 먹어도 나넌 다 먹어도 뺀데기넌 안 먹었어, 인자 봉께.

☞몰라. 남들은 다 먹어도 나는 번데기는 안 먹었어, 지금 생각해 보니까.

조 징그럽다는 느낌 때문에 안 먹었어요?

장 어쩨 그레떵가 뺀데기 암 머꼬 자버. 노먼 툭툭, 께물러 머거도 으이고 암 머거. 그라나 치끔도: 뺀데기 안 사먹드라고 모도 놀:러 강강가믄. 노믄 사머거도 나느남머거.

어쩨 그랬던가 뺀데기 안 먹고 잡어. 노먼 툭툭, 깨물러 먹어도 으이고 안 먹어. 그라나 지금도 뺀데기 안 사 먹드라고 모도 놀러 간강가믄. 놈은 사먹어도 나는 안 먹어.

∞왜 그랬는지 번데기는 안 먹고 싶어. 남은 툭툭, 깨물어 먹어도
나는 안 먹어. 지금도 관광가면 번데기 안 사 먹더라고 . 남은
사 먹어도 나는 안 먹어.

조 번데기를 먹을 때 볶아서 먹었을까요, 생으로 먹었을까요?

정 뻔데기:, 기양 먹쩨. 툭툭 터지고 으이고:. 그레도 퍼 머꼬 모
도. 다 머거도 뻔데기는 암 머거. 아이고 막 툭툭 터지고 이야! 이
저네도 그라고 암 머거써.
　뻔데기. 기양 먹제. 툭툭 터지고 으이고. 그래도 퍼 먹고 모도.
다 먹어도 뻔데기는 안 먹어. 아이고 막 툭툭 터지고 이야! 이전에
도 그라고 안 먹었어.
∞번데기, 그냥 먹지. 툭툭 터지고 으이고. 그래도 퍼 먹고. 다 먹어
도 번데기는 안 먹어. 막 툭툭 터지고 이야! 옛날에도 안 먹었어.

조 뽕나무 열매는 따로 쓰지는 않았나요.

정 걍 따 먹쩨:. 걍 꺼:마니 이그먼 따머거. 뽕, 입싹 따러가므니거
쓰믄 따머꼬 그레. 시방 마이로 침네고 한다게도: 그럼므시 업:써써.
　걍 따 먹제. 걍 꺼마니 익으면 따 먹어. 뽕, 입싹 따러 가믄 익었으
믄 따 먹고 그래. 시방마이로 집 내고 한다개도 그런 뭇이 없었어
∞그냥 따 먹지. 뽕잎 따러갔다 까맣게 익었으면 따 먹고 그랬어.
요즘은 즙내고 하지만 그때는 그냥 따 먹었어.

조 베틀에서 베 짤 때 명주실과 목화실중 어떤 게 짜기 힘든가요.

장 멩:지베가: 더 가바꼬. 인자 짜믄 소네 오르믄: 멩지베가 짜기 헐씬 조아. 미끼럭꼬 북또 잘 바꼬. 이 보두집또 가바꼬 미끼렁께 더 쉽쩨. 간데: 실 뽑기넌 누에서 심드러. 눼 고추 쑴시로: 요케요케 함시로: 늘: 뽀바넴시로 하제마는 인자 이거성 걍 미엉, 돌려가꼬 뻥께: 걍 돌려가꼬 뻥께 더 십:쩨.

멩지베가 더 가밥고. 인자 짜믄 손에 오르믄 멩지베가 짜기 헐신 좋아. 미끼럽고 북도 잘 받고. 이 보두집도 가밥고 미끼렁께 더 쉽제. 간데 실 뽑기넌 누에에서 심들어.9 눼 고추 쑴시로 옹게옹게 함시로 늘 뽑아넴시로 하제마는 인자 이것언 걍 미엉, 돌려갖고 뻥께 걍 돌려갖고 뻥께 더 십제.

∞명주베가 더 가볍고, 손에 오르면, 명주베가 짜기 훨씬 좋아. 미끄러워 북도 잘 받고, 바디집도 가볍고 미끄러우니까 더 쉽지. 그런데 실뽑기는 누에고치가 더 힘들어. 누에고치는 쑤면서 늘 (실을) 뽑아내면서 하지만, 무명은 돌려가지고 뽑으니까 그냥 돌려서 뽑으니까 더 쉽지.

조 중간에서 실이 끊어지면 어떻게 해요.

장 그람 떠러지제. 하다가 떠러지머 이서가꼬 하제. 거그다 따압 부처가꼬 따르라니 이서지믄 또 삐고 삐고 그라제. 떨어지머닌자:

---

9 고치에서 뽑는 명주실은 끓는 물에 불려 뽑는데 일정한 온도를 유지할 때 더 잘 불려 지기 때문에 화력을 조절하면서 뽑는다.

요짱 메두로 고노메다 부처가꼬 인자 요케 딱 부터불믄 뻬. 자사
서 뻬제.

　그람 떨어지제. 하다가 떨어지면 잇어갖고 하제. 거그다 딱 부
처갖고 따르라니 잇어지믄 또 빼고 빼고 그라제. 떨어지면 인자
요짝 매두로 고놈에다 부처갖고 인자 용게 지르면10 딱 붙어 불믄
뻬. 잣아서 빼제.

∞그럼 떨어지지. 하다가 떨어지면 이어갖고 하지. 따르라니 이어
　지면 또 뽑고 뽑고 그러지. 떨어지면 이쪽 매듭으로 이어갖고
　(하는데) 길면 딱 붙어버리면 뻬. 자아서 뽑지.

조 베 짜서 팔기도 했나요.

장 그라:제 폴제. 베짜고: 멩기헤서 음:마나 폴제. 마니 헤가꼬 그
로고 보테서 논도 사고 바또 사고 그렏쩨.

　그라제 폴제. 베 짜고 멩기해서 은마나 폴제. 만이 해갖고 그로
고 보태서 논도 사고 밭도 사고 그랬제.

∞그러지. 명주 베 짜서 팔지. 많이 해가지고 보태서 논도 사고 밭
　도 사고 그랬지.

---

10 '질–'은 '길다'(長)의 방언형이다.

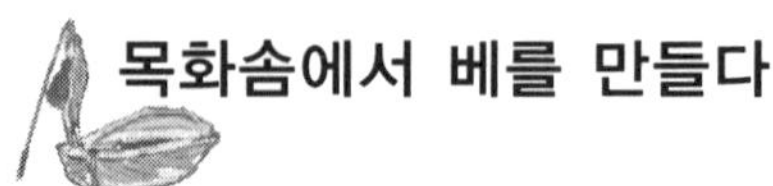 목화솜에서 베를 만들다

이기심1 이, 이바가 이바라는 떼가 이써.

이, 입아가 입아라는 때가 있어.

∞입하라는 때가 있어.

조 입아가 뭐예요.

이1 저거 미엉 싱기넌 떼가 이바라는 절거리가 이써.

저거 미엉1 싱기넌2 때가 입하라는 절거리가 있어.

∞무명 심는 때, 입하라는 절기가 있어.

조 아, 입하요.

이1 어엉. 이파라는 절거리가 인는데. 그떼가 도로면 미엉얼 싱기는데, 포쿵세가 우러. 포꿍포꿍하고 우러.

어엉. 입하라는 절거리가 있는데. 그때가 돌오면 미엉얼3 싱기는데, 포쿵새가 울어. 포쿵포쿵하고 울어.

---

1 '미엉'은 '무명'의 방언형이다.

2 '싱기-' '심다'의 방언형이다.

3 여기서 '미엉'은 '무명씨'를 말한다. 제보자는 '목화, 목화솜, 무명, 무명실'의 명칭을 구분하지 않고 모두 '미엉' 한가지로 쓰고 있다.

∞으응. 입하라는 절기가 있어. 그때가 돌아오면 무명씨를 심는
데, 포쿵새가 울어. 포쿵포쿵하고 울어.

조 뻐꾹새요.

01 뻐굽뻐국쎄가 아이고 포쿵포쿵 포쿵세라고 이써. 그 세가
우러. 그라믕 그떼 데믄 미엉 싱길 때가 됭 거이다 그레. 어쩨서
그 포쿵세가 우냐 그라믄:. 엔:나레 이 이부덤메를 보는데 이 이부
덤메가 그 이부따리 밤 마이 멍는다고: 그냥 추게부러써.

뻐꾹 뻐꾹새가 아니고 포쿵포쿵 포쿵새라고 있어. 그 새가 울
어. 그라믄 그매 대믄 미엉 싱길 때가 된 것이다 그래. 어째서 그
포쿵새가 우냐 그라믄. 엣날에 이붓엄매를 보는데 이 이붓엄매가
그 이붓딸이 밥 만이 먹는다고 그냥 죽에불었어.

∞뻐꾹뻐꾹새가 아니고 포쿵포쿵 포쿵새라고 있어. 그 새가 울어.
그러면 그 때부터 무명씨 심을 때가 된 것이다 그래. 왜 그 포쿵
새가 우냐 그러면. 옛날에 의붓엄매를 보는데 이 의붓엄매가 그
의붓딸이 밥 많이 먹는다고 죽여 버렸어.

그레가꼬 미엉씨 그 가마이에다 가이나릴 꼬게서 다머나써. 그렌
는데 인자 거 미엉 싱길라고 그 미엉씨를 넹:께능 거그서 세가 나
라 감시로 포쿵포쿵 헤서 그레가꼬는 거 미엉 싱길 떼만 도로믕
그 세가 포쿵포쿵항거시여.

그래갖고 미엉씨 그 가마니에다 가시나릴 꼬개서 담어났어. 그
랬는데 거 미엉 싱길라고 그 미엉씨를 넹께는 거그서 새가 날아

감시로 포쿵포쿵 해서 그래갖고는 미영 싱길 때만 돌오믄 그 새가
포쿵포쿵 한 것이여.

꼭그래서 무명씨 가마니에다 의붓딸을 구겨서 담아놓았어. 그랬
는데 무명씨 심으려고 무명씨를 내니까 가마니에서 새가 날아
가면서 포쿵포쿵 울었어. 그래서 무명씨 심을 때만 돌아오면 그
새가 포쿵포쿵한 것이여.

이순예2 오주감사 이 강강술레에도 이브덤메가 므단 그른 노래
가 이쏘 안.

　오죽함사 이 강강술래에도 이붓엄매가 뭇한 그른 노래가 있소 안.
꼭오죽하면 강강술래에도 의붓엄매가 뭐한 그런 노래가 있소 안.

엄메엄메 나 주꺼덩 압똥사네도 무찌말고
디똥사네도 무찌:말고 고게고게 너머가서
염 빵주게 무더주게 염 빵주게 꼬시피면
그레노코
우리엄메 메뚱에넘 삐비꼬시 너울러울
우리아베 메뚱에넌 잔다꾸꼬시 너울러울
이부덤메 메뚱에넌 땅까시꼬시 너울러울
이부다베 메뚱에넌 항가꾸꼬시 너울러울

　엄매엄매 나 죽거든 앞동산에도 묻지 말고
　뒤 동산에도 묻지 말고 고개고개 넘어가서
　연 방죽에 묻어 주게 연 방죽에4 꽃이 피면

그래놓고

우리엄매 묘지에는 삘기 꽃이 너울너울

우리아배 묘지에는 잔닷구[5] 꽃이 너울너울

의붓엄매 묘지에는 땅가시[6] 꽃이 너울너울

의붓아배 묘지에는 항갓구[7] 꽃이 너울너울[8]

인자 이부덤메아베가 도가다 헤두고, 너울러우른 마:니 피어따는 뜨시고, 제 부뭉께 안 도가고 네 부뭉께 그케 종 꼬시로맘 베:고. 또: 이부덤베 메뚱엔넌 땅까시 꼬시:, 땅까시꼬시 칭하제:. 말하자고 들믄 땅까시가 씨시고 어차냐. 어머체. 그랑께 음마나 이부덤메더리 땅까시 가치 그렌쩨:. 그랑께 땅까시꼬시 너울러울 항가꾸 꼬시 너울러울.

　인자 이붓 엄매아배가 독하다 해두고, 너울너울은 만이 피었다는 뜻이고, 내 부뭉께 안 독하고 내 부뭉께 굵게 존 꼿이로만 베고. 또 이붓 엄매 메뚱엔넌 땅까시 꼿이, 땅까시 꼿이 징하제. 말하자고 들믄 땅까시가 씨시고 엏자냐. 어멓제. 그랑께 은마나 이붓 엄매들이 땅까시 같이 그랬제. 그랑께 땅까시 꼿이 너울너울 한갓

---

4 '방죽'은 둑으로 둘러막은 못을 말한다.
　예) 집 앏 방튝 므레 가 드러 주그려 커늘<속삼강, 열20>
5 '잔닷구'는 '잔대'의 방언형으로 초롱꽃과의 여러해살이 풀이다. 종 모양의 원추(圓錐)화서로 아래로 드리워져 핀다. <고시조>에 '잔다괴'라 실려 있다.
6 '땅가시꽃'은 찔레꽃과 비슷하게 생겼다. 야산, 바위틈, 양지바른 묘 주변에 덩굴처럼 땅위에 붙어서 자란다. '돌가시나무, 땅가시 나무, 땅찔레나무, 용가시나무' 라고도 한다.
7 '항갓구'는 '엉겅퀴'의 방언형이다. <훈몽상8>에 '항것귀'가 확인된다.
8 이 부분은 2단계 형태소 분석을 생략하였다.

구 꽃이 너울너울.

∞의붓 엄매아배가 표독하다 해두고 (땅가시와 한갓구 꽃이 피고), 너울너울은 많이 피었다는 뜻이고. 내 부모니까 독하지 않아서 (삘기와 잔닷구 같은) 좋은 꽃으로만 피고. 의붓엄매 묘지에는 땅 가시 꽃이, 땅가시 꽃이 안 좋지. 말하자면 땅가시가 쑤시고 어떠 냐. 안 좋지. 그러니까 얼마나 의붓엄매들이 땅가시같이 그랬지. 그러니까 땅가시 꽃이 너울너울 한갓구 꽃이 너울너울.

조 한갓구 꽃이요?

012 응 항가꼳. 그라고 잔:다꾸가 이저네넌 머거써. 이케 막 커나 큰 놈도 케고 그레:, 사네 가므는:. 그란데 지끔 사네 가머넙써.

　응 한갓꽃. 그라고 잔닷구가 이전에넌 먹었어. 잉게 막 커나큰 놈도 캐고 그래, 산에 가므는. 그란데 지금 산에 가면 없어.

∞응 항갓꽃. 그리고 잔닷구를 옛날에는 먹었어. 큰 것도 캐고 그 래, 산에 가면. 그런데 지금은 산에 가도 없어.

011 저 요세도 텔레비점 보믄 칭:한 세어메더리 만터라고 안. 게 가꼬 보메 그노멀 싱게가꼬 인자 저 보리, 보리받 소게다가 미엉 얼 가라. 이 고랑에 미엉얼 싱겨. 그레가꼬 보리를 인자 따압 비고 나므는 요케 두입싹썩 나써.

　요새도 텔레비전 보믄 징한 새엄매덜이 많더라고 안. 게갖고 봄 에 그 놈얼 싱게갖고 저 보리, 보리밧 속에다가 미엉얼 갈아. 이 고랑에 미엉얼 싱겨. 그래갖고 보리를 인자 따악 비고 나며는 용게 두잎싹썩 났어.

∞요즘도 텔레비전 보면 표독한 새엄마들이 많잖아. 그래가지고 봄에 무명씨를 심어서, 보리밭 속에다가 무명을 갈아. 고랑에 무명을 심은 뒤 보리를 베고 나면 이렇게 두 잎씩 났어.

그람 인자 고노멀 하중이라고 메:. 인자 보리떼럴 메서 하중밤 멘다고 그라거던. 또 쪼간 이따가는 미엉얼 나무를 소까줘:야 미엉나무가 크거던. 인자 두:벌 딱 메. 쪼까니따가 세부럴 메:. 세불 메는 미엉나무는 저케 몯: 커. 모: 크는데 저케 역까지가 날라게. 그떼는 수널 치러뎅겨. 사라미 저케 수널 끄너줘야, 버러저가꼬 쿵게. 그라므닌자 수널 처주고 이쓰며는, 이 추석도롤라 할 떼 그떼보텀 멍이 쪼끔썹 퍼:.

그람 인자 고놈얼 하중이라고 매. 인자 보릿대럴 매서 하중밭 맨다고 그라거던. 또 쪼간 있다가는 미엉얼 나무를 속가줘야 미엉나무가 크거던. 인자 두벌 딱 매. 쪼깐 있다가 세 불얼 매. 세 불 매는 미엉나무는 젛게 못 커. 못 크는데 젛게 엽가지가 날라게. 그때는 순얼 치러 댕겨. 사람이 젛게 순얼 끈어 줘야, 벌어져 갖고 쿵게. 그람은 인자 순얼 처주고 있으며는, 이 추석 도롤라 할 때 그때부텀 멍이 쪼끔썩 펴.

∞그럼 하중이라고 매. 보릿대를 매서 하중 밭 맨다고 그러거든. 또 조금 있다가는 무명나무를 솎아 줘야, (그래야) 무명나무가 크거든. 그럼 두벌 매. 또 조금 있다가 세벌을 매. 세벌 매는 무명나무는 (많이) 못 커. 못 크는 데 옆가지가 나려고 해. 그 때는 순을 치러 다녀. 사람이 순을 끊어줘야, 벌어지면서 크니까. 그

렇게 순을 치고 나서 추석 돌아올 때쯤이면 그때부터 무명 꽃이
조금씩 펴.

■조 옛날에는 열매를 먹기도 했잖아요. 그것을 뭐라고 하나요?

■이2 다레. 어글레떼 아주 마싰쩨. 몰래 어넙씨 따 머건쩨.
　다래. 어글레때 아주 맛있제. 몰래 언 없이 따 먹었제.
◈다래. 어릴 때 맛있지. 몰래 원 없이 따 먹었지.

■조 어글레때요.

■이2 어릴 떼에. 다레가 어릴 때 따 머그뭉 그케 다당께.
　어릴 떼에. 다레가 어릴 때 따 머그믄 궁게 다당께.
◈어릴 때. 다래가 어릴 때 따 먹으면 그렇게 다 다니까.

■이1 그람. 가머닌자 미영얼 멥 뿌리나 따냐 그라므는: 다섭 뿌리
나 따까. 따고: 또 따고.
　그람. 가면 인자 미영얼 멧 불이나 따냐 그라므는 다섯 불이나
딸까. 따고 또 따고.
◈그러면 목화를 몇 번을 따냐 그러면 다섯 번이나 딸까. 따고 또 따
　고.

■조 목화솜 속에는 씨앗도 있잖아요. 그것은 어떻게 뺏어요.

01 씨아시라는 거시 이써. 나무로 이케 디아가꼬 이르케 세:게가 꼬메 전는데. 한나는 소니로 작꼬 돌리는데고 또 그 두 게다가는 그 사이에다 미엉얼 여가꼬 요케 여:므는 여가꼬 막 돌리먼 씨는 씨데로 이짜그로 나오고 그 털믄 나가거덩. 그란데 미엉이 축추가믄 씨가 잘 암빠징께 베테다가 꼬실꼬실아니 몰려야 댜.

씨앗이라는 것이 있어. 나무로 잋게 디아갖고 이렇게 세 개가 꼬매 졌는데. 한나는 손이로 잡고 돌리는 데고 또 그 두 개다가는 그 사이에다 미엉얼 여갖고 옳게 여므는 여갖고 막 돌리면 씨는 씨대로 이짝으로 나오고 그 털믄 나갗거던. 그란데 미엉이 축축하믄 씨가 잘 안 빠징게 볕에다가 꼬실꼬실하니 몰려야 댜.

☜나무로 된 씨앗기라는 것이 있어. 세 개의 (기둥이) 연결되어 있는데, 하나는 돌리는 손잡이이고 남은 두 기둥 사이에 솜을 넣고 돌리면 씨는 씨대로 이쪽으로(솜이 나오는 반대 방향) 나오고 돌리면 나가거든. 그런데 솜이 축축하면 씨가 잘 안 빠지니까 햇볕에 고슬고슬하게 잘 말려야 돼.

또 인자 미엉이 서로 부터가꼬 이쓩께 그노멀 할로 타 할! 하리라고 요로케 믄 쏘는 그른 셍긴, 할가치:. 줄로 미엉가따 데고는 뭉처진 노믈 요케요케 므시써. 이케 팅팅 티는 그거디씨믄 거그다 요케 올려가꼬 또 하고. 그 나무: 쩨:까낭 거슬 자버뎅게. 그람 뭉친 미엉 고노미 막 부푸러. 부푸러 오른 노멀 인자 그거이 거 이써 고추를 모능 걱따 노코 고추를 모라.

또 인자 미엉이 서로 붙어갖고 있응게 그놈얼 할로 타 할! 할이라고 요롱게 믄 쏘는 그른 셍긴, 할같이. 줄로 미엉을 갖다 대고는

뭉처진 놈을 용게용게 뭇 있어. 잏게 팅팅 티는 그것 있이믄 거그
다 용게 올려갖고 또 하고. 그 나무 쩨까난 것을 잡어 댕게.9 그람
뭉친 미엉 고놈이 막 부풀어. 부풀어 오른 놈을 인자 그것이 거 있
어 고추를 모는 걱다 놓고 고추를 몰아.10

∞또 (씨를 뺀) 솜이 서로 엉겨 있으니까 그것을 활로 타 활! 뭐 쏘
는 그런 생긴, 활같이. 줄로 솜을 대고는 뭉쳐진 솜을 요렇게 뭐
있어. 이렇게 팅팅 퉁겨주는 (꼭두말이) 있으면, 거기다 올려가
지고 하면서, (꼭두말을) 잡아당기고 잡아당기고. 그러면 뭉친
목화가 부풀어. 부풀어 오른 솜을 (고치말판 위에) 놓고 고치를
말아.

그레가꼬 몰떼라고 씨:시품, 씨시풍 고놈, 요런놈 헤가꼬 고추럴
모라가꼬 인자, 인자 물레에다 그노물 또 꼬쳉이에다 껴가꼬 자
사. 그레가꼬 미엉쭈가 실꾸리가치 둥굴게 미엉쭈가 열:께 데므넌
항: 가락. 고노멀 한: 열두 가라기나 포바야마니 사십짜가 함 피린
데. 사십짜:럴 한 열뚜게면 명쭈리 베기시게. 베기시게나 뽀바야
만 여서끄설 하게 헤. 여서끄설 하게 나라.

　그래갖고 몰대라고 씨시품, 씨시품 고놈. 요런 놈 해갖고 고추
럴 몰아갖고 인자, 인자 물레에다 그놈울 또 꼬챙이에다 껴갖고
갓아.11 그래갖고 미영주가 실꾸리같이 둥굴게 미영주가 열개 대

---

9 활줄에 솜을 갖다 대고 꼭두말을 잡아당기면 활줄이 퉁긴다. 그 진동에 의해
　솜이 부풀어 오른다. '솜 타기' 과정이다.
10 '고치말기' 과정이다.
11 물레에 돌려서 하는데 명주실 잣기의 과정이다.

므넌 한 가락.12 고놈얼 한 열두 가락이나 폽아야마니 사십자가 한 필인데. 사십자럴 한 열두개면 명줄이 백 이십 개. 백 이십 개나 뽑아야만 여섯 끗얼 하게 해. 여섯 끗얼 하게 날아.13

∞말대라고 수숫대로 고치를 말아가지고, 물레에 그것을 또 쇠꼬챙이에 끼워서 (솜을) 자아. 그래가지고 무명덩이가 실꾸리같이 둥글게 무명덩이가 열 개 되면 한 가닥. 그 것을 한 열두 가닥이나 뽑아야만, 사십 자가 한필인데, 사십 자를 한 열두 개면 무명덩이가 백 이십 개. 백 이십 개나 뽑아야만 여섯 끗을 하게 날아.

인자 고노믄 고케 날고, 그레가꼬 그: 다메 고노멀 거러가면서 양짝이로 이르케 하면서 이케 헤지믄 또 모게다 딱 걸고 요케 하고는 딱 네려. 네려가꼬 고노물 인자 쌀마.

인자 고놈은 콩게 날고, 그래갖고 그 담에 고놈얼 걸어가면서 양짝이로 이롷게 하면서 잏게 해지믄 또 목에다 딱 걸고 욯게 하고는 딱 내려. 내려갖고 고놈울 인자 삶아.

∞그 놈은 그렇게 날고, 그러면 그것을 걸어가면서 양쪽으로 (긴 실타래를 만들어), 또 목에다 걸고 하고는 딱 내려. 내려갖고 그 것을 삶아.

거 소테다가 무를 헤가꼬 쌀마가꼬 고노멀 탈탈 터러서 몰려. 강게 그거설 나라가꼬 어찌게 하냐: 그라믄. 머리 따는 검마이로 소

---

12 '가락'은 '가닥'의 방언형이며 물레로 실을 자을 때 실이 감기는 쇠꼬챙이를 말한다. 열 가닥을 '한 모숨'이라고 한다.

13 이 과정은 '베 날기'이다. 베 한필에 필요한 날실이다.

늘 자버서 요케요케 하므는 퉁퉁한 싱어브로 댜. 고루가 데야제.

거 솥에다가 물을 해갖고 삶아갖고 고놈얼 탈탈 털어서 몰려. 강께 그것얼 나라갖고 어찌게 하냐 그라믄. 머리 따는 것마이로 손을 잡어서 용게용게 하므는 퉁퉁한 싱업으로 댜.14 고루가 데야제.

∽(실타래를) 솥에다가 삶아가지고 탈탈 털어서 말려. 그러니까 그것을 날아가지고 어떻게 하냐 그러면, 머리 땋은 모양으로 손을 잡아서 요렇게 하면 퉁퉁한 싱업으로 돼. 고루가 되어야지.

조 왜 삶기를 하는 가요?

이 그랑께 이 시리 찔그라고. 그 시럴, 시럴 쌀마가꼬 인자 고노멀 두:리 자꼬: 이케 한나넌 자버주고 한나 이케 헤가꼬 자 쪼기로 이케 터러.

그랑께 이 실이 질그라고. 그 실얼, 실얼 삶아갖고 인자 고놈얼 둘이 잡고 잉게 한나넌 잡어주고 한나 잉게 해갖고 자쪽이로 잉게 털어.

∽그러니까 실이 질기라고. 실을 삶아가지고 그것을 둘이 잡고 이렇게 한 사람은 잡아 주고 한 사람은 자로 털어.

조 왜 털죠?

이 얼릉 몰라지라고. 이거설 쌀마가꼬 마당에다가 말또글 바거

---

14 '싱업'이란 실이 서로 엉키지 않게 하기 위하여 몇 가닥씩 잡아 고르게 딴 모양을 말한다. 대역어를 찾지 못하였다.

노코 거그다가 거:러. 거러가꼬는 홍두께로 짜. 요:러케 요케 돌려
서 짜! 사:라미 짤 수는 업쓩께 마낭께 이케 자 가꼬넌 고노물 땁
푸러. 그랑께 방에다 가따 노코 여가: 한사람 서고, 여가 한사람
서고 그레가꼬넌 저짜기냐 요짜기냐?

  얼른 몰라지라고. 그라고 이것얼 삶아갖고 마당에다가 말뚝을
박어놓고 거그다가 걸어. 걸어갖고는 홍두께로 짜. 요렁게 돌려서
짜! 사람이 짤 수는 없응게 만앙게 잃게 자갖고넌 고놈울 딱 풀어.
그랑께 방에다 갖다 놓고 여가 한 사람 서고, 여가 한 사람 서고
그래갖고넌 저짝이냐 요짝이냐?[15]

☞빨리 마르라고. 그리고 삶은 것을 마당에다 말뚝을 박아놓고 걸
  어. 걸어가지고 홍두깨로 돌려서 짜! 사람이 짤 수는 없어, 많으
  니까. 이렇게 자 가지고 그것을 (살짝살짝 두드리면서 실타래
  를) 딱 풀어. 그러니까 방에다가 놓고 여기가 한사람 서고, 저기
  가 한 사람 서고 저쪽이냐 이쪽이냐?

02 나넌 몰라.

  나넌 몰라.

☞나는 몰라.

01 응 요짜게 들고 선 사라미 자럴 드러. 자럴 요케 들고:, 사라
미 탁탁탁 털믄 터러저. 요노멀 요케 작꼬 이쓰믄 쩌그서 와. 그레
가꼬넌 저:런 주레다 거러서 몰려. 몰려가꼬 보에다 딱 싸:. 싸가

---

15 한 필의 배를 완성시키려면 기다란 실이 필요하다. 그래서 마당에 말뚝을 박
  아 고정시켜서 긴 실타래를 걸어 놓고 또 한쪽은 방으로 가져가는 것이다.

꼬는 당꼬 인자 베 도투마리가 이써. 그 도투마리럴, 이케 그 베서
강께 헤: 노코 인자 여그다가 이케 거 틀도 인는 사람 잊쩨마는 말
또글 마당에다 봐: 꺼.

응 요짝에 들고 선 사람이 자럴 들어. 자럴 옹게 들고, 사람이
탁탁탁 털믄 털어저. 요놈얼 옹게 잡고 있으믄 쩌그서 와. 그래갖
고넌 저런 줄에다16 걸어서 몰려. 몰려갖고 보에다 딱 싸. 싸 갖고
는 담꼬 인자 베 도투마리가 있어. 그 도투마리럴, 잊게 그 베서
감게 해 놓고 인자 여그다가 잊게 거 틀도17 있는 사람 있제마는
말뚝을 마당에다 박어.

∞응. 이쪽에 들고 선 사람이 자를 들어. 자를 들고, 사람이 탁탁
탁 털면 털어져. 이것을 잡고 있으면 저기서 와. 그래가지고 저
런 줄에다 걸어서 말려. 말려가지고 보자기에다 싸. 싸서 담고
이제 베 도투마리가 있어. 그 도투마리를, 그 베에다 감기게 해
놓고 그 고정대도 있는 사람 있지마는 말뚝을 마당에다 박아.

그레가꼬 이:저네넝 공꼬리 억꼬 흐기라 인자 양짜게다 바거노코
푸럴 끼레서 그:저네 좁싸라고 보싸라고 가치 끼레야 미끼럭꼬 조
타고: 인자 고노물 밤:세 고아. 고노멀 한통 다 메길랑께.

그래갖고 이전에넌 공꼬리18 업고 흑이라 인자 양짝에다 박어
놓고 풀얼 낄에서 그전에 좁쌀하고 보쌀하고 같이 낄에야 미끼럽
고 좋다고 인자 고놈울 밤새 고아. 고놈얼 한통 다 멕일랑께.

---

16 제보자는 '빨랫줄'을 가리켰다.
17 도투마리에 감을 때 천천히 감길 수 있도록 하기 위한 '고정대'를 말한다.
18 '공꼬리'는 '콘크리트'의 일본식 발음이다.

∞옛날에는 (마당이) 콘크리트가 (아니고) 흙이라 양쪽에 (말뚝을) 박아놓고 풀을 끓이는데, 좁쌀과 보리쌀을 같이 끓여야 미끄럽고 좋다고 그놈을 밤새 고아, 한통 다 먹이려니까.

밤세 고므니저네는 그거또 그 풀 찌게도 다: 바터서 머거써. 인자 그 풀로 도투마리에다 헤: 노믄 거그다가 사치미라능 거시 이써, 뒤에가. 그라고 아페가 보두가 이꼬. 그랑께 몰려가꼬늠 베럴 보두 구녀게다 끼어. 끼어가꼬 여그다가 세 조사서 사치멀 여. 그레가꼬는 인자 아페다 베 푸럴 헤:노코는. 끄시렁코라능 거시 이써:. 끄시렁코:라능 거시 이 소덜또 므: 체가꼬 질뜨릴라믄 믁 끄꼬 뎅기넌…….

밤새 고믄 이전에는 그것도 그 풀 찌개도 다 밭어서 먹었어. 인자 그 풀로 도투마리에다 해 노믄 거그다가 사침이라는 것이 있어, 뒤에가. 그라고 앞에가 보두가19 있고. 그랑께 몰려갖고는 베럴 보두구녁에다 끼어. 끼어갖고 여그다가 새20 조사서21 사침얼22 여. 그래갖고는 인자 앞에다 베 푸럴 해 놓고는. 끄시렁코라는 것이 있어. 끄시렁코라는23 것이 이 소덜도 믓 채갖고 질드릴

---

19 '보두'는 '바디'의 방언형이다. 바디는 대를 가늘게 깎은 오리를 참빗같이 촘촘하게 세워서 두 끝 단단하게 실로 얽어 만든다. 이렇게 만들어진 바디 구멍 (틈)에다 두 올씩 끼운다. 촘촘한 바디구멍을 한 개도 빠뜨리지 않고 두 올씩 끼우는 일은 매우 힘든 작업이다. 그래서 '쪼다'라는 말을 쓴 것으로 보인다.

20 '새'는 피륙의 날을 세는 단위이며, 한 새는 날실 여든 올이다.

21 '좃-'은 '쪼다'의 방언형이다.

22 '사침'은 '시침'의 방언형이다. '시침'은 베틀의 '비경' 옆에서 날의 사이를 떼어 주는 두 개의 나무를 이른다. <역어유해>에서 '사춤대'가 확인된다.

23 '끄시렁코'는 '고정대'를 말한다. 풀 먹인 날실을 '도투마리'에 감을 때 서서

라믄 뭇 *끄꼬* 댕기넌…….

✎밤새 고면 옛날에는 그 풀 찌꺼기도 다 받아서 먹었어. 그래서 풀로 도투마리에다 해놓으면 시침이라는 것이 있어, 뒤에가. 앞에는 바디가 있고. 그러니까 베를 말려서 바디구멍에다 끼워. 끼워가지고 여기에다 새 쪼아 사침을 넣어. 그래서 풀을해놓고는, *끄시렁코*라는 것이 있어. 소들도 길 드리려면 끌고 다니는…….

거그다가 베럴 쭈욱: 뼈떼노코. 거그다가 그 보따리아고 저 빨리빨리 오며는 모 쑹께:. 거그다가 걍 빨레또가틍거 크:나큼 메뚜짝가틍거 거그다 노코, 보따리 노코, *끄시렁코* 거그다가 모가지에다 이케 소: 메데끼 메:. 그레가꼬 인자 여그서 솔로 글거 메. 멤시로 인자 항꾸네 터러쑹께 모도 께아진놈 딱딱 품시로.

거그다가 베럴 쭈욱 뻗대놓고.24 거그다가 그 보따리하고 저 빨리빨리 오며는 못쑹께. 거그다가 걍 빨랫독 같은 것 크나른 메두짝 같은 것 거그다가 놓고, 보따리 놓고, *끄시렁코* 거그다가 모가지에다 잏게 소 매대끼 매. 그래갖고 인자 여그서 솔로 긁어 매. 멤시로 인자 함꾼에25 털었응께 모도 깨아진놈26 딱딱 품시로.

히 끌려온다고 해서 '끄시렁코'라고 한다.

24 '뻗대다'는 사람으로 치자면 고분고분하지 않고 고집스럽게 버티는 행동을 의미한다. 여기서는 긴 실타래가 팽팽하며 곧게 뻗어있는 상태를 말한다.

25 '함꾼~함뻔'은 중앙어의 '함께'에 대응한다. 중세어 '흔쁴>함쁴>'에서 소급된 것이다.

26 '깨아지다'는 '깨어지다'의 방언형이다. 여기서는 풀에 의해 엉겨 붙은 실 가닥들을 솔로 긁어내는 것을 말한다. 이 외에도 '살이 내린다'라는 표현 대신 '깨아졌다'라고 한다.

∞거기다가 베를 (곧게) 펼쳐놓고, 보따리가 빨리빨리 오면 안 되
니까. 빨랫돌이나 큰 맷돌 같은 것을 놓고, 보따리 놓고 끄시렁
코 목에 소 매듯이 매. 그래가지고 솔로 긁어 매. 매면서 동시에
털었으니까 모두 깨어진 것 딱딱 풀면서.

가:꼬 고아놈 푸럴: 인자 가꼬가서 세멩키:. 지금 이른때넌 세멩키
도 이꼬 저렁거또 이썬쩨망 그:저네 이르케 그 쉐시떼가 이:써. 술
걸러 그겁뽀고…….

가꼬 고아논 풀얼 인자 갖고 가서 세멘키. 지금 이른 때넌 세멘
키도 있고 저런 것도 있었제만 그전에 이릏게 그 쉐시때가 있
어.27 술 걸러 그것보고…….

∞고아놓은 풀을 대야. 지금은 대야도 있고 저런 것도 있지만 옛
날에는 세수대가 있어. 술 걸러 그것보고…….

012 옹:구.

옹구.

∞ 옹기.

011 옹:구 세시떼: 그릉:거또 이꼬. 요마:나니 나무로 똥을 메서
넌, 그노메다가 풀다머가꼬 푸럴 자버 주므닌자 메:. 베 메는 사라
미: 요케요케 솔로 비께 네레주믄. 사치미 이케 조르라:니 올라가
따 네라가따 헤가꼬넌. 파싹 몰라지믄 꼬꼬:다니 그라므닌자 도토

---

27 '세멘키, 쉐싯대, 옹구 세싯대'는 모두 '세면(세수) 대야'의 방언형들이다.

마리 딱 강꼬:강꼬. 그케 헤가꼬 다: 메가꼬:. 메:믄 인자 그노멀 또 인자 베트레다 연저서, 또 도투마리 연처가꼬: 인자 거가 또 비르:, 그겁 뽀고 비:루라게.

옹구 세싯대 그른 것도 있고. 요만하니 나무로 통을 매서넌 그 놈에다가 풀 담어갖고 풀얼 잡어 주믄 인자 매. 베 매는 사람이 용게 솔로 빗게내레 주믄. 사침이 잉게 조르라니 올라갔다 내라갔다 해갖고넌. 파싹28 몰라지믄 꼿꼿하니 그라믄 인자 도토마리 딱 감고 감고. 궁게 해갖고 다 매갖고. 매믄 인자 그 놈얼 또 인자 베틀에다 엱어서, 또 도투마리 엱혀갖고 인자 거가 또 비르, 그것보고 비루라개.29

❦옹기 세면대 그런 것도 있고. 요만한 나무로 통을 매서는 그것에 풀을 담아서 잡고 풀을 잡어 주면 이제 매. 베 매는 사람이 솔로 빗겨내려 주면, 시침이 조르라니 올라갔다 내려갔다 해 가지고, 바짝 말려서 꼿꼿하니, 그러면 도투마리를 감고 감고. 그렇게 해서 다 매가지고, 베틀에다 엱어서 또 도투마리 엱어서 거기가 비경, 그것보고 비경이라고 해.

간:데 요:케 삼가경이로 셍깅 거시 이쎄. 그거설 사침: 아페다가

---

28 '파싹'은 '바싹'의 방언형이다. 물기가 다 말라 버리거나 타들어 가는 모양을 말한다. 어두에서 경음화는 전남방언에서 흔하게 일어나지만 평음이 유기음으로 바뀌는 예가 더러 발견된다.
예) 펭풍(병풍), 팜나(밤낮), 카마이(가만이), 크람(그림), 크랑께(그랑께) ; 포쿵새(뻐국새)

29 '비루'는 '비경'의 방언형이다. '비경'은 사침대 뒤에 위치해 있는데 잉아 대에 끼어 있는 날실 사이를 왔다 갔다 하며 사침대와 눌림대 사이의 날실을 갈라준다.

끼어. 그레가꼬는 딱: 올리므는 비루아고 사치마고 *끄*꼬 올라가뭉 거그다가, 잉에 거러가꼬 이케 한짝놈만 거러가꼬는. 요케 누르면:, 요케 발로: *끄*시렁코로 *끄*시며는 여그서 요케 눌러지능 거시 이써. 잉에 올라가꼬 그겁 뽀고 므시라가냐?

간대 용게 삼각형이로 생긴 것이 있어.[30] 그것얼 사침 앞에다가 끼어. 그래갖고는 딱 올리므는 비루하고 사침하고 *끄*꼬 올라가믄 거그다가, 잉애 걸어갖고 잉게 한짝 놈만 걸어갖고는. 용게 누르면, 용게 발로 *끄*시렁코로[31] *끄*시며는 여그서 용게 눌러지는 것이 있어. 잉에 올라갖고 그것보고 믓이라가냐?

∞그런데 이렇게 삼각형으로 생긴 것이 있어. 그것을 시침 앞에다가 끼워 올리면 비경하고 시침이 끌고 올라가서, 잉아 걸어가지고 한쪽 놈만 걸어가지고 누르면, 발로 *끄*시렁코로 *끄*으면 여기서 눌러지는 것이 있어. 잉아 올라가고 그것 보고 뭐라고 하냐?

◼02 붑:.

붑.[32]

∞북.

◼01 아:니 눌림떼. 고거시 눌러주머는 이케 버:러저. 가:머닌자

---

30 제보자가 말하는 삼각형의 모양은 '비경'을 가리킨다.

31 '크시렁코'는 도투마리에 감기 전 풀 먹일 때도 나왔는데 제보자가 혼동을 하는 것으로 보인다. 베틀에서 베를 짜는 상황인 것으로 보아 '베틀신'에 해당하며 방언에 따라 '끄실신'이라고도 한다.

32 '북'은 씨실의 실꾸리를 넣는 것으로 날실 틈으로 오가며 씨실을 푸는 역할을 한다. 제보자는 중세어형 '붑'을 썼다기보다 잘못된 발음으로 보인다.

그 미테 안저서 베럴 짜:제. 눌림떼 그거이 업:씨 이라므 안데:. 그
랑께 고노멀 눌:러주고 그케 헤서 베럴 짜:. 가면 잘짜는 사라먼:
하루 사:십짜럴 짜고 더짜고, 몯짜는 사라먼: 사십짜럴 모:짜고:
그케 셍게써. 그르케 헤서 베를 하고 살고.

아니 눌림대.33 고것이 눌러 주머는 잉게 벌어저. 가머 인자 그
밑에 앉어서 베럴 짜제. 눌림대 그것이 없이 일하므 안대. 그랑께
고놈얼 눌러주고 궁게 해서 베럴 짜. 가면 잘 짜는 사람언 하루 사
십자럴 짜고 더 짜고, 못 짜는 사람언 사십자럴 못 짜고 궁게 생겄
어. 그롷게 해서 베를 하고 살고.

∞아니 베틀신. 그것으로 눌러 주면 벌어져. 그럼 앉아서 베를 짜
지. 베틀신 없이 일하면 안 돼. 그러니까 그것을 눌러주고 그렇
게 해서 베를 짜. 그러면 잘 짜는 사람은 하루에 사십 자를 짜고
더 짜고, 못 짜는 사람은 사십 자도 못 짜. 그렇게 해서 베를 짜
고 살고.

그거이 끄시 아니어. 인자: 베를 다 짜믐 마주마기로 쌀마야다.
이:저네는 그랑께 비누가틍 거이 업씽께 이: 젬물를 받어다: 그놈
또 쌀마써. 그르케 헤서 장으로 가꼬가서 폴라믄: 베럴 니려:. 막::
자버서 니려가꼬 도기로 눌러서 니려.

그것이 끗이 아니어. 인자 베를 다 짜믄 마주막이로 삶아야다.
이전에는 그랑께 비누같은 것이 없잉게 이 갯물을 받어다 그놈 또
삶았어. 그렇게 해서 장으로 갖고 가서 폴라믄 베럴 니려. 막 잡어

---

33 베틀의 잉아 뒤에 있는 것으로 날실을 누르는 막대이다.

서 니려갖고 독이로 눌러서 니려.

∞그게 끝이 아니야. 베를 다 짜면 마지막으로 삶아야 해. 옛날에
는 비누도 없으니까 잿물을 받아다 베를 삶았어. 그리고 장에
내다 팔려면 베를 늘려. 돌로 눌러놓고 막 잡아서 늘려.

[조] 왜 니려서 팔아요.

[이1] 오그라징께 저:: 사네나 가따 너러.

오그라징께 저 산에나 갖다 널어.

∞오그라드니까 산에나 갖다 널어.

[이2] 그래서 니릴라고 고케 사네다 가따 널고 그레꼬만:. 독 눌러
서 쩌:으 꼬데기에다 니어가꼬 막.

그래서 니릴라고 곻게 산에다 갖다 널고 그랬고만. 독 눌러서
쩌으 꼬대기에다 니어갖고 막.

∞그래서 늘리려고 그렇게 산에다 널고 그랬구나. 돌로 눌러 저기
꼭대기에다 늘려가지고 막.

[이1] 그람. 독: 눌러서 니럯쩨. 그레가꼬 거더다가 장에 가서 포라
서 도늘 쓰고.

그람. 독 눌러서 니렸제. 그래갖고 걷어다가 장에 가서 포라서
돈을 쓰고.

∞그럼. 돌로 눌러서 늘렸지. 그렇게 해서 걷어다가 장에 가서 팔
아 돈을 쓰고.

잿물 내리기

이기심1 또 예저네는: 비누도 억:꼬 그랑께:. 처런: 치:벌 태워 젬무를 만들어서 써써. 이 제럴 어찌게 하냐 그라믄 시리에다가: 미테다가 이케 거그다가 몬: 흘러가게: 제가 몬 흘러가게 지비로 여꺼서 까라노코 그 우게다 제를 까라. 그레가꼬 거그다가 무를 부서.

또 예전에는 비누도 업고 그랑께. 저런 집얼1 태워 잿물을 만들어서 썼어. 이 재럴 어찌게 하냐 그라믄 시리에다가 밑에다가 잉게 거그다가 못 흘러가게 재가 못 흘러가게 집이로 엮어서 깔아놓고 그 욱에다 재를 깔아. 그래갖고 거그다가 물을 붓어.

∞옛날에는 비누도 없고 그러니까 짚을 태워 잿물을 만들어 썼어. 재를 어떻게 만드냐 그러면 시루 밑에다 재가 못 흘러가게 짚으로 엮어서 깔아놓고, 그 위에 재를 담고 물을 부어.

부시믄 무리 네려가 또:. 인자 한:: 시리 부서노믄 뚜:뚝 떠러저서 네리믕 고놈 또: 다시 부꼬 다시 부꼬 그레가꼬넌 그 젬무를 네려가꼬 베럴 쌀:마. 쌀마가꼬넌 뚜두러 빠라가꼬 인자 그떼보탐 아:: 정마디 무럴 가서 무처서 티두러서 방멩이로 티두러서 헤서 가꼬 가서 하하하.

붓이믄 물이 내려가 또. 인자 한 시리2 붓어 노믄 뚝뚝 떨어저서

---

1 '집'은 '짚'의 방언형이다.
2 여기서 '한'은 '가득'을 의미한다.

내리믄 고놈 또 다시 붓고 다시 붓고 그래갖고넌 그 잿물을 내려 갖고 베럴 삶아. 삶아갖고넌 뚜두러 빠라갖고 인자 그때보탐 아적 마디 물얼 가서 묻혀서 티두려서 방맹이로 티두려서 해서 갖고 가 서 하하하.

∞부으면 물이 내려가 또. 시루 가득히 부어 놓으면 뚝뚝 떨어져 서 내리면 또 물을 붓고 다시 붓고 그래서 그 잿물을 내려서 베 를 삶아. 삶아가지고 두드려 빨아서 그때부터 아침마다 물을 묻 혀서 방망이로 두드려서 하하하.

이순예2 참말로 그레써.

참말로 그랬어.

∞참말로 그랬어.

이1 크람. 그레가꼬는 인자 고노미 흐게지머는 인자 바라저씨믐 푸럴 헤. 쩌: 쌀 가라다가 풀 끼레가꼬:. 푸럴 메게서 고노멀 러러 가꼬 인자 뚜두러 게:서 뚜둘고 그랄라믄 인자 한자넘 모:다고 두 니 서니 헤. 자버 뎅기고 게서 게서 헤:가꼬 방멩이로 뚜두러가꼬 인자 또: 벌:써 너러따가 고놈 홍두께다 가머. 홍두 올려서 홍두럴 쏩 뻬믄 그떼는 마주마긴자 베가 다: 데고 인자 그 후로 오설 헤 이버.

크람. 그래갖고는 인자 고놈이 흑해 지머는 인자 바라젔이믄3 풀얼 해. 쌀 갈아다가 풀 낄에 갖고. 풀얼 멕에서 고놈얼 널어갖고

---

3 '바라다'는 '바래다'의 방언형이다. 햇볕을 쬐여서 베가 하얗게 되는 것을 의 미한다.

인자 뚜두러 개서 뚜둘고 그랄라믄 인자 한자넌 못하고 두니 서니
해. 잡어 댕기고 개서 개서 해갓고 방맹이로 뚜둘어 갖고 인자 또
벌써4 널었다가 고놈 홍두깨다5 감어. 홍두 올려서 홍두럴 쏙 빼믄
그때는 마주막 인자 베가 다 대고 인자 그 후로 옷얼 해 입어.

∞그럼. 그렇게 해서 (베가) 하얗게 바래졌으면 풀을 해. 쌀 갈아
다 풀 끓여서 풀 먹여 널었다가 개서 또 두드리고 그러려면 혼
자는 못 하니까 둘이나 셋이 (같이) 해. 잡아당기고 개고 또 개
고해서 방망이로 두드려서 또 펼쳐 널었다가 홍두깨에 감아. 홍
두 올려서 홍두를 쏙 빼면 그때는 마지막 베가 다 되고. 그 뒤로
옷을 해 입어.

조 잿물을 만드는 재는 주로 어떤 땔감을 사용하나요.

이1 젬물:? 이: 치벌: 부럴 떼가꼬: 지비로도 하고. 콩떼! 콩떼가
꼬도 하고. 이 께떼 젬무리 그르케 조타 그레써. 그저네넌 부사케
다 부럴 떼:서 항께: 고노미로 때서 바베 머꼬는 그: 제는 따로 헤
가꼬 인자 저런 나무떵 그렁 거슨 자란뎅께 인자 께떼나 콩떼도
하고 저: 지비나 그렁 거스로 젬무럴 헤써.

잿물? 이 집얼 불얼 때갖고 집이로도 하고. 콩때! 콩때갖고도 하
고. 이 깻대 잿물이 그릏게 좋다 그랬어. 그전에넌 부삭에다 불얼
때서 항께. 고놈이로 때서 밥해 먹고는 그 재는 따로 해갖고 인자

---

4 '벌써다'는 '벌이다'의 방언형인데 여기서는 '펼치다'의 의미에 더 가깝다.
5 '홍두깨'는 다듬잇감을 감아서 다듬이질할 때에 쓰는 단단한 나무로 만든 도
  구이다.

저런 나무 땐 그런 것은 잘 안뎅께 인자 깻대나 콩대도 하고 저 짚이나 그런 것으로 잿물얼 했어.

∞잿물? 짚을 불 때서 짚으로도 하고. 콩대! 콩대가지고도 하는데 깨대 잿물이 제일 좋다 그랬어. 옛날에는 아궁이에 불을 때서 밥을 해먹고 살 때니까 일부러 잿물이 필요할 때는 깨대나 콩대, 짚 땐 재는 따로 (보관) 해놓았다 잿물을 만들었어. 나무 땐 재는 잘 안되니까. 깨대, 콩대, 짚 그런 것으로 잿물을 만들었어.

그랑께 젬무럴 빨레 살마야뎅께, 그 제년 테우믄 딱! 다머서 딱딱 두어. 이저네는 저럼 머 고모종우가 이껀냐 머시 이껀냐:. 싸:노을 꺼또 업:쑹께 순:: 메꼬리에다 다머서 놔두믄. 불: 덜 탄놈 다머나따 메꼬리도 꼬실려불고 하하하.

그랑께 잿물얼 빨래 삶아야 댕께, 그 재넌 태우믄 딱! 담어서 딱딱 두어. 이전에는 저런 머 고모종우가 있겄냐 멋이 있겄냐. 싸 놓을 것도 없응께 순 메꼬리에다 담어서 놔두믄. 불 덜 탄놈 담어났다 메꼬리도 꼬실려 불고 하하하.

∞잿물로 빨래를 삶아야 되니까 (콩대, 깨대, 짚을 태운) 재는 담아서 보관해. 옛날에는 저런 고무 함지박이 있었나 뭣이 있었냐. 담아놓을 것이 없으니까 순전히 멱둥구미에 담아 놔두면, 불 덜 탄 것 담아놓았다 멱둥구미도 태워버리고 하하하.

조 조금 전에 시루구멍으로 재가 빠지지 않도록 짚을 엮어서 먼저 깔아 논 다음 재를 넣고 물을 붓는 다고 했는데 정말 재가 안 빠져요.

[제보1] 제:럴 금메 네나 떠게 멍는 시리가 이써:, 옹:구시리:. 그랑께 암 빠께: 이저네능 그랑께 저런 얼멍한 마포 오시: 이쩨에. 그렁거설 구녀게다 딱 깔고 인자 거그다가 제럴 쏘보가니 한:나 다머. 그레가꼬 거그다가 무럴 부서. 무럴 부서 나두머는 심지무야로 인자 빠저. 그미테 안처 논데다. 그랑께 소테다.

재럴 금매 내나 떡 해먹는 시리가 있어, 옹구시리. 그랑께 안 빳게 이전에는 그랑께 저런 얼멍한6 마포 옷이 있제. 그런 것얼 구녁에다 딱 깔고 인자 거그다가 재럴 쏘복하니 한나 담어. 그래갖고 거그다가 물얼 붓어. 물얼 붓어 나두머는 심지무야로7 인자 빠저. 그 밑에 안처 논데다. 그랑께 솥에다.

∽재를, 조금 전에도 말했듯이 떡 해 먹는 시루가 있어, 옹기시루. 그러면 (재가 시루 구멍으로) 빠지지 않게 얼멍얼멍한 마포 옷 있지. 그것을 시리구멍에다 깔고. 재를 소복하게 가득 담아. 그래가지고 물을 부어놓으면 시나브로 빠져. 그 밑에 안처 놓은 곳에다. 그러니까 솥에다.

[조사자] 불은 때나요.

[제보1] 아:니. 부란떼고. 그냥 이저네는, 이렁 크나:큰 너럭지, 그렁거세다 삼바리떼 걸처노코 그 시리가 암빠께 연저노코 헤:. 그라먼 고리 뚜:뚝 넬처서 인자 그 무리 한:나 챠제. 그라므닌자 그 므

---

6 '얼멍하다'는 '엉성하다'에 대응한다. '얼멍하다'는 베가 촘촘하지 않고 성긴 상태를 이르는 말이다.

7 '심지무야'는 '시나브로'의 방언형이다.

를 다시 또 체고: 므를 또 하고 또 하고 그레야제. 처:메 한 노먼 트
트방께 그: 믈로 베도 상꼬 빨레도 하고: 그레써.

 아니. 불 안 때고. 그냥 이전에는, 이런 크나른 너럭지,[8] 그런 것
에다 삼발잇대 걸처놓고 그 시리가 안 빳게[9] 엱여놓고 해. 그라면
고리 뚝뚝 낼처서 인자 그 물이 한나 차제. 그라믄 인자 그 믈을
다시 또 채고 믈을 또 하고 또 하고 그래야제. 첨에 한 놈언 트틉
항께[10] 그 믈로 베도 삼고 빨래도 하고 그랬어.

∽아니, 불은 안 때. 옛날에는 큰 너럭지에 삼발이대를 걸쳐놓고
시루가 빠지지 않도록 얹어놓고 했어. 그러면 잿물이 뚝뚝 떨어
져서 가득 차게 돼. (계속해서) 물을 다시 또 채우고 물을 또 받
고. 처음에 한 것은 틉틉하니까 그 물로 베도 삶고 빨래도 하고
그랬어.

▨조 그 물에다 삶으면 정말 옷이 하얗게 되나요?

▨0I1 어체 허에 지건냐? 어찌게 멩:창하제. 그랑께 고상얼 그케
마니하제. 베 그거 바를라믄 고케 헤서 젬물 헤가꼬 아:정마디 그
거 띠두러서 씨처서 가따 너러따가 하하하 또 끈나고 하하하.

 옇제 허해지겄냐? 어찌게 맹창하제.[11] 그랑께 고상얼 궁게 만이
하제. 베 그거 바를라믄 궁게 해서 잿물 해갖고 아적마디 그거 띠

---

8 양쪽이 손잡이가 달린 대야보다 더 넓적한 옹기의 종류를 말한다.

9 '빳-'는 '빠지다'의 방언형이다.

10 '틉틉하다'는 액체가 맑지 않고 농도가 진하다는 의미이다.

11 '맹창하다, 맹창스럽다'라는 표현을 쓰는데, 만들어 놓은 물건의 모양새가
  우습고 볼품없다는 의미이다.

두러서 씨처서 갖다 널었다가 하하하 또 끝나고 하하하.

☞그런다고 하얗게 되겠냐? 볼품없지. 그러니까 고생을 그렇게 많이 하지. 베 바래지게 하려면 잿물 만들어 가지고 아침마다 두드려 빨아서 가져다 널었다가 하하하 또 (하고) 끝나고 하하하.

012 하하하 이름 메뽈가니 지:드르라니 메뽈가네다가 조르르라니 가따 그레써랑.

하하하 이른 멧불간이 지드르라니 멧불간에다가 조르르라니 갖다 그랬어랑.

☞하하하 묘지에 기다랗게 묘지에다가 조르라니 갖다 (널고) 그랬어요.

011 그람. 그라믄 얼릉 바라지는데 어디가 메뽈간도 널떼 이땅가? 널:떼도 억:꼬 그란데 거 자리 한나 추심할라믄 첟 쎄부게 가서 하하하. 너러노믄 거더도 가불고. 이저네는 그케 도도기 무서써.

그람. 그라믄 얼른 바라지는데 어디가 멧불간도 널 때 있단가? 널 때도 업고 그란데 거 자리 한나 추심할라믄 첫 새북에 가서 하하하. 널어놓믄 건어도 가불고. 이전에는 긓게 도독이 무섰어.[12]

☞그럼. 그렇게 하면 빨리 바래지는데 어디 묘지도 널 곳이 있던가? 널 곳이 없으니까 한 자리 차지하려고 첫새벽에 가서 하하하 널어놓으면 걷어도 가버리고. 옛날에는 도둑이 무서웠어.

---

12 도둑이 진짜 무섭다는 것이 아니라, 도둑 때문에 마음 놓고 널어놓지 못했다는 뜻이다.

조달물들이기

이기심1 거멍무런: 치마가퉁거: 이릉거 헤 이불라고 베럴 무를
디리는데:. 그렁거슨 저 커:나쿵 가메소테다가: 무를 팔:팔 끄리머
끄리다가 그 조달무리 요케 덩치가 저떠마. 이릉거다고 꼭 수껌덩
가퉁 그럼 므리 이써.

거멍물언 치마 같은 것 이른것 해 입울라고 베럴 물을 디리는
데. 그런 것은 저 커나큰 가메솥에다가 물을 팔팔 끌이면 끌이다
가 그 조달물이1 옹게 덩치가 졌더마. 이른 것 하고 꼭 숫검덩 같
은 그런 믈이 있어.

∞검정 물은 치마 같은 것을 해 입으려고 베에 드리는데. 큰 가마
솥에다 물을 팔팔 끓이다가 조달물이, 이렇게 덩이가 졌더구면.
그런 것 하고 꼭 숯검정 같은 그런 물이 있어.

그람 그거 사다가: 가메소테다가 펄펄 끼리므는 거그다가 들처가
꼬 거 베럴: 거그다가 들처. 들치므 인자 시::커마이 조케 든 노믄
드는데:. 무럴 잘 모: 싸므 히비덕떠:가니: 허마게 셍겨:. 가므 인자
그놈 그데:로 베럴 디려가꼬 잘: 빠라부러. 그노믐 바르도: 아나
고: 빠라서 몰리머닌자 그데로 푸다베서: 오슬 만드라.

그람 그거 사다가 가메솥에다가 펄펄 낄이므는 거그다가 들처

---

1 '조달'은 천을 검정색으로 물들이는 염색제이다.

갖고2 거 베럴 거그다가 들처. 들치믄 인자 시커마니 좋게 든 놈은 드는데. 물얼 잘 못 사믄 히비덕덕하니3 험하게 생겨. 가므 인자 그놈 그대로 베럴 디려갖고 잘 빨아불어. 그 놈은 바르도 안하고4 빨아서 몰리먼 인자 그대로 푸답해서 옷을 만들아.

∽ 그럼 그것 사다 펄펄 끓은 가마솥에 (조달을) 넣고 거기다 베를 넣어. 그러면 새까맣게 물든 것은 (보기가) 좋은데. 조달물을 잘 못 사면 히비덕덕하고 묘하게 생겨. 그러면 (잘 들었든 못 들었든) 물들인 것을 빨아버려. 그것은 바라도 않고 빨아서 말려 그대로 푸새해서 옷을 만들어.

바지 스봉가틍거또 거멍베로 만들고. 그른때늠 몸빼도 할찌 모:릉께. 치:메! 치메도 헤 이꼬: 또 거멍 베저구리도 헤 이버쩌. 찬:떡 우게 꺼머잘쌍께 거멍 베저구리도 헤 이꼬 그렌는데. 지그믄 그릉거시 다 업써지고 그케 셍게쏭께.

바지 스봉 같은 것도 거멍 베로 만들고. 그른때는 몸빼도5 할지 모릉께. 치매! 치매도 해 입고. 또 거멍 베저구리도 해 입었어. 찬떡 욱에 껌어잤쌍께 거멍 베저구리도 해입고 그랬는데. 지금은 그

---

2 '들치다'는 '넣다'의 방언형으로 '들다'에 접미사 '-치-'가 결합하였다. 진도에는 '넣다'의 의미로 '옇다'가 더 있다. '옇다'는 어떤 작업을 할 때 처음부터 넣는 것을 말하고 '들치다'는 중간에 넣는 것을 표현할 때 쓰인다.

3 '히비덕덕'은 물 든 정도가 고르지 않아 얼룩져 있는 것처럼 보인다는 의미이다.

4 여기서 '바르도 안하고' 라는 뜻은 조달물에 한 번만 삶아서 너는 것을 말한다. 앞의 무명베가 갯물에 여러 번 삶아서 햇볕에 바래지게 한다는 의미의 '바라다'와 '바르다'는 모두 햇볕에 색이 변하는 뜻의 표준어 '바래다'의 방언형이다.

5 '몸빼'는 허리가 고무줄로 된 헐렁한 바지로 농촌에서는 일복으로 많이 입었다.

른 것이 다 없어지고 둥글게 생겼응께.

∞바지도 검정 베로 만들고. 몸뻬는 할 줄 모르니까 치마! 치마도
해 입고 또 검정 베저고리도 해 입었어. 잔뜩 (목둘레가) 검어지
니까 검정 베저고리도 해 입고 그랬는데. 지금은 그런 것이 다
없어지고.

[조] 조달은 어떤 식물에서 나오는 것인가요?

[이1] 아니 조다른 어이서 어찌게 나옹 거신지는 모르는데 이르케
덩치 저서 사ː다: 써ː. 이른데서 이른 사라미 만드라서 쓰능거시 아
이고: 그노멀 장사가: 가꼬 와ː. 조달무럴.

아니 조달은 어디서 어찌게 나온 것인지는 모르는데 이렇게 덩
치 저서 사다 써. 이른대서 이른 사람이 만들아서 쓰는 것이 아니
고 그놈얼 장사가 갖고 와. 조달물얼.

∞아니 조달은 어디서 나온 것인지는 모르는데 덩이진 것을 사다 써.
사람이 만들어서 쓰는 것이 아니고 장사치가 조달을 가지고 와.

[이순예2] 그람. 엥깐나믄 다ː 조달물 사다가 디레가꼬 이번쩨:.
디:렁께.

그람. 엔간하믄 다 조달물 사다가 디레갖고 입었제. 디렁께.

∞그럼. 웬만하면 다 조달물 사다가 물 드려 입었지. (옷이 자꾸)
더러워지니까.

[조] 조달 덩어리와 조달 물을 따로따로 팔았나요?

012 응 덩치도 데고 또 거멍 가루가 이써. 두:가지로 나와.

응 덩치도 데고 또 거멍 가루가 있어. 두 가지로 나와.

∽응 덩치도 되고 또 검정 가루가 있어. 두 가지로 나와.

011 그 저 무럴 팔:팔 끼리다가 그 조다럴 들처가꼬 노겨가꼬 거멍무럴 거그다 또타:. 그레가꼬 잘:: 저서가꼬 거그다 인자 들처가꼬는 폭폭 살마. 그레가꼬 꺼네나따 시그머: 꺼네서 가꼬가서 시처부러. 네까테 가서 시치믄 아주: 거멍무리 아주, 동네방네럴 보게 아주 믄 나오제 하하하.

그 물얼 팔팔 낄이다가 그 조달얼 들처갖고 녹여갖고 거멍 물얼6 거그다 또 타. 그래갖고 잘 젓어갖고 거그다 인자 들처갖고는 폭폭 삶아. 그래갖고 꺼내났다 식으면 꺼내서 갖고 가서 시처불어. 냇같에 가서 시치믄 아주 거멍 물이 아주, 동네 방네럴 보게 아주 믄 나오제 하하하.

∽물을 팔팔 끓이다가 조달을 넣은 후 녹여서 검정 물을 거기다 또 타. 그래가지고 잘 저어준 다음 (베를) 넣고 폭폭 삶아. 그래서 꺼내 놓았다가 식으면 씻어. 냇가에 가서 씻으면 검정물이 아주, 동네방네 보게 많이 나오지 하하하.

---

6 여기서 '거멍 물'이란 옷감의 물을 들일 때 잘 들게 하는 '약품' 의 일종이다.

 **치자 물들이기**

이기심1 엔나레 멩기: 이 오설 헤 이불라먼:. 멩기늠 무리 잘드러. 노랑 물 까심도 잋쩨마는 치차가틍거설 께:놔서 무를 드리므는. 노:라니 그케 잘드러.

엣날에 멩기 이 옷얼 해 입울라면. 멩기는 물이 잘 드러. 노랑 물 가심도1 잋제마는 치자 같은 것얼 깨놔서 물을 드리므는. 노라니 궁게 잘 들어.

⌒옛날에 명주옷을 해 입으려면, 명주는 물이 잘 들어. 노랑 물 가심도 있지만 치자 같은 것을 으깨서 물을 드리면, 노라니 그렇게 잘 들어.

조 잘 지워지지는 않은가요?

이1 안지고 조아:. 멩기는 지니라 함번 들믄 안 저. 지긍 가트믄 저케 비누 이씅께. 비누로 하는데 비누도 기하고 그랑께 거 멩기도: 제무를 그케 헤:. 제무럴 헤가꼬 쌀마써. 쎙멩기는 이르케 여르메 남방 적쌈 가틍거시로 헤노므능 까실:까시라니 그케 조아.

안지고 좋아. 멩기는 진이라 한번 들믄 안 저. 지금 같으믄 졓게 비누 있응께. 비누로 하는데 비누도 기하고 그랑께 거 멩기도 재

---

1 '가심'은 '감'의 방언형이다. '감'은 옷을 만드는 재료를 가리킨다. 여기서는 물들일 거리를 의미하며 '옷가심(옷감), 일가심(일감), 땔감' 등으로도 쓰인다.

물을 궁게 해. 재물얼 해갖고 삶았어. 생멩기는2 이렇게 여름에 남방 적삼 같은 것으로 해노므는 까실까실하니 궁게 좋아.

∞안지고 좋아. 생모시는 진이라 한 번 물들면 안 져. 지금은 비누 있으니까 비누로 하는데 비누도 귀하니까 생모시도 잿물로 삶아서 쓰는데. 생모시는 여름에 남방 적삼 같은 것으로 해 놓으면 까슬까슬 해서 좋아.

이순예2 그람. 모시로 헤 노믄.

그람. 모시로 해 노믄.

∞그럼. 모시로 해 놓으면.

이1 모시 거: 노랑 생모시:. 그른 섹깔 비스:다니 놀짱:아니 조아. 그랑게 그노물 리어야마니 인자 그 므서네. 저구리 가틍거 이름 바지 가틍거 할라믄 니어가꼬 하는데.

모시 거 노랑 생모시. 그른 색깔 비슷하니 놀짱하니3 좋아. 그랑게 그놈울 니어야마니 인자 그 믓언 해. 저구리 같은 것 이른 바지 같은 것 할라믄 니어갖고 하는데.

∞모시, 노란 생모시. 그런 색깔 비슷하게 노르스름하니 좋아. 그러니까 그 것을 니어야만, 저고리 바지를 해 입으려면 니어 가지고 하는데.

---

2 여기서 '생멩기'는 '생모시'를 말한다. '모시'에 '가공하지 아니한'의 뜻을 더하는 접두사 '생-'이 결합하였다.

3 '놀짱하다'는 '노르스름하다'에 대응된다.

조 닌다는 말은 무슨 뜻이죠?

01 오: 쌀마. 싸무므닌자: 부들부들헤쳐. 거 쎙:멩기늠 뼈:뻐다 거덩. 쎙멩기 베 짜다가 몰쿠로 툭 끌러불고 네로믄. 이 베가 탁! 푸러저 불믄 아주, 그거 가물라뭉 기가 메쳐.

오 삶아. 삼우믄 인자 부들부들 해저. 거 생멩기는 뻣뻣하거던. 생멩기 베 짜다가 몰쿠로4 툭 끌러불고 내로믄. 이 베가 탁! 풀어 저 불믄 아주, 그것 감울라믄 기가 맥혀.

∞오 삶아. 삶으면 부들부들 해져. 모시 베는 뻣뻣하거든. 모시 베 짜다가 말코로 툭 끊어 버리고 내려오면, 베가 탁! 풀어져 버리 면, 그것 감으려면 기가 막혀.

그레가꼬 가머가 하므는 핑핑 돔시로……. 그랑께 저 추석 도로고 그라머:, 노랑 물디리고 연지셍 물디리고 그레가꼬 치메하고 저구 리하고 고케 헤서 아그덜또 헤 주고:. 나는 동숭덜 그르케 온 헤 이피고 그랑께 일:도 그케 안: 헤써. 들리런 그케 아나고, 아부지 가 그케 셍:겨논 그께 께끄시 이꼬 추리방께: 셍견 푸다베서 아부 지 옴만 헤쥘쩨:. 오데주고 시꾸들 바느질맘 마니 헨쩨. 그레도 나 늠 멘치는데 엄메가 한:참 하룹빠미나 하고 그라믄:.

그래갖고 감어가 하므는 핑핑 돔시로……. 그랑께 저 추석 도로 고 그라머, 노랑 물디리고 연지색5 물디리고 그래갖고 치매하고

---

4 '몰쿠'는 '말코'의 방언형이다. 베틀에 딸려 있는 것으로, 베가 짜여 나오면 피 륙을 감는 대이다.
5 '연지색'은 맑고 진한 빨강색을 말한다.

저구리하고 곻게 해서 아그덜도 해주고. 나는 동숭덜 그롷게 옷 해 입히고 그랑께 일도 궁게 안 했어. 들일언 궁게 안하고, 아부지 가 궁게 생견 옷 궁게 깨끗이 입고 출입항께. 생견 푸답해서 아부 지 옷만 해줬제. 옷해주고 식구들 바느질만 만이 했제. 그래도 나 는 맨치는데6 엄매가 한참 하룻밤이나 하고 그라믄.

∞그렇게 감아서 하면 핑핑 돌면서……. 그러니까 추석 돌아오고 그러면 노란 물 드리고 연지색 물 드려 치마저고리 해서 애들도 해 입히고. 나는 동생들도 그렇게 만들어서 옷 해 입히고, 아버 지도 깨끗하게 입고 출입하니까. 들일은 많이 안 하고, 항상 푸 새해서 옷만 해줬지. 식구들 옷 해주느라 바느질만 많이 했지. 그래도 나는 시간이 오래 걸리는데 어머니가 한참 하룻밤이나 하고 그러면.

012 딱, 끈나부요.

딱, 끈나부요.

∞딱, 끝나 버리요.

011 엉: 아주 우리엄메는 워찌게나 바느지를 자라는지: 하룹빰 하믄: 바지덥빠 바지덥찌럴 폽 보처서 헤도 두부럴 땅 만든다!

엉 아주 우리 엄매는 워찌게나 바느질을 잘하는지 하룻밤 하믄 바지덥바 바지덥지럴 폭 보처서7 해도 두불얼 딱 만든다!

---

6 '맨치다'는 '만지다'의 방언형이다.

7 '폭'은 천을 하나로 연결하려고 같은 길이로 나누어 놓은 단위를 말한다. 그래 서 '폭보친다'는 '폭을 접다'의 의미이다. 또한 '덥바'는 추위를 막기 위해 덧

∞응 우리어머니는 바느질을 어찌나 잘 하는지 하룻밤 하면 바지
덥바 바지덥지를 폭 접어서 해도 두 벌을 딱 만든다!

012 이저네는 속곧또 마니 이버쏘. 모도 씨지깔라믄 소게 바지
럴 시설 익꼬 씨지까써. 또 소게다 멘드라서 이꼬 또 소게다 한나
빤스마이로 짜룸마가니헤서 게도 그른떼는 우덜클떼 그라제 이
전 함마이더런 점:부 가레바지 이버쏘 안 가레바지.

이전에는 속곳도 만이 입었소. 모도 시집 갈라믄 속에 바지럴
싯얼 입고 시집갔어. 또 속에다 맨드라서 입고 또 속에다 한나 빤
스마이로8 짤움막하니 해서 게도 그른때는 우덜 클때 그라제 이
전 한마이더런 전부 가레바지9 입었소 안 가레바지.

∞옛날에는 속옷도 많이 입었소. 다들 시집가려면 속바지를 셋을
입고 시집갔어. 또 속에다 만들어서 입고 또 속에다, 가장 안쪽
은 팬티처럼 짤막하게 해서, 그래도 우리들 클 때 그랬지. 옛날
할머니들은 전부 가래바지 입었잖소, 가래바지.

011 하하하 그렌쩨. 이케 똥꾸녀글 벌:씨믄 탕 나옹께 어:디가 이
케 안지믄 쪼굴씨고 안지믄 그거이 삐:써 하하하.

하하하 그랬제. 잉게 똥꾸녁을 벌씨믄 탁 나옹께 어디가 잉게
앉이믄 쪼굴씨고 앉이믄 그것이 삣어 하하하.

입는 옷을 흔히 '덥바'라고도 하는데 여기 나온 '~덥바, ~덥지'는 무엇을 가리
키는지 분명치 않다.
8 '빤스'는 '팬티'의 일본식 발음이다.
9 '가레바지'는 밑이 터져 있는 속옷 종류의 하나이다. <고시조>에 보면 '가레'
가 나오는데 현대어로 '가랑이'를 뜻한다.

∞하하하 그랬지. 똥구멍을 벌리면 탁 나오니까 어디 쪼그리고 앉
  으면 그것이 보였어 하하하.

이2 우덜또 어레서능 그 가레바지를 이벋쩨.
  우덜도 어레서는 그 가래바지를 입었제.
∞우리들도 어려서는 그 가래바지를 입었지.

조 가래바지는 어떻게 생겼나요?

이2 이케: 고무주럴 끼:자네 여그다가 주르멀 짝짝 자버가꼬, 그
노멀 마라자믄 치메: 주름치메 쪼까석 잡데끼 운:데운데 이케 가
레바지 헤:서 치메마이로 이저네는 가레바지럴 마니 이벋쩨.
  잉게 고무줄얼 끼잔에 여그다가 주름얼 짝짝 잡어갖고, 그놈얼
말하자믄 치매 주름치매 쪼깐석 잡뎃기 군데군데 잉게 가래바지
해서 치매마이로 이전에는 가래바지럴 만이 입었제.
∞(허리에) 고무줄을 끼운 것이 아니라 주름을 잡아가지고, 그것
  을 주름치마 조금씩 잡듯이 군데군데 잡아가지고 가래바지 만
  들어서, 치마처럼 가래바지를 많이 입었지.

조 소변 볼 때 속바지를 벗을 일이 없었겠네요.

이1 크람. 지네가다도 오줌메락꼬 똥메라믄 그데로 이케 벌려서
하하하.
  그람. 지내가다도 오줌 매랍고 똥매라믄 그대로 잉게 벌려서 하

하하.

⮞그럼. 지나 가다도 오줌 마렵고 똥마려우면 그대로 벌려서 하
하하.

02 *끄러믄 더 성가시제. 그랑께 그전네는 소:게다가 바지럴 또 입
버써. 그랑께 시:부럴 이저네 씨지 갈라믄 시:부르리버쩨 하하하.*

*끄러믄 더 성가시제. 그랑께 그전에는 속에다가 바지럴 또 입었
어. 그랑께 시불얼 이전에 시집 갈라믄 시불을 입었제 하하하.*

⮞끄르면 더 성가시지. 그러니까 옛날에는 속에다 바지를 겹쳐서
세 벌을 입었어. 하하하.

조 하하하. 그런데 치자 물은 치자열매를 어떻게 해서 만드나요?

01 치자:? 이 치자 무럴 디릴라믄 딱: 껍떠걸 까불고:, 무레다가
조물조물헤서 푸러 나두믄 쪼깐 나두믄 노::레저.

*치자? 이 치자 물얼 디릴라믄 딱 껍덕얼 까불고, 물에다가 조물
조물해서10 풀어 나두믄 쪼깐 나두믄 노래저.*

⮞치자? 치자 물을 드리려면 껍질을 까고. 물에 조물조물해서 풀
어 놔두면 조금 있다 노래져.

조 치자 속을 까면 바로 으깨지는가요?

---

10 '조물조물'은 작은 손놀림으로 자꾸 주물러 만지작거림을 이른다.

`01` 가루가 데자네 소니로 이케 으께믄:. 거가 씨가 이꼬:. 그레도 그케 헤서 당가 나:두믄 노:라니 무리 우러나! 그라믄 이케 지그믐 박끼도 조체:. 참치: 거 술 걸러멍는 치에다가 따악 바터가꼬 인자 그: 무레다가 그랑께: 그 믈도 잔 나시 헤가꼬 헤야데는데: 인자 치:자가 쩍따고 물 쩨:깐 헤가꼬 헤노므는. 무리 노:란데는 노:라고 흐간데는 흐:가고 강께 지금 가트믄 무누 놔저가꼬 조타가제마넌. 그른떼늠 무리 잘 몯:드러따고: 하하하.

가루가 대잔에 손이로 잉게 으깨믄. 거가 씨가 있고. 그래도 뭉게 해서 담가 나두믄 노라니 물이 우러나! 그라믄 잉게 지금은 받기도 좋제. 참치11 거 술 걸러먹는 치에다가 따악 밭어 갖고 인자 그 물에다가 그랑께 그 물도 잔 나시 해갖고 해야 대는데 인자 치자가 적다고 물 째깐 해갖고 해노므는. 물이 노란 데는 노라고 흐간 데는 흑하고 강께 지금 같으믄 무누 놔저 갖고 좋다가제마넌. 그른때는 물이 잘 못 들었다고 하하하.

∞가루가 되는 것이 아니라 손으로 으깨면, 씨도 있는데. 담가 놔두면 노라니 물이 우러나! 지금은 밭기도 좋지. 술 걸러먹는 체에다가 밭아가지고. 그 물도 넉넉해야 되는데 치자가 적다고 물을 조금만 하면 노란 곳은 노랗게 들고 흰 곳은 희고 요즘은 무늬 놓아졌다고 좋다 하지만. 그때는 물이 잘 못 들었다고 하하하.

`02` 감: 지금 가트믄 무누라 할 쑤도 인쩨:.
감 지금 같으믄 무누라 할 수도 있제.

---

11 '참치'는 '체'의 방언형이다.

∞그럼 지금 같으면 무늬라 할 수도 있지.

01 크람 지끄먼 거 무니할라 깡 무꺼가꼬 그케 들처가꼬 그케
도 하제마넌. 잘 몯:드러따고 그거시 으:찌 숭이어쎠.

   크람 지금언 거 무니할라 깍 묶어갖고 궁게 들처갖고 궁게도 하
제마넌. 잘 못 들었다고 그것이 으찌 숭이었어.

∞그럼. 지금은 꽉 묶어 가지고 (일부러 그런 무늬도) 만들지만.
그때는 잘 못 들었다고 그것이 흉이었어.

02 시나다 몯: 시나다는 거이제.

   신하다[12] 못 신하는 것이제.

∞야무지다 야무지지 못하다는 것이지.

01 응 몯: 시나다고.

   응 못 신하다고.

∞응 야무지지 못하다고.

조 푸답이 뭐죠?

01 플 헤:서 그 저 쌀로 풀 끼레가꼬 풀 메게가꼬: 다둠능거:. 인
자: 푸럴 메게서 땅 너러 나두뭉 꼬도:게저:. 꼬도가니 아주 파:싹
몰라지므난데고:. 꼬도갈 떼 딱: 헤서 쪼오쭉 퍼서 헤가꼬는 딱 접

---

12 '신하다'는 '야무지다'에 대응한다.

처서 발로 볼바. 발로: 볼바가꼬는 멩기 가틍 거슨 쪼까 꼬도:게지믄 딱 싸:. 싸가꼬는 빨레또게다 노코 방멩이로 이케 뚜드러. 그라믄 기운 조케 망고강산 하다나믄 걍 다 조사부러 또 터부러!

플해서 그 저 쌀로 풀 낄에 갖고 풀 멕에 갖고 다듬는 것. 인자 풀얼 멕에서 딱 널어 나두믄 꼬독해저. 꼬독하니13 아주 파싹 몰라지믄 안대고. 꼬독할 때 딱해서 쪼오쭉 펴서 해갖고는 딱 접처서 발로 볿아. 발로 볿아갖고는 멩기같은 것은 쪼깐 꼬독해지믄 딱 싸. 싸갖고는 빨랫독에다 놓고 방맹이로 잋게 뚜드러. 그라믄 기운좋게 망고강산 하다나믄 걍 다 조사부러 또 터부러!

∞쌀로 풀 끓여가지고 풀 먹여서 다듬는 것. 풀을 먹여서 널어 놔 두면 꼬독꼬독 해져. 바짝 말리면 안 되고 꼬독꼬독 해질 때 쭉쭉 펴서 접쳐서 발로 밟아. 명주는 조금 꼬독꼬독해지면 (보자기 같은 것으로) 싸. 싸가지고 다듬잇돌에다 놓고 방망이로 뚜드려. 그러면 기운 좋게 망고강산 부르다나면 그냥 다 조사 버려. 또 터져 버려!

⎕02⎕ 강께 함부로 탁탁탁 띠둘머넝 그라고:. 그놈도 인자 자장자장: 띠두는 노믐 빤답빤다가니 데고 그레.

강께 함부로 탁탁탁 티둘머넌 그라고. 그놈도 인자 자장자장 띠두는 놈은 빤닥빤닥하니 데고 그래.

∞그러니까 함부로 탁탁 뚜드리면 터지고. 자장자장 두드리면 번들번들하게 되고 그래.

---

13 '꼬독하다'는 물기가 없는 상태를 말한다.

7

섬사람들의 생활

섬으로 시집온 사연

섬에 뿌리내리기

산 넘고 물 건너 고기 팔러가다

배 타고 학교에 가다

전기가 들어오기 전

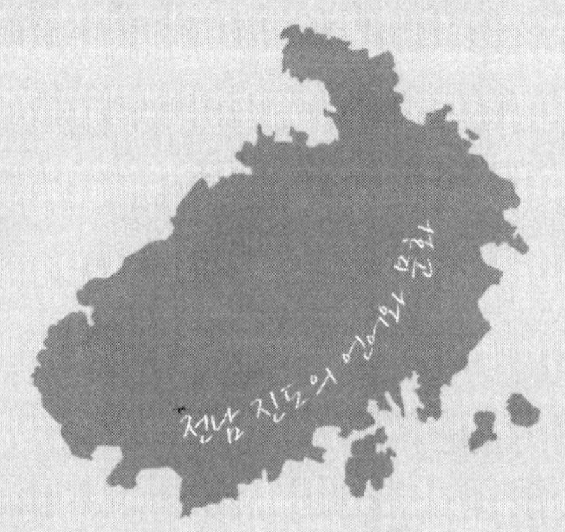

— 찰로 그리고 그때는 웃기게 살았어

섬으로 시집온 사연

조 할머니들은 어쩌다 모도라는 섬까지 시집을 오게 되었나요.

이도금 네가 도모끼미 부:자찝 따리어써. 그란데 어쩨 이른데다 나럴 여어뚱고 몰라.

내가 도목기미 부잣집 딸이었어. 그란데 어째 이른데다 나럴 여어든고 몰라.

∞내가 도목리 부잣집 딸이었어. 그런데 왜 이런 섬에다 나를 시집보냈는지 몰라.

조 부모님 원망 하셨어요.

이 마니 헫쩨. 여 동네 스어메서: 도모끼미로 시지본 사라미 한나 이써써. 그랑께 그 연비로다 네가 시지봐써. 시무살 머거서 시지버롱께:, 씨압씨고 씨엄씨고 다: 주거불고 억꼬 똥세가 살더마, 사:춘 동세가. 사춘 동세랑 두:리 살다가 건:네 그모도로 이사 가불고 씨누네드른 두리 이써써.

만이 했제. 여 동네 섬에서 도목기미로 시집온 사람이 한나 있었어. 그랑께 그 연비로다 내가 시집왔어. 시무살 먹어서 시집얼 옹께, 씨압시고 씨엄시고 다 죽어불고 업고 동세가 살던마, 사춘 동세가. 사춘 동세랑 둘이 살다가 건네 금호도로 이사 가불고. 시누네들은 둘이 있었어.

∞많이 했지. 모도에서 도목리로 시집 온 사람이 하나 있었어. 그 인연으로 내가 시집을 왔어. 스무 살 때 시집을 오니까 시부모는 다 돌아가시고 없고 사촌 동서가 살더구먼. 사촌 동서는 살다가 건네 금호도로 이사 가 버리고, 시누 둘 있었어.

그레가꼬 저 음녑 파롤 초이튼날 시지봐써. 그레가꼬 석딸마네 친정얼 가라:데. 그레강께, 지:난네가 집 썰러 가다가 산섬 가다 도떼가 땁 분질러징께 도로 드롸써. 드롱께 성수하고 우리영가마고 싸멀헤서 아주 구시데:. 석딸마네 가는 사라멀 빈손 지고 보네따고.

그래갖고 저 음력 팔올 초이튼날 시집왔어. 그래갖고 석달만에 친정얼 가라데. 그래 강께, 진한네가 집 실러 가다가 산섬 가다 돗대가 딱 분질러징께 도로 드뢌어. 드롱께 성수하고 우리 영감하고 쌈얼해서 아주 굿이데. 석 달 만에 가는 사람얼 빈 손 지고[1] 보냈다고.

∞음력 팔월 초이튼날 시집을 왔는데 석 달 만에 친정을 가라데. 그래 진환네 짚 실러 (가는 길에 같이) 가다가 산섬 부근에서 돛대가 부러지니까 도로 들어왔어. 들어오니까 형수하고 우리 영감하고 싸움을 해서 난리가 났어. 석 달 만에 가는 사람을 (이바지 없이) 빈손으로 보냈다고.

그레 그 딘나레 또 베 고처서 가게 뎅께로넌, 그 흐:간 서숙 그저네 가라뚱마. 그놈 떠게서 보리막껄리 헤논 노미씽께 고노마고 헤

---

1 '지고'는 '쥐다'의 활용형이다.

서 장철레함씨 데꼬 나럴 보네써. 그레서 보름도 몬 싸란는데 델
롸떼. 그레서 흔떠가고 싸라고 가꽁께로넌, 우리친정엄메랑 옹께
는 동세가 쒸수 가라다가 토다고 죽쑤고 읻떼. 네가 쌀 가꾼놈가
꼬 바베 가꼬는 머꼬 그 딘날 친정엄메가 가고.

그래 그 딋날에 또 배 고처서 가게 뎅께로넌, 그 흑한 서숙 그전
에 갈았등마. 그놈 떡해서 보리막걸리 해논 놈 있잉께 고놈하고
해서 장철네 함씨 뎄고 나럴 보냈어. 그래서 보름도 못살았는데
델롸데. 그래서 흔떡하고 쌀하고 갖공께로넌 우리 친정엄매랑 옹
께는 동세가 쒸수 갈아다가 톳하고 죽 쑤고 있데. 내가 쌀 갖곤 놈
갖고 밥해갖고는 먹고 그 딋날 친정엄매가 가고.

∞그 뒷날 또 배 고쳐서 가게 되니까, 전에 갈았던 흰 서숙으로 떡
을 하고 보리막걸리 미리 해 놓은 것 있으니까 같이 해서 장철
네 할머니 편에 나를 (다시 친정에) 보냈어. 그런데 보름도 못
살았는데 데리러 왔데. 그래서 흰떡하고 쌀을 가지고 우리 친정
어머니랑 오니까 동서가 수수 갈았다고 톳 넣어서 죽을 쑤고 있
데. 그래서 내가 가지고 온 쌀로 밥해서 먹고 그 뒷날 친정어머
니는 가고.

김연엽 아: 나는 우리 친정 어머이 이모네 지빈데 이모는 주:꼬
이수기 중메를 헫따가데.

아, 나는 우리 친정어머니 이모네 집인데 이모는 죽고 이숙이
중매를 했다가데.

∞나는 우리 친정어머니 이모네 집인데, 이모는 죽고 이숙이 중매
를 했다고 하데.

▨ 이숙은 어디서 사시는데요.

▨ 여으서 사라. 그레가꼬 아부지는 아:날라고:. 네가 어쩨 섬에다 따릴려워야:. 돈지 그른데서도 늘 중메가 와꺼덩. 그랑께 아부지는 아날란다 휀는데. 아이, 그 세네끼 싸루 소게다가는, 사주딴제라고 저구리 한나썩 가꼬 그걱가꼬 모도 허랍바꼬 그레꺼덩. 그거슬 그 세네끼 싸리 소게다가 치베일라고, 지붕이 검:나게 마냥께 치베일라고 봉께 거그서 그떼사 나오드라게. 그랑께 너:머 오레댜서: 아난다 말도 모다고 할 쑤 업씨 인자 헤뜬 모냥이어.

여그서 살아. 그래갖고 아부지는 안 할라고, 내가 어쩨 섬에다 딸얼 여워야. 돈지 그른데서도 늘 중매가 왔거던. 그랑께 아부지는 안할란다 했는데. 아니, 그 새내끼 사루2 속에다가는, 사줏단제라고 저구리 한나썩 갖고 그것 갖고 모도 허락 받고 그랬거던. 그것을 그 새내끼 사리 속에다가 집헤일라고, 지붕이 겁나게 만앙께 집헤일라고 봉께 거그서 그때사 나오드라개. 그랑께 너머 오래댜서 안한다 말도 못하고 할 수 없이 인자 했든 모냥이어.

여기서 살아. 그래가지고 아버지는 안 하려고, 내가 왜 섬에다 딸을 결혼시켜야. 돈지에서도 늘 중매가 들어 왔거든. 그런데 새끼 사루 속에서 사주단자라고 해서, 저고리 하나 가지고 허락 받고 그랬거든. 그것을 그 새끼 사루 속에서 집 헤일라고, 지붕이 무척 많으니까, 그런데 집 헤일라고 보니까 그때서야 (새끼 타래 속에서) 나오더라고 해. 그래서 너무 오래 되다 보니 안한

---

2 '사루'는 실의 가닥을 말하는데 여기서는 '새끼'의 가닥까지 쓰였다.

단 말도 못하고 할 수 없이 (결혼을) 시켰든 모양이야.

조 사주단자를 새끼 속에다 넣어놨어요.

김 이르트머닌자 서루 하거따는 승나기제. 그레가꼬 할: 쑤 업씨 여윌쩨 하하하. 그랑께 엔나레넌 보다나고: 보다나고 네다 그 저구리 한나 사주딴지 그거시 허락 하는 거신데.

이르트면 인자 서루 하겠다는 승낙이제. 그래갖고 할 수 없이 여웠제 하하하. 그랑께 옛날에넌 보단하고 보단하고 내나 그 저구리 한나 사줏단지 그것이 허락하는 것인데.

∞이를테면 서로 하겠다는 승낙이지. 그래서 할 수 없이 결혼시켰지 하하하. 그러니까 옛날에는 서로 보지도 않고, 결국에는 그 저고리 하나가 사주단자, 그것이 허락하는 것이라.

그라고 또 게롬 마악 헤가꼬 몰라 한 오이리나 뎅게 베타러 나가부러써. 석딸마네 드롱께 워따: 부끄럽떼:. 친짜 부끄럽뜨라. 눈도 떠 보기 실트라고 으::찌 부끄렁가. 수거니로 이케 망 네레씨고 이꼬:. 그랑께 나강께 항년 한자 마니 사랃쩨, 나넌. 베타러 나가 붕게.

그라고 또 게론 막 해갖고 몰라 한 오일이나 뎅께 배 타러 나가 불었어. 석달만에 드롱께 웠다 부끄럽데. 진짜 부끄럽드라. 눈도 떠 보기 싫드라고 으찌 부끄런가. 수건이로 잉게 막 내레 씨고 있고. 그랑께 나강께 항년 한자 만이 살았제, 나넌. 배 타러 나가붕게.

∞또 결혼 막 해서 한 오일이나 되니까 배 타러 나가 버렸어. 석 달 만에 들어오니까 정말 부끄럽데. 진짜 부끄럽더라. 눈도 떠

보기 싫더라고 어찌나 부끄러운지. 수건으로 막 내려 쓰고 있
고. 그러니까 항상 (배 타러) 나가니까 늘 혼자 많이 살았지, 나
는. 배 타러 나가버리니까.

조 그럼 할머니 친정에서는 사주단자가 온지도 몰랐다는 거네요.

김 그떼마네도 얼마나 어둑꼬 구시기얻쩨:. 그레도 부모니미 시
머준데로 상께. 꽁 모쌀거씽께 안 살라 헤따가도 부모니미 시머
줜는데 어쩨 안 살건냐 그라고 사랃쩨.
　그때만 해도 얼마나 어둡고 구식이었제. 그래도 부모님이 심어
준데로 상께. 꼭 못 살겄잉께 안 살라 했다가도 부모님이 심어줬
는데 어째 안 살겄냐 그라고 살았제.
∞그때만 해도 (세상이) 어둡고 구식이었지. 꼭 못 살 것 같아서
　안 살려 했다가도 부모님이 심어줬는데 하고 살았지.

섬에 뿌리내리기

조 여기는 전기도 늦게 들어왔던데요.

김연엽 정기뿌럽:쑹게 네나 세구도: 업쑹게 복쩽이 지름 네가꼬
쓰드랑게. 복쩽이알: 알 넴:사가: 칭헤 아주. 그 불써노믄. 그레가
꼬 소랑껍떼기다 다머서 요르케 그심지 멘드라가꼬 그르케 불써
고 살더라고. 그거 쓰고 베도 짜고: 바느질도하고 다: 헫쩨.

　전깃불 없응게 내나 석우도 없응게 복쟁이 지름 내 갖고 쓰드랑
게. 복쟁이 알, 알냄사가 징해 아주. 그 불써 노믄. 그래갖고 소라
껍떼기다 담어서. 요롱게 그 심지 맨드라갖고 그롱게 불 써고 살
더라고. 그것 쓰고 배도 짜고 바느질도 하고 다 했제.
∞전기불도 없고 석유도 없으니까 복어 기름내서 쓰더라니까. 불
　써 놓으면 복어 알 냄새가 지독해. 소라껍질에다 심지 만들어서
　불 쓰고 살더라니까. 그 불 켜서 배도 짜고 바느질도 했지.

그라고 이 동네넌, 두둘빵에도 업:떼. 방에럴 이르케 도구떼라고
이써:. 메둥이도 이꼬 그렁 거스로 도구통에서 이케 마악 도구떼
로 막: 찌코. 메둥이 가꼬 마기케 이케 찌코. 그레서 바베 먹뜨라
고. 그란데 아네봐서 옹게 인자 이럼 방에 찐는 거또 서투릅쩨.

　그라고 이 동네넌, 두둘방애도 업데. 방애럴 이롷게 도굿대라고
있어. 메둥이도 있고 그런 것으로 도구통에서 잏게 막 도굿대로

막 찧고. 메둥이 갖고 막 잏게 잏게 찧고. 그래서 밥해 먹드라고. 그런데 안 해봐서 옹께 인자 이런 방애 찧는 것도 서투릅제.

∞그리고 이 동네는 디딜방아도 없데. (절구통) 절굿공이는 있어. 메둥이도 있고 그런 것을 사용해 절구통에다 찧어서 밥을 해 먹더라고. 그런데 안 해보고 오니까 방아 찧는 것도 서투르지.

중리서는 그 돈지서 기게빵에 찌어다가 싸리고 보싸리고 찌거다 멍는데: 여가서는 걍 이 꽁보리릴 막 찌그라더라고:. 그랑께 그릉거 찌타 인자 막 도구통 가세다 하하하 다: 허침시로 인자 그노미 바로 찌거지픔 한데 여그다 저그다 떼레붕께 허처지픔 막 곡썩 허치고 방에 찐다고 망 머이라하고. 이른데가 다 터저서 피나데, 나넌.

중리는1 돈지에서 기겟방애 찧어다가 쌀이고 보쌀이고 찍어다 먹는데 여기 와서는 걍 이 꽁보리릴 막 찍으라더라고. 그랑께 그른 것 찧다 인자 막 도구통 갓에다 하하하 다 허침시로2 그놈이 바로 찍어지믄 한데 여그다 저그다 때레붕께 허처지믄 막 곡석 허치고 방애 찧는다고 막 머이라 하고. 이른 데가 다 터저서 피나데, 나넌.

∞중리는 돈지에서 쌀이고 보리쌀이고 기계방아 찧어다가 먹는데. 여기는 꽁보리를 (절구통에) 막 찧으라 하더라고. 그런데 찧다보면 절구통 가에로 하하하 다 쏟지. 바로 찧어지면 좋은데 여기저기 때리니까 곡식 쏟으면서 방아 찧는다고 (시어머니가) 야단치고. 손바닥이 터져서 피가 나데, 나는.

---

1 '중리'는 제보자의 친정 마을 이름이다.
2 '허치다'는 '흩다'에서 소급되었다.

그릉거슬 아네 보다가: 시어머이가 하라강께 할 쑤 업씨 하는데 인자 부릅터가꼬 걍 터저불더라고, 솜빠다기. 그라고 우리 시어머이는 우리 성니미 베 몯:짱께, 베떼로 메느리 두다리럴 헬:가니 작꼬 막 베때로 타탁탁딱 베 모짠다고 멍청하다고 막.

그른 것을 안 해보다가 시어머니가 하라강께 할 수 없이 하는데 부릅터갖고 터저불더라고, 손바닥이. 그라고 우리시어머니는 우리성님이 베 못 짱께, 벳대로 메느리 두 다리럴 핼가니3 잡고 막 벳대로 타탁탁 베 못 짠다고 멍청하다고 막.

∞그런 것을 안 해보고 (시집 왔는데) 시어머니가 하라고 하니까 할 수 없이 하는데 부르터서 터졌어, 손바닥이. 그리고 우리시어머니는 형님이 베 못 짜니까, 벳대로 며느리 두 다리를 핼가니 잡고 막 베대로 탁탁탁 베 못 짠다고 멍청하다고 막.

간데 인자 나는 베럴 착착 잘 짜거덩. 그랑께 인자 베짜는 소리가 떼떼떽 나는데. 우리 성니머니 찌그덩 이레가꼬 하하하 베짜믄 몯: 짱께 마저써.

간데 나는 베럴 착착 잘 짜거던. 그랑께 베짜는 소리가 때때땍 나는데. 우리 성님언 찌그덩 이래갖고 하하하 베 짜믄 못 짱께 맞었어.

∞그런데 나는 베를 잘 짜니까 때때땍 소리가 나는데 우리 형님은 찌그덩 하하하 베를 못 짜니까 맞았어.

---

3 '헬:가–'는 '핼쑥하다'의 방언형이다. '핼쑥하다'는 얼굴에 핏기가 없고 파리한 상태를 말하는데, 본문에서 뜻하는 바와는 거리가 있다.

조 시어머니가 베 못 짠다고 때리기도 했어요.

깅 그람 모다믄 떼리기도 하제. 그거시 시집사리제. 그랑게 우리 성니미 늘 나만 이뻬라 한다고 늘 움시로 나보고 므이라 헫싸트라고. 베도 잘 짜고 바느질도 자란다고 나만 이뻬 한다고.

그람 못하믄 때리기도 하제. 그것이 시집살이제. 그랑게 우리 성님이 늘 나만 이뻬라 한다고 늘 움시로 나보고 므이라 했쌓드라고. 베도 잘 짜고 바느질도 잘 한다고 나만 이뻬라 한다고.

∞그럼 못하면 때리기도 하지. 그것이 시집살이지. 그러니까 우리 형님이 늘 나만 예뻐한다고 울면서 그랬어. 베도 잘 짜고 바느질도 잘 하니까 나만 예뻐한다고.

그 어머이마넙스믄 베짜고 안저써도, 보쌀 도구통에 이케 안 데낑가:. 그라믄 그거서라날라고: "베 고만 짜고 네라:. 보쌀 데께 바베 머께!" 막 그라더라고. 그라므닌자 네라와서 보쌀 데끼므닌자 어머이가 인자 또 호통얼 지르네:.

그 어머니만 없으믄 베 짜고 앉었어도, 보쌀 도구통에 안 데낑가. 그라믄 그것얼 안할라고. "베 고만 짜고 내라. 보쌀 데께 밥해먹게." 막 그라더라고. 그라믄 인자 내라와서 보쌀 데끼믄 인자 어머니가 인자 또 호통얼 지르네.

∞어머니만 없으면 베 짜고 앉아있어도, (옛날에는) 보리쌀을 절구통에 안 데끼는가. 그러면 그것을 안 하려고 "베 그만 짜고 내려와. 보리쌀 데껴 밥해먹게." 그러더라고. 그러면 (베틀에서) 내려와서 보리쌀을 데끼고 있으면 어머니가 와서 또 호통을 치네.

이 진짐보메 삼사올 하루 점:도록 먹또 모다고 베짜고 그라믄 다리가 히칠히칠하꺼인데 응, 지비서 너는 앙꾜또 할쭝 모릉께 바비나 헤줌시로 베짠 사람보고 나와서 방에 찌라가고 그란다고. 그람 또 자금메느리 역쌍한다고:. 어머이보고 동세늠 막 그라고: 이뜨라고.

　이 진진 봄에 삼사올 하루 점도록 먹도 못하고 베 짜고 그라믄 다리가 히칠히칠4 할 것인데 응, 집이서 너는 암굿도 할 중 모릉께 밥이나 해줌시로 베 짠 사람보고 나와서 방애 찌라가고 그란다고. 그람 또 작은메느리 역쌍한다고. 어머니보고 동세는 막 그라고 있드라고.

∞이 긴긴 봄 삼사월 온종일 먹도 못하고 베를 짜면 다리가 어칠비칠할 텐데 응, 너는 집에서 아무것도 할 줄 모르니까 밥만 해주면서 베 짠 사람더러 방아 찧으라 한다고. 그럼 또 형님은 작은며느리 역성든다고 어머니보고 그랬어.

■조 나무는 많이 있었나요.

■김 여그서 나무하다가 모다믄 쩌그 저 저 접또 가튼데 가서도 헤오고:.

　여그서 나무하다가 못하믄 쩌그 저 저 접도5 같은데 가서도 해오고.

---

4 '히칠히칠'은 '어칠비칠'의 방언형으로 몹시 지쳐서 탈진된 상태를 이르는 말이다.

5 '접도'는 진도에 속한 또 다른 섬 지명어이다.

∞여기서 나무하다 (더 이상 할 나무 없으면) 접도 같은 곳에 가서
　도 해 오고.

조 배타고 가서요.

김 베타고 가서 또 고굼멩 가서도 헤오고 그람. 거으 겔짠데기도
파러 뎅기고 벨 지껄이럴 다 헫쩨, 그른떼. 붏 뗄라고. 싞발도 엄는
시상 사라써.
　배타고 가서 또 고군멘 가서도 해오고 그람. 거으 갯잔데기도6
파러 댕기고 벨 짓거리럴 다 했제, 그른때. 불 뗄라고. 신발도 업는
시상 살았어.
∞배타고 고군면 가서도 해오고 그럼. 갯찬데기도 파러 다니고 별
　짓거리를 다 했지, 불 때려고. 그때는 신발도 없는 세상 살았어.

조 신발은 무슨 신발 신으셨어요.

이연엽 칩쎄기!
　집새기!
∞짚신!

김 누니 흐:가니 와도 이 건네서 물 질러 가믄 집쎄기 싱꼬 무리
찍찍 흐르는 집쎄기 싱꼬 갇따가 물 지러 가꽈서…… 아주 믐 바

---

6 '갯잔데기'는 잡초의 종류이다.

리 삘:가니 오리발 댜:, 어러가꼬.

눈이 흑하니 와도 이 건네서 물 질러 가믄 집새기 신고 물이 찍찍 흐르는 집새기 신고 갔다가 물 질어 가꽈서…… 아주 믄 발이 삘가니 오리발 댜, 얼어갖고.

∞눈이 하얗게 와도 이 건너 물 길러 가면 짚신 신고 물이 찍찍 흐른 짚신 신고 갔다가 물 길어 가지고 와서…… 발이 빨갛게 오리발 돼, 얼어가지고.

조 이 건네라면 초사리에서요. 초사리에서 물 길어다 먹었어요.

김 응. 다 지러다 머걷쩨. 그라고 날 구칠라믄 그 사람드리 조타게:. 여자드리 발 버꼬 드러가서 막 훑트고 그란데 누가 조타게.

응. 다 질어다 먹었제. 그라고 날 궂일라믄 그 사람들이 좋다개. 여자들이 발 벗고 들어가서 막 훑트고 그란데 누가 좋다개.

∞응. 다 길어다 먹었지. 그런데 날이라도 궂으면 (초사리) 사람들이 싫어했어. 여자들이 발 벗고 들어가서 막 훑고 그러는데 누가 좋다고 하겠어.

조 그래서 배로 싣고 오는가요.

김 베로 실꼬 와서 또 여그 와서 그놈 베에서 다: 퍼서 지비 이케 야찬 사라먼 얼릉 푸는데 쩌흐 우게 산 사라먼 한정 업시 푸고 그렌쩨.

배로 싫고 와서 또 여그 와서 그놈 배에서 다 퍼서 집이 야찬 사람언 얼른 푸는데 쩌 욱에 산 사람언 한정 없이 푸고 그랬제.

∾배로 싣고 와서는 또 배에서 (집으로) 퍼서, 집이 낮은 사람은 빨리 푸는데 높은 곳에 사는 사람은 한정 없이 푸고 그랬지.

조 빗물을 받아서 쓰지는 않았나요.

김 물, 그른떼는 믄: 지붕인데 믐: 물 바더야? 양철찌비 저 호쓰데서 바닫쩨:. 엔날 초가지번 물 몹빠더써:.

물, 그른때넌 믄 지붕인데 믄 물 받어야? 양철집이 저 호스 대서 받았제. 엣날 초가집언 물 못 받었어.

∾물, 그때 지붕이 무슨 (지붕인데) 물 받아야? 양철집이 호스 대서 받았지. 옛날 초가집은 물 못 받았어.

조 그럼 이 섬에는 샘이 없어요.

김 여거 저 세믐 메께 이써써. 그랑께: 여리메 장마지고 그라믐 물 질러 앙가고 지러머꼬: 인자 겨을 도로믄 무럽쏭께 인자 순전 빨레 다: 이고 이 건네가 하̆고 빨레통 다: 이고 모름빨레 가꼬고 그라고 가서 초사리 가서 헤̆오고 또 물 거그서 다: 지러서 엔나레 도라무깡도 업써짜나. 옹구도̆아지 실꼬 고라고 물 질러 뎅겐쩨.

샘은 멧 개 있었어. 그랑께 여름에 장마지고 그라믄 물 질러 안 가고 질어먹고 인자 겨을 도로믄 물 없응께 순전 빨래 다 이고 이 건네가 하고 빨래통 다 이고 모른 빨래 갖고고 그라고 가서 초사리 가서 해오고 또 물 거그서 다 질어서 옛날에 도라무깡도7 없었잔아. 옹구 독아지 싫고 고라고 물 질러 댕겠제.

∽샘은 몇 개 있었어. 그러니까 여름에 장마 지면 물 길러 안 가고 (동네 샘에서) 길어 먹다, 겨울 돌아오면 물이 없으니까 빨래 통도 이고 가서 (말려서) 마른 빨래 갖고 오고, 또 물도 거기서 다 길어서 옛날에 (고무)물통도 없었잖아. 항아리에 싣고 물 길러 다녔지.

조 옹기에 물을 실어 날랐어요.

김 크람. 옹구도가지 실코 그라고 물 질러 뎅게쩨.

크람. 옹구도가지8 싫고 그라고 물 질러 댕겠제.

∽그럼. 옹기 싣고 물 길러 다녔지.

조 모도는 논도 없는데 지붕은 어떻게 헤이셨어요.

이 육찌가서 지벌 사다가:. 네가 손노 다 여꺼서 지베열쩨. 그라고 함버넌 베타고 집 싸가꼬 드로다 베가 불라부러써.

육지가서 집얼 사다가. 내가 손노 다 엮어서 집 헤었제. 그라고 한번언 배 타고 집 사갖고 들오다 배가 불나불었어.

---

7 '도라무깡'은 '드럼통'의 일본식 발음이다. 흔히 원통형의 긴 고무물통을 가리킨다.

8 '독아지[도아지]'는 '독'의 방언형이다. 운두가 높고 중배가 조금 부르며 전이 달려 있다. 전남방언에는 '-아지'가 결합한 것들이 많은데 '발목아지(발목), 베떼아지(배), 싹아지(싹수), 손목아지(손목), 속창아지(철부지), 택아지(턱)' 등이 있다.

∞육지 가서 짚을 사다가, 내가 손으로 다 엮어서 지붕을 헤었지. 한번은 짚 사가지고 배 타고 들어오다 배가 불나버렸어.

조 그래서 어떻게 됐어요.

이 아들레덜 두른 띠어 네레불고. 나늠 베에서 주굴란다 느그드리나 네레라:. 바람불믄 여: 암분데로 가고 저:리 돌고 그랑께 동네서 베타고 나와서 나너놀라가서 와써. 그람, 노무 베 지서 줄라고: 씨누네덜 여울라고: 당목 한통 떠논 놈. 그떼는 돋떼 시고 뎅김 베라:, 그놈가꼬 헤: 줘쩨. 문중에서 까끄메서 솔 비어다.

아들레덜 둘은 띠어 내레불고. 나는 배에서 죽울란다 느그들이나 내레라. 바람불믄 여 안 분대로 가고 저리 돌고 그랑께 동네서 배타고 나와서 나넌 올라가서 왔어. 그람, 놈우 배 짓어 줄라고 시누네덜 여울라고 당목 한통 떠논 놈. 그때는 돗대 시고 댕긴 배라, 그놈 갖고 해줬제. 문중에서 까끔에서9 솔 비어다.

∞아들네들 둘은 뛰어내려 버리고. 나는 배에서 죽으련다, 너희들이나 내려라. 바람 불면, (다행히) 불지 않는 곳으로 돌고 그러니까 동네에서 배타고 나와서, 나는 올라가서 왔어. (나중에는) 남의 배 지어줘야 하니까, 시누들 결혼시키려고 떠놓은 당목 한 통으로 해줬지. 그때는 돛대 세우고 다니던 배라. 문중 산에서 솔 베다가.

---

9 '까끔'은 '산'의 방언형이다.

조 다른 사람 배를 빌려서 짚을 사러가셨어요.

이 크람. 그레쏭게 그케 지서 쥀쩨.

크람. 그랬응께 둥게 짓어 줬제.

∞그럼. 그랬으니까 지어줬지.

조 밭에서는 주로 무엇을 재배하셨어요.

이 보리, 서숙. 그거또 나는 바덥쑹게 노무 일가서 품 버러다 머걷쩨.

보리, 서숙. 그것도 나는 밧 없응게 놈우 일가서 품 벌어다 먹었제.

∞보리, 조. 그런데 나는 밭도 없으니까 남의 일 해서 품 벌어다
먹었지.

김 바설: 쩨:깜 벙께 그때 싱낭이 떠러저 가꼬 으찌 성가시데. 그
레서너누리동숭이 선셍이로 이씀시로 얼급 타따게:. 그른때는 여
그 이 초사리 차도 안 나데니고 그랑께 순:전 거러서 뎅겓쩨:. 강
께 이로일랄 강께 지비와떰마, 그레낄레.

밧얼 작게 벙께 그때 식냥이 떨어저 갖고 으찌 성가시데. 그래
서넌 우리 동숭이 선생이로 있음시로 얼급 탔다개. 그른때는 여그
이 초사리 차도 안 나대니고 그랑께 순전 걸어서 댕겠제. 강께 일
오일날 강께 집이 왔던마, 그랬길래.

∞밭을 조금 버니까 식냥이 (빨리) 떨어져서 곤란하데. 그런데 마
침 동생이 선생으로 있는데 월급을 탔다고 해. 그때는 초사리
쪽으로 차도 안 다니고 그러니까 걸어 다니는데, 일요일 날 우

리 집에를 왔더구먼, 그러기에.

"아야, 영시가 너 도니씨믄 나 심마남만 돌려주라. 바시 한나 담마
지기가 난는데: 심마나널 주라강께 아그더라고 바시 저거가꼬 싱
냥이 부치고 아그더른 또 더 크고 성가싱께 그란다." "그라시오
메씨:."

"아야, 영식아 너 돈 있이믄 나 십만안만 돌려주라. 밧이 한나
닷마지기가 났는데 십만안얼 주라고 항께 아그덜하고 밧이 적어
갖고 식냥이 부치고 아그덜은 또 더 크고 성가싱께 그란다." "그
라시오 매씨."

∽"아야, 영식아 너 돈 있으면 십만 원만 돌려다오. 밭이 닷 마지
기가 났는데 십만 원을 달라고 한다. 애들은 자꾸 크는데 밭이
작다보니 식량이 부족해서 그런다." "그러시오 누님."

아야, 시상에 얼급 똔 심마나늘 중가:. 그레서 그놈 주고 아이 그
레 그 바시 으찌 잘 데데:. 그랑께 보리치믄 보통 가마이로 고봉
다서떼도 나오고 여섣떼도 나오고 그라더라고. 그랑께 걍 싱냥이
걍 쑝 느러지고: 그케 안성가시게 사라써.

아야, 시상에 얼급 돈 십만안을 준가. 그래서 그놈 주고 아니 그
래 그 밧이 으찌 잘데데. 그랑께 보리치믄 보통 가마니로 고봉 다
섯 대도 나오고 여섯 대도 나오고 그라더라고. 그랑께 걍 식냥이
걍 쑥 늘어지고 굵게 안 성가시게 살았어.

∽아야, 세상에 월급 십 만원을 주는가. 그래서 그 돈으로 (밭을
샀는데) 그 밭이 잘 되데. 보리를 치면 보통 가마니로 고봉 다섯

대도 나오고 여섯 대도 나오고 그랬어. 그 뒤로 부터는 양식이
넉넉해 걱정 없이 살았어.

그라고 함버는 선셍드리 베:급 타따고 아이 긍감 멩시노 뎅길 때:,
쩌 송정잉게 긍감 나올라믄 머러. 그른떼넌 차도 억꼬, 구르마로
실꼬 와따고 보쌀 두: 가마니아고 싸랑가마니아고 서말써기데. 서
말썩 뎅깅 가마니럴 시가마니럴 나를 줘:.

그라고 한번은 선생들이 배급 탔다고 아니 금갑 멩신호 댕길때.
송정이니까 금갑 나올라믄 멀어. 그른때넌 차도 업고, 구르마로
싫고 왔다고 보쌀 두가마니 하고 쌀 한가마니 하고 서말썩이데.
서말썩 댕긴 가마니럴 시가마니럴 나를 줘.

∞ 한번은 선생들이 배급 탔다고 금갑 명신호 다닐 때, 송정이니까
금갑에서 나오려면 멀어. 그때는 차도 없고, 달구지로 싣고 왔
다고 보리쌀 두가마니, 쌀 한가마니면 세말인데. 세말 담긴 가
마니를 나를 줘.

조 동생분이요.

김 응. 메씨 고기장시 다니지 말쇼. 메씨가 고기 이고 뎅기믄 그
케 안쫍디다:. 그람시로 이놈 가꼬 보메 아그더라고 바베머꼬 사
라고:. 그라고 시가마니럴 가따줘 노미 암 부럽뜨라:. 영가믄 나가
고 억꼬:. 아그덜 데꼬 멍는데 진짜 부자가 암 부럽뜨라고. 그란데
지금도 나넝 그 일 셍가가므누리 동숭이 으찌 고맙당께.

응. 매씨 고기장시 다니지 말쇼. 매씨가 고기 이고 댕기믄 궁게

안좁디다. 그람시로 이놈갖고 봄에 아그덜하고 밥해먹고 사라고. 그리고 시가마니릴 갖다 줘 놈이 안 부럽드라. 영감은 나가고 업고. 아그덜 넳고 먹는데 진짜 부자가 안 부럽드라고. 그란데 지금도 나넌 그 일 생각하믄 우리 동숭이 으찌 고맙당게.

∞응. 누님 생선장사 다니지 마소. 누님이 생선 이고 다니면 보기가 안 좋습디다. 그러면서 봄에 애들하고 밥 해먹고 사라고. 영감은 (배 타러) 나가고 없는데 세가마니를 갖다 주니까 남이 안 부럽더라. 애들하고 먹고 사는데 진짜 부자가 안 부럽더라고. 그래서 지금도 나는 그 일 생각하면 우리 동생이 고맙다니까.

그른떼 또 가용 똔도 업쓰믄, 가서 마라뭉 기양주고 그레서 나는 우리 동숭 덩 마이 바더써. 그리고 친정에서 마이 곡썩가따 머꼬.

그른때 또 가용 돈도 없으믄, 가서 말하믄 기양주고 그래서 나는 우리 동숭 덕 만이 받었어. 그리고 친정에서 만이 곡석 갖다 먹고.

∞응. 그런 때 생활비도 없다고 말하면 그냥 주고 그래서 나는 우리 동생 덕을 많이 받았어. 그리고 친정에서도 곡식을 많이 가져다 먹고.

산 넘고 물 건너 고기 팔러가다

이도금 영가미 인자: 추납뻬럴 시어써:. 게기 자버서 시빌씨: 오일씨: 헤:남 남며장 우수영짱 읍짱 창이로만 순: 거러서 거러서 게기 팔러 뎅게써

영감이 주낫배럴1 시었어. 개기 잡어서 십일시 오일시 해남 남며장 우수영장 읍장 장이로만 순 걸어서 걸어서 개기 팔러 댕겠어. ∽영감이 주낙배를 세웠어. 고기 잡아서 십일시 오일시 해남 남리장 우수영장 읍장 장으로만 걸어서 걸어서 고기 팔러 다녔어.

조 여기서 십일시, 오일시면 굉장히 먼 거리인데요. 걸어 다니셨단 말씀이세요. 도대체 몇 시에 일어나서 가시는 거에요.

이 세:시믄 딱 사공이 가세 베 데줘! 밤 세시. 요 초사리맘 베타고 가고 이고 걸쩨. 그랑께 아적 굼쩨, 정싱 굼쩨, 저녀게 캉카메서 드로제, 그라믐 부리 암 베제:.

세시믄 딱 사공이 갓에 배 대줘! 밤 세시. 요 초사리만 배타고 가고 이고 걸쩨. 그랑께 아적 굼제, 점심 굼제, 저녁에 캄캄해서 드로제,2 그라믄 불이 안 베제.

---

1 '주낫'은 '주낙'의 방언형이다. 긴 낚싯줄에 여러 개의 낚시를 달아 물속에 늘어뜨려 고기를 잡는다. 요즘은 '연승'이라고도 한다. '줄+낫-'에서 변화된 것이다.

∞세시면 사공이 (선창)가에 배를 대줘! 밤 세시. 초사리까지만 배 타고 가고 (나머지 길은 머리에) 이고 걸어가지. 그러니까 아침 굶지 점심 굶지 저녁에 캄캄해서 들어오지 그러면 불이 안 보여.

조 그때는 신작로도 아니고 대부분 산길이었잖아요.

이 여:러이 뎅깅께. 여::러이 뎅기제.

여럿이 댕깅께. 여럿이 댕깅제.

∞여럿이 다니니까. 여럿이 다니지.

김연열 그랑께 또께비가 마이 나제. 바메:, 세벽 한시 두시에 나가믄 날 구질라믄 또께비 부른 여그저그 마니썰쩨.

그랑께 또깨비가 만이 나제. 밤에, 새벽 한시 두시에 나가믄 날 궂일라믄 또깨비 불은 여그저그 만있었제.

∞그러니까 도깨비가 많이 나왔지. 밤, 새벽 한시 두시에 나가면 날 궂으려면 도깨비불은 여기저기 많이 있었지.

이 그른때는 시니나 조면. 집신 싱꼬 감시로 나리나 구칠라믄 망쩨 너물떼게:, 또께비부리 으::찌께 인능가:. 갑쩨네 엄메, 죽꼬살고 달려서가고 연지동…… 시니 업써 멤발로 달려써.

그른때는 신이나 조면. 집신 신고 감시로 날이나 궂일라믄 망재 넘울때게, 또깨비불이 으찡게 있는가. 갑제네 엄매, 죽고살고 달

---

2 '드로다'는 '들어오다'의 방언형이다.

려서가고 연지동…… 신이 없어 맨발로 달렸어.

ꚡ신발이나 좋으면, 짚신 신고 가는데 날씨가 궂은 날은 망재 넘
  을 때. 도깨비불이 어떻게 있던지. 갑제네 엄매, 죽고살고 달려
  가다 연지동…… 신이 없어서 맨발로 달렸어.

김 시니 버서진 줄도 모르고 달려떵 거이제.

  신이 벗어진 줄도 모르고 달렸던 것이제.

ꚡ신발이 벗어진 것도 모른 채 달렸던 것이지.

조 망쩨가 그러케 무서운 곳인가요?

이 그:람 거그 올라가기가 음마나 무섭쩨.

  그람. 거그 올라가기가 은마나 무섭제.

ꚡ그럼. 거기 올라가기가 얼마나 무섭지.

김 그라고 망쩨 거가 문둥이가 사는데 문:둥이가, 문둥이가 에기
자버 머긍다게써. 옌나레는 문:둥이 앙 가다농께 놈 데사 친 지비
넌 다: 어더머그로 뎅기고. 그라고 상에군더리 소니 업써가꼬 까
꾸리로, 문둥이도 문둥이제마는 상에구니 더 무서써.

  그라고 망재 거가 문둥이가3 사는데 문둥이가, 문둥이가 애기
잡어 먹은다겠어. 옛날에는 문둥이 안 가다농께 놈 대사 친 집이
넌 다 얻어 먹으로 뎅기고. 그라고 상에군덜이 손이 없어갖고 까

---

3 '문둥이'는 '나환자(한센 병)'를 부르는 속어이다.

꾸리로, 문둥이도 문둥이제마는 상에군이 더 무섰어.

Ꙭ망재에 문둥이가 살았는데 문둥이가 애기도 잡아먹는다고 했어. 옛날에는 문둥이를 따로 격리시키지 않았으니까. 남의 잔칫집은 다 얻어 먹으로 다니고. 또 상이군경들이 손이 없어서 갈고리로, 문둥이도 문둥이지만 상이군경이 더 무서웠어.

함버는: 칭:게로 게기장시 간는데 나는: 우리 친정 시꾸덜 보가 무성께 진짜 게기 거 으신메느로는 자:란뎅길라게써. 인자 마가부지가 보믄 엄메 보고 막 서메다 딸 려워가꼬 게기장시 한다고 마검 메럴 저녀게 성가시게하고 그랑께 이 으신메니로는자란 뎅기고, 쩌 고굼메니로 한자 상동 모세미장 바테로 뎅게써.

한번은 침게로4 개기장시 갔는데 나는 우리 친정 식구덜 볼까 무성께 진짜 개기 거 으신멘으로는 잘 안 댕길라갰어. 아부지가 보믄 엄매보고 막 섬에다 딸 여워갖고 개기장시 한다고 막 엄매럴 저녁에 성가시게 하고 그랑께 이 으신멘이로는 잘 안 댕기고, 쩌 고군멘이로 한자 상동 모세미장 밭에로 댕갰어.

Ꙭ한번은 침계로 생선 장사를 갔는데, 나는 우리 친정식구들이 볼까봐 의신면으로는 잘 안 다닐라고 했어. 아버지가 보면 어머니 보고 섬에다 딸 시집보내서 생선장사 한다고 어머니를 들볶고 그러니까, 의신면으로는 잘 안 다니고 고군면으로 혼자 상동 모세미장 (대)밭으로 다녔어.

---

4 '침게(침계)'는 지명어이다.

조 그 먼데까지 고기 팔러갔어요.

김 그른때 거가 다 데바시데. 순: 데바시어서 데쏘기로 끼어뎅기드마. 상동 거그는 두리 가믄 다: 떨고 오고 그레써. 곡써기로도 쌀도 바꼬 보쌀도 바꼬.

그른때 거가 다 대밧이데. 순 대밧이어서 댓속이로 끼어 댕기드마. 상동 거그는 둘이 가믄 다 떨고 오고 그랬어. 곡석이로도 쌀도 받고 보쌀도 받고.

∞그때 거기는 다 대밭이데. 대 사이로 끼어 다니더구먼. 상동 거기는 둘이 가면 다 팔고오고 그랬어. 곡식으로 쌀도 받고 보리쌀도 받고.

조 그럼 갈 때도 무겁고 올 때도 무거웠겠네요.

김 그람 끄니는 늘 로치고:. 그란데 인자 므닐로 칭게로 간는데 그 엄메가: 이케 간제미를 항끼미 사드라고. 아:따 그랑께 문:둥이 떼가 드롸서 마기케 막 이빵구럴 치고 도라뎅기고 추멀 치고 도라뎅기고. 아이 그 집 설파걸 나가야 꺼인데 문둥이더리 마당얼 캉: 마거가꼬 그라더니, 시상에 네 송끄르설 간제미 항끼미럴 탁 들고 이라고 이쓰께, 추란 마럴 모데당께 짠뜩 무성께. 그른때 문둥이가 마네짜나 소록또로 앙 갈뗑께. 그 저 여그 망쩨 미테서도 막 처노코 살고 그레써:.

그람 끄니는 늘 놓치고. 그란데 인자 믄 일로 침게로 갔는데 그 엄매가 잏게 간재미를 한 끼미 사드라고. 아따 그랑께 문둥이 떼가 드롸서 막 잎게 막 입방구럴 치고 돌아댕기고 춤얼 치고 돌아 댕기고. 아니 그 집 설팍얼 나가야 것인데 문둥이덜이 마당얼 칵 막어갖고 그라더니, 시상에 내 손그릇얼 간재미 한 끼미럴 탁 들고 이라고 있응께, 주란 말얼 못했당께 잔뜩 무성께. 그른때 문둥이가 만앴잔아 소록도로 안 갈댕께. 여그 망재 밑에서도 막 처놓고 살고 그랬어.

∞ 그럼, 끼니는 늘 놓치고. 그런데 (한번은) 무슨 이유로 침계를 가게 되었는데 한 엄매가 가자미 한 꾸러미를 사더라고. 그런데 갑자기 문둥이 떼가 들어오더니 입방아를 놀리면서 춤을 추고 돌아다니는데. 그 집 대문을 나가야 하는데 문둥이들이 마당을 꽉 막고 있어서 나가지도 못하고, 세상에 내 손그릇에 있는 가자미 한 꾸러미를 탁 빼앗아 들고 있으니까, 달란 말도 못했어 하도 무서워서. 그때 문둥이가 많았잖아, 소록도로 안 갈 때니까. 여기 망재 밑에서도 막 쳐놓고 살고 그랬어.

조 밤길 다니면서 도깨비 홀리지는 않았나요.

김 아이 그러지나난데:. 조테서 이케 안 당에바써도 쬐:까나이 처메넌 쩨::까나이 그레가꼬넌 화아 이케 커지드라고:. 그레가꼬 저른 공동지 가튼데 가뭉: 그 미테가 지렁께: 가뭉 그 가게 공동지 에서도 부리 뻔덥뻔덥뻔덥 메깨가 나오고 그라더마. 나넌 시빌씨 장언 두 번니나 가뚱가 몰라 잔:뚱 멍게. 그레도 오일씨짱언 저 상 동 디:로 거 온뚜리쩨라고 꼭 요케 솜빠닥까치 까우락찐데로 그 게기이고 뎅게써. 지거비 거만치라 여기서 인자 사람더리 순정 게기 자버가꼬 인자 여자더른 폴로 뎅기고 그렌쩨.

　아니 그러지는 안한데. 졸에서 잋게 안 당해 봤어도 쬐깐하니 첨에넌 쩨깐하니 그래갖고넌 화악 잋게 커지드라고. 그래갖고 저른 공동지 같은데 가믄 그 밑에가 질잉께 가믄 그 가게5 공동지에서도 불이 뻔덕뻔덕 멧개가 나오고 그라더만. 나넌 십일시 장언 두 번이나 갔든가 몰라 잔뜩 멍쩨. 그래도 오일시6 장언 저 상동 디로 거 온두리재라고 꼭 용게 손빠닥같이 까우락진 대로 그 개기 이고 댕겠어. 직업이 거만치라 여기서 인자 사람덜이 순전 개기 잡어 갖고 여자덜은 폴로 댕기고 그랬제.

∞곁에서 당해보지는 않았어도, 처음에는 작은데 나중에 확 커지드라고. 공동묘지 밑으로 (걸어가다 보면) 가게 공동묘지에서도 불이 반짝반짝 몇 개가 나오고 그러더구먼. 나는 십일시 장은 두 번이나 갔든가 몰라 잔뜩 머니까. 그래도 오일시 장은 저 상동 뒤로 온두리재라고 손바닥 같이 벼랑진대로 고기를 이고 다녔어. 직업이다 보니까 고기 잡아서 여자들이 팔러 다니고 그랬지.

조 그럼 해남 남리장은 어떻게 가셨어요.

이 철썬타고 뎅게쩨. 뻐쓰는 안 시러줘 넴사 난다고.

　철선 타고 댕겠제. 버스는 안 실어줘 냄사 난다고.7

∞철선 타고 다녔지. 버스는 안 실어줘 냄새난다고.

---

5 '가게'는 지명어이다.
6 '십일시, 오일시, 상동'은 지명어이다.
7 진도대교가 개통되지 않았을 때 고속버스는 철선을 이용했다.

조 고기는 어디에 담아가지고 다니셨어요.

이 통에다 인 사람도 인쩨마는 다 메꼬리여쩨. 헌 오선 오선 다: 까울고 메꼬리 다 흐르고 메꾸리도 헌놈 네랑꼬. 지끔가치…….

　통에다8 인 사람도 있제마는 다 메꼬리 였제. 헌 옷언 옷언 다 까울고(?) 메꼬리 다 흐르고 메꾸리도 헌놈 내랑고. 지금같이 …….

∞통에다 인 사람도 있지만 다 멱둥구미 이었지. 헌 옷은 옷은 다 깔고 멱둥구미에 (생선물이 질질) 흐르고, 또 멱둥구미도 헌 것은 다 내려앉고. 지금같이…….

조 고기 다 팔고 오다보면 밤에나 집에 왔겠네요.

이 크라제. 베고픙께 울고 이꼬. 몸 머긍께.

　크라제. 베고픙께 울고 있고. 못 먹응께.

∞그러지. 배고프니까 울고 있고. 못 먹으니까.

조 할머니들은 끼니를 어떻게 해결하셨어요.

이 그 나다네 갈:먼 게기장시 가따 훠어네서 옴시로 나다네럴 위:넙씨 뜨더가꼬믄 또 조테 사라먼 덴장 어더가꼬믄: 또 오다 고 놈 머꼬.

---

8 여기서 말하는 '통'이란 나무판자로 동그랗게 돌려서 만든 나무통을 말한다.

그 나다네 갈면 개기장시 갔다 훤해서 옴시로 나다네럴 원 없이
뜯어 갖고믄 또 졸에 사람언 덴장 얻어 갖고믄 또 오다 고놈 먹고.
∞유채 갈면 생선장사 갔다 훤해서 오면서 유채를 가득 뜯어오고,
　곁에 사람은 된장 얻어가지고 와서 (오는 길에) 그것 먹고.

조 나다네는 어떤 채소인가요.

김 유체.
　유채.
∞유채.

조 고기를 다 팔지 못해서 남겨오지는 않았나요.

이 게기 모퐁께: 여그 저 장철럼메, 장아넘메 여여 저 초상쩨럴
그떼는 쩌 망쩨로 앙 가고 초상쩨로 가자고, 어쩨 게기 소쿠리럴
신장로다 펑! 네레부러. 그레서 어쩨 저 엄메가 저케 그렌능고 헤
뜨니 노리가 띠어 강께 노리 자브러 가써.
　게기9 못 퐁께 여그 저 장철엄매, 장안엄매 여여 저 초상재럴 그
때는 저 망재로 안 가고 초상재로 가자고, 어째 게기 소쿠리럴 신
작로다 펑! 내레불어. 그래서 어째 저 엄매가 젛게 그랬는고 했드
니 노리가 띠어 강께 노리 잡으로 갔어.
∞생선 못 파니까 장철네 엄매, 장안네 엄매 그날은 왜 망재로 안

---

9 ‘게기’는 ‘고기’의 방언형이다. ‘고기>괴기>게기’와 같이 변화된 것이다.

가고 초상재로 가자고 그래. (그런데 갑자기) 생선 소쿠리를 신
작로에다 탁! 내려버려. 그래서 왜 저 엄매가 그러는가 했더니
노루가 뛰어가니까 그 노루 잡으러 갔어.

김 누가.

누가.

∞누가.

이 장안네 엄메가. 그람 노리가 첨불라게 네삐제 자기보고 자브
라고 읻꺼쏘:. 노리도 몯 짜꼬 도로 이고 디처저 오제. 그라고 인
자 처뻐네 사믄: 히언금 주고 사자네: 거러놔:. 즈그집따 거러노머
닌자 게기 다: 퐐고 바드러 가믐 비싸다고 깡클라고 가꼬가라게.

장안네 엄매가. 그람 노리가 천불나게 내삐제 자기보고 잡으라
고 있겄소. 노리도 못 잡고 도로 이고 디처저 오제. 그라고 인자
첫 번에 사믄 히언금 주고 사잔에 걸어놔.10 즈그집다 걸어노면
인자 게기 다 퐐고 받으로 가믄 비싸다고 깡클라고 갖고가라개.

∞장안네 엄매가. 그럼 노루가 부리나케 도망치지 자기보고 잡으
라고 있겠소. 노루도 못 잡고 도로 이고 뒤처져 오지. 그리고 처
음에 사면 현금을 주고 사는 것이 아니라 (외상으로) 달아 놔.
자기 집에다 걸어놓고 (기다려). 그래서 생선 다 팔고 (돈) 받으
러 가면 비싸다고 깎으려고 (도로) 가져가라고 해.

---

10 전자의 '걸–'은 '외상'을 의미하고, 후자의 '걸–'은 '매달다'를 의미한다.

조 여름에는 생선이 상하기도 하잖아요.

이 이케 오뉴어레는 게기장시 그케 안 뎅기고 인자 이 가시라고
인자 보메 아고 인자 그른때만 그케.

잉게 오뉴얼에는 개기 장시 긓게 안 댕기고 이 가실하고 인자
봄에 하고 인자 그른때만 긓게.

∞오뉴월에는 생선장사 안 다니고 봄가을 그런 때만 다녀.

조 오뉴월에도 고기 잡았을 텐데 따로 관리하는 방법이 있었나요.

김 짱에랑 다 따써:.

짱에랑 다 땄어.11

∞장어랑 다 땄어.

이 짱에랑 다: 따써. 짱에 따서 너러써, 다! 그라고 또 네가 밥짱
시도 헤써. 네가 절머서 떡장시도 헤보고 밥짱시도 헤보고 술장시
도 헤보고 아네 봉 거시 업써.

짱에랑 다 땄어. 짱에 따서 널었어. 다! 그라고 내가 밥장시도
했어. 내가 젊어서 떡장시도 해보고 밥장시도 해보고 술장시도 해
보고 안 해본 것이 없어.

∞장어랑 다 (손질해서) 널었어. 그리고 내가 밥장사도 했어. 젊어

---

11 '따다'는 '종기나 살갗 등을 째거나 찔러 터뜨리다'는 의미로 쓰이는데, 여기
서는 더 확장하여 고기를 손질할 때도 쓰였다. 대부분의 전남지역에서 쓰이
는 전남방언형이다.

서 떡 장사도 해 보고 술장사도 해보고 안 해본 것이 없어.

김 저 집 반치미로 저 중청장이로 짱에 따서 거러노믐 막 보라지
가 땅이로 떨어지고 그레써.

　저집 반침이로 저 중청장이로 짱에 따서 걸어놓믄 막 보라지가
땅이로 떨어지고 그랬어.

∞저 집 마루로 저 중청장에 장어 손질해서 걸어놓으면 벌레가 땅
으로 떨어지고 그랬어.

이 그람.

　그람.

∞그럼.

배 타고 학교에 가다

조 학교는 어디로 어떻게 다니셨어요.

김명현 제일 처:메넌 초사리로 다녀써. 초사리로.

제일 첨에넌 초사리로 다녔어. 초사리로.

∞제일 처음에는 초사리로 다녔어. 초사리로.

조 배타고요.

김 그:람. 그레가꼬 네가 초사리 학꾜를 이:항녕까지 뎅기다가:
그랑께 그떼는 나이가 어리믐 베로 다닝께 학꾜 이바걸 모:다제.
그랑께 역써는 열싸리상 댜야 궁민학꾜 이랑년 드러가:. 어려서늠
몯뎅깅께. 그레가꼬 네가 이항녕까장 뎅기다가 인자 모도가: 붕교
로: 어찌께 학꾜부지를 교유굴청에서 어느 정도 만드러써.

그람. 그래갖고 내가 초사리 학교를 이학년까지 댕기다가 그랑
께 그때는 나이가 어리믄 배로 다닝께 학교 입학얼 못하제. 그랑
께 역서는 열 살 이상 댜야 초등학교 일학년 들어가. 어려서는 못
댕깅께. 그래갖고 내가 이학년까장 댕기다가 인자 모도가 분교로
어찔게 학교 부지를 교육굴청에서 어느 정도 만들었어.

∞그럼. 내가 초사리 학교를 이학년까지 다녔는데, 그때는 배로
다니니까 나이가 어리면 (초등)학교 입학을 못하지. (모도는) 열

살 이상 되어야 초등학교 입학을 해. 그래서 이학년까지 다니다가 교육청에서 모도에다 분교를 만들었어.

그라고 그떼는 사친헤비라고 이써서. 그거 몬네믄 막 선셍한테 당하고 떼리고:. 그라고 메뻉까지 안네믐 몬: 나오게 하고. 테하까지 시겐는데.

그라고 그때는 사친헤비라고[1] 있었어. 그것 못내믄 막 선생한테 당하고 때리고. 그라고 멧 번까지 안내믄 못 나오게 하고. 태학까지 시겠는데.

∞그리고 그때는 사친회비라고 있었어. 그것 못 내면 선생님께 혼나고, 때리고. 그리고 몇 번까지 안내면 학교도 못 나오게 하고 퇴학까지 시켰는데.

조 사친회비가 얼마였을까요.

김 아이 그랑께 지그미로는 우리더름 모:르제. 데충 시반, 일환.

아니 그랑께 지금이로는 우리덜은 모르제. 대충 십환. 일환.

∞우리는 모르지. 대충 십환, 일환.

박옥자 똥 가질러 가가꼬 하꼬 앙가불고 그레땅께.

돈 가질러 가갖고 학교 안 가불고 그랬당께.

∞돈 가지러 (집에) 가가지고 학교 안 가버리고 그랬다니까.

---

1 '사친회비'는 요즘의 '기성회비' 혹은 '육성회비'정도에 해당된다.

조 지금도 분교가 있나요.

김 아, 그람 지금도 아넙써지고 다니고 이써. 페지 안데고 지궁까지. 그랑께 요거설 페지를 할라고. 게이난테 점:부 다 믇 헤가꼬:. 먼, 도장 바드로 뎅기고 그라더마.

　아, 그람 지금도 안 없어지고 다니고 있어. 페지 안 대고 지금까지. 그랑께 요것얼 페지를 할라고. 개인한테 전부 다 믇 해갖고. 멋, 도장 받으로 댕기고 그라더마.

∞그럼 지금도 폐지 안 되고 다니고 있어. 그러니까 모도분교를 폐지하려고. (분교 폐지 동의서를) 작성해서, 도장 받으러 다니고 그러더구먼.

그랑께 여그 모도는 업써서는 안덴다:. 나룹빼로 겨우레 축꼬: 그라므는 다닐쑤 업따. 그랑께 아넙써지고 지금까지 잇쩨. 선셍 한나 그라고 학쎙이 서:닝가 그라고 댜. 그랑께 교육굴청에서 그라드마. 야아:드르 어디로 엥:기믄 지:가 머 메천마나도 주고 막 한다고. 그람 그레도 이이기거든. 그랑께 업쎄불고 므달라고. 그레도 도저이 안덴다 그라고 주:민드리 점:부 므데부럳쩨 하하하.

　그랑께 여그 모도는 없어서는 안 덴다. 나룻배로 겨울에 춥고 그라므는 다닐수 업다. 그랑께 안 없어지고 지금까지 있제. 선생 한나 그라고 학생이 서넌가 그라고 댜. 그랑께 교육굴청에서 글하드마. 야아들으 어디로 엥기믄 지가 머 멧 천만안도 주고 막 한다고. 그람 그래도 이익이거든. 그랑께 없애불고 므달라고. 그래도 도저히 안 덴다 그라고 주민들이 전부 믓 해불었제 하하하.

∞그러니까 모도는 없어서는 안 된다. 나룻배는 겨울에 춥고 그러면 다닐 수 없다. 그래서 폐교 안 되고 지금까지 있지. 선생님 한 분, 학생은 셋인가 돼. 그러니까 교육청에서 그랬어. 이 애들을 가까운 초등학교로 옮기면 교육청에서 몇 천 만원도 지원해 줄 수 있다고. 그래도 이익이거든. 그러니까 (모도 분교를) 폐교 하려다 주민들이 전부 (반대) 해서 못했지 하하하.

조 지금은 몇 가구나 사나요.

김 삼십사모. 엔나레는 육시보까지 됱쩨. 그랑께 여가 학꾜도 이꼬 교:에도 이꼬 이쓸껀 다 이써. 상수도도 오이려 저런데 보다 더 일찍 드롼쩨.

삼십 삼호. 옛날에는 육십호까지 됐제. 그랑께 여가 학교도 있고 교해도 있고 있을 건 다 있어. 상수도도 오히려 저런데 보다 더 일찍 드롔제.

∞삼십 삼호. 옛날에는 육십호까지 되었지. 그러니까 모도에 학교도 있고 교회도 있고 있을 건 다 있어. 상수도도 근처 섬 보다 더 일찍 들어왔지.

조 물은 어디서 끌어오는가요.

김 헤동써. 즘방 헤불더마 메칠 아나고. 정기도 여가 드롸야 그 모도도 드러가 하하하.

헤동서.2 금방3 해 불더마 메칠 안하고. 전기도 여가 드롸야 금호도도 들어가 하하하.

∞ 회동에서. 며칠 안 걸려 해 버리더구먼. 전기도 (모도가 먼저)
들어와야 금호도도 들어가 하하하.

---

2 '헤동(회동리)'은 지명어이다. 진도에는 조수간만의 차이에 의해 생기는 자연
현상인 '모세의 기적'이 있는데 회동과 모도 사이에서 열린다.

3 '금방'은 '방금'의 방언형이다.

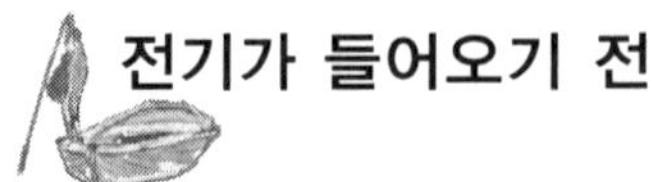

전기가 들어오기 전

조 전기가 들어오기 전에는 어떻게 사셨어요.

김 그랑께 아주 엔나레늠 믕 게기가틍거 지름 네가꼬 거 상께기라고 상께기 이써. 거 텔레비저네도 그겁뽀고 믄, 믕 고레라고. 그랑 그놈 한나 자부믐 멩 기르미어. 그놈 지름 네가꼬 심지 초꼬 요케 어디 비베가꼬 거 불 하하하.

그랑께 아주 에날에는 믄 게기 같은 것 지름 내갖고 상게기라고 있어. 거 텔레비전에도 그것 보고 믄 고래라고. 그람 그놈 한나 잡우믄 맨 기름이어. 그놈 지름 내갖고 심지 촉고 어디 비베갖고[1] 거 불 하하하.

☜옛날에는 고기로 기름 내는데 상고기라고 있어. 텔레비전에서 그것보고 고래라고. 그놈 한 마리 잡으면 맨 기름이어. 그놈 기름내서 심지를 비벼가지고 촉꽂이에 넣어 불붙이고 하하하.

조 어류에서 뽑아 낸 기름은 냄새도 지독하고 그을림이 굉장히 많이 나온다고 하던데요.

---

1 '촉꽂이불'을 키우기 위한 과정이다. 촉이 되는 흰 심지를 돌돌 비벼서 뚜껑 겸 심지 꽂이 구멍에 꽂아 놓는다. 이때 심지의 길이는 심지 통 안의 기름이 잠길 수 있도록 넉넉하게 한다. 그렇게 해서 심지 끝에 불을 붙여 사용하였다.

김 그라제 끄슬리미 마이 나오제. 아주 마이 나오제 겁또 안나게 나오제. 모기 컬커라고 시:커마제, 얼구리. 그라제맘 밤세도록 쓰진 아나제:. 잠꽌 쓰고 말고 마음데로 쓸 수가 업쩨 하하하. 이십싸시간 쓰므널:마 조케.

그라제 끄슬림이 만이 나오제. 아주 만이 나오제 겁도 안나게 나오제. 목이 컬컬하고 시커마제, 얼굴이. 그라제만 밤새도록 쓰진 안하제. 잠꽌 쓰고 말고 마음대로 쓸 수가 업쩨 하하하. 이십사시간 쓰믄 얼마 좋게.

∞그을림이 많이 나오지. 겁도 안 나게 나오지. 목이 컬컬하고 새카맣지, 얼굴이. 그렇지만 밤새도록 쓰진 않지. 잠깐 쓰다 말고. 마음대로 쓸 수가 없지 하하하. 이십사 시간 쓰면 얼마나 좋게.

그라고 나서 토시등 남포등 고걸로 쓰고 인자 토시등보다 더 큰놈 데안뜽 그릉 거 그: 등 써갇고 우리드리 기:메써. 또 그놈 너머저서느닌자 또 이 제너리따럴 메찌비 어울러서 한나씩 사:. 인자 쩡기를 쓸라고 제너리타 사고 제웅기 한나 사고 그른떼마네도 광주 가서 사오고 그렌쩨. 그레 그노므로 인자 자가발쩐 헤서 정기쓰고 그 다으메 정기가 드롼쩨.

그라고 나서 토시등 남포등[2] 고걸로 쓰고 토시등보다 더 큰 대안등 그른 것 그 등 써 갖고 우리들이 김을 했어. 또 그놈 넘어저서는 인자 또 이 제너릿다럴 멧 집이 어울러서 한나씩 사. 인자 전기를 쓸라고 제너리타 사고 재웅기 한나 사고 그른 때만 해도 광

---

2 남포등은 석유를 넣은 그릇의 심지에 불을 붙이고 유리로 만든 등피를 끼운 등을 말한다.

주 가서 사오고 그랬제. 그래 그놈으로 자가 발전해서 전기 쓰고 그 다음에 전기가 드롔제.

⁎그리고 나서 토시등 남포등을 쓰고, 토시등보다 더 큰 대안등으로 김을 했어. 그 다음에 제너리타 한 대를 몇 집이 부담해서 샀어. 전기로 사용하려고 제너리타 사고 경운기 한 대 사고 그때만 해도 광주 가서 사오고 그랬지. 그 제너리타로 자가 발전해서 전기 쓰고 그 다음에 전기가 들어왔지.

조 전기는 언제 들어왔나요.

김 정:기가 저거시: 시반: 오륙년 댜껀네.(2011년 3월 조사기준으로) 전기가 저것이 십 한 오륙년 댔겄네.
⁎전기가 들어온 지 십오륙 년 정도 되었겠네.

조 정말요? 바다건너는 전기로 편리한 생활을 하고 있었을 텐데 혹시 잊지 못할 추억 같은 것은 없나요?

박옥자 그랑께 메찌비 딱: 어울러가꼬 발쩡기럴 딱 하요:. 그라므닌자 그케: 이십사시간 모킹께 서로 인자 우리가 메칠 불키고 또 다른 사라미 인자 기게보고 그라요. 그랑께 이 동네마으레서 믄 헹사 이써가꼬 놀:믄 절믄 사라더리 막 시숭님 시숭님 오늘 렬뚜 시까지맘 불키쇼 하하하. 마: 부러럴룽 끄지 마라게:. 그라므는 놀고 불 끈다고 그라고 갈리고 순:전 그렏쩨.
그랑께 멧 집이 딱 어울러갖고 발전기럴 딱 하요. 그라믄 인자 긍게 이십사 시간 못킹게 서로 인자 우리가 매칠 불 키고 또 다른 사람이 인자 기게보고 그라요. 그랑게 이 동네마을에서 믄 행사 있어 갖고 놀믄 젊은 사람덜이 막 시숙님 시숙님[3] 오늘 열두시까지만 불키쇼 하하하. 막 불얼 얼른 끄지 마라개. 그라므는 놀고 불 끈다고 그라고 갈리고 순전 그랬제.

∞ 몇 집이 부담을 해서 자가 발전기를 (구입) 했어요. 그런데 옛날에는 이십사 시간 (불을) 못 켜니까 서로 돌아가면서 우리가 며칠 불 키면 또 다른 사람이 기계보고 그랬어요. 그러니까 동네에 무슨 행사라도 있어서 놀게 되면 젊은 사람들이 시숙님 시숙님 오늘 열두시까지만 불 켜주세요 하하하. 불을 얼른 끄지 마라고 해. 그러면 놀다 불 끈다고 헤어지고 순전 그랬지.

그랑게 여그는 이십사시감 불도 목키고:. 마:이 키머널뚜시 그라나면 초지녀게 밤 머꼬 쪼깐 놀다 걍: 불 꺼불고 자고 그렏쩨. 정기가 억:꼬 그랄떼닝 그거또 마:니 키믄 다라징게 세구 다라지고 그란다고 엔:나레넌.

그랑게 여그는 이십사시간 불도 못키고. 만이 키면 열두시 글안하면 초 지녁에 밥 먹고 쪼깐 놀다 걍 불 꺼불고 자고 그랬제. 전기가 업고 그랄때넌 그것도 만이 키믄 다라징게 섹우 다라지고 그란다고.

∞ 그러니까 여기는 이십사 시간 불도 못 켜고 많이 키면 열두시

---

3 '시숙'은 남편의 형님을 이르는 말이다. 진도에서는 남편의 친 형제가 아니더라도 절친한 사이면 남편보다 나이 더 많은 사람은 누구나 '시숙님'이라고 부른다.

그렇지 않으면 초저녁에 밥 먹고 놀다 그냥 불 끄고 자고 그랬지. 전기가 없고 그럴때는 그것도 많이 쓰면 석유 다라지고 그런다고.

▨ 음식들은 어떻게 보관했어요.

▨ 그랑께 짐장도 모:다고 쪼까석 다머노코 머꼬. 그랑께 여르메는 까끔 헤머꼬: 밤나 시고 그랑께 셔서도 오레 몬 나둥께 까끔 헤머글 쑤 베께 어:꼬. 이케 다라에다 물 당가꼬 거그다 당가노코 머꼬. 그라고 네중에는 이 저 똥그란 통에다가 다머가꼬 세메다 들처노코 인자 네서 머꼬 그라고 또 당그고. 똥그란 짐치통에다 줄 질:게 줄 데가꼬 세메다 뽑: 빠:처 노코 그라므는 인자 더 시어네. 그:런 시상 그케 사라써.

　그랑께 짐장도 못하고 쪼까석 담어놓고4 먹고. 그랑께 여름에는 가끔 해먹고 밤나 시고. 셔서도 오래 못나둥께 가끔 해먹을 수백에 업고. 잊게 다라에다 물 담갖고 거그다 담가놓고 먹고. 그라고 내중에는 동그란 통에다 담어갖고 샘에다 들처놓고 내서 먹고 그라고 또 담그고. 동그란 짐치통에다5 줄 질게 줄대갖고 샘에다 뿍 빠처놓고 그라므는 인자 더 시어내. 그런 시상 궁게 살았어.

∞그러니까 김장도 조금씩 담가놓고 먹고. 여름에는 가끔 해먹고 늘 시고, 시어서 오래 놓아두지 못하니까 가끔 해먹을 수밖에 없고. 대야에 물 채워 (김치통을) 담아놓고도 먹고. 그러다 나중

---

4 제보자는 '담다'와 '담그다'를 혼동하여 쓰고 있다.
5 이 김치통은 양쪽에 쇠고리가 달려 있어서 줄을 매달 수 있다.

에는 (쇠고리 달린) 동그란 김치통이 (나오면서는) 샘에 빠뜨렸다가 꺼내서 먹고 또 (샘에) 담그고. 동그란 김치통에다 줄 길게 달아서 샘에다 빠뜨려 놓으면 더 시원해. 그런 세상 살았어.

조 저 어렸을 때, 텔레비전을 샀는데 저녁만 먹으면 동네어른, 애들 방안 가득 모여 앉아 텔레비전 보고 갔던 기억이 있어요.

박 여그도 그레써라. 젤: 처메 한 지비 이씅께:. 텔레비점 보러간다 그라고 다: 그지비 가믄, 사라미 어넙씨 이써가꼬 꼭 영아 본 시기로 그케 안저서 그케 하하하. 세:상에 영아 보능거 가터써 하하하. 옌날 시상에 찰로 그라고 우끼게 사랃쩨 하하하.

여그도 그랬어라.6 젤 첨에 한 집이 있응께. 텔레비전 보러간다 그라고 다 그 집이 가믄, 사람이 언없이 있어갖고 꼭 영하 본 식이로 궁게 앉어서 궁게 하하하. 세상에 영하보는 것 같었어 하하하. 옛날 시상에 찰로 그라고 웃기게 살았제 하하하.

여기도 그랬어요. 제일 처음 한 집이 있으니까. 텔레비전 보러 간다 그러고 모두가 그 집에 가보면, 사람이 방에 가득 차 있고. (극장에서) 영화 보는 것처럼 그렇게 앉아서 하하하. 세상에 영화 보는 것 같았어 하하하. 옛날 세상에 참말로 그렇게 웃기게 살았지 하하하.

조 아이들은 어떻게 키우셨나요.

---

6 이 지역에서 보이는 어미 '-라'는 중앙어의 '-요'에 대응된다.

박 에기덜또 그냥 그르케 켠쩨. 에기 킨다고 믄: 삭걸레가 이쓰까. 순정 그케 사랃쩨:. 이케 걸레 함번 체노므:닌자 오줌 마:이 싸고 똥이나 싸믕 컬레도 빼주고 그라고, 걸레도 업써써. 그냥, 믄 에기더릴 조케 지데로 켜껃쏘 어쩍껃쏘. 그케 사라써 하하하.

애기덜도 그냥 켰제. 애기 킨다고 믄 삭걸래가[7] 있으까. 순전 궁게 살았제. 걸레 한번 채 노믄 인자 오줌 만이 싸고 똥이나 싸믄 걸레도 빼주고 그라고, 걸래도 없었어. 그냥, 믄 애기덜얼 좋게 지대로 켰겠소 어쨌겠소. 궁게 살았어 하하하.

∞애기들도 그냥 켰지. 애기 킨다고 기저귀가 있을까. 기저귀 한 번 채 놓으면 오줌 많이 싸고 똥이나 싸면 갈아주고. 기저귀도 없는데서 애기들을 제대로 키웠겠소. 그렇게 살았어, 하하하.

그라고 에기들 궁민학꾜는 여그서 보네고 중학꾜는 펭야 나가야 데니까:, 방 어더가꼬 인자 전세빵이라도 어더가꼬 거그다가 자치시키고. 그케서 공부하고 또 형제간 지빈는 사라믄 형제간 지비가고 그렏쩨. 그케 검:나게 고상하고 사라써라, 베도 궁꼬. 이 시방언 동네뻬가 이쓰께: 조체마는 엔나레는 이럼 베도 나루선노:, 이 저 돋 딸고 뎅기는 하까 마라던: 돋땀베로 뎅게써. 그라믄 날 구치믐 막 으:찌 한전하고: 징헤써. 그렌는데 시방은 휵찌나 다르멉시 조체. 베도 이꼬 다 자기 차도 이꼬 그랑께.

그라고 애기들 국민학교는 여그서 보내고 중학교는 펭야 나가야 대니까. 방 얻어갖고 전셋방이라도 얻어갖고 거그다가 자치시

---

7 '삭걸래'는 유아용 기저귀의 방언형이다.

키고. 궁게서 공부하고 또 형제간 집 있는 사람은 형제간 집이 가
고 그랬제. 궁게 겁나게 고상하고 살았어라, 배도 굼고. 이 시방언
동넷배가 있응께 좋제마는 옛날에는 이런 배도 나루선노, 이 저
돗 달고 댕기는 아까 말하던 돗단배로 댕겠어. 그라믄 날 궂이믄
막 으찌 한전하고 징했어. 그랬는데 시방은 육지나 다름없이 좋
제. 배도 있고 다 자기 차도 있고 그랑께.

∞그리고 애들도 초등학교는 (모도에서) 다니고, 중학교는 평야
나가서 다녀야 되니까. 전세방이라도 얻어서 자취시키고, 친척
집 있는 사람은 친척집으로 가고 그랬지. 그렇게 고생 많이 하
고 살았어요, 배도 굼고. 지금은 동네에 배가 있으니까 좋지. 옛
날에는 나룻배 돗 달고 다니는 돗단배로 다녔어. 날 궂은 날은
칙칙하고 춥고 그랬어. 그런데 지금은 육지나 다름없이 좋지.
자기 베도 있고 자기 차도 있고 그러니까.

8

어업 생활

자연을 통해 일기를 알다
바다와 싸우다
굴포 노인과 바다
풍랑이 만들어낸 거짓말
바다 일
김이 식탁에 오르기까지

—찰로 그리고 그때는 웃기게 살았어

자연을 통해 일기를 알다

조 일기예보도 없던 시절 날씨정보는 어떻게 알았을까요.

김병현 그랑께 헤 저 가능가 다라지능가 그거또 보고. 아치메 날
세므 헤 뜨능거 보고. 바메 그라고 달 뜨고 그거또 보고 그라믄.
　그랑께 해 저 가는가 다라지는가 그것도 보고. 아침에 날 새믄
해 뜨는 것 보고. 밤에 그라고 달뜨고 그것도 보고 그라믄.
∞해가 져 가는가, 다라져 가는가 보고. 아침에 날이 새면 해 뜨는
　것 보고. 밤에 달뜨는 것 보고 그러면.

조 비가 오고 바람이 불려면 해와 달에 어떤 특징들이 나타나는
가요.

김 다레: 달머리 앙저따가고. 헤가: 이케 말:가니 드러감:, 집 짜
바 드러 간다가고. 헤가 다라저서 드러간다 그라믄 날 가믈라믄
다라저서 드러간다가고 그라거든. 그라므 달 려프로 구르미 컴커
마니 끼고 데:충 어느 정도 맏쩨. 하루 일기는 거이 마저. 그 다음
날 바라미 불란다던지 어짜든지 하므는 바라미 부터.
　달에 달머리1 앉었다가고. 해가 잉게 말가니 들어감, 집 잡아 들

---

1 〈훈몽자외〉에는 '둘모리'로 나와 있다.

어간다가고. 해가 다라져서 들어간다 그라믄 날 가믈라믄 다라져
서 들어간다가고 그라거든. 그라므 달 옆으로 구름이 컴컴하니 끼
고 대충 어느 정도 맞제. 하루 일기는 거이 맞어. 그 다음 날 바람
이 불란다던지 어짜든지 하므는 바람이 붙어.

∞달에 달무리 앉았다고 하고. 해가 말갛게 들어가면 집 잡아 들
어간다고 하고. 해가 다라져서 들어가면 날이 가물려고 다라져
서 들어간다 하고 그러거든. 그러면 달 옆으로 구름이 컴컴하게
끼고 대충 어느 정도는 맞지. 하루 일기는 거의 맞아. 그 다음날
바람이 분다든지 하면 바람이 붙어.

조 바람이 붙는다는 말은?

김 싸낙께 부러. 그랑께 엔날 마리 아치메 인자 날 바가꼬 북똥
풍이 분다든지 북써풍이 분다든지 그라므는 그른 나런 조커든. 간
데 아치메 은제나 바라미 억꼬 조용:하니 조용하고 서풍이 불므
느. 그나럼 벱푸로 바람 불고 날 구저.

싸납게 불어. 그랑께 옛날 말이 아침에 날 바 갖고 북동풍이 분
다든지 북서풍이 분다든지 그라므는 그른 날은 좋거든. 간데 아침
에 은제나 바람이 업고 조용하니 조용하고 서풍이 불므느. 그 날
은 백푸로 바람 불고 날 궂어.

∞사납게 불어. 그래서 옛말이 아침에 날 봐서 북동풍이나 북서풍
이 불면 그런 날은 좋거든. 그런데 아침에 바람이 없고 조용하
니 서풍이 불면. 그 날은 100%로 바람 불고 날이 궂어.

그랑께 마:리 그라제. 봄느슨 가물고 가을 느슨 질다게꺼든. 그란데 요세는 서풍이 불므는, 눔 마니오고 바라미 잘 부터. 가고 보메넌: 느시로 부르므는 가무러, 봄 느슨. 그랑께 그릉 거설 토데로 경험 사마서 그라고 뎅겐쩨. 그랑께 실쑤럴 더 마니하고 사람드리 마니 주:걷쩨 인자.

그랑께 말이 그라제. 봄늧은 가물고 가을늧은2 질다겠거든. 그란데 요새는 서풍이 불므는, 눈 만이 오고 바람이 잘 붙어. 가고 봄에넌 늧이로 불으므는 가물어, 봄 늧은. 그랑께 그른 것얼 토대로 경험 삼아서 그라고 댕겠제. 그랑께 실수럴 더 만이 하고 사람들이 만이 죽었제 인자.

∞그러니까 말이 그러지. 봄늧은 가물고 가을늧은 길다고 했거든. 그런데 요새는 서풍이 불면 눈이 많이 오고 바람이 잘 붙어. 그리고 봄에는 늧으로 불면 가물어 봄 늧은. 그러니까 그런 것을 토대로 경험 삼아서 (배타고) 다녔지. 그러니까 또 실수를 많이 하고 사람들도 많이 죽었지.

그랑께 엔날 마리: 서쪼게 머 무지게 지르므는 네까세 소도 메지 마라가고 동쪼게 지르믕 겐차나고, 인자 비가 마:니 온다는 거시여. 그라고 동쪼게 무지게 지르므 동풍이라고 세빠라미 쎄하게 불제.

그랑께 옛날 말이 서쪽에 머 무지개 지르므는 냇갓에 소도 매지 마라가고 동쪽에 지르믄 갠찬하고, 인자 비가 만이 온다는 것이여.

---

2 제보자는 '늧'을 서풍이라고 하였다. '봄늧'은 비를 내리지 않는 서풍이므로 바다에 나가기 좋은 날씨이고 '가을늧'은 비를 몰고 오는 서풍이라고 하여 날이 안 좋다고 한다.

그라고 동쪽에 무지개 지르믄 동풍이라고 샛바람이 쌔하게 불제.

∽그러니까 옛말이 서쪽에 무지개 뜨면 냇가에 소도 매지 말라고 하고, 동쪽에 뜨면 괜찮하고, 비가 많이 온다는 뜻이여. 그리고 동쪽에 무지개 뜨면 동풍이라고 샛바람이 사납게 불지.

그라고 소·데한 쩔기라고 인자 소하널 넝꼬 넬 모레 이시빌라리 데하니거든. 그람 엔날 어른덜 말씨미 소·데한 절기에는 나가서 주근 사라먼 지:사도 지네지 마라게써. 축꼬: 나리 안 조커든:, 은제든지.

그라고 소·대한절기라고 인자 소한얼 넘고 넬 모레 이십 일 날이 대한이거든. 그람 엣날 어른덜 말씸이 소·대한 절기에는 나가서 죽은 사람언 지사도 지내지 마라겠어. 춥고 날이 안 좋거든, 은제든지.

∽소·대한 절기라고 넬 모레 이십일 날이 대한인데, 옛날 어른들 말씀이 소·대한 절기에 나가서 죽은 사람은 제사도 지내지 말라고 했어. 날이 춥고 안 좋거든, 은제든지.

조 그래도 날씨라는 것이 특히 바다에서는 워낙 변덕이 심하잖아요.

김 그랑:께 실수로도 사라미 마:이 주걷쩨. 그거시 벡 푸로 만능 꺼또 아니고. 지그미사 테레비에서 점:부 일기에보 헤주제마는 엔 나레는 청상 순전 바다에서 고기자꼬 사라꺼던. 한 삼심년 점마네도 바다에서 이른 양시어비나 김빠럴 할쭐 몰랃쩨. 지금 가트먼

기게빼나 이쓰께 그라제마는. 그른떼는 업:써써. 노 저코 돋 딸고
고런 시기로 헤가꼬 가서 순 그검망 가꼬 고기를 자버.

그랑께 실수로도 사람이 만이 죽었제. 그것이 백푸로 맞는 것도
아니고. 지금이사 텔레비전에서 전부 일기에보 해주제마는 옛날
에는 천상3 순전 바다에서 고기잡고 살았거던. 한 삼십년 전만해
도 바다에서 이른 양식업이나 김발얼 할 줄 몰랐제. 지금 같으면
기겟배나 있응께 그라제마는. 그른 때는 없었어. 노 젛고 돋 달고
고런 식이로 해갗고 가서 순 그것만 갖고 고기를 잡어.

∽그러니까 실수로도 사람이 많이 죽었지. 그것이 100%로 맞는
것은 아니고. 지금이야 방송에서 일기예보도 해주지만 옛날에
는 천상 바다에서 고기 잡고 살았거든.한 삼십년 전만해도 바다
에서 양식업이나 김발 같은 것은 할 줄 몰랐지. 지금은 기계배
가 있으니까 그러지만 그때는 없었어. 돛단배에서 노를 저으며
고기를 잡아.

---

3 '천상[청상]'은 'ㅅ' 앞에서 'ㄴ>ㅇ'한 것으로 수의적이다.

 바다와 싸우다

조 사고는 어느 때 많이 나는가요.

김명현 사고는 언제든지 게저리 바낄 때. 벡쭝물리 그른 저 그른 때가 비가: 마니 오기도하고 태풍도 오거든. 그른 때: 사라미 마: 니 주걷쩨.

　사고는 언제든지 계절이 바낄 때. 백중물리 그른 저 그른 때가 비가 만이 오기도 하고 태풍도 오거든. 그른 때 사람이 만이 죽었제.

∞사고는 언제든지 계절이 바뀔 때, 백중 무렵 그런 때 비가 많이 오고 태풍도 와. 그때 사람도 많이 죽었지.

조 사람을 찾기도 하고 그러나요.

김 데부분 여리:: 사고가 당헤따 그라믄 한 두 사람 차지믄 양호한: 거시고:.

　대부분 열이 사고가 당했다 그라믄 한 두 사람 찾이믄 양호한 것이고.

∞대부분 열이 사고를 당했다 그러면 한 두 사람 찾으면 양호한 편이고.

박옥자 그 누구넌 도떼에다 무꺼나가꼬 차자따 합띠오. 인자 자기가 줄로 땅 무꺼나쑹께.

　그 누구넌 돗대에다 묶어 나갖고 찾았다 합디오.1 인자 자기가 줄로 딱 묶어 났응께.

∞그 누구는 돗대에다 묶어 가지고 찾았다 합디까. 자기가 줄로 묶어 났으니까.

김 그랑:께 그른 사라믄 영리한 사라미고: 히구한 사라미제. 다 헹히 어디 가에가 밀리며는, 오레 돠불믄 밀려도 모:릉께 걍 글로 마라불고 업:써지고.

　그랑께 그른 사람은 영리한 사람이고 히구한 사람이제. 다행히 어디 가에가 밀리며는, 오래 돠불믄 밀려도 모릉께 걍 글로 말아 불고 없어지고.

∞그런 사람은 영리한 사람이고 희박한 경우지. 다행히 어디 가에 밀려와 있으면, (사고 난 지) 오래되면 밀려와도 (누가 누군지) 알 수 없으니까 그걸로 말아버리고.

다헹히 얼:마 안댜가꼬 밀려가꼬 싱고 드롸서 쫓차가믄: 다헹히 기:므는. 그: 마을사누제럴 지네가꼬 폼마를 바거 노튼지 그레가꼬: 인자 자식더리 살마나니 데므넌 이리 가존 사람덜또 이꼬 모떼믐 무거 업써저불고 그라제. 지금도 그라고.

　다행히 얼마 안댜갖고 밀려갖고 신고 드롸서 쫓아가믄 다행히 기므는.2 그 마을 산우제럴 지내갖고 폿말을 박어 놓든지 그래갖

---

1 '합디오'의 '-읍디오'는 서술이나 의문에 공손함을 더하여 주는 어미이다.
2 '기-'는 중앙어의 '맞다'에 대응된다.

고 인자 자식덜이 살만하니3 데므년 이리4 가존 사람덜또 있고 못 데믄 묵어 없어저 불고 그라제. 지금도 그라고.

⤷다행히 (사고난지) 얼마 안돼서 밀려왔다고 신고가 들어오면, 가서 확인하고 맞을 때는 그 마을 산우제를 지내준 다음 푯말을 박아 놓고. 나중에 자식들 살만하게 되면 이리 가져 온 사람들도 있고, 못 되면 묵어 없어져 버리고 그러지. 지금도 그래.

조 조금 전 말씀하신 돛대에 줄로 묶은 사람은 어쩌다 사고를 당했나요.

김 그랑께 그떼도 치럴: 그 벡쭝물리미어써:. 비도 마니 오고 바람도 이상: 걍아니 마니 부러써. 베알라 별로 앙 크고 중섬뻬라고 이써. 지긍 거트면 조도: 도코미테라고 걱써: 어장얼 하다가 파도가 싱께 인자 베가 무더저 부런쩨. 까랑저불제.

그랑께 그때도 칠얼 그 백중 물림이었어. 비도 만이 오고 바람도 이상 강하니 만이 불었어. 배할라5 별로 안 크고 중선배라고6 있어. 지금 겉으면 조도 독호7 밑에라고 걱서 어장얼 하다가 파도가 싱께 배가 묻어져 불었제. 까랑저불제.

⤷그때도 칠월 백중 무렵이었어. 비도 많이 오고 바람도 강하게

---

3 '살만하다'는 살림이 넉넉한 정도가 되었을 때를 이른다.
4 고인의 고향.
5 '-할라'는 '-조차'의 방언형이다. 그러나 여기서는 '-도'의 용법으로 쓰였다.
6 '중선배'는 목선의 종류이다.
7 제보자는 '독호'라고 하였으나 정확한 명칭은 '독거도'이다.

많이 불었어. 배도 작은 충선배라고 있어. 조도 독거도 밑에서
어장을 하다가 파도가 세니까 배가 묻어져 버렸지. 가라앉아 버
리지.

그랑께 자기는 주그믄 네: 시체나 차지라고 그란다고. 그랑께 무
자니 참 영리한 사라미제. 그 큰 제일 큰 돋떼 자기 모믈 줄로 딸
딸 무꺼나써. 그랑께 인자 베가 까랑저가꼬 떠뎅겨도 베는 떠뎅깅
께 기양 알제.

그랑께 자기는 죽으믄 내 시체나 찾이라고 그란다고. 그랑께 무
자니 참 영리한 사람이제. 그 큰 제일 큰 돗대 자기 몸을 줄로 딸
딸 묶어났어. 그랑께 인자 배가 까랑저 갖고 떠 댕겨도 배는 떠댕
깅께 기양 알제.

∞그러니까 죽으면 자기 시체나 찾으라 한다고. 그러니까 무지하
게 영리한 사람이지. 제일 큰 돛대에 자기 몸을 줄로 똘똘 묶어
났어. 배가 가라앉았다가도 배는 떠다니니까 나중에 떠다니면
그냥 알지.

박 어디가 밀려따늠 말 드꼬 차자 가썬쩨.
어디가 밀렸다는 말 듣고 찾아 갔었제.

∞어디 가에가 밀렸다는 말 듣고 찾아 갔었지.

김 그랑께: 그 사라믐 무꺼 저쑹께 딱 알제:. 얼:마 데도 아나고.
그레가꼬 그: 마을 서메다가 무더써. 또 자기 사이하고: 아덜레드
라고 가가꼬 무더가꼬. 한: 시보년 댜:서 파가꼬 와쓰꺼여.

그랑께 그 사람은 묶어 젰응께 딱 알제. 얼마 데도 안하고. 그래 갖고 그 마을 섬에다가 묻었어. 또 자기 사이하고 아덜레들하고 가갖고 묻어갖고. 한 십 오년 댜서 파갖고 왔으거여.

∞그 사람은 묶여있으니까 (금방) 알지. (사고 난지) 얼마 되지도 않고. 그래가지고 그 마을 섬에 묻어 놨다, 한 십 오년 되어서 사위와 아들들이 파가지고 왔을 거야.

조 시체를 못 찾을 경우 혼을 건진다거나 위령제를 모시기도 하겠네요.

김 그람. 홍 건지고 믄. 이 이 헤병까에서 믕 거으 당골레더리 막 차고. 거: 그 집 부이니나 거 손떼 자브란다고 떼로 자꼬. 그거시 나오며늠 막 그거시 흔들리고 구̌쉽̌따이~.

그람. 혼 건지고 믄. 이 이 해변가에서 믄 거으 당골네덜이 막 차고. 거 그 집 부인이나 거 손대[8] 잡으란다고 대로 잡고. 그것이 나오며는 막 그것이 흔들리고 굿입다이.

∞그럼. 해변가에서 혼을 건지는데 거의 무당들이 맡아서. 그 집 부인은 신대 잡으란다고 대를 잡고. (신)이 나오면 막 (신대)가 흔들리고 굿입디다.

---

8 '손대'는 '신대'의 방언형이다. '신대'는 대나무로 만든 것인데 일종의 죽은 사람의 혼을 부르는 '대'이다. 이 '신대'가 흔들리면 '혼'을 바다에서 건졌다는 징표라고 한다. 신대 끝에는 주로 깃을 매다는데 이 깃의 색깔에 따라 무당들이 섬기는 신을 나타낸다. 즉 무당은 깃발을 통해 자신이 섬기는 신을 부르고, 그 신을 통해 죽은 망자를 불러온다는 것이다.

박 그거는 점젱이가: 당골레 데레다 하면:. 저 선창끄테다 이녀 식꾸 지바니: 손떼자버. 이케: 데 벼서 거그 데에다가 막 종우: 헤가꼬, 창호지 헤가꼬 손떼 자부믄. 손떼 자꼬 점젱이넌 징 껭메기 뚜둘고 막: 싱경얼 하드마. 가믄 시니 오므는 막 데가 막:: 이랍띠다. 막:: 저서 아주 막: 사:람도 몬 니기게 지가 막: 흔드러.

그거는 점쟁이가 당골네 데레다 하면. 저 선창 끝에다 이녁 식구 집안이 손대 잡어. 잉게 대 벼서 거그 데에다가 막 종우 해갖고, 창호지 해갖고 손대 잡우믄. 손대 잡고 점쟁이넌 징 껭메기 뚜둘고 막 신경얼 하드마. 가믄 신이 오므는 막 대가 막 이랍디다.[9] 막 젓어 아주 막 사람도 못 이기게 지가[10] 막 흔들어.

꽁그것은 점쟁이가 무당 데려다 하면, (혼을 건지는 의식인데) 저 선창 끝에서 해. 그러면 집안 식구 중 한 사람이 신대를 잡어. 대나무 베어서 그 대에 종이나 창호지를 (매달아 가지고) 신대를 잡으면, 점쟁이는 징 꽹과리를 뚜드리며 주문을 외우더구먼. 그러면 신이 오면 신대가 막 이럽디다. 사람도 못 이기게 막 저으며 (신이) 흔들어.

그라머는 그데로 그데로 작꼬 지비로 오드마. 데꼬 아가꼬 인자 거: 신들린 사라므닌자 시미 업:써 그랑께 인자 누어꼬. 거그서 또 이케 믕 구담시로 그 시널 모:셔다가 문는 시기로 그케 하제.

그라머는 그대로 그대로 잡고 집이로 오드마. 닗고 아갖고 거

---

9 사람도 이겨내지 못할 정도로 신대가 좌우로 사정없이 흔들리는 상태를 말한다.

10 '지가'는 신대를 흔드는 이를 말하는데 즉 '神'을 말한다.

신들린 사람은 인자 심이 없어 그랑께 누었고. 거그서 또 잃게 믄 굿함시로 그 신얼 모셔다가 묻는 식이로 궇게 하제.

☞그러면 그대로 (신대를) 잡고 집으로 와. 데리고 와서 신들린 사람은 이제 힘이 없으니까 누워 있고. 거기서 또 굿을 하면서 그 신을 모셔다가 묻는 식으로 하지.

조 혼을 건져서 묻어준다고요.

박 그람:. 빈: 무더메다 나무럴 깡까 무더노코. 그라므닌자 싱: 건저따 헤서 인자 바다게서 기:시니 나와따는 그 시기제.
그람. 빈 무덤에다 나무럴 깡까 묻어놓고. 그라믄 인자 신 건졌다 해서 바닥에서 기신이 나왔다는 그 식이제.

☞그럼. 빈 무덤에 나무를 (사람모양으로) 깎아 묻어놓고. 신을 건졌다 바다에서 귀신이 나왔다 하는 식이지.

김 그랑께 헌, 힘 묘시 깍차게 읻쩨. 홈만 건저가꼬 종우떼기 머 헤가꼬 꼭 이른 사람하데끼 헤:가꼬 묘 써서 딱 헤나뜨마. 그랑께 텅 빔 묘가 아무꺼또 엄는 묘가 만체.
그랑께 헛, 헛못이 깍 차게 있제. 혼만 건저갖고 종우-떼기 머 해갖고 꼭 이른 사람 하데끼 해갖고 묘 써서 딱 해났드마. 그랑께 텅 빈 묘가 아무것도 업는 묘가 많제.

☞그러니까 헛무덤이 많이 있지. 혼만 건져가지고 종이로 (지방 쓰듯이) 해서, 꼭 시신 묻듯이 써서 해났어. 그러니까 텅 빈 무덤이 많지.

조 그렇게 혼을 건진 사람들의 제사날짜는 언제로 잡나요.

김 그날 바람분날 하루 압뗑게서 지네제.

그날 바람분날 하루 앞 뗑게서 지내제.

☞그날(사고당일) 바람분날 하루 앞 당겨서 지내지.

조 어르신도 바다와 싸운 적 있나요.

김 나도 두: 번 당헤써. 인자 기게가 아:니라 인자 우리더런 저 주나시라고 지그므 년승이라고 하는데:. 이렁 가는 줄:낙시럴 다라. 그레가꼬 이 바다에서 헤우. 독세비라고 요만씨간 노멀 사:. 사가꼬 그 노멀 껴가꼬 그 노멀 어장얼 헤!

나도 두 번 당했어. 인자 기게가 아니라 우리덜언 저 주낫이라고 지금은 연승이라고 하는데. 이런 가는 줄낙시럴 달아. 그래갖고 이 바다에서 새우. 독새비라고 요만씩한11 놈얼 사. 사갖고 그 놈얼 껴갖고 그놈얼 어장얼 해!

☞나도 두 번 죽을 고비를 넘겼어. 우리들은 기계(배)가 아니라 주낙이라고, 지금은 연승이라고도 하는데. 가는 줄낚시를 달아. 그래서 바다에 독새우라고 요만씩 한 새우를 사 가지고 그 것을 끼워서 어장을 해!

지금도 네가 안 이저불고 사멀, 음녁 사멀 열란나리어써. 이: 여페

---

11 제보자의 검지손가락 첫 번째 마디 정도의 크기를 말한다.

무저리라고:. 아:, 걱써 메리라고 쑥메리라고 이써. 멜도: 여러가지여:. 우리들 그 저 쩌땀꼬 하는거슨, 오얼 젇 그른떼 알뻼 메럴 저 따머야 젤: 마시 이쩌. 알 뻴때 그 노미 젤: 짐장 헤노믄 젤: 마시써.

지금도 내가 안 잊어불고 삼얼, 음녁 삼얼 열 낫날이었어. 이 옆에 무저리라고. 아, 걱서 멜이라고 쑥멜이라고 있어. 멜도 여러 가지여. 우리들 그 저 젓담고 하는 것은, 오얼젓 그른때 알 벤 멜얼 젓 담어야 젤 맛이 있어. 알 벨 때 그놈이 젤 짐장 해노믄 젤 맛있어.

∞지금도 내가 안 잊었어. 음력 삼월 열 낫날이었어. 이 옆에 무저리라고 거기에서 멸치라고 쑥멸치가 있어. 멸치도 여러 가지인데, 젓 담고 하는 멸치는 오월 젓 알 벤 멸치젓을 담아야 제일 맛이 있어. 알 벨 때가 김장 해 놓으면 제일 맛있어.

■박 보리가 노린 노린 할 때가.

보리가 노린노린 할 때가.

∞보리가 노릇노릇 할 때.

■김 그러체. 그떼가 젤: 마시써. 그랑께 네가 사멀 열란날 그 노멀 쑥메리라고 쪼깐 이케 잘자랑거 이쩌. 고노멀 사가꼬: 갈메기라고 또 구자도 미테 갈메기:. 엔나레 그른떼넌 이른데서도 조구가 마: 이 나쩌. 이:케 굴근 조구가 그람:. 그란 노멀 자브러 간는데.

그렇제. 그때가 젤 맛있어. 그랑께 내가 삼얼 열 낫날 그놈얼 쑥멜이라고 쪼깐 잉게 잘잘한 거 있어. 고놈얼 사갖고 갈매기라고12

---

12 섬 이름이다. 섬의 생김새가 '갈매기'와 같다고 하여 '갈매기섬~갈미기섬'이라고 하는데 '박갈미(바깥갈매기), 안갈미(안갈매기)'로 나누어 부른다.

또 구자도13 밑에 갈매기. 엣날에 그른 때넌 이른데서도 조구가
만이 났어. 잉게 굵은14 조구가 그람. 그란 놈얼 잡으러 갔는데.

∞그렇지. 그때가 제일 맛있어. 내가 삼월 열 낫날 그 쑥멸치 자잘
한 것 있어. 그것을 사 가지고 갈매기라고 구자도 밑에 갈매기.
옛날에는 (진도 앞 바다에도) 조기가 많이 났어. 이렇게 굵은 조
기가. 그런 조기를 잡으러 갔는데.

아:니 오우 세시나: 톤는데. 쩌으 그 조도 거 도코도 우게서 무지
게가 탁 지르드마. 음, 아:따 그래서 그 주나설 다 노코 얼릉 베에
서 주나설 노를 저서 뗑기제. 뗑긴데: 인자 헤는 다 댜갈라하고 인
자 바라먼 터지고 어쩔쭈…… 인자 돋떼가 두:게 여써 점부 다:.

아니 오후 세시나 됐는데. 쩌으 그 조도 거 독호도 욱에서 무지
개가 탁 지르드마. 음, 아따 그래서 그 주낫얼 다 놓고 얼른 배에
서 주낫얼 노를 젓어 땡기제. 땡긴데 인자 해는 다댜 갈라하고 인
자 바람언 터지고 어쩔쭈…… 인자 돗대가 두 개였어 전부 다.

∞아니, 오후 세시나 되었는데. 조도 독거도 위에서 무지개가 탁
뜨더구먼. 그래서 그 주낙을 다 놓고 얼른 배에서 주낙을 노를
저어당기지. 당기는데 해는 다 되어 가고 바람은 터지고 어쩔
줄……그 때 배에 있는 돛대가 두 개였어.

그라믄 디엔노믄 인자 아에 자처불고:. 아펜놈 그거또 도또 이빠
이 아놀리고 반저리나 헤가꼬. 거 갈메기도 모:까고 그 미테 제온

---

13 '구자도'는 '개섬'이라고도 하는데 섬모양이 개처럼 생겼다.
14 어른 팔뚝 크기.

도 가는데. 아따 인자 듬무리 오릉께 영나겁씨 주껃뜽마.

　그라믄 디엣놈은 인자 아에 잦혀 불고. 앞엣놈 그것도 돗도 이빠이 안 올리고 반절이나 해갖고. 거 갈매기도 못가고 그 밑에 재온도15 가는데. 아따 인자 든 물이 오릉께 영낙없이 죽겄든마.

∽그래서 뒤에 돛은 아예 젖혀 버리고. 앞에 돛, 그것도 돛도 가득히 안올리고 반만 올려가지고. 갈매기도 못가고 그 밑에 있는 재온도로 가는데. 아따, 이제 막 든 물이 오르니까 영락없이 죽겠더구먼.

다헹히 그레도 그 형제서미라고 이써, 갈메기 미테가. 그 노무반데가 물도 쎄고 한데 차우지강 가:슬 데야 인자 살:게 셍겐는데. 도떼 그 쩨:간 달고 간놈도 끄너저 부럳쩨. 바라믄 싸게 인자 막, 에러께 으찌께 그 망 노를 두:게럴 저가꼬 가에럴 네러써. 네러가꼬 이케 한 사라믐 베 이케 밀:고, 한 사라먼 주를 뗑게가꼬 사이 옴파간데가 걱따 데:노코 바메 거가 인는데: 안주끼 다헹이어써.

　다행히 그래도 그 형제섬이라고 있어,16 갈매기 밑에가. 그놈우반데가17 물도 쎄고 한데 자우지간 갓을 대야 살게 생겼는데. 돗대 그 쩨간 달고 간 놈도 끈어저 불었제. 바람은 싸게 막, 에럽게 으찔게 그 막 노를 두 개럴 저갖고 가에럴 내렀어. 내려갖고 잏게 한 사람은 배 잏게 밀고, 한 사람언 줄을 당겨갖고 사이 옴팍한데

---

15 '제온도'는 제보자에 의하면 조도면에 위치한 섬으로 보이는데 『진도군지』에 '제온도'라는 지명어는 나오지 않아 정확한 위치는 알 수 없다.

16 '형제섬'은 조도면에 있는데 섬 두 개가 나란히 있다.

17 '반데'는 '군데'의 방언형이다.

가 걱다 대 놓고 밤에 거가 있는데 안 죽기 다행이었어.

∞다행히 형제섬 이라고 있어, 갈매기섬 밑에. 그곳은 물살이 세서 좌우지간 가에 대야 사는데. 돛대 낮게 달고 간 것도 끊어져 버렸지. 바람은 사납게 막, 어렵게 어렵게 해서 노를 두 개를 저어 가에 내렸어. 내려서 한 사람은 배를 밀고 또 한사람은 줄을 당겨 움푹한 곳에 대 놓고 그곳에서 밤을 지새우는데. 안 죽기 다행이었어.

참: 그랑께 사라미 응: 말:도 모다게……. 지그미사 셍:정 그른니럽쩨:. 쳠:부 기게와 데고: 일기에보가 정아카고. 그랑께 엔나레능 그래서 사라미 마:이 주꼬 시:체 모차진 사라미 여리믄 일고야달비 다: 걍…….

참 그랑께 사람이 응 말도 못하게……. 지금이사 생전 그른 일 업제. 전부 기게화 대고 일기에보가 정학하고. 그랑께 옛날에는 그래서 사람이 만이 죽고 시체 못 찾인 사람이 열이믄 일고야달비 다 걍…….

∞그러니까 사람들이 말도 못하게……. 지금은 전부 기계화 되고 일기예보가 정확하니까 그런 일이 없지. 옛날에는 사람이 많이 죽었고, 시체 못 찾은 사람도 열이면 일고여덟은 다…….

조 또 어떤 고비를 넘기셨어요.

김 그랑께 옌날 사라미 지혜가: 쳠나게 종: 거시, 이름 베:가: 테풍이 만나므는. 걍 너머가 주거불제 머 말: 할 꺼시 업써. 그란데

참: 태풍 만나가꼬 뻬: 나가리 띠어서 사라땅께. 그겁뽀고 태풍불면 베 나가리 띤다: 그라는데.

그랑께 엣날 사람이 지혜가 겁나게 존 것이, 이른 배가 태풍이 만나므는. 걍 넘어가 죽어불제 머 말할 것이 없어. 그란데 참 태풍 만나갖고 배 나가리 띠어서 살았당께. 그것보고 태풍불면 배 나가리 띤다 그라는데.

∞그러니까 옛날 사람들이 지혜가 무척 좋은 것이, (돛단) 배가 태풍을 만나면 그냥넘어가 죽어버리지, 뭐 말할 것이 없어. 그런데 태풍을 만나도 배에 나가리 띄워 살았다니까. 그것보고 태풍불면 배 나가리 띄운다 그러는데.

그 도떼 큰 노미 이꼬 인자 아페 저근 놈 두 게 이꺼든, 돈! 그랑께 태풍이 불며능 큰 노멀 항 가운데 이르케 질:게 뻗떼가꼬 양:쪼게 무꺼. 그라고 아페는 또 저근 노미로 무꼬. 그람 파도가 아:무리 이케 헤도 고노미 바처가꼬 베가 안디지버 질꺼다녀.

그 돗대 큰 놈이 있고 앞에 적은 놈 두 개 있거든, 돗! 그랑께 태풍이 불며는 큰 놈얼 한 가운데 이롷게 질게 뻗대갖고 양쪽에 묶어. 그라고 앞에는 또 적은 놈이로 묶고. 그람 파도가 아무리 잏게 해도 고놈이 받혀 갖고 배가 안 디집어 질것 아녀.

∞돛대 큰 것이 있고 앞에 작은 것 두 개가 있거든, 돛! 그러니까 태풍이 불면 큰 돛은 한 가운데로 길게 뻗대서 양쪽에 묶어. 그리고 앞에는 작은 돛을 묶고. 그러면 파도가 아무리 세도 양쪽의 돛이 받혀주니까 배가 뒤집어지진 않을 것 아냐.

그레:서 엔나레는 나가리 띠어가꼬 알:면써부터는, 모른 사람더런
벡 푸로 죽쩨:. 그레가꼬 그건 나가리 알:게덴 후로부터는 태풍 만
나도 열:처기 주굴놈 한처기나베께 안 주건쩨. 아:무리 태풍이 부
러도 지: 도떼로 이케 헤서 이케 헤농께. 이노미 당:께 셍:견 안 너
머가제.

그래서 옛날에는 나가리 띠어갖고 알면써부터는, 모른 사람덜
언 백푸로 죽제. 그래갖고 그것 나가리 알게 댄 후로부터는 태풍
만나도 열척이 죽울 놈 한 척이나 뱂에 안 죽었제. 아무리 태풍이
불어도 지 돗대로 잉게 해서 잉게 해 농께. 이놈이 당께 생견 안
넘어가제.

∾그래서 나가리 띄우는 것을 알면서부터는, 모르는 사람들은
100% 죽지만 나가리를 알게 된 뒤부터는 태풍을 만나도 열 척
이 죽을 것 한 척이나 밖에 안 죽었지. (파도가 아무리 심하게
놀아도 나가리가) 받혀주니까 안 넘어가지.

조 그때는 무얼 잡으러 가셨나요.

김 상에 자브러 간쩨. 거 저 펭풍도라고 읻써.

상에 잡으로 갔제. 거 저 펭풍도라고 있어.

∾상어 잡으로 갔지. 병풍도라고 있어.

조 나가리가 중심 잡아주는 역할을 한 모양이죠.

김 그러쳬. 알기시게 에기헤서 중시미제. 엔나레는 기게가 업:쏭

께 청상 도떼가 큰 놈 압띠 항가운데 한나 시:고 압쪼게 한나 시고 그레가꼬 인자 거따 이 당목가튼 베로 도설 만드러 가꼬 바라머리 용혜서, 그랑께 인자 그놈 이쑹께.

그렇제. 알기 십게 애기해서 중심이제. 옛날에는 기게가 없응께 천상 돗대가 큰놈 앞디 한가운데 한나 시고 앞쪽에 한나 시고 그래갖고 인자 걱다 이 당목같은 베로 돗얼 만들어 갖고 바람얼 이용해서. 그랑께 인자 그놈 있응께.

∽그렇지. 알기 쉽게 얘기해서 중심이지. 옛날에는 기계가 없으니까, 매양 돛대 큰 것을 앞뒤 한가운데 하나 세우고 앞쪽에 하나 세우고 해서 거기다 당목 같은 베로 돛을 만들어 바람을 이용해서, (나가리) 있으니까.

태풍을 만나므는 어디 오도가도 모:당께:. 그라민자 벡 푸로 죽쩨. 그랑께 그 도떼르리용혜서 중시머리케 헤서 단다니 무꼬. 아무리 놀고 혜도 고노미 양쪼게서 바치고 항께. 베가 안 놀고: 안 너머가제.

태풍을 만나므는 어디 오도가도 못항께. 그람 인자 백푸로 죽제. 그랑께 그 돗대를 이용해서 중심얼 잃게 해서 단단히 묶고. 아무리 놀고 해도 고놈이 양쪽에서 받히고 항께. 배가 안 놀고 안 넘어가제.

∽태풍을 만나 오도 가도 못하면, 그럼 100% 죽지. 그러니까 그 돛대 이용해서 중심을 잡아 단단히 묶으면 아무리 (배가 파도에) 놀고 해도 그것이 양쪽에서 받히고 있으니까 배가 안 넘어가지.

조 나가리는 무엇으로 만든 가요.

김 솔라무 그른 노미로 헨쩨. 미끄라니 다드머가꼬 용두시기로 헤가꼬 이러케 인자 도돌라가고 네리믄 도시 네로고 그라제. 그라니 그 노멀 리용헤서 중심작끼 이헤서 항가운데 하고 아페하고 이케 헤농께. 아:무리 노:레도(?) 베가 이케 디지버지기 아나제. 그 진 노미 양 여페 바칭께. 그랑께 이케 떠가면써. 어디 섬! 그른데만 안 다믄 사라. 섬 다믄 벡 푸로 주꼬.

솔나무 그른 놈이로 했제. 미끌하니18 다듬어 갖고 용두식이로 해갖고 이렇게 돗 올라가고 내리믄 돗이 내로고 그라제. 그라니 그 놈얼 이용해서 중심잡기 이해서 한가운데 하고 앞에 하고 잏게 해농께. 아무리 놀애도 배가 잏게 디집어지긴 안 하제. 그 진 놈이 양 옆에 받힝께. 그랑께 잏게 떠가면서 어디 섬! 그른데만 안 닿믄 살아. 섬 닿믄 백푸로 죽고.

∞소나무로 했지. 매끄럽게 용두모양으로 다듬어서 돗 올라가고 내리면 돗이 내려오고 그러지. 그것을 이용해서 중심잡기위해 한가운데 하고 앞에 해놓으니까. 아무리 (파도가) 놀아도 배가 뒤집어지지는 않지. 긴 것이 양 옆을 받히고 있으니까. 떠다니면서 섬! 그런 곳만 안 닿으면 살아. 섬 닿으면 100% 죽고.

조 섬이라면 암초를 말하는 건가요.

---

18 전남방언에서 '~하니'는 중앙어의 '~하게'에 대응한다.

김 그라:제 바구똑. 바구또게 다믐 베가 걍 께저불제. 그라제망 그 여우마난 다쓰믐 파도가 검:네도 바다로망 가명 겐차나제. 베가 안 디지버지고.

그라제 바굿독. 바굿독에 다믄 배가 걍 깨저불제. 그라제만 그 여우만 안 닸으믄 파도가 겁내도 바다로만 가면 갠찬하제. 배가 안 디집어 지고.

∞그렇지 바위, 바위에 닿으면 배가 깨져버리지. 그렇지만 여우만 안 닿으면 파도가 아무리 심해도 바다로만 가면 괜찮지. 배가 안 뒤집어지고.

조 여우는 혹 암초를 말하는 건가요.

김 여우라고도 하고 바이라고도 하고 그란데 여우라 하제, 마니. 이 미테 가믄 물써면 나는 여우 이따 그라거든. 지금 가트믐 남:초제.

여우라고도 하고 바이라고도 하고 그란데 여우라 하제, 만이. 이 밑에 가믄 물써면 나는 여우 있다 그라거든. 지금 같으믄 암초제.[19]

∞여우라고도 하고 바위라고도 하는데 여우라 부르지, 많이. 이 밑에, 썰물 때 나오면 여우 있다 그러거든. 지금 같으면 암초지.

조 왜 여우라고 했을까요?

---

19 모도에서는 암초와 같은 바위를 '여우'라고 하는데, 왜 '여우'라고 부르는지는 알 수 없었다.

김 물 써므닌자 낭께: 바위럴 여우라 헫쩨. 물 써믄 나고 물들믄 젱기고. 그란데 그른 마:럴 여우나따 머 여우 드러가따 그렏쩨 하하하.

물 써믄 인자 낭께 바위럴 여우라 했제. 물써믄 나고 물 들믄 쟁기고. 그란데 그른 말얼 여우났다 머 여우 들어갔다 그랬제 하하하.

∞썰물 때 나타나니까 여우라 했지. 썰물 때 나고 밀물 때 잠기고 하는 말을 '여우 났다 여우 들어갔다' 그랬지 하하하.

박 여우에 가믄 소랑 마이 이따, 머 마이 이따 그라고 그라제 하하하.

여우에 가믄 소랑 만이 있다. 멋 만이 있다 그라고 그라제 하하하.

∞여우에 가면 소라 많이 있다 그러지 하하하.

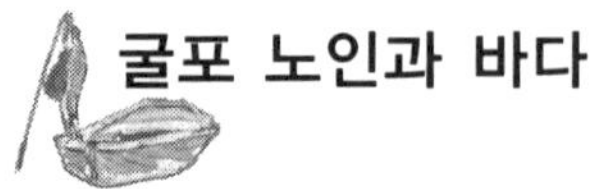

굴포 노인과 바다

조 바다에 나가서 위험한 때는 없었나요?

노인2 아이, 주글 고피럴 메뻔 넹기지. 네가 탈떼넌 어레서 기게빼가 억꼬 풍서니이써, 풍선. 돋 떼고 노저꼬 뎅기는 그릉 고기자비를 제주바다 근처까지 가써. 엄청 머러도: 거 추자압빠다까지 가제. 아적 세부게 나가믄 도차게야 댜.

아니, 주글 공비럴 멧 번 넹기지. 내가 탈떼넌 어레서 기겟배가 업고 풍선이 있어. 풍선.1 돋 대고 노 젓고 뎅기는 그른 고기잡이를 제주 바다 근처까지 갔어. 엄청 멀어도 거 추자 앞바다까지 가제. 아적 새북에 나가믄 도착해야 댜.

∞죽을 고비를 몇 번을 넘기지. 내가 어렸을 때는 기계배가 없고 풍선배가 있었어, 풍선. 돛 달고 노 저어 다니는 그런 고기잡이를 제주바다 근처까지 갔어. 엄청 멀어도 추자도 앞바다까지 가지. 아침 새벽에 나가면 도착해야 돼.

조 날씨라는 게 변화가 많잖아요. 갑자기 풍랑을 만나면 어떻게 하셨나요.

---

1 '풍선배'는 앞에 나왔던 '중선배'와 같은 '목조선'의 종류이다.

노2 주굴시멀 다하제, 그떼는. 노도 저꼬 가설 서멀 자버야 댜. 가장 가차운 서미로 베질하제. 어디로 간다늠 모쩌그넙써, 사라야 뎅께. 여그서는 든물 썬물 그라제. 들믄 쩌: 서쪼기로 가고 쓰믄 동쪼기로 가고 그란데, 바라뭉 가치 부러주면 존데 역풍을 하거던. 쩌리 갈 모쩌긴데 꼭 가야하는데 바라미 쩌그서 네레불믐 목쩍찌릴 목:까지. 그랑께 주글 꼬피럴 마:이 닝겨. 기가 메켜.

죽울심얼 다 하제, 그때는. 노도 젓고 갓얼 섬얼 잡어야 댜. 가장 가차운 섬이로 배질하제. 어디로 간다는 목적은 없어, 살아야뎅께. 여그서는 든물 썬물 그라제. 들믄 저 서쪽이로 가고 쓰믄 동쪽이로 가고 그란데. 바람은 같이 부러주면 존데 역풍을 하거던. 저리 갈 목적인데 꼭 가야 하는데 바람이 저그서 네레불믄 목적지럴 못가지. 그랑께 죽을 공비럴 만이 닝겨. 기가 맥혀.

∞죽을힘을 다 하지, 그때는. 노를 저어 섬 가장자리를 잡아야 돼. 가장 가까운 섬으로 배질을 하지. 어디로 간다는 목적은 없어, 살아야 되니까. 여기서는 밀물, 썰물 그러지. 밀물은 서쪽으로 가고 썰물은 동쪽으로 가고 그러는데 바람이 같이 불어 주면 좋은데 역풍을 하거든. 저리 갈 목적인데 꼭 가야 하는데 바람이 (반대쪽으로) 내려 불면 목적지를 못가지. 그러니까 죽을 고비를 많이 넘겨. 기가 막혀.

노3 그른떼는: 주글 고피럴 진짜로 메뻐늘 닝겨 베타는 사라먼:. 지금도 우리덜또 지비가 카마니 이쓰믄 그떼 그른데서 그쩨게 주거쓰믄 나 업쓰꺼다니냐 그런 셍각 날떼도 이써. 카마니 이케 혼자 셍가하머는. 노무 베에 가자믄 가가꼬 이 겨을에 어이서 어찌게 주근지도 몰라써.

그른때는 죽을 공비럴 진짜로 멧번을 닝거 배타는 사람언. 지금도 우리덜도 집이가 카만이 있으믄 그때 그른데서 그쩍에 죽었으믄 나 없으것 아니냐 그런 생각날때도 있어. 카마니 잋게 혼자 생각하머는. 놈우 배에 가자믄 가갖고 이 겨을에 어이서 어찌게 죽은지도 몰랐어.

∞그때 배탄 사람은 죽을 고비를 진짜로 몇 번을 넘겼어. 지금도 집에 가만히 있으면 그때 그런데서 죽었으면 (지금) 나 없을 것 아니냐 그런 생각이 날 때도 있어. 가만히 혼자 생각하면. 남의 뱃일 가자고 하면 가가지고 이 겨울에 어디서 어떻게 죽은지도 몰랐어.

조 바다에서 밤을 보낼 때도 있었겠네요.

노2 그떼는 이불도 엄는 시상이어. 기게도 엄늠 풍선베타고 노 저꼬 나가서 바다게 나가 허허허 돋, 도뿍기라고 거거 무명 그거 더푸고 자고. 허허허 요세 아그더른 이헤를 모데. 베고픈 시상 사라따가믄 멍청항게 그레따게 하하하.

그때는 이불도 업는 시상이어. 기게도 업는 풍선배타고 노 젓고 나가서 바닥에 나가 허허허 돗, 돗북이라고 거 무명 그거 덮우고 자고. 허허허 요새 아그덜은 이해를 못해. 배고픈 시상 살았다가믄 멍청항게 그랬다개 하하하.

∞그때는 이불도 없는 세상이야. 기계도 없는 풍선배타고 노 젓고 나가서 바다에 나가 허허허 돛, 돛대라고 무명 그거 덮고 자고.

요새 애들은 이해를 못해. 배고픈 세상 살았다고 하면. 멍청하니까 그랬다고 해 하하하.

아, 고구마도 겐쑤 시어노코 머거써. 오늘 메께 쩌야 머근다 그른 시상을 사랃쩨. 요세가치 베부르게 머꼬 노아두고 그렌나. 참말로 기가 메킴 베고픈 시상, 마이 사랃쩨.

아, 고구마도 갯수 시어놓고 먹었어. 오늘 멧 개 쩌야 먹은다 그른 시상을 살았제. 요새같이 배부르게 먹고 놓아두고 그랬나. 참말로 기가 맥힌 배고픈 시상, 만이 살았제.

∞고구마도 개수 세놓고 먹었어. 오늘 몇 개 쪄야 먹는다 그런 세상을 살았지. 요새같이 배부르게 먹고 남기고 그랬나. 참말로 기가 막힌 배고픈 세상 많이 살았지.

노3 그라고 이 머꼬 살:라고 하는 시상이언쩨, 요세처럼 돔 벌:라고 하는 시상이 아니어써. 우섬 머끼가 멍능 거시 천쩨 목쩌기언쩨, 이 도널 모은다능 거슨 셍각조차 모데써.

그라고 이 먹고 살라고 하는 시상이었제, 요새처럼 돈 벌라고 하는 시상이 아니었어. 우선 먹기가 먹는 것이 첫째 목적이었제, 이 돈얼 모은다는 것은 생각조차 못했어.

∞그리고 먹고 살라고 하는 세상이었지. 요즘처럼 돈 벌려고 하는 세상이 아니었어. 우선 먹기가 먹는 것이 첫째 목적이었지. 돈을 모은다는 것은 생각지도 못했어.

조 굴포에서 많이 잡히는 고기는 어떤 종류인가요?

노2 엔나레는 참조기럴 마이 자번쩨. 지그먼 조기가 요만써가
네! 그른때넌 얼마썩 헨냐 그라머느뇨만썩 헤써, 가을 도로믄. 영
광굴비는 아무꺼:또 아녀. 이:란다니까.

옛날에는 참조기럴 만이 잡었제. 지금언 조기가 요만썩 안 해!
그른때넌 얼마썩 했냐 그라머는 요만썩2 했어, 가을 도로믄. 영광
굴비는 아무것도 아녀. 이란다니까.

∽옛날에는 참조기를 많이 잡았지. 지금은 조기가 요만씩 하잖아!
그때는 어느 정도 였냐 그러면 어른 팔뚝만 했어, 가을 돌아오
면. 영광굴비는 아무것도 아니야. 이런다니까.

조 영광보다 조기가 더 굵고 큰 이유는 무엇 때문인가요?

노3 뻐리 여가 더 조:니까. 그떼 어레썬:는데 그떼마네도 나무베
에 가서, 옌나레는 치럴벡쭝 인써써. 지금마네도 안 시고 그라는
데 허허허 고놈 여덜마리를 끼어가지고 들처 몬: 미고 순정 끄꼬
우리지비까지 와써, 무거우니까. 그케 굴:거써. 그런 조기너녀덜
마리라도 지금도 우더름 모처드러, 그런 조기는.

뻘이 여가3 더 조니까. 그때 어렸었는데 그때만 해도 나무배에
가서, 옛날에는 칠얼 백중 있었어. 지금만해도 안 시고 그라는데
허허허 고놈 여덜 마리를 끼어 가지고 들처 못 미고 순전 끄꼬 우
리집이까지 왔어, 무거우니까. 긓게 굵었어. 그런 조기넌 여덜 마
리라도 지금도 우덜은 못 쳐들어, 그런 조기는.

---

2 어른 팔뚝 길이를 가리킴.
3 굴포 앞바다를 가리킨다.

∞펄이 여기가 더 좋으니까. 그때 어렸었는데 그때만 해도 목조선
을 (타고) 가서. 옛날에 칠월 백중이 있었어. 지금은 안 쇠지만,
(백중 쇠려고) 그놈 여덟 마리 꿰어 가지고 오는데 들쳐 메지 못
하고 순전히 집에까지 끌고 왔어, 무거우니까. 그렇게 굵었어.
그런 조기는 여덟 마리라도 지금도 못 쳐들어, 그런 조기는.

조 지금은 그런 굵은 조기가 잡히지 않나요.

노3 드로기 저네 우게서 자버부니까. 여그 오도록까지 나둬야는
데 여기럴 모:도고 쩌:써 다 제페부러.
  드로기 전에 욱에서 잡어부니까. 여그 오도록까지 나둬야는데
여기럴 못 오고 적서 다 잽헤불어.
∞들어오기 전에 위에서 잡아버리니까. 여기까지 오도록 나둬야
하는데, 여기를 못 들어오고 저기서 다 잡혀버려.

노2 인자 어어비 발딸데가꼬 사진 찌게가꼬 기게뻬가 자버부니
까. 불맘 바다게 비치믄 그물로 다 자버부니까 게기가 기:헤. 여까
장 몯:드롸. 뻐리 종께 살란 할라고 드로는 노물 다 자버불제. 강
께 보메 오능 고기는: 점:부 알 살란 할라고 오능거여.
  인자 어업이 발딸 대갖고 사진 찍에 갖고 기겟배가 잡어부니까.
불만 바닥에 비치믄 그물로 다 잡어부니까 개기가 기해. 여까장
못 들와. 뻘이 종께 살란 할라고 드로는 놈울 다 잡어불제. 강께
봄에 오는 고기는 전부 알 살란 할라고 오는 거여.
∞어업이 발달 되어가지고 사진 찍어서 기계배가 잡아버려. 불만

바다에 비춰지면 그물로 다 잡아버리니까, 고기가 귀해. 여기까
지 못 들어와. 펄이 좋아서 살란 하려고 들어오는 놈을 다 잡아
버리지. 그러니까 봄에 오는 고기는 전부 알 살란 하려고 오는
거여.

노3 그란데 인자 그거 하는 사람덜또 메찌비 아녀. 인자는 노인
덜만 사니까. 우리덜또 김빨도 하고 그레썬는데 인자 나이 머그니
까 모:다니까.

그란데 인자 그것 하는 사람덜도 멧집이 아녀. 인자는 노인덜만
사니까. 우리덜도 김발도하고 그랬었는데 인자 나이 먹으니까 못
하니까.

∞그런데 그것 하는 사람들도 몇 집이 없어. 지금은 노인들만 사
니까. 우리들도 김발도하고 그랬었는데 지금은 나이가 먹어서
못해.

노2 아 그라고 자식덜 다 교육시케서 보네고 게로네서 붕가 헤
쓰니까 노인덜또 좀 페니 사라야제. 인자 늘거서 히멉써 모:다고
안 데제, 겨으레 하니까. 크므는 농초는 모:쌀거따고 다 비기 마려
니어. 절믄 사라미 업써.

아 그라고 자식덜 다 교육시케서 보내고 게론해서 분가했으니
까 노인덜도 좀 펜히 살아야제. 인자 늙어서 힘없어 못하고 안 대
제, 겨을에 하니까. 크므는 농촌은 못 살겠다고 다 비기 마련이어.
젊은 사람이 없어.

∞그리고 자식들 다 교육시키고 결혼해서 분가 했으니까. 노인들

도 이제는 편히 살아야지. 이제는 늙어서 힘없어 못하고 안 되지, 겨울에 하니까. 크면 농촌은 못 살겠다고 다 비기 마련이어. 젊은 사람이 없어.

풍랑이 만들어낸 거짓말

강진간 옌나레 베를 타고 제:주 다니면서 모도 소장시나 말 장시럴 헤따게. 그러믄써 이 말 장시를 하다가 가치 동무에를 하다가 풍파를 만나서 말도 죽꼬 사람도 주꼬 다: 주건는데.

옛날에 배를 타고 제주 다니면서 모도 소 장시나 말 장시럴 했다개. 그러믄서 이 말 장시를 하다가 같이 동무애를 하다가 풍파를 만나서 말도 죽고 사람도 죽고 다 죽었는데.

∞옛날에는 배를 타고 제주를 다니면서 소나 말 장사를 했다고 해. 그런데 말 장사를 같이 동업하다가 풍파를 만나서 말도 죽고 사람도 죽고 다 죽었는데.

그: 중에서 한 사라미 사라난 사라미 이써:. 그떼늠 목써늘 타고 뎅길뗑게:. 그레서 두:리 가치 장사를 다니다가, 마럴 여러 마리 실:코 오다가 풍파를 만나서 살:고, 인자 사람도 주꼬 말도 주거따 이케 셍가가고:.

그 중에서 한 사람이 살아난 사람이 있어. 그때는 목선을 타고 댕길땡게. 그래서 둘이같이 장사를 다니다가, 말얼 여러마리 싫고 오다가 풍파를 만나서 살고, 인자 사람도 죽고 말도 죽었다 잉게 생각하고.

∞그 중에 살아난 사람이 있었어. 그때는 목선을 타고 다닐 때인데. 둘이같이 장사를 다니면서 말을 여러 마리 싣고 오다가 풍

파를 만나 사람도 죽고 말도 죽었다 그렇게 생각하고.

동네 가서 머이랑고마니 가치 장산 사라믈 도널, 마:는 도널 빌리 줜는데: 그 사라미 주거부럳따. 참: 어구레서 환장하건따. 막 소무 널 네:고 즈그 자식더란테다가 막 그른 에기를 하고, 그레가꼬 영 나겁씨…… 그레 인제 걱쩡을 하고 인는데. 얼:마나 지나서 그 사 라미 요케 사라와부러써. 음, 주거따고 안 사라미. 단 즈그 두:리 타고 오다 그르케 댣쓩께 딴 사라믐 모르지.

동네 가서 머이란고마니 같이 장산 사람을 돈얼, 만은 돈얼 빌 리줬는데 그 사람이 죽어불었다. 참 억울해서 환장하겄다. 막 소 문얼 내고 즈그 자식덜한테다가 막 그른 애기를 하고, 그래갖고 영낙없이…… 그래 인제 걱정을 하고 있는데. 얼마나 지나서 그 사람이 용게 살아와 불었어. 음, 죽었다고 한 사람이. 단 즈그 둘이 타고 오다 그렇게 댔응께 딴 사람은 모르지.

∞동네 가서 뭐라 말했냐면, 같이 장사한 사람에게 많은 돈을 빌 려줬는데 그 사람이 죽어버렸다. 참 억울해서 환장하겠다. 여기 저기 소문을 내고 자식들한테도 그런 애기를 했어. 그래서 영락 없이…… 걱정을 하고 있는데. 시간이 지나고 그 사람이 살아와 버렸어. 죽었다고 생각한 사람이. 저희 둘이 타고 오다 그렇게 되었으니까 다른 사람은 모르지.

그레 사라와쓰니 어짜 꺼싱가. 게가 혼:나게 당아고 쩔쩔메고 사 정하믄서 비러따는 그런 에:기가 이써.

그래 살아왔으니 어쩔 것인가. 게가 혼나게 당하고 쩔쩔매고 사정하믄서 빌었다는 그런 얘기가 있어.

∽그래 살아왔으니 어쩔 것인가. 그래서 (몹시) 혼나고 쩔쩔매면
서 빌었다는 그런 얘기가 있어.

 # 바다 일

■조■ 팽목 앞바다에서는 주로 어떤 고기를 잡았나요?

■장남영■ 숭에 가퉁거: 잘자란 저런 은저리 가퉁거 그렁거.
　숭에 같은 것 잘잘한 저런 은저리 같은 것 그런 것.
∞숭어, 자잘한 망둥이 같은 것들.

■조■ 고기는 어떻게 잡았나요.

■장■ 게메기라고. 게메기라고 인자 바다게다 점:부 인자 그무럴
쩌: 중가네다 처:놔. 처노므닌자 믈 드러따가, 써:믄 게메 그 아이
로 인자 그므를 처 노코 그 아이로 드라쓰먼. 게기가 인자 막 풀떡
풀떡 데임시로 뺄 바다게서 막 준:쩨.
　개맥이라고.1 개맥이라고 인자 바닥에다2 전부 인자 그물얼 저
기 중간에다 처놔. 처노믄 인자 믈 들었다가, 써믄3 개매 그 안이
로 인자 그물을 처 놓고 그 안이로 드랐으먼. 게기가 인자 막 풀떡
풀떡 댕김시로 뺄 바닥에서 막 줏제.

---

1 '개맥이'는 개막이'의 방언형이다. 개에 어살을 박고 울타리처럼 그물을 쳐 두
　어 밀물 때 들어온 고기를 썰물 때 잡는 일을 말한다.
2 '바닥'은 '바다'의 방언형이다.
3 '물 들다'는 '밀물'을 말하고 '물 써다'는 '썰물'을 의미한다.

∞개막이라고. 그물을 바다 중간에 쳐 놔. 쳐 놓으면 밀물 때 개막
  안으로 그물을 쳐 놓은 그 안으로 (고기가) 들어왔다, (썰물 때)
  팔딱팔딱 뛰어다니는 고기를 펄 바닥에서 줍지.

조 개막이 주인은 따로 있나요.

장 주, 따로 읻쩨. 쥔 따로 이써도 게메기 하므닌자 첨부 막, 일통
에 가 막 차뻐. 자꼬 인자 진:네는 인자 웡 그므레만 따고. 드라서
인자 바다게가 뚜에뎅기는 노멀 차뻐. 다른 사람드런.
  주, 따로 있제. 쥔 따로 있어도 개맥이 하믄 인자 전부 막 일통
에 가 막 잡어. 잡고 인자 진네는 인자 원 그믈에만 따고. 드라서
인자 바닥에가 뚜에 댕기는 놈얼 잡어. 다른 사람들언.
∞주인, 따로 있지. 주인이 있어도 개막이 하면 일통에 가서 잡어.
  주인은 원 그물에서만 따고. 다른 사람들은 (펄) 바닥에 들어가
  뛰어 다니는 놈을 잡아, 다른 사람들은.

조 다른 사람들이 주어가도 주인이 머라 하지는 않나요.

장 아, 그라제 인자 게메기너뇐: 드넌 진:네거선 윈 드론 망테가 이
써. 게기 드론 망테라고 고놈만 진:네가 머꼬, 바다게가 인자 깔려서
인자 떨어지도롱 모도 멘처 자버사 머거, 동네싸람더리 나가서.
  아, 그라제 인자 개맥이넌 원 드넌 진네 것언 원 드론 망테가 있
어. 게기 드론 망테라고 고놈만 진네가 먹고, 바닥에가 인자 깔려서
인자 떨어지도록 모도 맨처4 잡어사 먹어. 동네사람덜이 나가서.

∽그러지 개막이는 주인 것은 왼 드는 망태가 있어. 고기 들어온 망태라고 그것만 주인이 먹고. 동네사람들은 펄 바닥에 깔려서, (고기가) 없어질 때까지 더듬어서 잡아야 먹어, 동네사람들이 나가서.

◢조◣ 그러니까 밀물 때 고기들이 들어 왔다가 그물에 들지 못하고 펄 밭으로 빠진 고기만 줍는다는 말인가요.

◢장◣ 으응 그라제. 그라고 인자 그 어장하넌 사라민자 그무럴 게기가 드른 또 차두가 이써. 그람 어장안 사람 그거차 드러가. 그라고 인자 고노믄: 친네가 머꼬 인자 걍 그므레 모뜨러 가고 허빤데로 가가꼬 막 뛰뎅기는 노먼 인자 바다게가서 모도 멘처 자버다 머꼬 그레. 엔:나레: 그레써.

으응 그라제. 그라고 인자 그 어장하넌 사람 인자 그물얼 게기가 들은 또 차두가 있어. 그람 어장한 사람 그거차 들어가. 그라고 인자 고놈은 진네가 먹고 인자 걍 그물에 못 들어가고 헛반데로[5] 가갖고 막 뛰댕기는 놈언 인자 바닥에가서 모도 맨치 잡어다 먹고 그래. 옛날에 그랬어.

∽그러지. 그리고 어장주인 그물에는 고기가 드는 자루가 따로 있어. 어장주인은 그 자루 속에 들어간 것만 먹고, 그물에 들지 못한 애먼 곳으로 뛰어다니는 놈만 (펄) 바닥에서 잡아먹고 그랬어.

---

4 '맨치다'는 '만지다'의 방언형이다.
5 '헛반데'는 '헛+반데'로 분석되며 중앙어의 '애먼' 혹은 '쓸모없는'에 대응한다.

조 싱싱한 생선을 자주 먹었겠네요.

장 하하하. 그레도 떨치제. 항상 게기가 이따: 인자 게메기 들믐 바다게 게메기 들믐. 항상 하는 거시 아니고.

하하하. 그래도 떨치제. 항상 게기가 있다 인자 개맥이 들믄 바닥에 개맥이 들믄. 항상 하는 것이 아니고.

∞하하하. 그래도 떨어지지. 항상 고기가 있데요 바다에 개막이 들면. 항상 하는 것이 아니고.

조 욕심 많은 어장 주인은 못 줍게 할 거 아네요.

장 그라네. 워니니: 엔나레닝 그케 주서다 머께 댜써. 그라고 인자 쥔네가 게메기하는 사라먼 드는 인자 망태가 이씽게. 고런 드는 노먼 진:네가 머꼬. 바다게 띠에뎅기는 다: 동네사람덜 가서 주서다 머거도 마:라네.

글안해. 원인이 엣날에넌 궁게 줏어다 먹게 댰어. 그라고 인자 쥔네가 개맥이하는 사람언 드는 인자 망태가 있잉께 고런 드는 놈언 진네가 먹고. 바닥에 띠에 댕기는 다 동네사람덜 가서 줏어다 먹어도 말 안 해.

∞그렇지 않아. 원래 옛날부터 그렇게 주었다 먹을 수 있도록 되어 있어. 개막이한 주인은 드는 망태가 있으니까 그런 고기만 먹고. 펄 바닥에 뛰어 다니는 (고기는) 동네 사람들이 주워다 먹어도 아무 말 안 해.

조 굴을 깰 때도 자기 굴 밭에서 캐나요.

장 응 그전 엔:나레. 데짐모기로 모도 도파걸 가따가 데짐모기로
꿀빠럴 드리제.
　응 그 전 엣날에. 대집목이로6 모도 도팍얼 갖다가 대집목이로
꿀발얼 드리제.
∞옛날에는. 자기 몫으로 돌을 갖다가 자기 몫으로 굴 발을 드리지.

조 대집목이요.

장 데:집. 네 목 뜨리고 다른 사람 모근 즈그 모기로 드리고 인자
독 가따가 뻘 바다게가 놔!
　대집. 내 목 드리고 다른 사람 목은 즈그 목이로 드리고 인자 독
갖다가 뻘 바닥에가 놔!
∞대집. 내 몫 드리고 다른 사람 몫은 저희대로 몫 드리고. 큰 돌
　을 가져다 펄 바닥에 놓아!

조 논과 밭의 경계를 나누 듯이요.

장 응 그람. 도:글 헤서 갈라서 네 거시다 니 거시다 페실 헤노코.
꾸:린자 도드므닌자 이역 껌만 이역 꿀빠레서 이역 껌만 께다 먹쩨.
　응 그람. 독을 해서 갈라서 내 것이다 니 것이다 페실7 해놓고. 꿀

---

6 '대집'은 직접적으로 대응되는 어휘는 없다. 다만 '자기 것, 집집마다' 정도의
　의미로 보인다.

인자 돈으믄 인자 이녁 것만 이녁8 꿀밭에서 이녁 것만 깨다 먹제.

☜그럼. 돌로 해서 갈라서 내 것이다 네 것이다 표시를 해 놓고. 굴이 돋으면 자기 것만 자기 굴 발에서 깨다 먹지.

조 굴:은 어디에 붙어서 자라나요?

장 도팍, 도파게:. 이른데넌 도파걸 가따가 뻘 바다게다 가따가 놔:. 쩌어 주서다가 도파걸 노먼 도파게가 부터부러. 도파게서 깨 머걷쩨. 여그는 그레써. 엔나레는 그레쩨만 지그멈 발: 모도 바:레다가 부트드라고.

 도팍, 도팍에. 이른데넌 도팍얼 갖다가 뻘 바닥에다 갖다가 놔. 저어 줏어다가 도팍얼 노먼 도팍에가 붙어불어. 도팍에서 깨 먹었제. 여그는 그랬어. 엣날에는 그랬제만 지금언 발 모도 발에다가 붙으드라고.

☜(큰) 돌, 돌에. 여기는 돌을 가져다 펄 바닥에 놨어. 돌을 주어다 가 놓으면 돌에가 굴이 붙어버려. 돌에서 깨 먹었지. 옛날에는 그랬지만 지금은 다들 발에 붙이더라고.

조 돌을 가져 올 수는 없을 테고 천생 물이 빠지면 펄 밭에서 굴 을 깼겠네요.

---

7 ‘페시’는 ‘표시’의 방언형이다.

8 ‘이녁’과‘ㄴ’이 탈락 된 ‘이역’이 같이 쓰이고 있다. 진도지역어는 형태소 내부 에서 어떤 음운론적 조건 없이 ‘ㄴ’이 탈락되어 쓰이는 경우가 있는데 비모음 화는 일어나지는 않는다.

■장■ 크랑께. 뻘바테 데임시로 인자 께제. 믈 썰떼 믈 써뭉 께고 믈
들므닌자 모: 께고 오고. 또 딘: 날 믈 써뭉 가서 께고 믈 들머노고.

크랑께. 뻘밭에 댕김시로 께제. 믈 썰때 믈 써믄 께고 믈 들믄
인자 못 께고 오고. 또 딧날 믈 써믄 가서 깨고 믈 들면 오고.

∞그러니까. 펄 밭을 다니면서 깨지. 썰물일 때 깨고 밀물일 때 왔
다가, 뒷날 썰물일 때 깨고 물 들어오면 오고.

■조■ 펄 속에 들어가서 하니까 힘들 것 같은데요.

■장■ 아앙, 벨라 심 안드러. 뻘 소기도 그케 암 빠꼬: 암 빠지게 장
아싱꼬 드러가서 께고.

아앙, 벨라 심 안 들어. 뻘 속이도 궁게 안 빳고 안 빠지게 장하
신고 들어가서 깨고.

∞아앙, 별로 힘 안 들어. 펄 속이라도 그렇게 안 빠지고, 또 안 빠
지게 장화 신고 들어가서 깨고.

■조■ 꿀은 겨울에만 깨나요.

■장■ 겨으레도 암제도 읻쩨. 여리메도 이꼬. 뻘 소게서 꿀똑 주서
다가 꿀똑또 께:고 엔:나레. 시방은 뜸발 헤가꼬 줄치고 거그다 다
라서 헤. 줄처서 꿀또걸 부체. 포:자럴 고라고 부치멍 꾸리 고케
셍게. 바다게, 바다게다 저: 줄로 막 투껀 주를 처노코. 시방은 양
시기로 저럼 마:이 하제.

겨을에도 암재도 있제. 여림에도 있고. 뻘 속에서 꿀독9 줏어다

가 꿀독도 깨고 옛날에. 시방은 뜸10 발 해갖고 줄치고 거그다 달아서 해. 줄처서 꿀독얼 부채. 포자럴 고라고 붙이면 꿀이 공게 생게. 바닥에, 바닥에다 저 줄로 막 투껀 줄을 처 놓고. 시방은 양식이로 저런 만이 하제.

∽겨울뿐 아니라 아무 때도 있지. 여름에도 있고. 옛날에는 펄 속에서 굴 돌 주어다가 굴 돌도 깨고. 지금은 뜸 발로해서 줄치고 거기다 달아서 해. 줄쳐서 굴 돌을 붙여. 포자를 붙이면 굴이 생겨. 바다에, 두꺼운 줄을 쳐 놓고. 지금은 양식으로 많이 하지.

▨조 많이 깰 때는 어느 정도 깼어요.

▨장 인자 꿀 마이쓸떼넌 쪼:빠기로 한나쿵 께제. 인자 늘 께므닌자 또 쩨까석 께고.

　인자 꿀 만있을때넌 쪽박이로 한나쿰 깨제. 인자 늘 깨믄 인자 또 쩨까석 깨고.

∽굴이 많이 있을 때는 바가지로 가득 깨지. 그런데 자꾸 깨면 조금 깨고.

▨조 개펄도 땅임자가 있나요.

▨장 니땅 네땅이 업:써. 게쁘닥 게쁘다게다 항께. 땅언 니땅 네땅

---

9 '꿀독'은 '굴'이 붙어서 자랄 수 있는 돌을 말한다.
10 뜸'은 물에 띄워서 그물이나 낚시 등의 어구를 위쪽으로 지탱하는 데에 쓰이는 것을 말한다.

이 억:꼬 인자 도:걸 주서다가 인자 이역 주소로 항치멀 헤노코 인
자 니건, 네거시 인자 그랄떼게 항치미 읻쩨.

　니 땅 내 땅이 없어. 갯브닥 갯브닥에다 항께. 땅언 니 땅 내 땅
이 업고 인자 독얼 줏어다가 인자 이넉 주소로 항침얼11 해놓고
인자 니것, 내것이 인자 그랄 때게 항침이 있제.

∽개펄에 하니까 네 땅 내 땅이 없어. 돌을 주워 이넉 주소로 항침
　을 해놓고 네 것,내 것 그럴 때 항침이 있지.

　조　항침이요.

　장　항치미 이케 갈라징거. 갈라지믄 이건 네 거시고 이건 니 거
시고 딱 갈라 고케 디려. 도걸 노아.

　항침이 잋게 갈라진 것. 갈라지믄 이건 내 것이고 이건 니 것이
고 딱 갈라 공게 디려. 독얼 노아.

∽ 항침은 갈라진 것. 갈라지면 이건 내 것이고 이건 네 것이고 딱
　갈라서 드려. 돌을 놓아.

　조　많이 하고 싶은 사람은 더 넓게 잡아서 독을 놓겠네요.

　장　마:이 하고 시프 인자 두:목또 하고 시:목또 하고 또 모:달 사
라먼 함:목또 하고 그레써.

　만이 하고 싶으 인자 두 목도 하고 시 목도 하고 또 못할 사람언

---

11 '항침'은 내 것과 남의 것을 구분 하는 '경계선'을 의미한다.

한 목도 하고 그랬어.

∞많이 하고 싶으면 두 몫도 하고 세 몫도 하고 못할 사람은 한 몫
  도 하고 그랬어.

조 세금은 없었어요.

장 시방칠로 세:금 가틍거서넘:써써.
  시방칠로 세금 같은 것언 없었어.
∞요즘처럼 세금 같은 것은 없었어.

조 미역이나 김은 어떤 방법으로 채취하나요.

장 미어근: 이업빠:럴 디리제, 데:짐 바럴 디레. 바럴 사다가 쩌그
다가 데짐 바:럴 디레따가 인자 데징꺼다제. 미업빠리고 짐빠리고
그거또 인자 마이 디리고 자브믄 손떼 이꼬 모도 마:이 소니 할소
니 이쓰면 여런떼럴 디리제. 또 손떼 엄는 사라믄 이여 알막께 디
리고 그레.
  미역은 이녁 발얼 디리제, 대집 발얼 디레. 발얼 사다가 저그다
가 대집 발얼 디렜다가 인자 대집것 하제. 미역발이고 짐발이고
그것도 인자 만이 디리고 잡으믄 손대12 있고 모도 만이 손이 할
손이 있으면 여럿 대럴 디리제. 또 손대 엄는 사람은 이녁 알맞게
디리고 그래.

12 여기서 ‘손대’는 일할 손을 말한다.

∞미역은 이녁 발을 드리지. 대집 발을 드려 발을 사다가. (바다
에) 대집 발을 드렸다가 대집 것 하지. 미역발이고 김발이고. 일
손이 많으면 여러 대를 드리지. 하지만 일손 없는 사람은 알맞
게 드리고 그래.

조 부지런하기만 하면 돈은 많이 벌었겠네요.

장 그렌:쩨. 그릉거 모도 네서 머꼬 사랃쩨. 포라 씨고. 옌나레능
그렌는데 제장넘보탐 미업빨도 안 데고: 헤우빠런 찐:작 보타만뎅
께 아나고.
　그랬제. 그른 것 모도 내서 먹고 살았제. 폴아 씨고. 옛날에능 그
랬는데 재작년보탐 미역발도 안 데고 해우발언 진작보탐 안뎅께
안 하고.
∞그랬지. 그런 것 (시장에) 내서 먹고 살았지. 팔아 쓰고. 옛날에
는 그랬는데 지지난해부터 미역발도 안 되고 김발은 진즉부터
안 되니까 안 하고.

조 왜 안돼요?

장 어째 걍 무리 써근 무리 드롸가꼬 안 댜붕께. 짐빨 아난제가
오:레 댣쩨.
　어째 걍 물이 썩은 물이 드롸갖고 안 다붕께. 짐발 안 한제가 오
래 댣제.
∞왜 그런지 썩은 물이 들어와서 안 되니까. 김발 안 한지가 오래

되었지.

조 물이 썩었어요.

장 응 엔나레:. 므리 써가꼬 인자 써거가꼬 안 댜부러. 쩌어 나쁨
므리 드롸가꼬:. 그레가꼬 모:데 부러써.

　응 엣날에. 물이 써갖고 인자 썩어갖고 안 댜불어. 저어 나쁜 물
이 드롸갖고. 그래갖고 못 해불었어.

∞응. 물이 썩어가지고 안 돼. 저기서 나쁜 물이 들어와서 못 해버
　렸어.

조 다른 곳에서는 김도 하고 미역도 하잖아요.

장 처어:: 물미테는 하제. 믈미테는 헤! 쩌: 지픔 바다게럴 하제.
엔나레는 여그도 이 아페 점:부 이른데가 이영 미업빨드리고 짐빨
드리고 그렏쩨. 이 아페 게아네다가 저: 저어:까지…… 뻘바테 데
임시로 메:, 믈 써믄. 간데 시방언 안 뎅께 모:다제. 이저네는 꼬마
기고 반지락 파다머꼬 그렌는데 업써. 저케 옴 마금시로늠 뻐리
고라가꼬. 거으 구리고 반지라기고 다 고라불고 업써.

　저어 물 밑에는 하제. 물 밑에는 해! 저 짚은 바닥에럴 하제. 엣
날에는 여그도 이 앞에 전부 이른 데가 이녁 미역밭들이고 짐밭들
이고 그랬제. 이 앞에 개안에다가 저 저어까지…… 뻘밭에 댕김시
로 매, 물 써믄. 간데 시방언 안뎅께 못하제. 이전에는 꼬막이고 반
지락 파다먹고 그랬는데 없어. 젛게 옴13 막음시로는 뻘이 골아갖

고. 거으 굴이고 반지락이고 다 골아불고 없어.

∞저어 물 밑에는 해! 저 깊은 바다는 하지. 옛날에는 여기도 전부 이런 곳이 자기 미역발 김발들이고 그랬지. 이 앞에 개안 저기까지…… 펄 밭에 다니면서 매, 썰물 때. 그런데 지금은 안 되니까 못하지. 옛날에는 꼬막이고 바지락도 파다먹고 그랬는데 없어. 저렇게 언(堰) 막으면서부터는 펄이 골아가지고, 거의 굴이고 바지락이고 다 곯아버리고 없어.

조 어디를 막아요.

장 여으 옴 마가. 옴 막쩨 시방. 펭모 게아네다 옴 막꼬 이써. 그랑께 인자 펭모 게아네는 앙ㄲ또 모데, 더러서. 저 옴 마궁께: 그: 소게 뻐리 쩌:리 할로럴 모당께 써거불제.

여으 온 막아. 온 막제 시방. 팽목 개안에다 온 막고 있어. 그랑께 인자 팽목 개안에는 암굿도 못해, 더러서. 저 온 막응께 그 속에 뻘이 저리 할로럴 못항께 썩어불제.

∞여기 언 막아 지금. 팽목 개안에다 언 막고 있어. 그러니까 팽목 개안에서는 아무것도 할 수가 없어, 더러워서. 언을 막아서 펄이 활로를 못하니까 썩어버리지.

조 그럼 팽목 주민들은 어떻게 생활해요.

---

13 '온'은 '개'를 막는 것, 즉 '간척'을 말하는 것으로 보인다. 진도에는 간척사업으로 인하여 생긴 농토들이 많다. 이때 생긴 간척지는 방죽 혹은 보를 막다는 것을 의미하는 한자 '堰'이 접미사처럼 붙어 '덕병언, 읍남언, 창원언, 굴포언, 나리구언, 활곡언' 등으로 불린다.

장 그랑께 성가시제. 그랑께: 저거 마금시로 인자 도̌니 나왑쩨.
짐: 헤우빨덜 모:데 머긍께. 도니 나와서 모도 나나머걷쩨.

그랑께 성가시제. 그랑께 저거 막음시로 인자 돈이 나왔제. 짐
해우빨덜 못해 먹응께. 돈이 나와서 모도 나나 먹었제.

∞그래서 성가시지. 그러니까 저것 막으면서 돈이 나왔지. 김발들
을 못해 먹으니까. 돈이 나와서 모두 나눠가졌지.

조 보상금은 그때뿐이잖아요.

장 그랑께 인자 모도 믄 도장 바글떼 점부 암 바거주네 어짜네
하다가 버베서 항께 할 쑤 업씨 다: 도장 바거줘서 도니로 쪼까성
나와서 나나 머꼬 인자 앙끄또 모데 먹쩨.

그랑께 인자 모도 믄 도장 박을 때 전부 안 박어주네 어짜네 하
다가 법에서 항께 할 수 없이 다 도장 박어줘서 돈이로 쪼깐석 나
와서 나나 먹고 인자 암긋도 못해 먹제.

∞그래서 모두 도장 박을 때 전부 안 박아주네 어쩌네 하다가 법
에서 하니까 할 수 없이 다 도장 박아줘서 돈이 나오니까 (동네
사람들이) 나눠가지고 지금은 아무것도 못해 먹지.

조 거기를 막아서 뭘 하려는 거죠.

장 모르제. 므̌설 할라고 저걸 마건능가 우더름 믐: 파닌지럴 몰:
라. 우더른 저케 마거도. 금메 암̌도 몰라. 믄 소긴지럴 몰라 저케
마가도.

모르제. 믓얼 할라고 저걸 막었는가 우덜은 믄 판인지럴 몰라. 우
덜은 졍게 막어도. 금매 암도 몰라. 믄 속인지럴 몰라 졍게 막아도.

◦◦모르지. 무엇을 하려고 저기를 막았는지, 우리는 무슨 판인지를
몰라. 저렇게 막아도 글쎄 아무도 몰라. 무슨 속인지를 몰라.

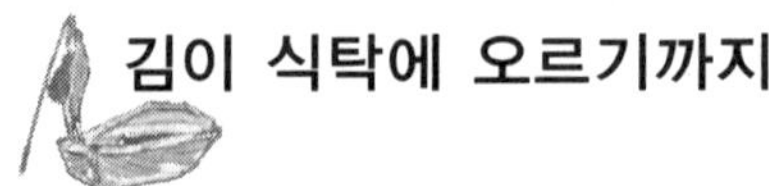 김이 식탁에 오르기까지

조 김은 어떻게 하나요?

장남영 짐빨 미업빨 디레나따가 지르면. 지르므닌자 물떼 마차서 하제. 지러서 메게 데믄 치렁치렁하게 지르므닌자하고 또 함불 싸악 헤네다가 고놈 또 디리면 딛싸레 하고.

　짐발 미역발 디레났다가 지르면. 지르믄 인자 물때 맞차서 하제. 지러서 매게 데믄 치렁치렁하게 지르믄 인자 하고 또 한불 싹 해내다가 고놈 또 디리면 딧사레[1] 하고.

∞김발 미역발 드려 났다가 기르면 물때 맞춰서 하지. 길어서 매게 되면 치렁치렁하게 길면 한 벌 해 내고, 또 드리면 조금 때 하고.

조 뒷사리요.

장 인자 디: 물떼 디: 물떼. 지:멀: 메가까서 인자 도:는 기게가 읻쩨. 기게 사다가 무더노코 거그다가 지머려믄 인자 돌리므나사서 나와 인자 몽글게 지미.

　인자 딧물 때 딧물 때. 짐얼 매가까서 인자 도는 기게가 있제. 기게 사다가 묻어 놓고 거그다가 짐얼 여믄 인자 돌리믄 아사서

---

1 '사리'는 조수가 가장 낮은 때를 말하는 것으로 중앙어 '조금'에 대응한다.

나와 인자 몽글게 짐이.

∞뒷물 때. 김을 매 가지고 와서 돌아가는 기계가 있지. 기계 사다
가 (땅에) 묻어놓고 거기다가 김을 넣어 돌리면 앗아지면서 몽
글게 나와, 김이.

조 김을 몽글게 한다고요.

장 그람. 바다게서 메다가: 다 집찜마다 기게가 이써. 기계를 사
다가 무더노코. 바다게서 메다가 기게다 딱 여코 돌리뭉 고노미
인자 조사서 몽글게 나오면: 고노무린자 또 다시 처가꼬 인자 발
짱에 노코 인자 발짱에 이케 떠.

그람. 바닥에서 매다가 다 집집마다 기계가 있어. 기계를 사다
가 묻어놓고. 바닥에서 매다가 기게다 딱 옇고 돌리믄 고놈이 인
자 조사서 몽글게 나오면 고놈을 인자 또 다시 처 갖고 인자 발장
에 놓고 인자 발장에 떠.

∞그럼. 집집마다 기계가 있어. 기계를 사다가 (땅에) 묻어놓고,
바다에서 (김을) 매다 기계에 넣고 돌리면 조사지면서 몽글게
나와. 그러면 그것을 또 다시 쳐 가지고 발장에 놓고 발장에 떠.

조 발장에 뜬 김은 어떻게 말리나요.

장 인자 또 컨장 메노코 또 열:제. 꼬다구 껴가꼬 건장 메노코 여
러. 발짱 쩌 가꼬 건장 여케 크:나크게 메노코. 발:짱에다 요케 꼬
다구 껴서 여러.

인자 또 건장 매놓고 또 열제.[2] 꼬다구 껴갖고 건장 매놓고 열어. 발장 쩌갖고 건장[3] 옇게 크나크게 매놓고. 발장에다 용게 꼬다구 껴서 열어.

∞건장을 매놓고 널지. 꼬챙이로 (발장에) 끼워서 건장에다 널어. 발장을 짜서 건장을 크게 매놓고. 발장에다 꼬챙이 끼워서 널어.

조 젖은 상태로 바로 널면 발장에서 흘러내리거나 하지는 않나요.

장 응. 바로 떠가꼬 여러도 거가 딱 들부터가꼬 안 떠러저. 그라고 인자 벤나므닌자 모르므닌자 띠제. 발짱에서 떠.

  응. 바로 떠갖고 열어도 거가 딱 들붙어갖고 안 떨어저. 그라고 인자 벨나믄 인자 모르믄 인자 띠제. 발장에서 떠.

∞응. 바로 떠서 널어도 발장에 딱 들러붙어가지고 안 떨어져. 그리고 볕이 나서 마르면 떼어내지. 발장에서 떠.

조 건장은 주로 어디에다 설치를 했나요.

장 건장으닌자 저런데 인자 헤:뺍 보는데. 헵뺍 보는데다 모도 건장얼 미어.

  건장은 인자 저런데 햇빛 보는데. 햇빛 보는데다 모도 건장얼 미어.[4]

---

2 '열다'는 '널다'에 대응한다. 이 제보자는 '열다~널다'를 섞어 쓰고 있다.
3 '건장'은 거대한 벽처럼 만들어서 들녘에다 고정시켜 놓고 발장에 뜬 김을 말릴 때 사용하는 재래식 건조기 이다.

◑건장은 햇볕 비추는 곳에 세워.

▣ 건장은 누가 따로 만드는 사람이 있나요.

▣ 아, 데짐미어. 모도 데:집 자기네드리 미어가꼬 널:제.
  아, 대집 미어. 모도 대집 자기네 들이 미어갖고 널제.
◑대집 세워. 대집들이 세워가지고 널지.

▣ 다 마르면 발장에서 일일이 한 장씩 떼어야 되겠네요.

▣ 발짱에 띠어 거더 첩 지어가꼬, 따악 거더가꼬 와서는 인자
팜메할라먼 지비서 인자 겔썩헤. 열짱썩 열짱썩 헤야꼬 벡짱을 헤
야꼬 인자 딱 겔썩헤야 양쪼게 딱딱 갈가부러. 따악 겔썩하늠 므
시이써. 그르케 멘드라.
  발장에다 띠어 걸어 첩 지어갖고, 따악 걸어갖고 와서는 인자
판매 할라먼 집이서 겔썩해. 열장썩 열장썩 해양고5 백장을 해양
고 인자 딱 겔석해야 양쪽에 딱딱 갉아 붙어. 따악 겔썩하는 뭇이
있어. 그릏게 맨드라.
◑발장에서 떼어 걸어 가지고 와서 첩을 지어. 판매하려면 집에서
  결속을 해. 열장씩 열장씩 백장을 해가지고 양쪽을 갉아버려.
  결속하는 (틀이) 있어 그렇게 만들어.

---

4 '미다'는 '메다'의 방언형이다. 그러나 여기서는 '세우다'가 더 적절한 대역어
  이다.
5 '해양고[헤야꼬]'는 '해갖고(해가지고)'로 대응되는데 흔히 쓰는 말은 아니다.

조 보기 좋게 자른다는 건가요.

장 그레. 발:짱에서 모르믄 띠어가꼬 그케 딱딱 찌버서 지비서 바메와서 인자 지비서 세로 열짱썩 첩 지어가꼬 고놈 벡짱얼 헤:가꼬 딱 또 트리 이써. 트레다가 노코 또 갈가서 이:뻬게 멘드라가꼬. 그 믄 종우럴 흐간 노멀 사다가 딱 무꺼서 네:.

그레. 발장에서 모르믄 띠어갓고 궁게 딱딱 집어서 집이서 밤에6 와서 인자 집이서 새로 열장썩 첩 지어갓고 고놈 백장얼 해갓고 딱 또 틀이 있어. 틀에다가 놓고 또 갉아서 이쁘게 맨들아 갓고. 그 믄 종우럴 흐간 놈얼 사다가 딱 묶어서 내.

∞그레. 발장에서 마르면 떼서 집어, 밤에 집으로 갖고 와서 새로 열장씩 첩 지어 백장을 만들어. 그러면 틀에다 놓고 또 갉아서 예쁘게 만들어 가지고 흰 종이를 사다가 묶어서 내.

조 갉는다는 게 틀에다 놓고 그 규격에 맞추어서 자른다는 건가요. 말 그대로 갉어낸다는 건가요.

장 응 갈가:. 요케 딱 트레다가 다머노코. 헤우짱멩킬로 딱 다머노코 또 갈그는 거시 이써. 이케 이케 갈가 메:끼라게 갈가. 조:케 갈가지머닌자 딱 고노믈 겔써걸 하제.

응 갉아. 용게 딱 틀에다가 담어놓고. 해우장맹킬로7 딱 담어놓

---

6 해가 뉘엿뉘엿 할 즈음 발장에서 마른 김을 한 장 한 장 떼어내다 보면 밤이 된다.
7 '~맹킬로'는 '~맨칠로'도 쓰이며 '~처럼'의 방언형이다.

고 또 갉으는 것이 있어. 잉게 갉아 매낄하게 갉아. 좋게 갉아지면 인자 딱 고놈을 곌썩얼 하제.
∞응, 갉아. 틀에 담아놓고 (사먹는) 김처럼 갉는 것이 있어. 매끈하게 갉아지면 그것을 결속하지.

조 그럼 김 가루가 많이 쏟아지겠네요.

장 그라제 마:니 나오제.
  그라제 만이 나오제.
∞그럼 많이 나오지.

조 그럼 그 김가루는 어떻게 해요.

장 인자 머:끼도 하고 폴기도 하고 갉웅 가루도 마:낭께.
  인자 먹기도 하고 폴기도 하고 갉운 가루도 만앙께.
∞먹기도 하고 팔기도 하고 갉은 가루가 많으니까.

조 김은 어디로 판매를 보러 갔나요.

장 쩌으 으베 판장이로 가서 팜메 바. 우더른 쪼까석 헤야꼬. 논농사도 쩨:깐하고 모도 손떼가 업:씽께 이영 알마께 쪼까석 하제. 우더른 시꾸가 저긍께:. 마:이 헤도모 처등께 쪼깜만 하제.
  저으 읍에 판장이로 가서 판매 바. 우덜은 쪼깐석 해얗고. 논농사도 쩨깐하고 모도 손떼가 없잉께 이녁 알맞게 쪼깐석 하제. 우덜은 식구가 적응께. 만이 해도 못 쳐등게 쪼깐만 하제.

∞읍네 판장으로 가서 판매 봐. 우리는 조금씩 해갖고, 논농사도 조금 짓고 일손이 없으니까 이녁 알맞게 하지. 우리는 식구가 적어서 많이 해도 못 쳐드니까 조금만 하지.

조 집집마다 배가 있어야 되겠네요.

장 일쩨. 다: 데지빈쩨. 그라고 베: 엄:는 사라머닌자 한떼 두떼 헤:가꼬 노무 베: 메:가꼬 오믕 고노미로 또 가서 메:다가 하고.

있제. 다 대집있제. 그라고 배 업는 사람언 인자 한 때 두 때[8] 해 갖고 놈우 배 매갖고 오믄 고놈이로 또 가서 매다가 하고.

∞있지. 개인마다 있지. 그리고 배 없는 사람은 한 때 두 때 해서, (배 주인이 먼저)매가지고 오면 그 배를 (빌려) 매다 하고.

서망 가믄 여으 갇짜네. 바다 가세가 아주 베가 다:가꼬 기경할만 헤. 서망언 아::주 베가 베가 다 당께 게깁뻬고 중섬뻬고 아주 서 망이로 다 다:. 조굽뻬고 므시고 다: 다믄 서망써 모도 조급 따서 자거바고. 요 망 너머가믄 게짝쩨가 뻥돌려 베가베가 아주 벨 베 가 다 이써. 기:경할 마네.

서망 가믄 여으 같잔에. 바다 갓에가 아주 배가 닿 갖고 기경할 만해. 서망언 아주 배가 배가 다 당께 개깃배고 중선배고 아주 서 망이로 다 다. 조굿배고 믓이고 다 다믄 서망써 모도 조급[9] 따서

---

8 여기서 '때'란 '사리'를 의미한다. 즉 물때에 맞추어서 한다는 말이다.
9 '조급'은 '조기[조구]'의 잘못된 발음으로 보인다.

작업하고. 요 막 넘어가믄 갯짝제가 삥 돌려 배가 배가 아주 벨 배
가 다 있어. 기경할만 해.

∞서망 가면 여기 같지 않고 바다 가에 배가 닿아서 구경할만해.
서망은 온갖 배가 다 다니까 고깃배고 중선배고 조깃배고 뭐고
다 닿으면 서망에서 조기 따서 작업하고. 요 재 넘어가면 갯가
로 삥 둘러 배가, 배가 별 배가 다 있어. 구경할 만 해.

 참고문헌

고광모(2004), 「전남 방언의 상대높임법 조사 "-(이)라우, -(이)람닌짜, -(이)람니 야, -(이)랑가"와 "-이다"의 기원과 형성 과정」, 『언어학』 38, 언어학회.

고영근(1999), 『국어형태론연구』, 서울대학교출판부.

김웅배(2002), 『전남방언연구』, 박이정.

나승만·고혜경 공저(1995), 『노래를 지키는 사람들』, 문예공론사.

배주채(2009), 「'달라, 다오'의 어휘론」, 『국어학』 56, 국어학회.

유영대·이기갑·이종주(1998), 『호남의 언어와 문화』, 백산서당.

이기갑(1982), 「전남방언의 하위구획-문법적 형태를 기준으로-」, 『한국언어문학』 21, 한구건어문학회.

이기갑(1986), 『전라남도의 언어지리』, 국어학회.

이기갑(2009), 『전남 진도 지역의 언어와 생활』, 태학사.

이돈주(1979), 「진도의 방언」, 『호남문화연구』 10, 호남문화연구소 .

이태영(1988), 『국어동사의 문법화 연구』, 한신문화사.

이호철(1959), 『만조기』, 정양사.

진도군지편찬위원회(2007), 『진도군지』, 호남문화연구소.

채정례(1991), 『"에이 짠한 사람!" 내가 나보고 그라요』, 뿌리깊은나무.

최소심(1990), 『시방은 안해, 강강술래럴 안해』, 뿌리깊은나무.

한글학회(1982), 『한국지명총람』, 한글학회.

河野六郎(著)·李珍昊(譯註)(2010), 『한국 한자음의 연구』, 역락.

찾아보기

조사

-같이
　무지렝이가칠로　　　　　165
　불국싸가칠로　　　　　　109
　요세가치　　　　　134, 477
　지금칠로　　　　　　　　248
-까지
　나까장　　　　　　　　　164
　이떼까장　　　　　　　　165
-깨나
　기운쭈마기나　　　　　　44
-대로
　기운데로　　　　　　　　43
　오만디로　　　　　　　　334
-마디
　날마디　　　　39, 175, 176
-만큼
　사짐마이나　　　　　　　134
-밖에
　살: 쑤베께　　　　　　　165
　소리베께　　　　　　　　273
-보다
　보담　　　133, 134, 139, 140
-부터
　보탐　　178, 183, 266, 380
　보텀　　　　　　　　　　365
　부틈　　　　　　　　　　234
-에가
　가에가　　　　　　457, 459
　그 노무반데가　　　　　466
　여가　　　　　90, 293, 294
-에다
　가세다　　　　　　341, 410

거그다　54, 144, 148, 211, 229,
　　491, 492
　도떼에다　　　　　　　　456
　신장로다　　　　　　　　431
-에다가
　거그다가　39, 70, 83, 98, 134,
　데에다가　　　　　　　　461
　서메다가　　　　　　　　459
　시끼에다가　　　　　　　178
-에서
　등어리서　　　　　　　　295
　역써넌　　　　　　　　　435
　지까서　　　　　　　　　200
　집써　　24, 25, 135, 269, 296
　집에서　25, 33, 60, 83, 84, 117
　집이서　60, 142, 145, 164, 266
-으로
　사니로　　　41, 211, 248, 337
　소니로223, 236, 347, 367, 398
　우기로　　　　　　　　　43
　지비로　　35, 51, 82, 83, 26
　창이로　　　　45, 148, 149
-이나
　두:리나　　　　　　　　206
　서이나　　　　　　　　　206
-이라
　가랍빠라게써　　　　　　295
　게까시라　　　　　　　　293
-이라도
　주:사레도　　　　　　　72
-이야
　그날싸　　　　　　252, 254
　지금이사　　　65, 455, 467
-조차
　다리할라　　　　　　　　293

배할라　458
-처럼
　놈마이로　68
　항:국 싸람마냥이로　271
　헤우짱멩킬로　504

선어말어미

-겠-
　안 무서껀능가　202
　주:꺼따고　202
-더-
　사라뜨란다　24
　업뜨레　114
-시-
　그라시오　420
-았/었-
　사라써　24, 57, 95, 157, 159
　안저따낭께넌　25

연결어미

-게
　노라이　350
　시커마이　229
　얼망얼망아니　25
　초:초가니　155
-고
　시:메지고　145
　아나고　24, 31, 66, 88, 92, 148
-기에
　이따:걸레　252
　하걸레　266
　하길레　280
-는데
　사는데　38, 39, 40, 45, 46
-는지
　인는지　57, 123
-다가

데레다　61, 241, 461
주서다가　50, 490, 491, 493
-더니
　나가드이　26, 287
-듯이
　사람 하데끼　462
-어야
　거롸사　312
　메껴 놔사:　266
　잡어사　486
　헤 노코사　128
-으려
　떠러질라　260, 331
-으려고
　가풀라고　297
　네노라고　186
　볼라고　81, 82
-으려나
　모를랑가는　23, 24
　이쓸랑가　26
-으려는데
　딸라는데　40, 41
　이쓸랑가　58
-으려면
　너물라믄　161
　볼라믄　123
-으면
　갈라믄　38, 133, 219, 248
　드로보믄　57
　보믄　47, 109, 115
-으면서
　들어감시로　33
　떨어짐시로　30, 33
　옴시로　33, 270, 276, 430
-지마는
　그라제만　166, 265, 266, 441
　하제만　85

종결어미

-거든
가거덩　　　　　　　34, 367
조커덩　　　　　　　　　33

-고
담어놓고　27, 28, 31, 352, 505
와뜨라고　　　　　　51, 293
이꼬　　24, 31, 42, 57, 59, 65

-냐
어짜건냐　　　　　　35, 219

-는가
도긴능가　　　　　　　　47
마건능가　　　　　　　498
오능가　　　　　　　　　43
차부러떵가　　　　　　　30

-단다
집 지킨단다　　　　　　46

-더구먼
그라더마　　46, 245, 246, 247
오드마　　　　　　330, 461
지르드마　　　　　　　465

-더라
터지드라　　　　　　　59

-데
모:쌀거떼　　　　　　　42

-라우(-어요)
또께비라게써라　　　　38
무서써라　　　　　　　38

-란다
사라뜨란다　　　　　　24

-르세
마리세　　　　　　　　39

-세
보세　　　　　　　26, 27

-소
모르걷쏘　　　　　　127

-습니까
합디오　　　　　　　457

-습디다

네립띠다　　　　　　　40

-오
그라꺼시오　　　　23, 57

-으니까
가다낭께는　　　　　　29
고맙당께　　　　　421, 422
기릉께　　　　　　　129
나가불더랑께　　　204, 205

-을까
빠지까　　　　　　　229
쓰까　　23, 63, 183, 317, 446
주그까　　　　　　　179
하꺼나　　　　　　　　72

-을꼬
사꼬:　　　　　　　　300

-읍시다
삽:시다　　　　　　294
삽시다　　　　　　　296

-지
네삐갇쩨　　　　　　110
주걷쩨　　166, 454, 456, 469

ㄱ

가깝다
　가까워　100
　가차운　475
가늘다
　가눕띠　313
가다
　데학게기보담　133
가닥
　가락　348, 368
가두다
　가다나따　187
가득
　한:　380
　한나　145, 173, 229, 283, 285
가라앉다
　까랑저부라　341
　까랑지냐　217
가랑이
　가랑지　216
가루
　조상까리　225, 226, 227, 228
가르치다
　겔차주기럴　137
　겔칠로뭉　302
가리다
　게리니라고　302
가마
　가메소테다가　387
가마니
　가마이　288, 361, 420
가만히
　카마니　475
가물다
　가무러　453
　가물고　453
　가플라믄　451
가볍다
　가바야　218

가바꼬　358
가슴
　가심　278, 302, 303
가시나
　가이나　239, 240, 279
가오리
　간제미　427
가을
　가시라고　433
가죽
　까죽　279, 280
깨물다
　께물러　356
갈고리
　까꾸리　425
갈다(耕)
　댜:불라고　310
　댜가꼬　311
　데더마　92
감(재료)
　가심　129, 292, 293
감감히
　강강　290
감기
　강게　72
감추다
　꼼처나따　338
값
　금　154
　시:　309
값이 비싸다**
　시:세가꼬　309
같다
　가터써　445, 458
　가트먼　324, 454
개막이
　게메기　485, 486, 488
갯가
　게까세서　188

거르다(찌꺼기를~)

걸르므는 227, 228

거리제

거러제 91, 92

거적

ㄲ적떼기 39

건너

건네서 286, 414, 415

건물

근물 144

걷다(步)

거러서 72, 94, 254, 371

걸쩨 423

걸리다(病)

걸려부러따고 293

검정

거멍 204, 223, 307, 309, 387

것

거시 24, 29, 39, 44, 51, 52, 55

거이다 270, 361

거이드라 25, 33, 333, 336

거이제 72, 87, 165, 194

겨우

포도시 273

포로시 194, 273

겨울

겨으레 228, 480

시한 312

겪다

겨꺼 47

결국

겔국 289

결속

겔석 503

결혼

게론 159, 291, 303, 407, 480

경계선

항침 493

경사지다

까우락 428, 429

곁

조테 340, 428, 430

계절

게절 456

고기

게기 50, 173, 241, 242, 423

고래

상께기 440

고모부

작숙 342

고비

고피럴 474, 475

고생

고상 107, 187, 253, 367

고슬고슬하다

고실고시라니 223

고이는 샘물을 긷는 일[**]

떼룽께 331

고정대

ㄲ시렁코 373, 375, 377

고치

고추 350, 351, 352, 358, 367

고프다

고풍께 211, 231, 238, 430

고푸고 41

고풍께 159, 211, 226, 230

곡식

곡썩 247, 410, 422

골짜기

골짱이 111

골창 113, 148, 162, 174

공중부양 하여 곤두박질치게 하다[**]

떠넝구처 43, 44

떠넝구칭께 44

관리

갈리자라고 139

관솔
　간솔　146
괭이
　껭이　146
괴롭히다
　성가시게　40, 57, 420, 426
교육청
　교육굴청　435, 437
구경
　기경　506
구기다
　꼬게서　361
구렁이
　구렝이가　42, 43, 44, 45, 46
　구렝이도　43, 45
구멍
　구녀기　30, 305, 321
국물
　몰국　142
군데
　반데　200, 224, 466, 487
군데군데
　운:데운데　396
군인
　구인　144, 146, 163, 182
굴
　꿀　489, 491, 492
굽다
　궈가꼬　95
굿(종류)
　물리미라가제　53
궂다(날씨)
　구질라믄　424
　구치믐　446
　구칠라믄　415, 424
권리
　걸리럴　142
귀신
　기:시나　54

귀양살이
　기양살이　114
그냥
　걍　47, 50, 57, 71, 88, 96
　기냥　29, 227
　기양　198, 357, 422, 459
그러니까
　그랑께는　26, 28, 34, 246
그렇지만
　그라제만　166, 265, 441
그믐
　금날　91
그을림
　끄슬리미　441
기계
　기게빼　474
기다
　기어농께　200
기다랗다
　찌::드르라니　42
　찌드르라니　43
기름
　지름　141, 142, 409, 440
기와
　지아집　293
기저귀
　걸레　446
　삭걸레　446
긷다
　지러다가　65
　지러서　259, 416, 500
　질러가꼬　66
길
　질　34, 70, 245, 246, 248, 249
　질빠다게가　34
길다1(기간)
　질:게　166, 313
　질다게꺼든　453

길다2(줄)
　질:게　　　　　　　444, 468
길다3(자라다)
　지러서　　　　　　　　500
　지르믄　　　　　　　　500
길드리다
　질뜨릴라믄　　　　　　373
길목
　데모게가　　　　　　　37
김1(海草)
　짐　　494, 495, 496, 498, 500
　헤우　　339, 495, 498, 504
김2(汽)
　지:미　　　　　　　　223
김장
　짐장　　　　　　　444, 464
김치
　짐치　　　　　　　246, 444
깊다
　지:피　　　　　　　　152
　지프제　　　　　　44, 281
　지픈지럴　　　　　　　115
까마득하다
　까막까막　　　　　　　255
까맣다
　끄:마니　　　　　　　204
까부르다
　날케서　　　　　　　　227
　날켜　　　　　　　225, 226
까지
　까장　94, 164, 165, 175, 176
깎다(價)
　깡까가꼬는　　　　　　219
　깡끄는　　　　　　　　221
　깡클라고　　　　　　　432
꺼내다
　뻬:서　　　　　　　　27
껍질
　꺼풀　　　　　　　226, 227

껍떡　　　　　　　　279, 397
껍떼기　　　　　　　　409
꼬다(새끼를~)
　꼬꼬　　　　　　　　375
　꼼는　　　　　　　　81
꼬부라지다
　꼬라저도　　　　　　　68
꼬챙이
　꼬다구　　　　　　　501
꼭대기
　꼬데기　　　　　　254, 379
꽃
　꼬설　　　　　　　40, 41
　꼬시　　　　　　　362, 363
꾸러미
　항 끼미　　　　　　　427
꾸미다
　끼메가꼬　　　　　　　329
끓다
　끄리 멍는다고　　　　　50
　끼레가꼬　　　　　381, 399
　끼리머　　　　　　　352
끗다
　끄꼬　　　　373, 376, 478
　끄서다　　　　　　　287
끝
　끄시　　　　　　　56, 378
　끄테다　　　　　　　461
끼니
　끄니　　232, 233, 276, 427
끼우다
　껴가꼬　　　　368, 463, 501
　끼:더마　　　　　　　93
　끼어가지고　　　　　　478
　찔러　　　　　　　　219

ㄴ

나
  네한테 267, 280
나누다
  나나머걷쩨 498
나물
  노물 233, 275, 341
나병(한센병)
  문둥이 161, 162, 425, 427
나중
  네중 82, 102, 103, 105, 107
  넹중 200
  후제 307
나팔
  나발 192
날다
  날라가는 271
남
  놈 67, 68, 229, 238, 266, 271
남편
  남정네 278, 280, 281
  남펜 106
낫다
  나서 228
낱개를 가리킴[**]
  한나쿰식 306
낳다
  안 나고 190
내려앉다
  네랑꼬 430
  네랑저서 88
내려오다
  네라와서 412
  네로는 70
  네뢔떵가 183
내리다(물건을~, 물이~)
  네라가는 70
  네라노코 27
  네레가는데 70

내버리다
  디네블라믄 315
내외간
  네에간 102
냄새
  넴사 429
너희
  느그 114, 269, 418
넉넉하다(물의 양이~)
  나시 헤가꼬 398
넋
  너기 204
널다
  너:냐 215
  너러 214, 217, 248, 308, 379
  여러놔따, 열다 308, 502
넓다
  너루먼 85
  너룩께 145, 285
  너룬 102
넓히다
  니리고 285
  니릴라고 285, 379
넘기다
  닝게서 319
  닝겨 475, 476
넣다
  들처 387, 390
  여 222, 223, 227, 232, 257
  여서, 여코 212, 214
노랗다
  노::레저 397
  노:라고 398
  노:라니 351, 391, 398
노르스름하다
  놀짱하니 392
노릇노릇하다
  노린노린 464

놀라다
　놀레　　　　　　　　129, 322, 341
놀음
　제끼　　　　　　　　211, 288, 289
높다
　노퍼지고　　　　　　　　　　198
놓다
　나부라고　　　　　　　　　　199
　노라고:　　　　　　　　　　　199
　놔주라고　　　　　　　　　　199
놓아두다
　나둥께　　　　　　295, 310, 444
누나
　뉘임　　　　　　　　　202, 203
　메씨　　　　　　　　　420, 421
누렇다
　누:레 저　　　　　　　　　256
누에
　네:　　　　　　　　　　　　355
　눼　　　　　　　　　　351, 358
누이다
　네나　　　　　　　　　　　　322
　눼 농께　　　　　　　　　　73
눕다
　누어꼬　　　　　　　　　　461
　드로노　　　　　　　　　　　57
늘
　멘당　　　　243, 261, 275, 304
늘리다
　니려　　　　　　　　　　　378
　니릴라고, 니럴쩨　　　　　　379

ㄷ

다니다
　데니믄　　　　　　　　　　256
　데임시로　　319, 485, 491, 496
　뎅게　　68, 100, 144, 156, 158
　뎅기는　　258, 302, 334, 474

다리
　다루　　　　　　　　　　　251
닥치다
　엥기는　　　　　　　　　　169
닫다(문을~)
　다처써　　　　　　　　　　187
달구지
　구르마　　　　　　　　　　421
달다
　다게, 달게　　　　　　　　274
달라
　주라, 쭈라　　51, 163, 200, 268
달래
　데룽게　　　　　　　　　　311
달음박질
　담박찔　　　　　　　　　　　38
닭
　다굴 시게, 다굴 떼가　　　　84
　다기　　　　　　　　　　84, 85
닳다
　다라지고　　　　　　　　　443
　다라징께　　　　　　　　　443
담기다
　뎅긴　　　　　　　　　　　247
담다
　다머　27, 28, 31, 54, 70, 246
담벼락
　담뻬라게가　　　　　　　　35
당기다
　뗑기제　　　　　　　　463, 465
대숲
　데바시　　　　　　　　　　427
　데사비로　　　　　　　　　181
대야
　세멘키　　　　　　　　　　375
　세수데　　　　　　　　　　375
　쉐시떼　　　　　　　　　　375
대청
　마레:　　　　　　　　　　　42

더듬다
　멘처　　　　　　　　　　486, 487
　멘치는데　　　　　　　　　　393
더럽다
　디렁께　　　　　　　　　　389
덩달다
　덩달라서　　　　　　　　　169
덩이
　덩치　　　　　　387, 389, 390
덮다
　더푸고　　　　　　　　　　476
데리다
　데꼬　　71, 97, 185, 187, 250
　데레가　　　　　　　　　　98
　데레다가　　　　　　　　　61
　데코　　　　　　　　71, 270
　델러　　　　　　　　71, 270
　델롸떼　　　　　　　　　　405
도깨비
　도체비　　　　　　　　　　47
　또께비로　　　　　　　　　47
도랑
　꼬랑　　　　　69, 194, 195
도망치다
　네:뻬가　　　　　　110, 111
　네:삔　　　　　　　　　　111
　네뻬간쩨　　　　　　　　　110
도투마리
　도토마리　　　　　　　　　375
돌
　도걸, 도글　　　　　　　283
　도팍　　339, 341, 489, 490
　독　　172, 173, 282, 284
　돌멩이　　　　　　　48, 49
동구리
　골짝　　　　　　　　26, 27
동냥아치
　동냥치　　　　　　　69, 70

동생
　동상　　　　　　　179, 290
　동승　26, 179, 184, 185, 196
동서
　동세　　24, 25, 26, 31, 403
동업자
　동무에　　　　　　　　　482
동이
　동우　　　　　　　　60, 61
돛
　도떼　404, 456, 466, 468, 469
　도설　　　　　　　171, 470
　도시　　　　　　　171, 471
　돕뿌가고　　　　　　　　170
돼지
　돠지　　　　　　　　　　213
되다
　댜따고　　　　　　　30, 122
　땨서　　　　　　　　　　248
　데아뜸　　　　　　　　　67
　디아불고　　　　　　　　69
되들잇병
　데두뼁　　　　　　　70, 211
된장
　덴장　　　　　　　180, 430
두 번째 방아부터**
　데께가꼬　　　　　　　　213
　데께지믄　　　　　　　　213
　데낄라믄　　　　　　　　216
두껍다
　투껀　　　　　　　　　　491
두드리다
　뚜두러　　　　　　199, 380
　띠둠시로　　　　　　　　53
　티두러서　　　　　　　　380
두레박
　두르박　　　　　　　　　67
두르다
　띠고는　　　　　　　　　47

둘
　두니　　　　　381
뒤
　딘:나런　　　　37
　띠에가　　　　38
뒤엎다
　떠넹기치고　　93, 94
뒤집어지다
　까바저따　　　287
뒷간
　통세　　　　　42
드럼통
　도라무깡　　　416
드리다(恔)
　디려　　　　　65
　디리므는　　　65
드리다(染)
　디레가꼬　　　389
들먹이다
　들미기고　　　56
들보
　보꾸게도　　　42
들어오다
　드라가꼬　　　191
　드라서　182, 200, 296, 326
　드로는데　　　200
　드로다　　417, 424
　드론다　　182, 201
　드롱께　60, 91, 404, 407
　드롸서　152, 427, 457
들여다보다
　디라보고　　　354
　디레다　　26, 326
듬뿍
　합:뿍　　　　355
　헙뿍　　　　　223
듯이
　잡데끼　　　　396

등
　등어리　　295, 321
　디떵어리　　　256
등걸
　뚱껄　　　　　146
디딜방아
　두둘빵에　　　409
따다(꽃을)
　딸라고　　　　40
　딸라는데, 딸란다　40, 41
따뜻하다
　뜨뜨당께　　　222
따비
　따부도　　　　94
딸기
　모딸이란　　　211
때리다
　떼레　　186, 410
　띠두러　177, 385
　티둘고　156, 172
때문
　따물레　197, 344
　땀시　84, 98, 99, 101, 105
떠들썩 하고 부산스럽다**
　검프작시럭께　　77
떨어뜨리다
　넬치다　　　　283
떨어지다
　떨치제　　　　488
떼다
　뗘　　　　　　502
　띠어　202, 418, 431, 468, 469
　띠제　　　　　502
뚫다
　뚤러　321, 326, 327
뛰다
　뚜에뎅기는　　486
　띠:는데　　　195
　띠어가꼬　　　202

띠(茅)
 깔탕떼 257

□

마루
 반침 43, 73, 191, 434
마르다(乾)
 모르는데 248
마을
 부락 79, 85, 100, 106, 113
마음
 마멀 265
 마미 300, 320
마지막
 마주막 378, 382
마지막 쌀 방아에서 나온 겨[**]
 느뭉께 243
막내아들
 막뚱이 168, 202, 265, 302
막다
 막어 118, 122, 130, 145, 428
막히다
 메켜 301, 393, 475
 메키먼 285
만(의존명사)
 주멍마이나 69
만들다
 만드라서 389
 멘드라 93, 124, 144, 155, 215
 멩기라 48
만지다
 다라봄시로 63
만큼
 이만치 24
 처만 29
많다
 마:네도 139, 211
 마:이 31, 50, 171, 177, 187

마나다 67, 70
마나지 129
마나지냐 71
솔찬히 307
하넌 300
말갛다
 말:가니 312, 451
말다(止)
 말쇼 421
말대
 몰떼 368
말뚝
 말똑 371, 372
말리다
 몰라 62, 279, 370, 375, 376
 몰려 212, 217, 367, 369
 몰리드라고 247
말씀
 말씨미 454
말코
 몰코 347, 353
 몰쿠 393
맛있다
 마시써 217, 464
망둥이
 은저리 485
맞다
 마저 54, 90, 120, 128, 177
맞추다
 마차서 275, 500
 마처서 218
맡기다
 메껴 266
매끄럽다
 메:끼라게 504
매듭
 메두 359
매우 많다
 검:나게 211, 333, 406, 446

맨(부사)
  멘당　243, 261, 275, 304
맷돌
  메뚜　374
머리
  데가리　113, 156, 313
  데그빡　203, 295
머슴(살이)
  머심　206, 219
먹이다
  메게써　61, 62, 68, 71
  미게따고　311
  미기고　311
먼저
  모냐　134
  몬차　335
먼지
  몸지　135, 136
멀뚱멀뚱
  멀쩡멀쩡　52
메다
  메고　85, 94
  미고　478
메밀
  메물　233
며느리
  메느리　61, 62, 266, 267, 269
며루
  메루　310, 311
먹둥구미
  메꼬리　234, 383, 430
멸치
  메리라고　464
  쑹메리　464
명(단위)
  멩　138, 158, 173

명주
  멩기　59, 359, 391, 399

멩지베　350, 358
몇
  메시　58, 109, 138, 161, 170
  멩:년　297
모두
  모다　103, 106, 331
  모도　38, 72, 84
모양
  모냥이어　67, 102, 204, 270
모으다
  모은다는　477
  모테 노코　283
모자라다
  모:지렌다　268
  모:지렝께　268
목
  모가지　374
목숨
  미영　329, 330
목욕
  메옥　324
목조선
  나루선노　446
  풍선베　476
못
  두:목　493
  모기로　489
  시:목　493
몸조리
  가냥　185
몽글다
  몽군　213
몽둥이
  몽뎅이　38, 93
묘지
  메:뿌란　65
  메뿔간　386
  메설　65, 336
  메시　109, 336

무
　무수　　　　　　　　　231, 232
무게
　근데　　　　　　　　　　163
무늬
　무누　　　　　　　　　　398
무당
　당골레　　　　　　65, 460, 461
무렵
　물리　　　　　　　　456, 458
　물림　　　　　　　　　　458
무릎
　물팍　　　　　　　　162, 191
무명
　명　　　　　　　　24, 25, 31
　미엉　　　　30, 231, 248, 358
무명덩이
　미엉쭈　　　　　　　　　368
무섭다
　무사　　　　　　　　　　354
　무서꼬　　　　　　　　　178
　무서도　　　　　　　　　　46
　무서라고　　　　　　　52, 182
　무서서　　　38, 45, 144, 181
　무서미　　　　　　　　　110
　무서써　　　　　38, 386, 425
　무선쩨　　　　　　　148, 182
　무섭따고　　　　　　　39, 45
　무성께　48, 67, 68, 110, 111
무슨
　믄　　　　　　　　　　　163
무엇
　머여　　　　　　　　34, 35
　므시로　　　　　　　37, 257
　믄　　　39, 65, 103, 178, 181
무엇하다
　므다라　　　　　　　　　37
묻다1
　무러봐땀　　　　　　　　122

무릉께넌　　　　　　　　　249
묻다2
　볼라지믄　　　　　　　　24
물
　믈도　　　　　　　179, 398
물려주다
　전장　　　　　　　211, 235
미끄럽다
　메:끼라게　　　　　　　504
　미끼럽고　　　　　　358, 372
　미끼렁께　　　　　　　358
미역
　미억　122, 243, 494, 495, 496
민달팽이
　민달파니　　　　　23, 24, 30
밀대
　밀:떼　　　　　　　　　205
밀물
　든물　　　　　　　　　475
　물 들믄　　　473, 475, 491
밉다
　밍께　　　　　　　　　173
밑
　미테가　109, 161, 179, 217
밑이 터진 속 바지[**]
　가레바지　　　　　　395, 396

ㅂ

바가지
　쪼빡　　　　　　　　54, 172
바구니
　바구리　　　　　　214, 341
바깥
　바까트로　　　　　　　　51
　베깥　　　　　　　　　325
바꾸다
　바까꼬　　　　　　　　240
　바까부럳쩨　　　　　　109

바끄고 94
바다
게쁘닥 339, 492
겡목 285
바닥 172, 230, 462, 476
바닷물
겡물 205
바디
보두 321, 322, 349, 358, 373
바래다(變)
바라저씨믐 381
바를라믄 385
바르다
볼라가꼬 326
바위
바구 37, 109, 110, 179, 183
바구똑 113, 472
바우 114, 285
여우 472, 473
바지락
반지락 496
바짝
파싹 30, 375, 400
반짝
빤딱 313
뻔덕 223
받다
바더 62, 63, 126, 416
받히다
바체 노코 147
발톱
발톱 203, 260
밟다
볼바서 93, 94
밤낮
밤:나 163, 303, 305, 316, 319
밥주걱
박죽 224

방망이
방멩이 380, 381, 400
방바닥
방쁘닥 328
방아
방에 213, 214, 215, 216, 217
방아 찧은 것을 넣었다 까불려서
다시 찧는 과정**
시러 215
시리기는 215
시린단 215
밭
바설 93, 144, 266, 419
바슬 92
바시고 37
바테로 426
배우다
베고 272
베러 272
베아가꼬 107
베야 272
베운 168
베월쩨 107
버리다(보조동사)
쏘아부러 30, 68
주거부러써 30
버선
보신 260
벌(단위)
한 불 28, 64
벌레
보라지 354, 434
벌써
폴:쎄 313
벌어지다
빨쎄짐시로 203
벗기다
베껴 261
비께저 135

베개
　비게　291
베다
　벼라, 비고　306
　빌라　58, 306
베다(寢)
　비고　190
별로
　벨라　59, 491
볏단
　집똥　80
병(甁)
　벵　70, 211
병(病)
　빙이빙이　303
병원
　병안　304, 309
　병온　72
병풍
　펭풍　334, 376, 469
볕
　베테　367
보다
　바따게　186
　봔는데　202
보리쌀
　보쌀도　212, 246, 427
보이다
　베게　29, 328
　뵈　29, 109, 110, 162
복어
　복쩽이　409
본디
　금부네　265
볼품없다
　멩:창하제　385
부끄럽다
　부끄럽뜨라　407
　부끄렁가　407

부딪히다
　부닥처따　47
부르다1(呼)
　부:께　180
　부릉께넌　186
　불러바야　180
　불르므넌　174
부르다2(姙娠)
　베불릉 거　319
부르트다
　부릅터가꼬　411
부리나케
　불라게　432
부엌
　정제　326
북
　붑　377
분가
　제김　242, 291, 294, 299
분명
　분멩히　49
불다1(나팔을~)
　부:는데　192
　부능거　192
불다2(바람이~)
　부르므는　453
　불므는　453
붓다2(注)
　부꼬　172, 216, 245, 332, 380
　부서　145, 214, 216, 244
붙다
　부트드라고　490
비경
　비:루, 비르:　376
비누칠
　비니질　24
비비다
　비베서　328

비스듬하다
　쪼삐쪼삐다니　　　　　　219
비우다
　비고　　　　　　　　　247
　비어　　　　　57, 170, 418
　비오농께　　　　　　163
비자루
　비찌락　　　　　　　　37
비추다
　비치믄　　　　　　　　479
비키다
　비케서　　　　　　　319
빗기다
　비께　　　　　　　　375
빠뜨리다
　빠:처 노코　　　　　444
빠지다
　빠께　　　　　　　　384
　빠꼬　　　　　　　　491
　빠지게　　　　　　　491
빨갛다
　빌:간　　　　　　　340
　삘:가니　　　　　　415
　삘:게가꼬　　　　　　23
　삘가니　　　　　　192
빨다
　뽈고　　　　　　　334
빻다
　뽀사　　226, 228, 238, 240
　뽀순놈　　　　　　215
뻐꾹뻐꾹
　포쿵포쿵　　　　360, 361
뻐꾹새
　포쿵세　　　　　360, 361
뼈
　뻬　　　　　79, 88, 89
　뻬딱　　　　　　　279
뿌리다
　허처　　　　313, 354, 410

뻴기
　삐비　　　　　　　362

사람
　사레미　　　　　　　39
사루(새끼 뭉치를 세는 단위)
　싸루　　　　　　　406
사방팔방
　오:만천지로　　　　211
사위
　사이　　　　　　　459
사이
　세다구　　　　312, 328
사주단자
　사주딴제　　　　　406
사카린
　사까루　　　　　　227
　사까리　　　　　　214
사흘
　살　　　　　　　272
산
　까끔　　　　　　　418
살다
　사:는데　　　39, 292, 340
　살고　87, 106, 107, 161, 162
　상께　　60, 228, 268, 294
살살
　싸살　　　　　183, 259
삼신
　지양님　　　　319, 320
삼일
　세밀　　　　　236, 315
삼태기
　산테미　　　　246, 247
　삼테미　　　　　246
상여꾼
　상두꾼　　　　　　85
　상투꾼　　　　　　85

상어
  상에 469
상여
  상에만 85
상여를 메고 집이나 마을을 도는
행위**
  이슬털이 85
상이군경
  상에군 425
상주
  상자 81
샅
  사시 60
샅샅이 뒤지다**
  족실족실 187
새까맣다
  시커마니 328, 388
  시커마이 229
새끼(子息)
  세끼 49, 163, 285, 286, 287
  쇠끼가 49
새끼(草索)
  세나꾸 282, 283, 284
  세네끼 81, 252, 406
새벽
  세북 219
새우
  독세비 463
색상의 정도가 선명하지 않음**
  히비덕덕 59, 388
  히비덕떡 59, 387
생기다
  셍겐는데 118, 333, 466
생전
  셍견 280, 300, 393
서다(立)
  슨 252
서투르다
  서투릅쩨 409

석유
  세구 409, 443
석현리(地名)
  세견 186
설
  명 353
설탕
  사탕까루 274
성가시다
  성가세서 248
성기다
  얼멍한 384
세다(數)
  시어노코 477
세다(聲)
  시게 41
세다(파도)
  신덴데 100
  싱께 458
  쎄고 466
세상
  시상 39, 41, 62, 68, 165
세우다
  세어노코 126
  세어저쎠 124
  세운제가 126
  세웡는데 124, 191
  시고 112, 418, 470
셋(個)
  서니 381
  시게 283
  열:시살 175
소 가죽으로 만든 채찍**
  세촛 155, 156
소나무
  솔라무 144, 146, 147, 188
소라
  소랑 409, 473

소용
  소눙 275, 319
소탕
  산 털로 191
쏘다(총을~)
  나부라고, 노라고, 놔주라고 199
속옷
  속곧또 395
속이다
  소게서 98
손바닥
  손쁘당 280
손자
  손지 58, 294, 321
손질하다(생선을~)
  짱에 따서 433, 434
솜털
  멩기털만 59
송편
  설편 232
  설핀 232
  송펜 232, 233
솥
  소설 146, 224
쇠
  쎄 93
쇠다(명절을~)
  시고 312, 320
수수
  쒸수 405
수수깡
  씨시품 368
수월하다
  소라니리고 219
순경
  순겡 198
술도가
  도게찝 47, 48, 333

숨기다
  숭케 노코 186
숭어
  숭에 485
숯검정
  수껍덩 387
쉬다(休)
  시:는데 68
쉬다(呼)
  숨 타가지고 73
  숨세고 200
쉽다
  시께 103, 368, 469
스물
  시물 59, 315, 342
시가
  씨집 45, 59, 288, 291, 296
시나브로
  심지무야 384
시루
  시리 380, 384
시신을 모셔놓고 벌이는 잔치**
  야락잔치 83, 85
시신을 모셔놓고 야락잔치를
하면서 새벽닭이 울 때 호곡을
하기까지의 과정**
  다시레기 84
  데시레기 84
시원하다
  시어네 444
  시언하니 57
시키다
  시긴다 255, 308
신대
  손떼 460, 461
싣다
  시러-땀니다 35
  실꼬 193, 252, 285, 415, 416
  실러, 씰러 285, 286, 404

실코, 씰코 205, 286, 417
심다
　싱게 145, 307, 312, 364
　싱그고 144
　시머 145, 408
썰물
　물 써믄 473
쏟다
　허침시로 410
쐬다(바람을~)
　쎄먼 44
쑤다
　쒸머긍께 237
　죽 써가꼬 237
쑤시다
　씨시고 363
쓰다 (用, 모자를~)
　씨고 257, 307
쓸다
　씨러가는 205
쓸모없는 곳**
　허빤데 487
씌우다
　써 311
씨름
　시름 37
씻다
　시처 341, 390
　시칠라가는데 204
　히처 217
　히천냐 217

아궁이
　부삭 145, 223, 224
아끼다
　에껴 261, 311
　에끼고 261

아니
　아이 26, 39, 41, 42, 65, 71
아니다
　아이라 102, 143, 300
아들
　아덜 265, 269, 293, 298, 302
아무것도
　앙끄또 106, 145, 200, 239
아무러하다
　암상타 181
　암시랑토 181, 191
아버지
　아베 49, 50, 156, 178, 179
　아부지 47, 49, 157, 168, 175
아이
　아그더리 29, 39, 51, 148, 166
아저씨
　아잡씨 37
아주머니
　아주마이 292
아직
　당에 80, 291, 302, 329
아침
　아적 60, 243, 248, 249, 250
　아척 137, 138, 251, 274
아프다
　아프냐 71, 72
안다
　보둥꼬 321, 322, 329
안타깝다
　짜네 헬쩨 193
앉다
　안저서 119, 286, 306, 377, 445
　앙저따 451
않다
　앙코 77, 100, 154
알다
　앙체끼 312

알몸
　께 할딱　28
　께보꼬　30
암초
　여우　472, 473
앞
　아페가　40, 109, 373
　아푸로　58
앞당기다
　압뗑게서　463
앞서다
　압시고　287
　압쎌 수　277
액체의 농도가 진하고 걸죽함**
　트틉항께　385
야무지다
　신하다　399
야위다
　야우라저　163
얄다
　야찬　415
어거지
　억찌로　277
어귀(마당입구)
　설팍　53, 286, 428
　설팍　53, 286
어깨
　어깨쭉찌　177
어디
　어이다　37
　올로　50, 63, 110, 111, 245
어떤
　어뜬　39, 48, 49, 57, 68
어떤 곳을 가리기 위해 치는 막**
　두데　85
어떤 일이나 상황의 정도가 심함**
　징한　24, 161, 167, 188
어떻게
　어찌게　26, 67, 72, 273, 275

어찌케　41, 178
　으:찌　33, 178, 242, 250, 288,
어렵다
　에러께　466
어리다
　어레서 133, 156, 194, 230, 232
　에링거시　202, 316
어머니
　어머이　163, 236, 244, 248
　엄메　30, 39, 62, 64, 67, 68
언제
　은제는　69
얹다
　연저붕께　28
얼굴
　나쁘닥　173
　나세　303
얼마
　안마　268, 311
　을마　147
얼마나
　은마나　24, 60, 173, 203, 212
　얼:메나　107
업뜨리다
　업쩌서　159
없다
　억:꼬　61, 70, 98, 157, 163
　업쓩께　28, 63, 142, 226
　업씽께　255, 378
　업씨　28, 31, 106, 141, 155
　업시　163, 293
엉경퀴
　항가꾸　362
엉기다
　엉거　328
엉덩이
　엉치　260
여기
　여그　33, 45, 62, 91, 101, 106

여으 281, 406, 497, 506
　역따 258
여덟
　야달 24, 30
　야달비 467
여름
　여르메는 444
　여리메 416, 491
영글다
　여물여물 하먼 213
　염:떠라고 305
영영
　여녕 62
예쁘다
　이뻬라 412
　이삐고 272
옛날
　그저네 38, 45, 167, 184
　예쩌게 114
　이저네 27, 38, 155, 178
오늘
　오나라척 137
오다1(잠이~)
　올고 59, 60
오다2(來)
　모:돠고: 298
오로지
　순전 94, 95, 226, 232, 233
오직
　오주감사 362
온통
　엔통 310
올라오다
　올라가꼬 254
　올로다 50
　올로랑께 113, 114
옹기
　옹구 178, 375, 384, 416

왜
　어쩨 34, 35, 134, 253, 278
외상
　걸어놔 432
왼쪽
　엔:쪼기로 37
요즘
　요세 91, 112, 115, 133
우뭇가사리
　가사리 236, 238, 243
운동장
　하꼬 마당 144
웅덩이
　둠벙 162, 189, 341
원(단위)
　삼마난 311
원두막
　에:마걸 176
원래
　올레 100, 339
월(月)
　사멀 딸 270
　일올 63
웬만하다
　엥간나믄 389
　적은하믄 308
위
　우게는 52
　우기로 43
　우로 27
　우에다가 77
위장
　이장 280, 282
위협
　이허바고 56
윗목
　울목 160
육성회비
　사친헤비 436

음식
  임석 274
의붓
  이부덤메 361, 362, 363
이기다
  이게야 47
이녁
  이역 267, 489, 493
이루다
  이러가꼬 242
이슬(해산 전에 나오는 물)
  중머리 59
이엉
  마람 81
이제
  인자 24, 29, 30, 33, 34, 35, 40
일부러
  욥뿔러 30
일손
  손떼 494, 505
일찍
  일치가니 219, 306, 331
입하
  이바 360
입히다
  이페 난:는데 63
  이페서 200
잇다
  이서가꼬 347, 358
잉아
  잉에 353, 377
잎
  입싹 350, 355, 357, 364

ᄌ

자귀
  자구 147

자루
  차두 487
  차투 291, 319, 320
자식
  자석 241, 242, 266, 271, 277
자잘한
  자디잔 283
  잘자란 283, 485
자취
  자치 446
자칫
  짜끄다믄 252
작대기
  짝떼기 29, 30
작두
  짝뚜럴 56
작은방
  모방 265, 295, 317, 319
작은아버지
  간뎃아부지 168
잔대
  잔다꾸 362
잔치
  데사 425
잠기다
  젱기고 473
잠깐
  잠깐 252, 441
잡다
  자버가까서 198
  자부믄 52, 461
  자브러 431, 464, 469
  자브믄 51, 494
잡아당기다
  자버뎅게 367
잡아매다
  짜메믄 282
잡초
  지심 312

잡히다
　제페 간　　　　　　　　　177
잣다
　자사　　　24, 25, 30, 349, 359
장가
　장게　　　　　　　158, 288
장사
　장시　　247, 421, 426, 430
장어
　짱에　　　　　　　433, 434
재우다1
　제저　　　　　　　　223
재우다2
　제주라고　　　　　　290
쟁이다
　젱에노코　　　　　　152
저고리(남자)
　돔방에　　　326, 328, 353
저고리(여자)
　저구리　388, 392, 406, 407
저녁
　지녁　83, 98, 129, 174, 274
저물다
　점도록　　　　　　　413
전부
　싸악　　69, 70, 354, 500
전쟁
　전장　　　　　　　202
절구통
　도구통 213, 216, 219,220,225
절굿공이
　도구떼　215, 218, 219, 409
절굿공이와는 다른 방아 찧는 도구**
　메　　215, 218, 219, 220
절기
　절거리　　　　　　　360
절다(다리를~)
　절:꼬　　　　　　　185

절대
　결:떼　　　　　　　268
젊다
　절믄　　　94, 442, 480
점술가
　점젱이　　　　　316, 461
접치다
　접처서　　　　　399, 400
　폭 보처서　　　　　394
젓가락
　제끼락　　　　　　226
젓다
　저서　　352, 390, 461, 465
정(情)
　이뜻　　　　　　　24
젖
　저설　　61, 62, 68, 71, 322
젖히다
　자치고　　　　　　223
제각
　지각　　　　　　38, 39
제대로
　지데로　　73, 310, 446
제발
　지발　　　　　　199
제사
　지:사　　　60, 61, 454
제수
　지수　　　　　239, 240
제일
　젤99, 105, 126, 161, 445, 464
조(밥)
　소숙　　228, 232, 233
　조상까리밥　　　　228
　조팝　　　　　　225
조그마한
　쩨:까난　　　　40, 328
조금
　쪼깐　　67, 71, 100, 110

조금(潮水)
　사리빨　281
조기
　조구　464, 507
조마조마
　조메조메　271, 315
조용하다
　지용헤　326
좀
　잔　27, 52, 246, 309, 322
좁다
　조불떼늠　85
죄
　제로　315
주낙배
　주나시라고　463
주다
　줜:는데　198
주르르하다
　주르라니　266
죽다
　주근다고　200
　중는다고　39, 138, 202, 280
죽이다
　주게　168, 169, 171, 173
　지게서　188
　지기능거　187
줄(의존명사)
　중　294, 317
줍다
　주서　50, 221, 280, 282, 283
　주술레도　221
　주스라게　221
　주슨　221
즙
　집　357
지금
　시방　246, 303, 316
　지끔　112, 151, 162, 179, 184

지나다
　지네가는데　47
지다(日)
　자도　302
진달래
　창꼴　40
진작
　폴:쎄　313
질기다
　찔그라고　370
짐승
　짐성　213
집집이
　데집　489, 495, 503, 506
짓거리
　고지까리　153
짓다
　지슨데가　111
징그럽다
　징헤르　44
징역
　지녁 살다　198
짚
　지벌　81, 382
　지블　60
　지비　79, 257, 260, 382
짚신
　집쎄기　260, 414
짤막하다
　짜룸마가니　395
짧다
　짤부니까　166
째
　차　87, 214, 222, 223, 224
쪼개다
　빵께가꼬는　259
쪼다
　조사서　373, 501

쪽
  이짝 367
쫓다
  쪼차서 97
  쪼충 113
찌꺼기
  찌께기 142
  풀 찌게 373
찌르다
  찌서불믄 347
찍다
  찌게불거던 133
찧다
  찌거 217, 410
  찌그라더라고 410
  찌꼬, 찌궁께 218
  찌냐: 213
  찌어가꼬 214, 215, 227
  찌코 219, 248, 409
  찌타가 215
  찡는다 214

ㅊ

차리다
  차라가꼬 35
  차라네고 317
차지
  추심 386
참말로
  찰로 445
창피
  쳉피 229, 230
채우다
  체고 384
책임
  체금 91
처녀
  크네기 247, 339

처음
  처메 170, 214, 270, 272, 292
천상
  청상 454, 470
천연두
  엠병 335
  호일짜 334, 336, 337
청소
  소지 161
체
  참치 226, 398
쳐다보다
  추아다 313
촉촉하다
  출출하니 40
추다(춤을~)
  치고 427
충분히
  솔찬히 307
  헐씬 129, 219, 358
  협뿍 223
치리다
  치레서 306, 354, 355
치마
  치메 282, 283, 326, 341, 388
친구
  친고 40, 230
친척
  인척 98, 99, 103, 104, 105
  일가 51, 419
  집안 61, 63, 172, 461

ㅋ

켜다(불을~)
  키고, 키머, 키믄 443
콘크리트
  공꼬리 69, 70, 372

크나크다
  커:나큰   28
  크나큰   37, 40, 45, 179, 374
키(箕)
  치   226
키우다(育)
  켜껃쏘   446
  키고, 킹께   354
  키니라고   299
  킨다고   446

ㅌ

타다(厄)
  쩌따고   63
탄산소나트륨
  소다   214
태우다
  꼬실려   86, 383
택하다
  테게서   129
터덜터덜
  탑실탑실   72
털다
  떠러부고   355
텃밭
  두안   42, 304, 305
  디안   42, 44
통행금지
  통영금지   33
퇴자
  빠꾸   136
퉁기다
  티는   367

ㅍ

파래
  포레   293

파리
  포:리   328
팔다
  포라서   288, 293, 379
  폴고   155, 265, 432
패대기치다
  떼기처가꼬   37
퍼붓다
  퍼부서가꼬   145
펄
  뻘   173, 478, 485, 489
펴다(伸)
  피고   135, 308, 309
  피가니   135
편지
  펜지   292
편하다
  펜하고   304
평야
  펭야   446
폐지
  페지   437
포대기
  보닥찌   326, 327
  보단   244, 326
표시
  페시   489
푸새
  푸답   353, 388, 394, 399
풀
  플   355, 399
플라스틱
  프라스트   70
피곤하다
  뻗치제   219
피다(花)
  펜쩨   41
피우다(火)
  퍼, 핑께   148

피임약
  핌냥 270

ㅎ

하나
  한나 23, 26, 37, 39, 40
하다
  하꺼인데 198, 413
  헤줜냐 198
하여튼
  하이튼 222, 234
학교
  중하께 268
한쪽
  한삐짝 68
할머니
  한마니 46, 73, 322, 330, 338
  한마이 395
  할마이 63, 180, 199, 288
  함씨 296, 324, 326, 338, 344
할아버지
  하나씨 340
  하납씨 288
함께
  함뻐네 139, 269
  항꾸네 374
항상
  항년 407
항아리
  고네기 28, 29, 30
  오가리 147
행랑
  헨낭 317, 318
헐레벌떡
  벌레벌레 35
헤어지다
  갈리고 442

헤엄치다
  히어 205
형님
  성님 27, 96, 168, 190, 411
형수
  성수 404
형제
  성제간 335
형편
  헹펜 135
호랑이
  호렝이 113
호롱불
  초꼬지 167
호주머니
  기아침 114
혼자
  한자 266, 290, 299, 302, 381
홀리다
  올라가꼬 51
  홀레딴 49
  홀려가꼬 50
홍역
  호녁 88
홍주
  지초주 104, 106
화덕
  화데 352
화로
  하루 340
화장실
  벤소 229, 331
  벤소간 229
활
  할 115, 367
후줄근하다
  후질분하니 160
훑다
  홀트고 324

훌트고	415
훔치다	
둘러	142
훨씬	
헐:씬	129, 218
흉년	
숭년	294, 296
흔하다	
깍차써	265
쎌따	309
흙	
흐기	259, 372
흥마당	221
흥건하다	
난제	195
흥청망청	
흥성망성	338
희다	
흐:가고	398
흐:가니	218, 352, 414
흐:간	174, 326, 404
흰떡	
흔떡	405
힘	
시멀	475
힘들다	
데게	298
성가세서	248
심드러	358

저자 | **이진숙**李鎭淑

전남 진도 출생
전남대학교 국어국문학과 문학석사
전남대학교 국어국문학과 박사수료

• 논문
<진도방언의 음운론적 연구>(2010)
<원순모음화 현상>(2010)
<고흥지역어와 진도지역어의 모음체계연구>(2012)

전남 진도의 언어와 문화

— 찰로 그라고 그때는 웃기게 살았어

초판 인쇄 | 2012년 11월 13일
초판 발행 | 2012년 11월 21일

저　　자　이진숙

책임편집　윤예미

발 행 처　도서출판 지식과교양
등록번호　제 2010-19호
주　　소　서울시 도봉구 창5동 262-3번지 3층
전　　화　(02) 900-4520 (대표)/ 편집부 (02) 900-4521
팩　　스　(02) 900-1541
전자우편　kncbook@hanmail.net

ISBN 978-89-6764-004-0　93710　　　　　**정가** 38,000**원**

이 도서의 국립중앙도서관 출판도서목록(CIP)은 e-CIP홈페이지(http://www.nl.go.kr/ecip)에서
이용하실 수 있습니다. (CIP제어번호: CIP2012005079